中国城市文化报告 2018—2019

（长三角卷）

CHINESE CITIES CULTURE REPORT 2018-2019

(Yangtze River Delta Volume)

主编：黄昌勇

常务副主编：解学芳

副主编：汤奇峰 王国伟 郑崇选

Chief Editor: Huang Changyong

Executive Vice Chief Editor: Xie Xuefang

Vice Chief Editors: Tang Qifeng Wang Guowei Zheng Chongxuan

同济大学出版社

TONGJI UNIVERSITY PRESS

目录

统计研究

文化案例

总报告

黄昌勇　解学芳　王国伟　郑崇选　汤奇峰　陈思劼　沈从乐　等

构建长三角文化发展共同体：现状、问题与路径 *

关键词　长三角　文化发展共同体　一体化

文脉传承是最为内在的精神滋养，以文化之力助推长三角一体化国家战略的实施，是新时代背景下区域协调发展的最佳路径。本报告以长三角 16 个城市文化发展的核心数据分析为基础，较为全面地梳理了当前长三角文化共同体的建设现状和已有工作基础，准确把握存在的问题，进而提出加快推进共同体构建的基本路径和对策建议，以期为长三角一体化背景下的文化繁荣发展提供积极的智力支持。

* 本文系黄昌勇与《第一财经》总编辑赵嘉联合在 2019 年 11 月 21 日第二届长三角国际文化产业博览会上的主旨发言的基础上修改而成，感谢上海市委宣传部曾原处长的指导，感谢上海第一财经传媒有限公司总经理陈思劼先生的支持，感谢第一财经・新一线城市研究所、上海市大数据交易中心对总报告提供的数据和支持。

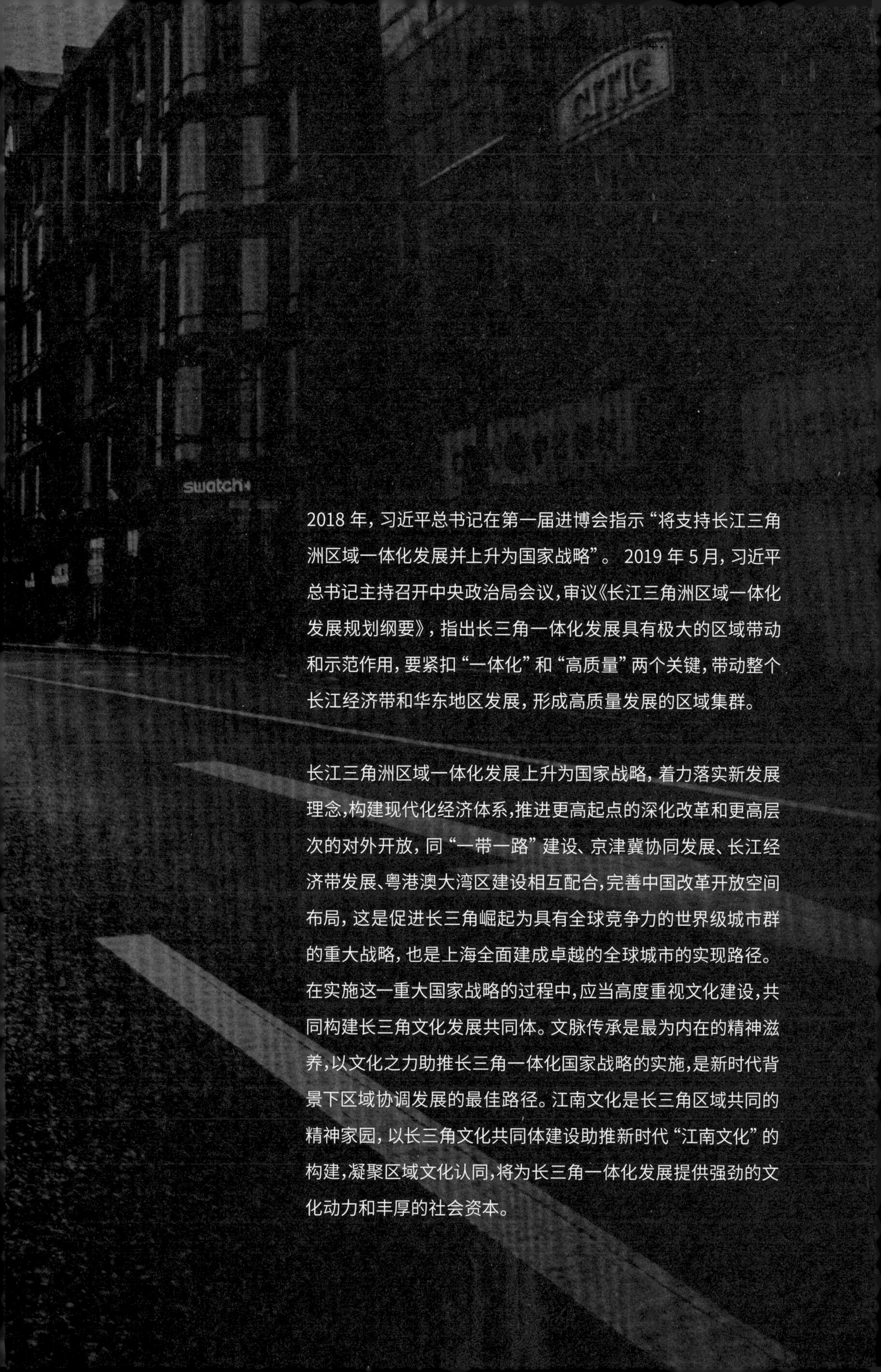

2018 年，习近平总书记在第一届进博会指示“将支持长江三角洲区域一体化发展并上升为国家战略”。 2019 年 5 月，习近平总书记主持召开中央政治局会议，审议《长江三角洲区域一体化发展规划纲要》，指出长三角一体化发展具有极大的区域带动和示范作用，要紧扣“一体化”和“高质量”两个关键，带动整个长江经济带和华东地区发展，形成高质量发展的区域集群。

长江三角洲区域一体化发展上升为国家战略，着力落实新发展理念，构建现代化经济体系，推进更高起点的深化改革和更高层次的对外开放，同“一带一路”建设、京津冀协同发展、长江经济带发展、粤港澳大湾区建设相互配合，完善中国改革开放空间布局，这是促进长三角崛起为具有全球竞争力的世界级城市群的重大战略，也是上海全面建成卓越的全球城市的实现路径。在实施这一重大国家战略的过程中，应当高度重视文化建设，共同构建长三角文化发展共同体。文脉传承是最为内在的精神滋养，以文化之力助推长三角一体化国家战略的实施，是新时代背景下区域协调发展的最佳路径。江南文化是长三角区域共同的精神家园，以长三角文化共同体建设助推新时代“江南文化”的构建，凝聚区域文化认同，将为长三角一体化发展提供强劲的文化动力和丰厚的社会资本。

长三角16城
文化发展核心指标
数据分析

16

上海 南京
苏州 无锡
常州 扬州
杭州 宁波
绍兴 嘉兴
湖州 合肥
安庆 芜湖
宣城 黄山

本报告选择 16 个城市是基于两方面的考虑：

一、样本城市的典型性和代表性。根据一线、二线、三线城市的划分，特别是依据人口和城市规模，在相类似和同质化的城市中提取典型城市为研究样本。

二、分类区别和动态考量研究。长三角整个城市群的文化发展不但领先，文化水平也普遍较高。落实到具体指标，实事求是地看，一些个别城市的指标还很弱小，不具有统计学上的意义，所以现在选择 16 个城市，分别为：上海、南京、苏州、无锡、常州、扬州、杭州、宁波、绍兴、嘉兴、湖州、合肥、安庆、芜湖、宣城、黄山。

上海戏剧学院—上海高校智库—全球城市文化协同创新中心联合第一财经城市大数据中心、上海数据交易中心共同对长三角 16 个代表性城市的文化数据进行挖掘和研究，并同时在指标设立上兼顾到了长三角 41 个城市，主要分析结论如下：

文化资源环境：长三角城市间人均指标差异不大、文化发展共同体雏形显现

长三角城市体既有一线城市，也有二三线城市，但不同层级城市的文化环境指标的人均值差异不大，呈现相对均衡发展态势。不同城市的一般公共预算用于文化体育与传媒的支出规模与占比，以及文化事业费的支出水平，和不同城市文化产业发展水平以及营商环境呈正相关。

从文化资源指标来看，长三角在图书馆、书店等文化资源的建设方面处于发展前列，整体呈现较为均衡的发展态势。一方面，上海、苏州、杭州、合肥的人均公共图书馆数量差异不大；另一方面，长三角各代表性城市在博物馆和美术馆的人均数量上也相对均衡。伴随数字化阅读的普及，长三角涌现出众多知名的书咖、书吧，比如上海的钟书阁、大隐书局，南京的先锋书店，苏州的诚品书店，杭州的言几又等，成为迎合文化发展潮流的新文化空间，带动了长三角阅读文化氛围的提升。

其中，每百万人拥有博物馆数量、公共图书馆数量和美术馆数量指标最高的均是安徽的黄山，分别为 38.29 个、7.95 个、3.61 个。此外，在书店指标上，2019 年上海书店数为 750 个，与合肥持平，苏州、杭州分别为 621 个和 566 个，相对差异不大。

长三角主要城市的文化资源环境比较

单位:个 / 每百万人

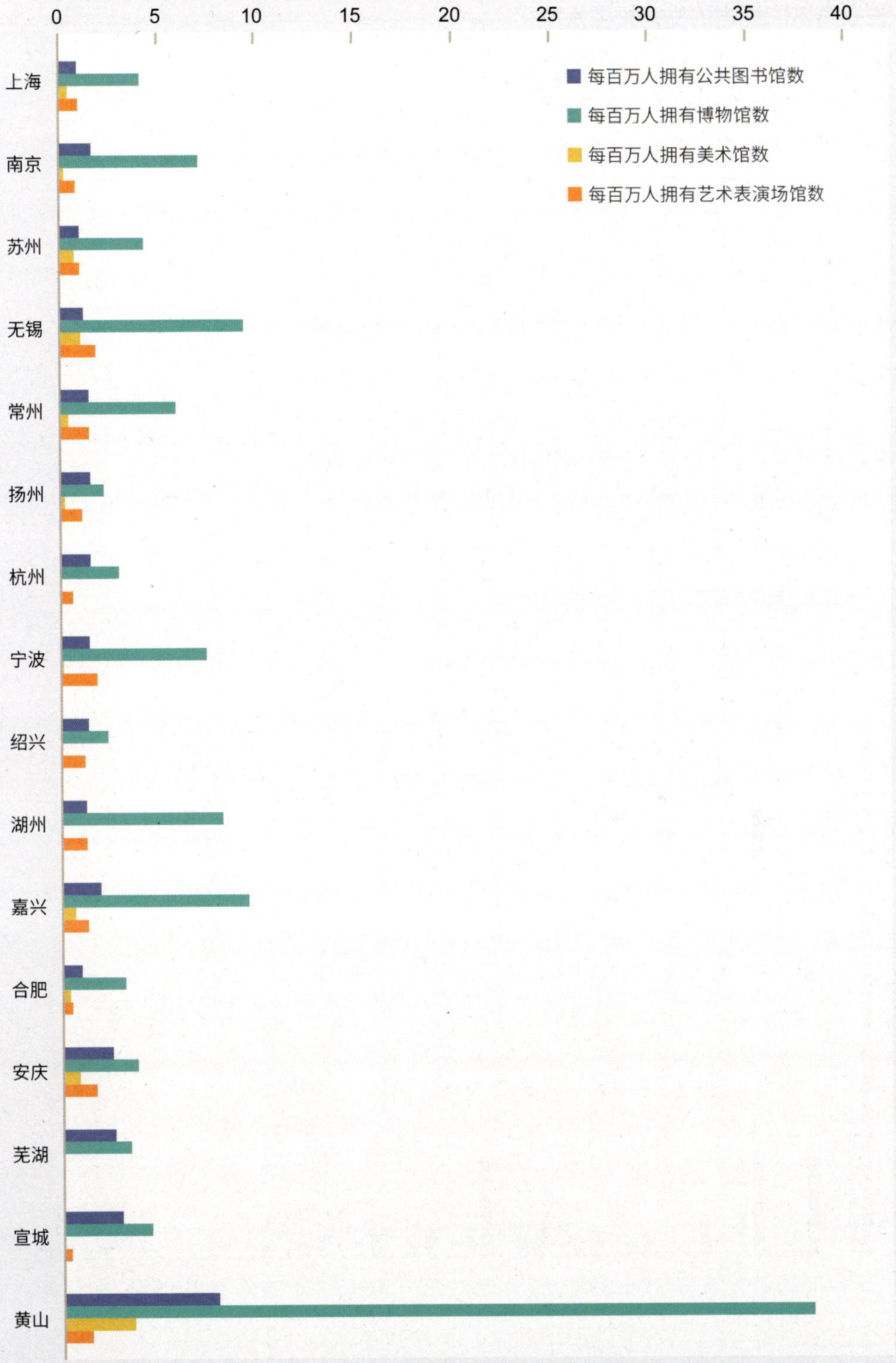

文化金融：
长三角不同城市的文化投资水平
与产业发展和营商环境呈正相关

长三角不同城市的文化投资水平与文化产业流入资金的规模化与类型的多元化息息相关，塑造了不同城市的营商环境与文化产业发展水平的差异。

从一般公共预算用于文化体育与传媒的支出规模和文化事业投入规模两个指标来看，上海、苏州、南京、杭州、宁波等城市优势明显；但从文化体育与传媒支出占地方财政支出比重指标来看，绍兴（3.5%）、芜湖（3.39%）、上海（2.53%）、南京（2.28%）、苏州（2.28%）、嘉兴（2.12%）、黄山（2.1%）相对突出，而其中杭州（0.73%）、合肥（0.83%）的文化体育与传媒支出占地方财政支出比重与其文化产业发展水平不相匹配。

长三角主要城市公共预算文化体育与传媒支出情况

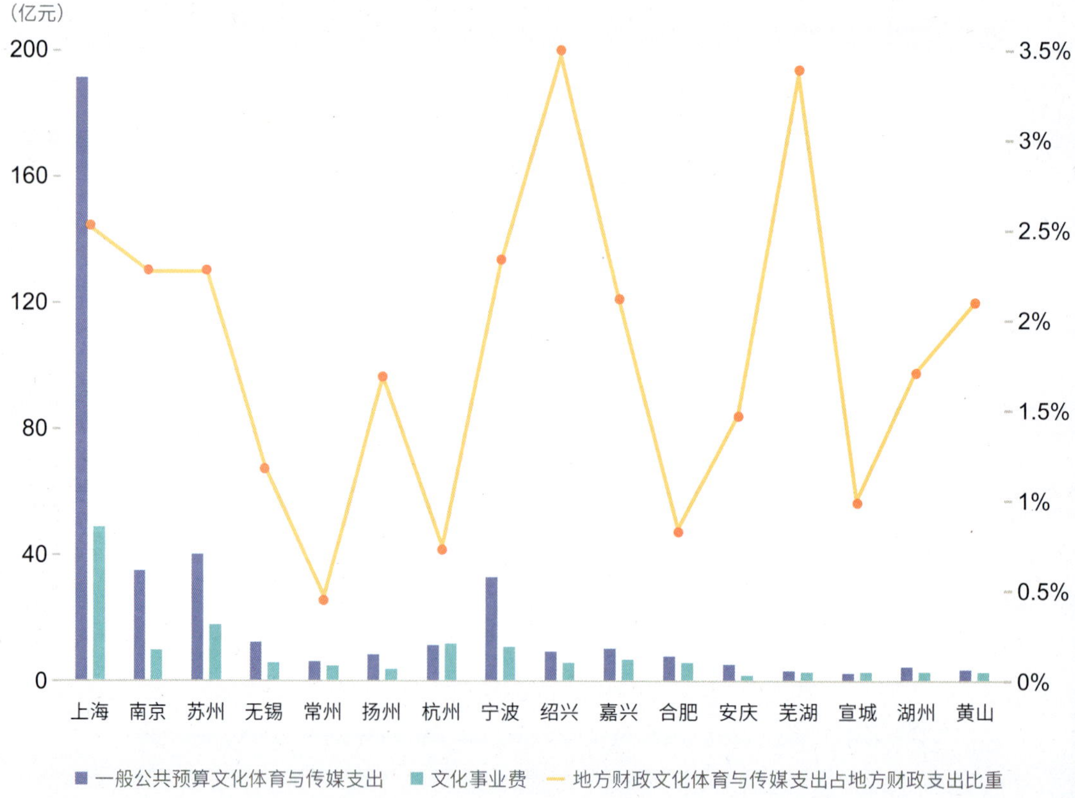

长三角主要城市文化教育生态

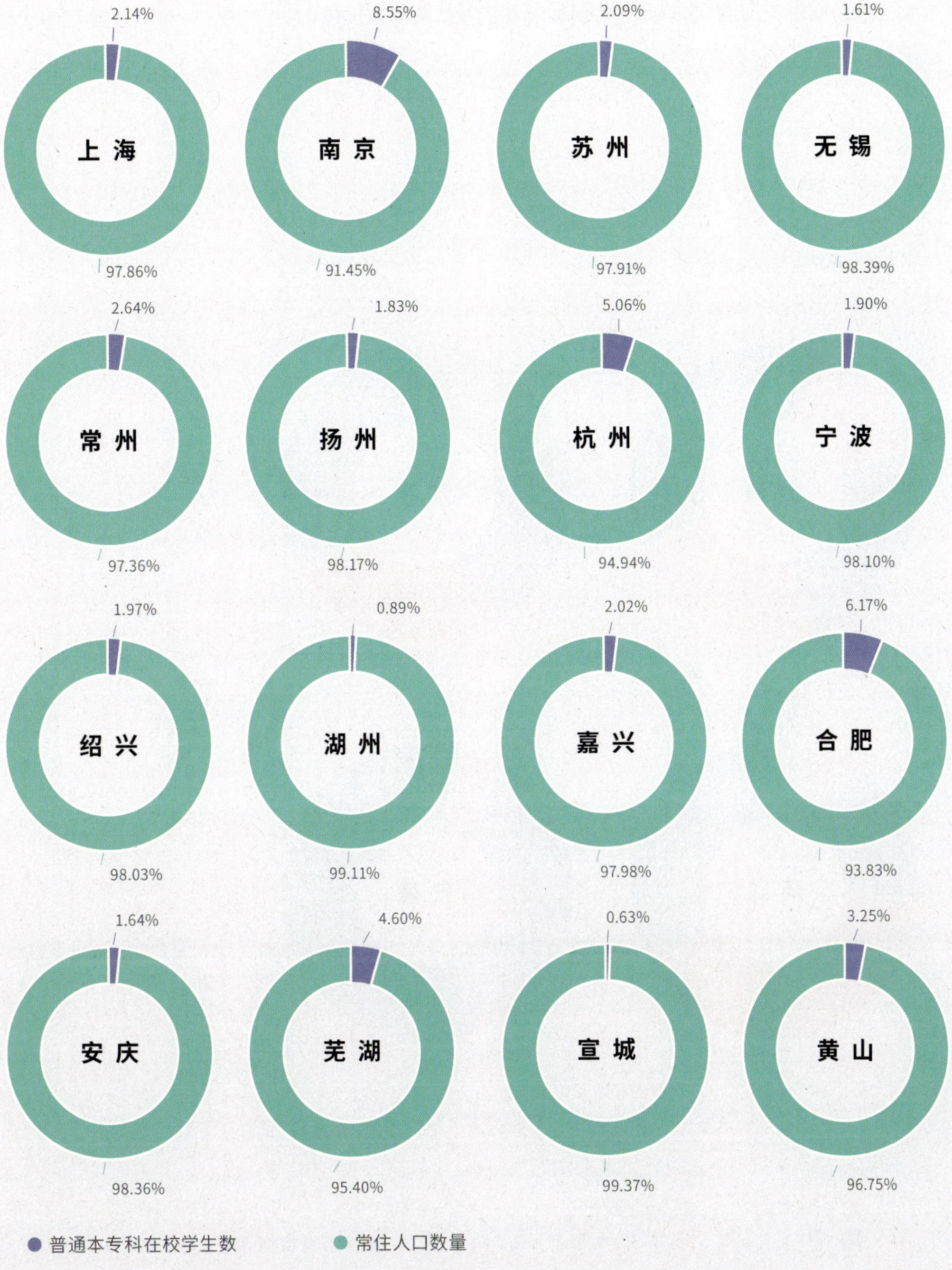

从长三角文化产业流入投资资金指标来看，2017—2019 年9 月，长三角地区文化产业各渠道合计流入资金达 2682.37 亿元，全国占比高达 27.85%。从结构上看，债券和私募股权融资是长三角文化产业最常用的融资渠道。从省市差异看，上海的文化上市企业较多，江苏更依赖信托渠道，浙江依赖私募股权投资渠道，安徽则以债券发行为主。

长三角文化产业流入投资资金

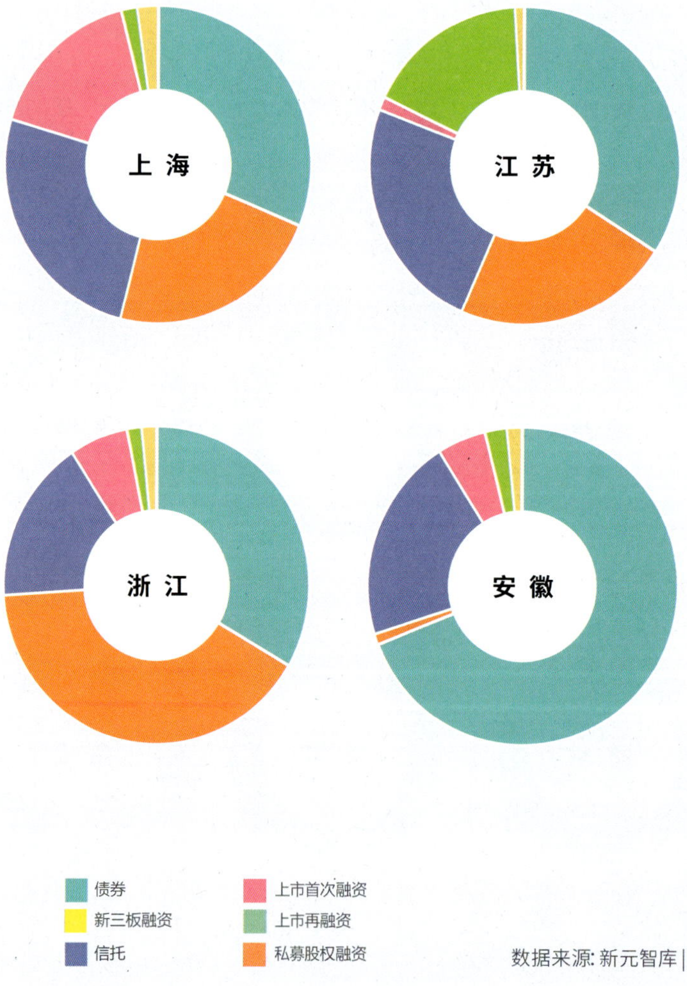

数据来源：新元智库 | 上海新文锦投资管理有限公司。

从文化及相关产业增加值指标来看，长三角不同城市的文化产业发达程度不一，可以划分为四大梯队。第一梯队是上海（2,081 亿元）、杭州（1,580 亿元），均突破千亿元大关；第二梯队是苏州、南京、宁波、无锡、常州、合肥，文化及相关产业增加值介于千亿元以下以及 300 亿元以上；第三梯队是扬州、绍兴、芜湖、湖州，均在百亿元以上；第四梯队的嘉兴、安庆、宣城、黄山的文化及相关产业增加值尚未实现百亿元，发展与上升空间大。

长三角主要城市文化及相关产业增加值情况

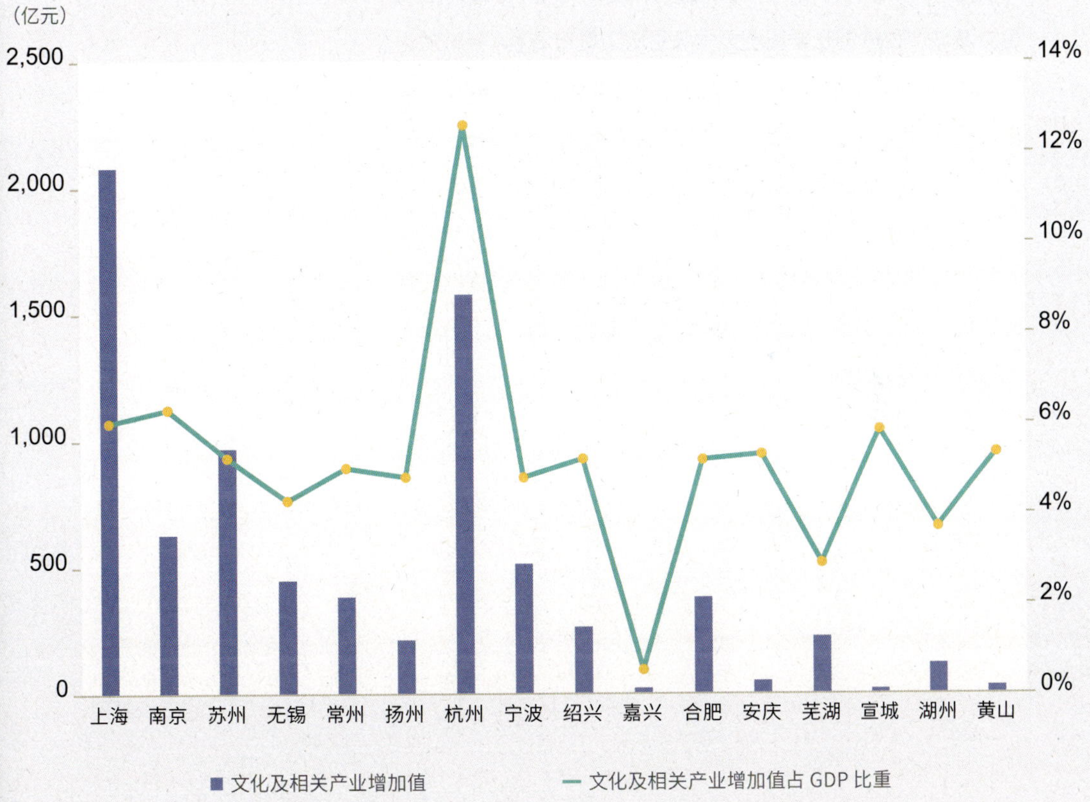

文旅融合：
长三角旅游资源丰富，
城市间文旅产业强势联动

长三角旅游资源极其丰富，且不同城市的资源禀赋存在明显的差异性，相应地带来了文化发展定位与文化特色的不同。拥有优质自然生态资源，历史文化资源的城市，文旅产业优势明显。得益于便利的交通条件和近年周边游的快速发展，形成了较为繁荣的民宿市场。尤其是一线和新一线城市周边的中等规模城市，结合当地文旅资源，民宿市场体量庞大、地域特色明显。城市间的文旅产业联动性强，且互为依托与补充。

随着长三角区域一体化深入推进，城市之间的交通联结更为紧密，面向短途游客的文旅资源得到充分开掘，区域内的特色旅游城市在旅游旺季能明显地吸引周边城市游客。考虑短途游、周边游等长三角区域内典型旅游模式的频次高、深度深、需求多元等特征，一定程度上可从人口流动数据中获知长三角城市间的文旅产业联动性强，且已形成互为依托与补充的结论。

江苏旅游资源丰富，4 个地级市（南京、苏州、无锡、常州）的国家 5A 级景区数量均在 3 家以上；浙江的杭州与嘉兴，安徽省的黄山市的 5A 级景区均达到 3 家，在旅游产值、入境游客人次等方面均有突出表现。

长三角主要城市国家 5A 级以上景区数占比

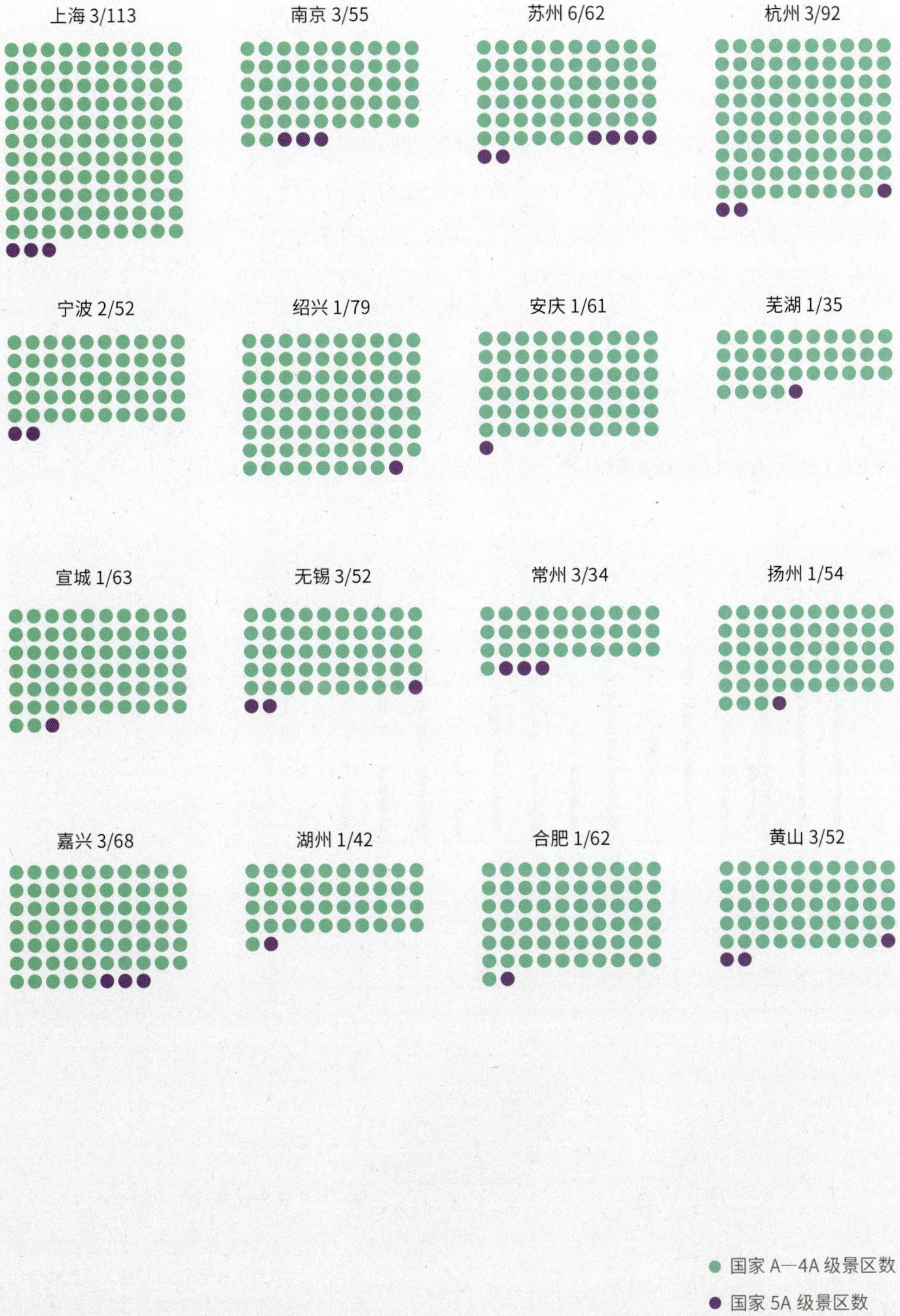

从类型来看，长三角民宿市场已经出现分化和差异化：部分城市形成了典型的中高端市场，民宿主体价位聚集在 1,000 元 / 晚以上，如湖州、舟山、嘉兴等；另一些民宿市场发育较晚的城市，主力价格仍局限在 500 元 / 晚以内。

从长三角城市间的人口流动来看，16 城之间的人口流动，日常流动以一线及新一线城市为目标，并且这些城市之间的商务往来为主的流动，呈单向流动形态；但在“十一”黄金周等旅游旺季，16 个特色旅游城市会从大城市吸引大量旅游人口，城市之间的往来方向更多、强度更高，呈双向和循环流动形态。

长三角主要城市民宿市场价格情况

单位：元 / 晚

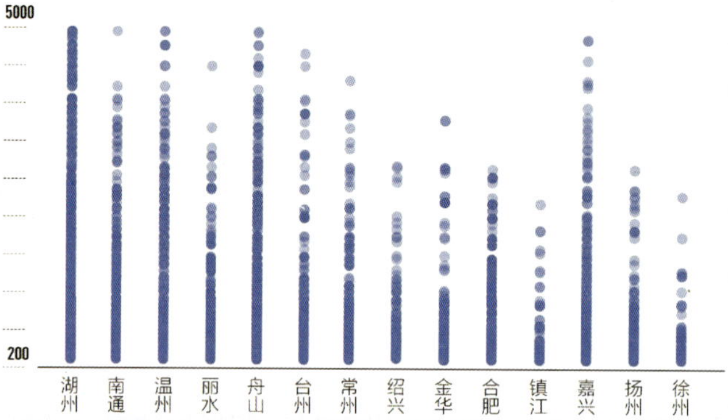

长三角城市间的文旅流动

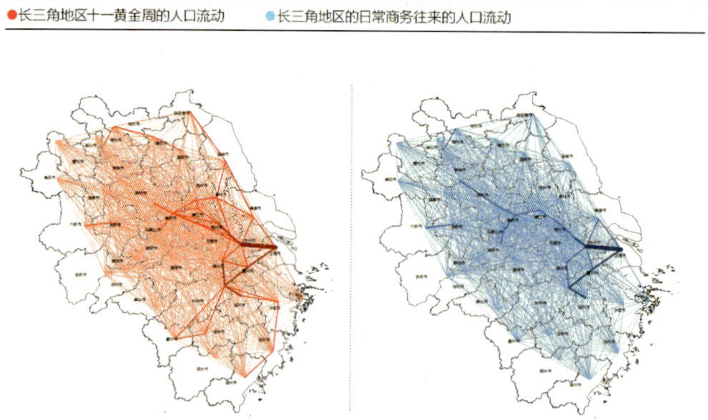

数据来源：联通智慧足迹。

注：黄金周数据统计时间为 2018 年 10 月 1 日至 7 日；日常人口流动统计时间为 2018 年 12 月 3 日至 9 日。

文化消费：
文化生活品位提高与文化参与度提升
成为长三角文化共同体发展的共性

长三角雄厚的经济基础与发达的文化产业为长三角文化共同体的形成奠定了基础。文化交流和文化联动的加快，以及区域一体化进程的加速推进，有力提升了城市居民的文化生活品位和文化参与度的提升。演艺行业在长三角城市的巡演已经成为常态，有不少剧目 / 音乐会等巡演城市超过 10 个，很多巡演到县级城市，当地新建的演出场馆也为此提供了良好的硬件基础。长三角发达的交通条件也为高频次的巡演提供了条件，不少巡演在长三角地区的巡演节奏尤其紧凑。从夜游指数来看，16 城的居民夜间文化生活丰富。

长三角城市的城镇居民用于教育文化娱乐消费的支出比较

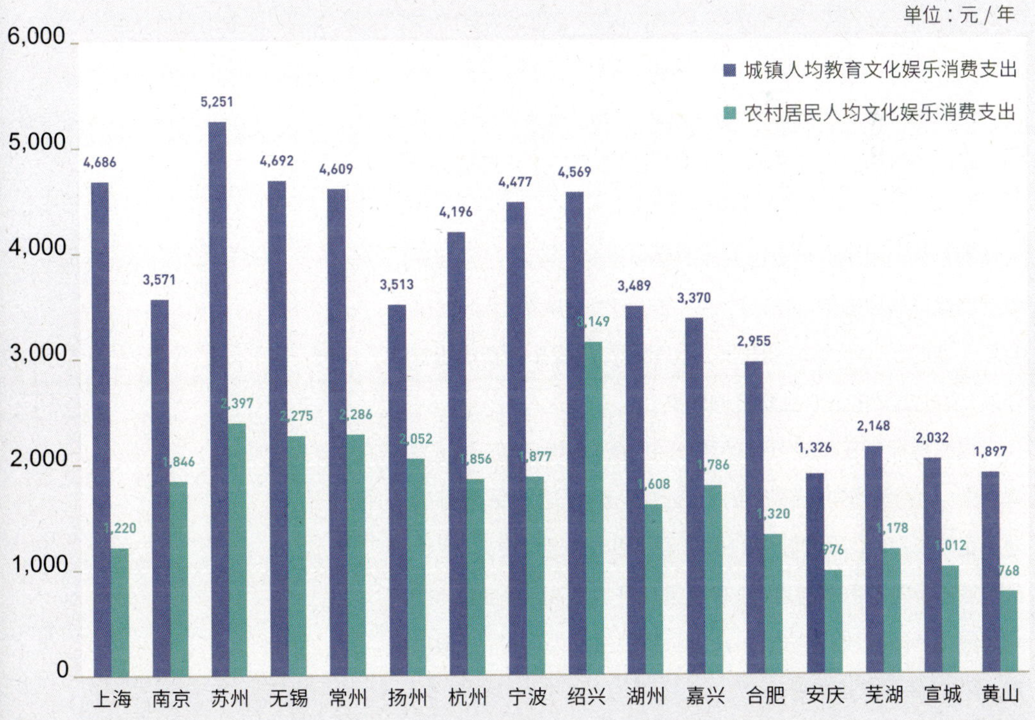

长三角重点巡回演出剧目 / 音乐会

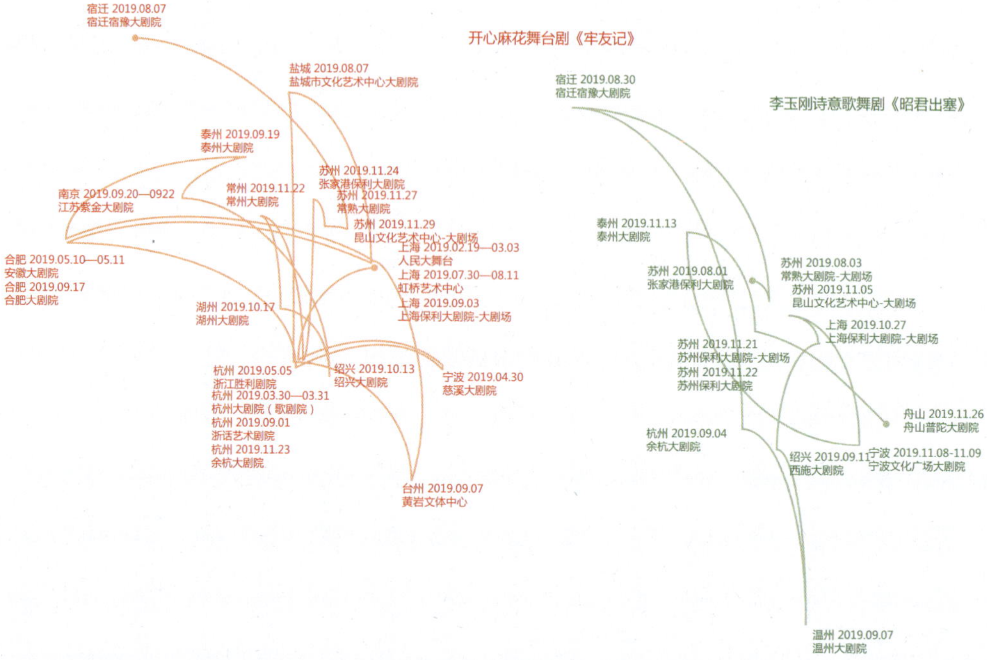

从居民文化支出指标来看，长三角城市的城镇居民用于教育文化娱乐消费的支出存在明显差别，支出最高的是江苏的苏州市（5,251 元），是支出最低的安庆市（1,326 元）的 4 倍；农村居民人均教育文化娱乐消费支出最高的是浙江的绍兴市（3,149 元），是支出最低的黄山市（768 元）的 4 倍。但总体来看，上海、江苏、浙江三地的差异不大，城镇居民人均教育文化娱乐消费支出普遍较高，反映出文化生活品质普遍较高。

根据指标长三角城市可以划分为均衡型、娱乐型、游览型、体验型。均衡型多为头部城市，在夜游经济各方面的发展都有较为不错的表现；娱乐型城市的夜间酒吧和电影通常更为活跃；游览型城市多为特色旅游城市，夜间景点开放度高，甚至有一些夜间的展览场所开放。体验型，以体验特色生活为内容，一般以饮食、茶饮、佛系体验为主。

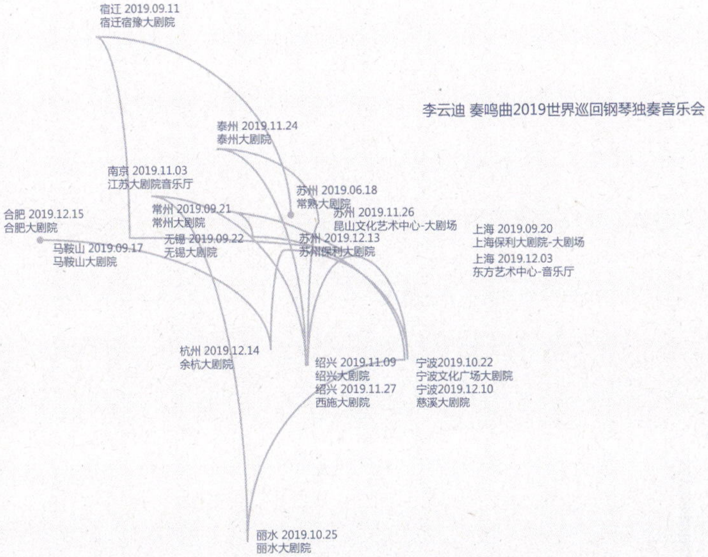
李云迪 奏鸣曲2019世界巡回钢琴独奏音乐会
宿迁 2019.09.11
宿迁宿豫大剧院
泰州 2019.11.24
泰州大剧院
南京 2019.11.03
江苏大剧院音乐厅
苏州 2019.06.18
常熟大剧院
合肥 2019.12.15
合肥大剧院
常州 2019.09.21
常州大剧院
苏州 2019.11.26
昆山文化艺术中心-大剧场
无锡 2019.09.22
无锡大剧院
苏州 2019.12.13
苏州保利大剧院
马鞍山 2019.09.17
马鞍山大剧院
上海 2019.09.20
上海保利大剧院-大剧场
上海 2019.12.03
东方艺术中心-音乐厅
杭州 2019.12.14
余杭大剧院
绍兴 2019.11.09
绍兴大剧院
绍兴 2019.11.27
西施大剧院
宁波2019.10.22
宁波文化广场大剧院
宁波2019.12.10
慈溪大剧院
丽水 2019.10.25
丽水大剧院

长三角城市的夜游指数

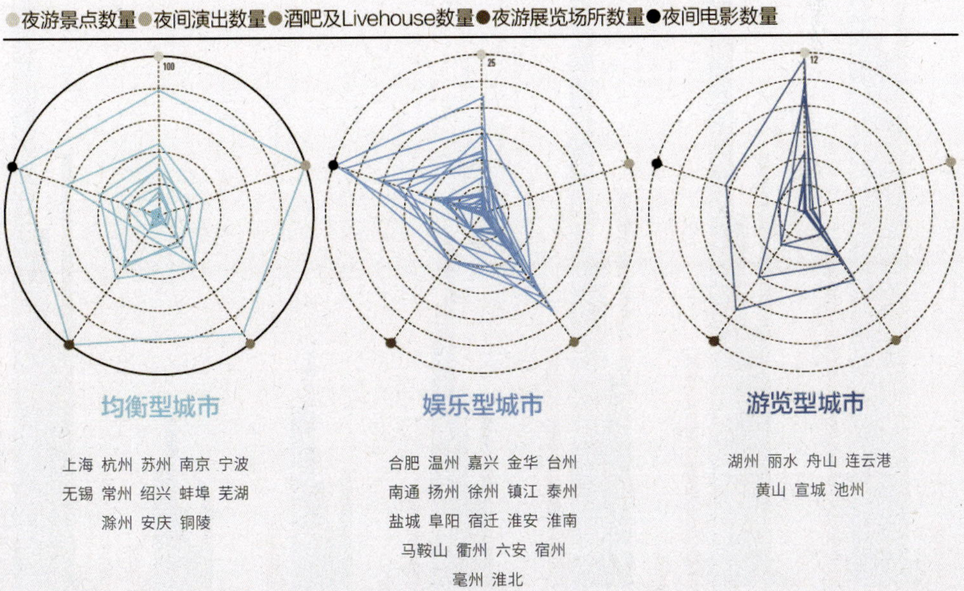
夜游景点数量 夜间演出数量 酒吧及Livehouse数量 夜游展览场所数量 夜间电影数量
100
25
12
均衡型城市
上海 杭州 苏州 南京 宁波
无锡 常州 绍兴 蚌埠 芜湖
滁州 安庆 铜陵
娱乐型城市
合肥 温州 嘉兴 金华 台州
南通 扬州 徐州 镇江 泰州
盐城 阜阳 宿迁 淮安 淮南
马鞍山 衢州 六安 宿州
亳州 淮北
游览型城市
湖州 丽水 舟山 连云港
黄山 宣城 池州

16 城十大受欢迎 APP 使用情况

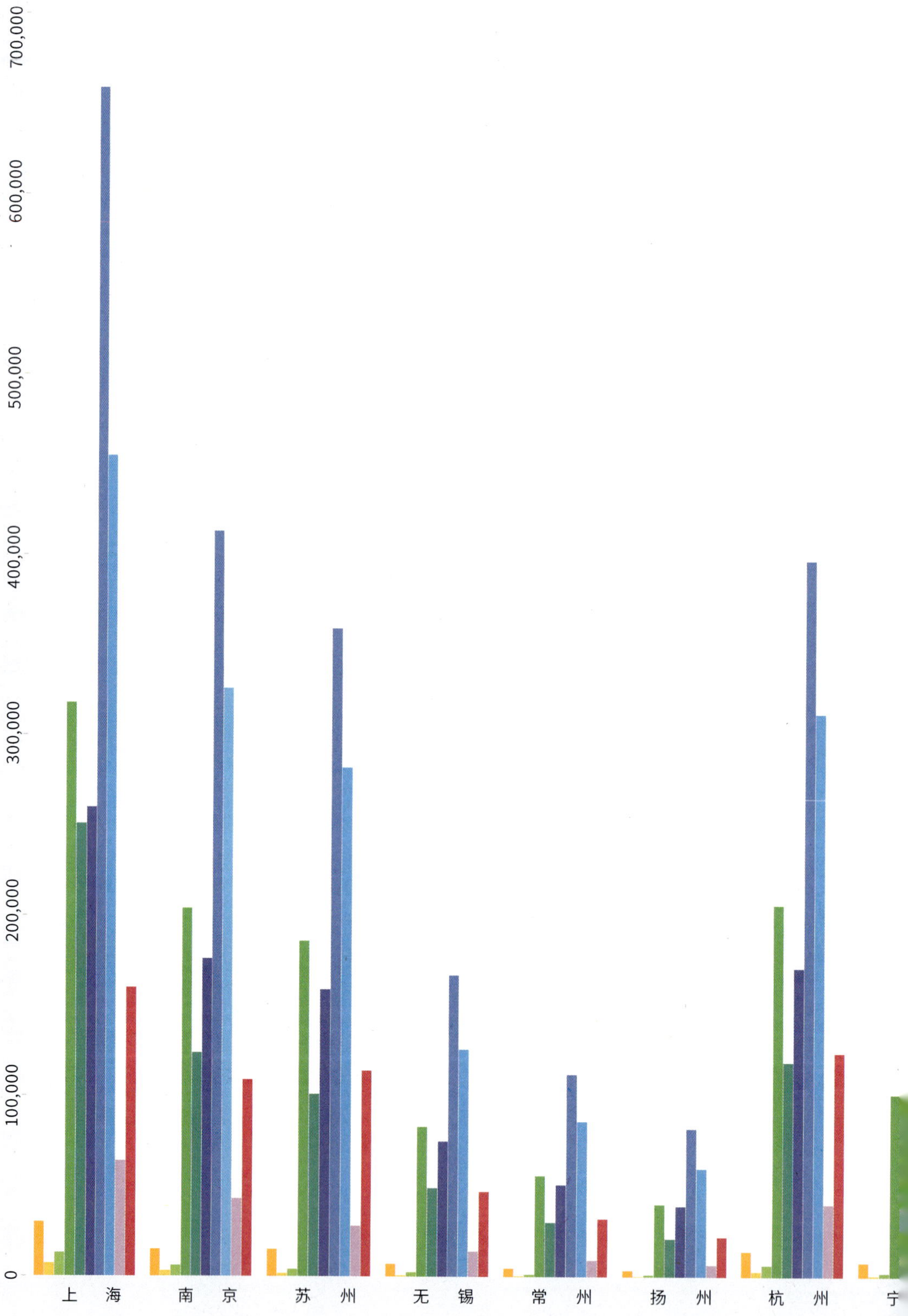

单位：万人次

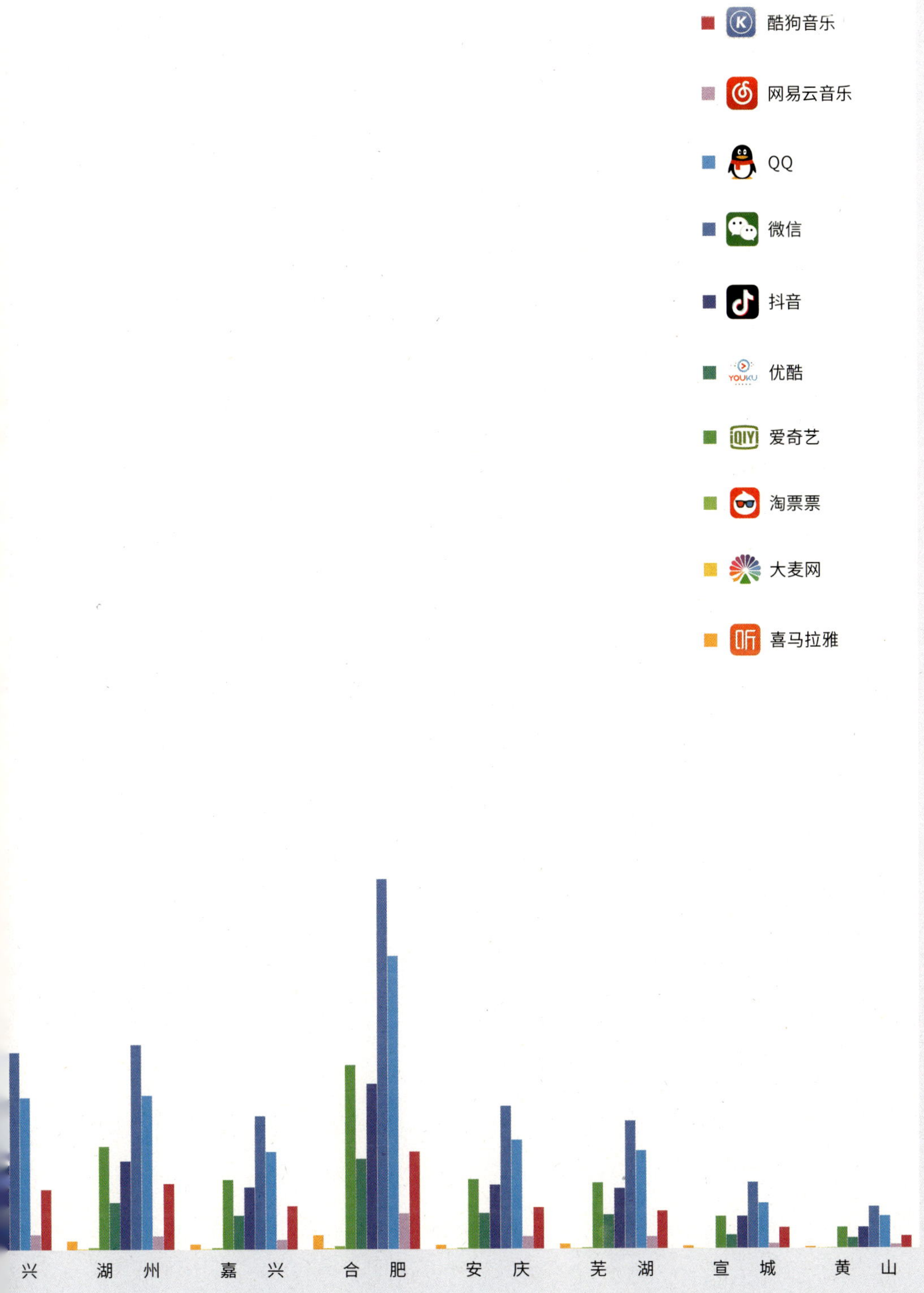

数字文化新业态：数字化、网络化与智能化趋势成为长三角城市的独特风景

2019 年 7 月，《长江三角洲区域一体化发展规划纲要》印发，明确长三角通过一体化发展成为全国经济发展强劲活跃的增长极。数字化、网络化与智能化成为长三角高质量发展的重要抓手，构建长三角科技创新一体化与科技创新共同体成为长三角城市发展的亮点。

长三角各城市正在积极促进数字化、智能化、网络化文化的发展，布局云计算、大数据、人工智能、5G 等先进技术搭建服务平台与促进文化产业发展，涌现出一批文化与科技深度融合的龙头代表。例如，上海的二次元文化社区 B 站、网络音频企业喜马拉雅，浙江省的阿里巴巴，江苏省的驴妈妈，安徽省的科大讯飞、时代传媒、小米文化传媒有限公司等。

根据长三角城市居民使用十大文化 APP 的规模比较发现，16 个代表性城市使用十大文化 APP 总量差距大，但人均规模相差不大，说明长三角整体网络化、数字化水平高。具体来看，长三角 16 个代表城市最受欢迎（按照使用规模排序）的五大文化 APP 是微信、QQ、爱奇艺、抖音、优酷；使用总规模最高的四大城市是上海、南京、杭州、苏州。

10 大文化 APP 人均使用规模最高的三大城市是南京、杭州、苏州，分别高达 1,682.17 万人次、1,419.94 万人次、1,169.73 万人次。

长三角城市十大最受欢迎的文化 APP 使用总规模比较

单位：万人次

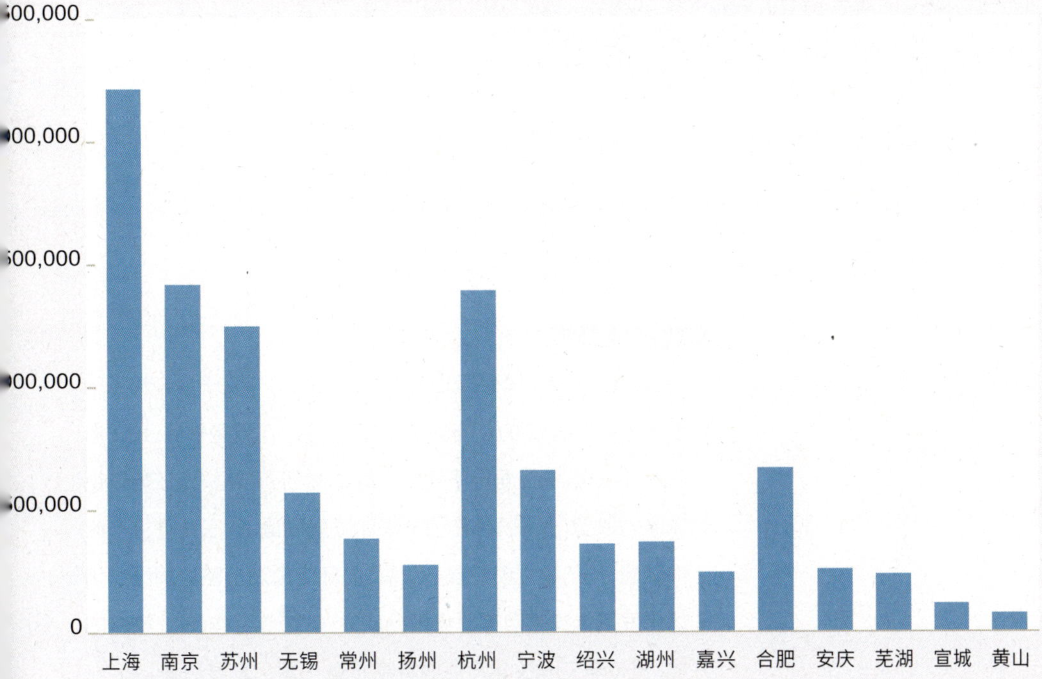

长三角城市十大最受欢迎的文化 APP 使用人均规模比较

单位：万人次

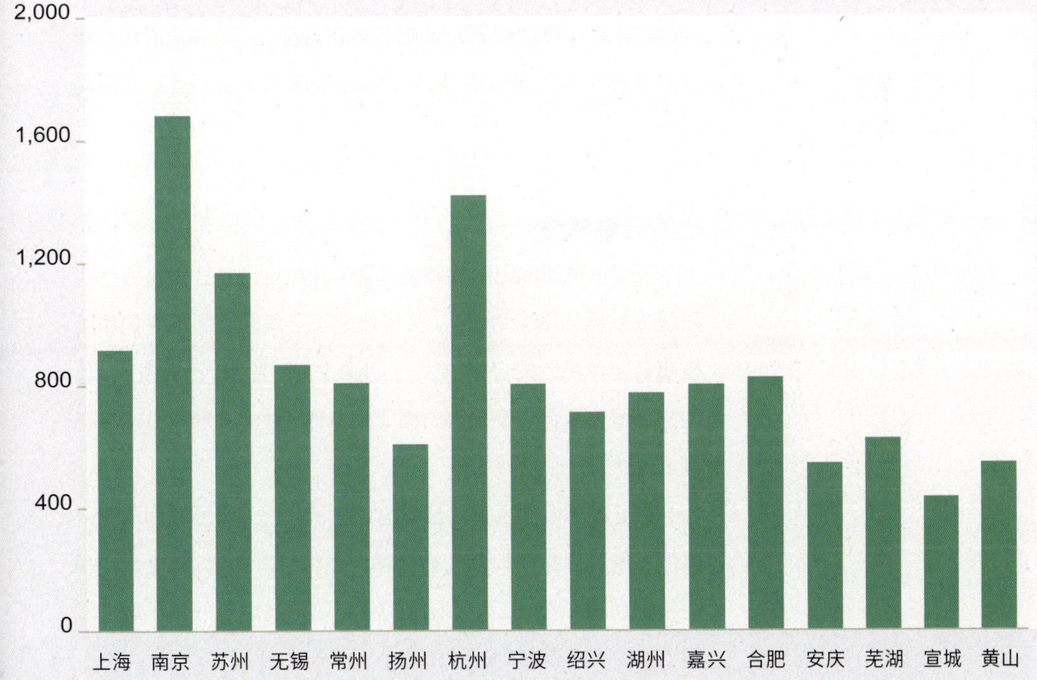

总体状况：平台和机制建设全面推进

文化产业领域

首届长三角文博会（2018 年 8 月 20 日）举办期间，长三角红色文化旅游区域联盟、长三角文化金融合作服务平台、长三角文旅产业联盟、长三角电子竞技产教协同创新中心、长三角影视制作基地联盟、长三角 XR 创意媒体发展联盟、长三角动漫产业合作联盟、长三角文创特展产业联盟、环淀山湖战略协同区文化一体化发展合作项目等纷纷推动成立，以跨域合作、专业整合的方式，推动长三角文化产业向更高质量一体化发展迈进。

第 22 届上海国际电影节期间（2019 年 6 月 15 日—24 日），举行长三角影视拍摄基地合作启动仪式，三省一市（江苏、浙江、安徽、上海）主要影视拍摄基地倡议建立“长三角影视拍摄基地合作机制”，推动区域内影视拍摄服务的协同合作与联动发展。

出版印刷领域

三省一市新闻出版局签署《关于共同推动长三角区域出版和版权发展的框架协议》《关于建立长三角区域版权保护和版权服务协作机制的合作协议》，明确在行业监管、产业发展、公共文化服务及合作交流等方面深化合作、共促发展（2018 年 8 月 15 日）。

由三省一市党委宣传部参与编制的《长三角区域印刷业一体化发展升级指南》发布，旨在通过强化统筹协调、制度设计和创新驱动，推动长三角区域印刷业实现更高质量一体化融合发展（2019 年 7 月 25 日）。

在公共文化领域

举办“首届长三角地区公共文化服务发展论坛”，发布《长三角地区国家公共文化服务体系示范区（项目）合作机制虹桥宣言》，建立覆盖39个城市（区）的“长三角地区国家公共文化服务体系示范区（项目）合作机制”，探索跨行政区域公共文化服务合作一体化新机制（2018年10月23日）。

举办2019—2020年上海及长三角地区公共文化和旅游产品与服务采购大会，逐步建立公共文化产品与服务长三角区域化供给模式（2019年3月19日）。

来自长三角地区的上海美术馆（中华艺术宫）、江苏省美术馆、浙江美术馆、安徽省美术馆（筹）、合肥市赖少其艺术馆等共同发起成立长三角省级美术馆联盟，为长三角地区的美术馆建设、美术文化产业发展开启新契机、开拓新平台（2018年10月30日）。

长三角城市文化馆联盟正式成立，由浦东新区文化艺术指导中心、马鞍山市文化馆等18个长三角地区文化馆共同发起，联盟成为推动长三角公共文化协同创新、融合发展的全新实践载体，通过全方位的馆际合作与交流，实现机构联动、服务功能联通，数字资源共建共享，形成相互开放、有效衔接的城市文化馆服务网络（2019年7月26日）。

文化执法领域

三省一市旅游质量监督管理部门早期已签署《长三角区域旅游质监执法合作黄山共识》，完善长三角区域旅游质监执法协作体制和信用联动奖惩机制（2016年11月2日）。

三省文化厅与上海市文化市场行政执法总队早期已签署《江浙沪皖文化市场行政执法合作协议》，形成区域联动协作机制，提高文化市场行政执法水平，推动江浙沪皖文化市场一体化发展（2017年1月5日）。

举行“扫黄打非·一体化工程”首次联席会议，三省一市“扫黄打非”办公室签署《“扫黄打非·一体化工程”联防协作协议》，启动联防机制（2018年11月1日）。

文艺创作领域

三省一市文学艺术联合会共同组建“长三角文艺发展联盟”，力求实现文艺资源共享、文艺平台共建、文艺合作共赢，努力构建长三角“文化大码头”（2018 年 6 月 20 日）。

三省一市作家协会签订协议，联合组建“长三角文学发展联盟”，建设区域一体化文学推广平台、文学创作平台、文学评论平台和文学教育平台（2018 年 8 月 17 日）。

三省一市戏剧家协会召开“剧荟江南——新时代长三角戏剧联合发展论坛”，签署《新时代长三角地区戏剧发展战略合作备忘录》，在戏剧资源共享、平台共建、合作共赢方面达成合作共识（2018 年 10 月 10 日）。

学术研究领域

三省一市社科规划办组建“长三角社科规划工作群”，推进联合课题招标及合作事宜（2019 年）。长三角九城市文旅部门共同签订《“江南文化”研究合作协议》，携手推进“江南文化”研究和传播（2019 年 7 月 12 日）。

三省一市社科联举办首届长三角江南文化论坛，共同签署《长三角三省一市江南文化研究学术共同体合作框架协议》，合作推进长三角江南文化研究学术共同体建设（2019 年 10 月 11 日）。

文化旅游领域

《长三角文化和旅游高质量发展战略合作框架协议》签约仪式上，三省一市明确了 2019 年共同推进长三角地区文化和旅游高质量发展战略合作的 25 项重点任务（2019 年 5 月 20 日）。

三省一市文化和旅游部门联合推出“跟着考古去旅游”三条精品线路，三条线路均为 3 日游，分别以“重拾文明火种”“阅读王朝变迁”“以诗歌纪行”为主题，串联起上海广富林文化遗址及位于浙江的“新科”世界文化遗产良渚古城遗址、新石器时期文化遗址之一河姆渡遗址，位于江苏的大报恩寺遗址公园，位于安徽的凌家滩国家考古遗址公园等（2019 年 8 月 16 日）。

上海市文化和旅游局、杭州市文化广电旅游局、西湖风景名胜区管委会、南京市文化和旅游局联合推出“长三角 PASS”旅游年卡，首批推出“沪杭宁版”“沪杭版”多款产品，一张卡最多可免费畅游沪杭宁三地的 71 个景点（2019 年 9 月 21 日）。

扎实推进“乐游长三角”网络服务平台建设，精心培育“高铁 + 景区门票”“高铁 + 酒店”快捷旅游线路、“名城、名镇、名村、名山、名湖、名园、名馆”精品旅游线路，推动长三角形成统一的文化旅游服务标准、互认的市场信用管理机制、联动的突发事件应急处置（2019 年的重点任务）*。

文明共建领域

三省一市文明办联合主办长三角全国文明城市（区）文化交流研讨会，签署《关于开展长三角全国文明城市（区）创建工作共建备忘录》，促进长三角全国文明城市（区）交流协作，完善全国文明城市（区）共建长效工作机制（2018 年 9 月 27 日）。

举办长三角地区未成年人思想道德建设与新时代城乡一体化学校少年宫发展论坛，三省一市文明办签订战略合作框架协议，成立“长三角地区未成年人思想道德建设与新时代城乡一体化学校少年宫发展联盟”，促进长三角地区学校少年宫协同发展（2018 年 10 月 25 日）。

举办长三角地区（上海）志愿服务论坛，三省一市文明办共同发布《长三角志愿服务合作宣言》，就建立协调联动机制、联合开展理论研讨、推动工作交流学习、加强文化宣传推广等深化合作（2019 年 3 月 1 日）。

---

* 根据《长三角文化和旅游高质量发展战略合作框架协议》，长三角三省一市将共同构建目标统一、行动协同的文化和旅游合作协调机制，打造联合开放、充满活力的文化和旅游市场，提供多元优质、品牌荟萃的文化和旅游产品，打造全域融合、促进企业发展的文化和旅游产业，构建便捷高效、便民利民的文化和旅游公共服务体系，建设诚信规范、优质安全的文化和旅游服务示范区。未来，长三角文化和旅游部门还将与相关企业进行深度挖掘和策划，推出“跟着电影去旅游”“跟着非遗去旅游”等新产品。

主要特征：加强顶层设计，各方力量积极参与

聚焦文化各领域公共服务平台建设和联动机制——三省一市对长三角文化协同发展高度重视，在文化产业、公共文化服务、文化旅游融合、文化执法、文明共建、学术研究等各个领域，基本都已建立各种形式的公共服务平台和联动机制，为后续文化共同体建设提供较为坚实的顶层设计。

政府主导，社会和企业力量积极参与——从已有的工作成绩来看，三省一市对共同体建设建立了高度的文化自觉意识，对文化共同体建设过程中存在的各类问题进行了充分的梳理。在政府的积极引导下，各种社会力量和文化行业也都以各种形式参与其中，政府、社会和企业三方力量建立了良好的互动关系。

强调文化产品的跨区域供给，共建文化生产“大码头”和文化消费的“大市场”——文化产品的跨区域供给是构建文化共同体的核心环节。三省一市在文艺精品生产、公共文化产品的供给、公共文化机构的资源共享、文化内涵的学术研究等方面精准发力，全面合作，协同发展，为文化共同体的内容生产提供源头活水。

构建长三角
文化发展共同体
面临的困境与挑战

三省一市对长三角文化的当代核心价值还没有形成共同的理解与认同

尽管长三角地区在文化方面有很多历史渊源和内在联系，但其核心的文化价值和文化精神仍有差异。上海文化主要强调海纳百川、包容开放的特征；江苏文化秉承了吴文化外柔内刚、谦让开拓等许多传统；浙江继承了越文化和浙东学术的精髓；徽文化则深受程朱理学、桐城学派的文化影响。“长三角”自发的文化认同显然不是三省一市文化形态的简单相加，而是在相互交流融通中生成一种新的文化内涵。当前，对于江南文化空前重视，虽然有助于文化认同的形成，但在研究的过程中，过分侧重江南文化史料的重新挖掘和典籍的重新解读，对江南文化的历经流变特别是在中西文化潮流中的发展涉及较少，导致各地依旧遵循自身的文化脉络惯性发展，而没有建构起一种既能够兼容区域文化又坚持面向世界、面向当代的价值追求。

文化共同体建设的政策设计和制度保障滞后于经济社会“一体化”的发展

当前，关于长三角一体化的顶层政策设计和制度保障主要侧重看得见的“物质”和“物理”层面，如交通条件的完善、设施的共享、产业的联动、人才的相互吸引等。文化层面还没有建立比较完善的协同发展战略及具体的机制，不仅没有“先行”，相反存在滞后的客观状况。这种滞后不仅不利于长三角文化的共同繁荣发展，长期来看，对经济社会的一体化发展，甚至对国家战略顺利实施也会带来消极影响。

文化产业的同质化与文化市场的割裂

三省一市区域行政壁垒的存在也是制约长三角文化协同发展的重要因素。当前的政绩考核模式依旧是按省市来划分的，各省市领导工作谋划的初衷几乎都是本位主义考虑，还没有形成从长三角整体考虑的自觉意识。行政壁垒在文化领域的突出表现在于省市之间文化产业的同质化竞争以及文化市场的相互封闭。如果不打破区域行政壁垒的藩篱和限制，且三省一市局限于本地区单一的文化之中，就会严重制约、阻碍长三角文化的协同融合发展。

文化发展共同体推进缺乏合理有效可操作的运行机制

目前，所形成的各种平台和协同机制基本还停留在计划或者部署的阶段，实质性的工作开展不多，且在各领域建立的平台和机制之间缺乏协同发展的顶层设计，在实际工作的推进过程中比较容易陷入资源竞争或者重复作为的消极局面，对于共同体的构建不但没有起到促进作用，相反无形中会形成隐蔽的制约和阻碍。

长三角城市文化发展存在数字鸿沟

长三角城市文化生产、城市文化生活与城市文化生态三大指标方面存在差异。从文化投入指标来看，长三角各城市投入规模表现出明显的省际差异。如文化体育与传媒支出指标方面，上海以 191.32 亿元领先其他城市，比排名第二的苏州高出近 150 亿元；安徽各城市的文化投入较低，其中，宣城 2018 年的文化体育与传媒支出仅为 0.28 亿元，在 16 个城市中排名最末。从文化生产与服务主体来看，上海作为长三角的核心城市，具有强大的虹吸效应，各类文化生产与服务主体在上海市聚集，远超长三角其他城市。此外，在文化生态指标上也存在数字鸿沟。对比长三角各城市高等学校在校生人数以及学生占比发现，教育生态不平衡问题较为突出，16 个城市中，近一半城市在校学生数不足 10 万，其中宣城市仅有 1.67 万人，而在校学生数最多的南京市超过了 70 万人。

构建长三角文化发展共同体的基本路径

当前，虽然长三角文化共同体的建设取得显著成效，着力于“一体化”和“高质量”。但是，我们必须认识到，一体化或共同体并不是简单的统一发展或均衡一律，一体化更多的是在治理结构和政务服务、市场准入等方面的现代化和创造健康的营商环境，必须凸显差异化和特色化，避免同质化和单一化。有鉴于此，构建长三角文化发展共同体的基本路径应该包含以下五个方面。

凝聚区域文化价值的认同

加强江南文化文脉与当代传承的综合研究，梳理归纳各区域文化形态的共通之处，提炼为三省一市共同认可并自觉渗透于日常生活的新时代“江南文化”。“长三角”自发的文化认同不是三省一市文化形态的简单相加，而是在相互交流融通中生成一种新的文化内涵。从历史上江南文化的形成脉络来看，宋元明清时期，长三角区域就形成了一体化的发展格局，发达的水系交通使长三角交流十分便利，发达的稻作和丰富的农副产品生产，高度分工的专业化和细节化生产方式，催生了有品质的生活和文化，推动了诗性江南文化的形成。整个江南地区的乡村与城镇，城镇与城镇之间，依托市场网络逐步结成相互依存、互为关联的有机整体，也为江南文化的繁荣提供了重要物质基础，其影响和渗透力一直延续至今。

在新时代的当下，我们如何形成基于当代生活和时代语境所需要的“新江南文化”？首先，是各个区域特色文化形态的充分开发传播，借助文化产业的快速发展，把江南文化的各种形态产品化，生产出广为传播的、为受众所接受的优质文化产品，使江南文化产生广泛的社会文化影响；其次，是要在区域制度文化层面，整合和制订一整套规范体系，完善区域文化合作的信誉管理体系和区域文化合作的法规体系，搭建各种类型的文化联动平台机制，实现长三角区域文化协同发展战略，避免同质化竞争。重点要建立科学合理的区域文化市场，各地应以产业分工的视角来制定地方性文化产业发展战略和规划，使局部文化产业规划与区域整体性文化市场一体化规划有机衔接。还有一个方面，是要加强江南文化文脉与当代传承的综合研究，不能仅仅局限于典籍的考据与阐释，还要以民众丰富的日常生活世界为肌理，构建江南文化的当代形态。在具体的文化实践中，要把时代精神、核心价值观与江南文化优秀传统充分融合，梳理归纳各区域文化形态的共通之处，进而提炼为三省一市共同认可并自觉渗透于广大民众日常生活的新时代江南文化。

江南文化资源的充分开发利用

江南文化之于长三角文化发展的当代意义，不仅在于其源头上的孕育功能以及传承过程中的人文滋养，更为重要的是生活方式的潜移默化。江南文化是海派文化和红色文化的孕育母体，在漫长历史文化的传承与发展中，江南文化的内涵与特征随时代而不断变化，但是，其内在的文化精神却得以延续和传承，催生了长三角各个城市不同类型的文化形态，可以说江南文化是长三角地区共同的文化资源精神家园，是新时代背景下长三角一体化的文化基础和精神动力。江南文化资源包含了非常丰富的类型，比如，古镇文化、农耕文化、饮食文化、工业文化、红色文化、园林文化、艺术演艺文化等，在历史的长河中，虽经历几多变迁，但其精髓和根脉依然流淌在广大民众的日常生活中，虽日用而不知。对于江南文化资源的开发与利用，直接影响了长三角文化共同体建设的深度和广度。要具备无形资源具象化的创新和转换，在保护江南文化生态和文脉传承的基础上，融入当代世界的现代价值，如果能够把类型多样的江南文化资源都进行文化创意基础上的当代开发和应用，将会大大提升长三角文化产业的内在品质，同时也会大大提升长三角文化共同体建设的进程。

文化生产要素的充分有效流动

文化生产要素的市场配置机制是推动文化繁荣发展的基础性支撑，只有实现了文化生产要素更广范围内的自由流动，长三角文化共同体建设才能在文化发展的经济效益和社会效益两个层面都能得以彰显。长期以来，根源于文化建设的意识形态属性，在生产要素的配置方面，文化的地域性制约及流动性的限制产生了消极的阻碍作用，特别是在人才、产业、资本等核心要素方面，表现得尤为明显。实现文化要素的有效流动，必须要处理好政府、市场和社会之间的关系，政府既不能缺位更不能越位，切实发挥市场对资源的基础性配置作用，激发各种类型的社会主体参与其中。

制度政策供给和公共服务平台的搭建

在区域制度文化层面，整合和制订一整套规范体系，完善区域文化合作的信誉管理体系和区域文化合作的法规体系。搭建长三角一体化发展文化联动平台机制，平稳有序地实现长三角区域公共文化事业、文化产业、文化市场、文化人才、文化金融等专业联动平台，建立文化专项联动机制，把宏观规划转化为可以实施的制度建构和机制设置，以目标为导向，寻找有效路径。以问题为导向，化解痛点和难点。通过文化平台机制，实现长三角区域文化协同发展战略，避免同质化竞争，避免重复浪费。打造一个以政府、文化企业、市场研究机构和跨区域协会四类群体微服务主体的长三角文化市场公共信息平台，促进区域文化领域主体间的互动联动。建立科学合理的区域文化市场，各地应以产业分工的视角来制定地方性文化产业发展战略和规划，使局部文化产业规划与区域整体性文化市场一体化规划有机衔接。

文旅产业的协作协同、统筹联动

文化创意产业将文化、科技、创新、制造和产业融为一体，可以大幅度提高传统制造业产品的文化和知识含量，提高其产品附加值，提升传统产业的品牌知名度和国际竞争力，并促进区域的可持续发展，对于引导一国或地区经济结构优化升级具有重要的推动作用。长三角虽然文化趋同、文化发展水平（尤其是公共文化服务）差距不大，但是文化发展的不平衡性、文化及文旅产业发展的特色化等都需要得到高度的认同，比如，演艺产业的特征，一定是在中心城市集聚，因此，每一个区域和城市都应该突出自己文化发展定位，走特色文化和特色产业发展之路，而不能面面俱到，重复发展。要走专业化发展之路，注重文化创新创造，重视“文化 +”的融合发展，文化贸易的升级，在长三角一体化发展的宏大背景下，紧紧抓住“十四五”文化规划，展开长三角文化一体化发展的新画卷。

长三角城市文化指标三维体系及其阐释

关键词 长三角 城市文化 指标 三维体系

城市文化发展大系统是一个包容的、开放的体系，有其内在的发展内源逻辑。在长三角一体化成为国家战略的时代背景下，加快推进长三角文化一体化进程是构建长三角城市文化指标体系的战略性基准。本文构建了一个动态、符合长三角文化发展实践的中国城市文化发展指标体系（长三角），包括文化生产、文化生活、文化生态等3大一级指标、9大二级指标、66个三级指标，为系统审视长三角不同城市的文化生产、文化生活与文化生态的全貌与特色提供依据。

2018 年 11 月 5 日，国家主席习近平在首届中国国际进口博览会上发表主旨演讲，将长江三角洲区域一体化发展上升为国家战略。在此背景下，我国已形成长江三角洲区域一体化、京津冀协同发展、长江经济带发展、粤港澳大湾区建设的四大跨区域协调发展的区域发展总体格局。作为我国最具活力、开放度最高、创新能力最强的区域，长三角地区以占全国 1/26 的地域面积，创造了占全国近 1/4 的经济总量。长江三角洲区域一体化发展战略的提出将进一步推动长三角地区区域一体化发展进程，为长三角城市文化发展注入强劲动力。鉴于此，建构长三角城市文化指标体系，动态探究长三角城市文化发展具有了国家战略支撑。

长三角
城市文化指标体系
研究现状：
参照与比较

从国内外对城市文化指标体系研究现状来看，一、研究侧重经济指标，突出城市 GDP、产业指标研究，如麦肯锡全球研究所对全球 2,200 个城市的研究报告《城市的世界：测绘城市的经济力量》[1]，王琳（2002）对我国大城市文化综合评价指标特别强调了经济指标的重要性[2]。二、研究关注城市创新力，如普华永道的《机遇潜力巨大的城市》报告[3]，理查德·佛罗里达等的《在创意时代的欧洲》（*Europe in the Creative Age*，2004）提出欧洲创意指数（ECI）[4]，《香港创意指数研究》[5]，揭示出城市创意牵引城市创新与发展的重要性。三、关注城市文化竞争力，如贾文山与石俊（2019）对城市文化竞争力的研究围绕“文化资源集聚、文化市场和消费、文化辐射、开放与创新、国际交流、文化管理、文化情感”七大维度展开[6]；向勇等（2018）对城市文化力的研究则聚焦“文化基因、文化活力、文化渗透、文化交流与文化支撑”五大要素[7]；还有研究聚焦城市文化软实力评价，围绕文化基础力、文化生产力与文化创新力展开[8]。四、从生产与消费双重视角审视城市文化指标，如英国发布的《世界城市文化发展报告》，构建了“文化遗产、图书出版、表演艺术、电影和游戏、创意人才、文化活力和多样性”六大维度的指标体系[9]；张晗（2013）从后工业、弹性、消费主导、技术驱动与流通分配等五大维度建构文化生产指标体系[10]；而《中国城市文化报告》将世界城市文化指标体系作为参照系，形成了包括文化生产，文化生活，文化生态三大维度 102 个三级指标的中国城市文化指标体系[11]。五、关注城市文化环境。如早在 2005 年上海艺术研究所对城市文化发展指标体系的探究，特别关注文化环境的重要影响[12]；高福民与花健（2012）的研究也强调内外环境指标对城市发展的助推作用[13]。

关于长三角城市文化指标体系的直接研究较为缺乏，大都聚焦在运用波特钻石模型探究长三角文化旅游产业创意产业竞争力评价指标体系构建，并进行实证研究。如刘伟与吕庆华（2014）从文化创意指数、社会制度与价值指数、科技指数等维度进行长三角10大城市创意指数的实证研究,得出上海的优势是文化创意指数高，苏州与杭州的亮点是社会制度与价值指数高等结论[14]；侯兵（2016）等围绕“文化旅游品牌资源竞争力、文化展演与创意旅游竞争力、文化旅游支撑保障竞争力与城市旅游市场收益竞争力”建构了长三角城市文化旅游竞争力指标体系，并进行了实证研究[15]；邵蒙蒙（2019）立足文化旅游产业的资源竞争力、社会支持力、产业竞争力与市场需求力四大维度，对长三角27个城市的文化旅游创意产业竞争力进行了评价研究[16]；以及还有研究从生态位视角对长三角文化旅游创意产业竞争力进行定量评价[17]。此外，还有研究基于层次分析法与BP人工神经网络模型从旅游市场、资源丰度、基础设施、产业创新等维度建构城市旅游竞争力评价指标体系[18]。

综上来看，目前关于城市文化指标研究的内容侧重与研究方法不同,但构成了城市文化演进与发展的基本样貌。在长三角一体化成为国家战略的时代背景下，如何推进长三角文化一体化进程将成为指标体系研究的战略性基准，也为本文更加系统地审视长三角不同城市的文化生产、文化生活与文化生态的全貌与特色，为构建一个动态、迎合长三角文化发展实践的城市文化指标体系提供了现实依据。

长三角城市文化指标三维架构：PLE模型

城市文化发展大系统是一个包容、开放的体系，有其内在的发展内源逻辑。其一，城市文化生产，是城市从事文化产品生产与文化服务的能力，是城市可持续健康发展的精神内核，反映城市文化发达程度，是城市居民过上美好文化生活的基础。其二，城市文化生活是城市居民享受城市文化生产与文化服务成果的表现，也是城市文明的表征，是城市文化生产的根本性目的，致力于城市美好文化生活的打造是城市发展实力的表现，也是城市居民真正获得城市生活的享受感和幸福感的保障。随着生活水平的不断提高，文化生活越来越成为城市生活的重要组成部分，成为展现居民生活状态与城市发展水平的关键因素。多样的文化生活不仅能丰富居民日常生活，提高居民的文化素质与艺术修养，更能丰富城市内涵，提高城市的凝聚力与竞争力。其三，城市文化生态，是城市文化发展过程中所形成的环境氛围、创新氛围以及多样性的生存发展状态，城市文化生态是城市文化生产与城市文化生活的土壤，影响乃至决定着城市文化生产与文化生活的走向[19]。

城市文化生产、城市文化生活、城市文化生态三大要素是一个城市文化发展体系的重要构成，三者之间互为支撑、彼此关联、相互作用，共同塑造了一个城市的文化体系。其中，市文化生产作为推动经济增长、调整产业结构、提升城市创新力的重要法宝，是城市文化发展体系的核心构成，决定着城市文化生活的质量与城市文化发展的航向；城市文化生活是城市文明的灵魂，是城市文化发展体系的重要构成，是城市文化生产的直接推动力，并影响着城市文化生产再循环；城市文化生态是城市文化生产与城市文化生活的基础构成，城市文化生态的质量与变迁轨迹间接但长期影响一个城市文化的健康发展，是有机衔接城市文化生产与城市文化生活的桥梁，是确保城市文化生产要素与城市文化生活要素良性有机互动的关键。

可以看出，城市文化发展体系是相互促进、相互作用的开放式大生态，城市文化生产、城市文化生活、城市文化生态三大要素共同塑造了城市文化健康发展的轨迹。鉴于此，对于长三角城市文化指标体系构建而言，应遵循城市文化生产、城市文化生活与城市文化生态之间的内在逻辑，科学设计长三角城市文化发展指标，以此指导长三角城市文化一体化发展实践。

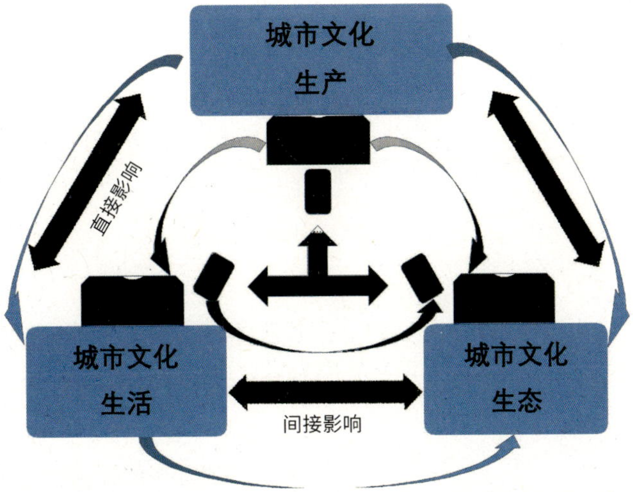

城市文化发展大系统的 PLE 模型

长三角城市文化指标构建：基准与体系

为了和世界城市建立对话，《中国城市文化报告》将世界城市文化指标体系作为参照系，形成了包括文化生产、文化生活、文化生态等 3 个一级指标、8 个二级指标与 105 个三级指标的中国城市文化指标体系（C-CHINA 版），遴选了北京、上海、广州、深圳、杭州、南京、天津、重庆、香港、台北等十大城市进行了研究[19]。长三角城市文化发展和全国城市文化发展相比有其独特性。从区域角度而言，长三角是我国三大城市群之首；从内部比较而言，长三角 41 个城市经济规模与人口规模悬殊，既有人口规模达 2，424 万的国际大都市上海，以及人口规模达千万的杭州、苏州，也有人口数不足 400 万的镇江、湖州、宣城等中小城市。

长三角城市文化发展指标修正基准

迎合长三角一体化国家战略

2018 年，长三角一体化上升为国家战略，长三角地区在我国现代化建设中的战略地位进一步凸显。目前，长三角地区已初步建立了以上海为核心，南京、杭州、合肥、苏锡、常州、宁波五个都市圈为重点的都市圈体系，都市圈内大中小城市之间分工明确、相互配合、协调发展，为全国城市化建设和都市圈打造提供了样本与范式。具体到文化建设领域，长三角地区城市文化发展迅速，城市文化生活丰富，在较大程度上能够代表我国城市文化发展方向；同时，长三角城市文化也彰显出蕴含江南文化基因的独有特色。修正后的长三角城市文化发展指标将更加贴合长三角城市文化发展特点，展现区域文化的协同发展，反映长三角文化一体化的新趋势。

紧跟城市文化网络化、数字化趋向的发展诉求

近年来，移动互联网技术得到了长足的发展，城市文化网络化、数字化成为发展新趋势。在线电影、网络直播、短视频、在线音频等在互联网环境下产生的文化新业态使城市文化生活更加丰富；依托 AR/VR 等新型技术，美术馆、博物馆等传统文化空间展现出新的活力，科技加持下的“云展览”“云阅读”等新形式推动着新旧文化行业实现跨界融合。长三角地区处于我国科技发展的前沿阵地，新技术的应用与推广正在长三角地区全面铺开。2019 年 7 月，《长江三角洲区域一体化发展规划纲要》印发，明确长三角通过一体化发展成为全国经济发展强劲活跃的增长极。数字化、网络化与智能化成为长三角高质量发展的重要抓手，构建长三角科技创新共同体成为长三角城市发展的亮点。由此，长三角城市文化发展指标的构建与修正体现出了新技术对区域城市文化发展带来的影响，以及新业态不断涌现的现状与趋势，这为长三角城市文化研究提供了技术视角与发展基础。

突出不同规模城市的文化多样性亮点

从横向看，长三角地区文化由四大亚文化组成，分别是浙江省的越文化、江苏省的吴文化、上海市的海派文化以及安徽省的徽派文化，四种亚文化风格相互依存、互为补充，成为长三角文化一体化发展的重要文化基因。对于不同文化背景下的长三角各城市来说，城市文化也各有特色。从纵向来说，长三角地区作

为典型的都市圈，内部分层较为明显，不同人口规模、经济总量下的城市文化特点相对也具有差异，既有历史文化的渊源也有现实经济的基础，更有长三角对共同文化的认同。从长尾理论可以探知，长三角地区都市圈内的不同城市之中，20% 为大型城市，另外 80% 皆是中小型城市，从某种意义上来说中小型城市的城市文化状态更能代表长三角地区城市文化的趋势与特征，由此凸显了修正既有指标、把握不同规模城市文化多样性特点的重要性。

满足美好文化生活需求的动态变化

党的十九大报告指出，新时期我国社会的主要矛盾已经转化为人民日益增长的美好生活需要和不平衡不充分的发展之间的矛盾。这表明，现阶段人们对于美好生活的需求呈现多样化、差异化等特征，而城市文化生活作为城市生活的重要组成部分，在满足精神需求、提高个人修养、丰富日常生活等方面发挥着突出作用。以文化旅游、艺术展览、戏剧演出等为代表的城市文化在长三角地区的流行，以及对“青山绿水”文化旅游生态的追求表明了人们在追求物质生活充裕的同时对于精神生活的需要，清晰反映了城市居民在“青山绿水”中对美好文化生活的向往。长三角地区城市居民从物质需求到精神需求的动态转变为研究带来新诉求与新突破口。

长三角城市文化指标体系构成

按照城市文化生产、城市文化生活、城市文化生态内在逻辑构成的 PLC 理论模型，根据长三角城市文化发展的具体特点，下面构建中国城市文化发展指标体系（长三角）。具体来看，主要包括文化生产（产品与服务）、文化生活（消费与参与），文化生态（资源与环境）等 3 个一级指标、9 个二级指标、66 个三级指标。其中，城市文化生产维度主要包括文化投入、文化产出、文化生产主体、文化产品与文化服务四大指标；城市文化生活维度主要包括文化生活消费和文化参与指标；城市文化生态维度包括文化资源、文化环境与文化多样性三大指标。

长三角城市文化指标体系框架

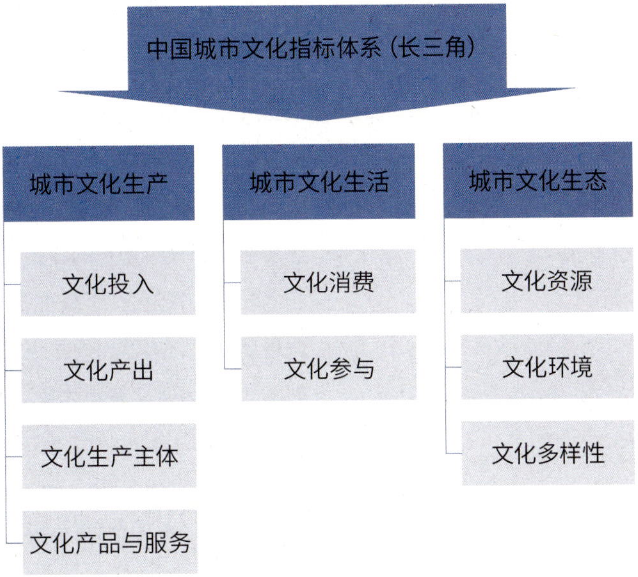

城市文化生产维度

城市文化生产是文化产品的创造与提供的过程，是文化得以传承、发展的内在支撑，是城市文化发展的核心动力。

首先，文化生产是建立在一系列“文化投入”基础上并以“文化产出”指标呈现出来。一是文化投入维度，通常指一般公共预算与地方文化专项资金以及文化基金会等用于文化的投入，主要考察“一般公共预算文化体育与传媒支出、地方财政文化体育与传媒支出占地方财政支出比重、文化专项扶持基金年度规模、文化事业费与文化类基金会数”等具体指标。二是文化产出维度，作为文化生产综合效益的体现，集中反映城市文化发展对经济增长的贡献度，具体体现在“文化及相关产业增加值、文化及行相关产业增加值占 GDP 比重、电影票房收入、艺术表演团体演出收入、旅游收入、文化产品进出口总额”等 6 个指标，主要考察经济效益产出。

其次，文化生产主体是文化生产的核心构成，而文化产品与服务则是文化生产主体产出结果。在宏观层面，通过“文化及相关产业法人单位数、规模以上文化及相关产业企业数、文化及相关产业从业人员”三大指标进行城市文化生产主体的整体把脉，也是城市文化发展对社会就业贡献的体现，是欧美文化产业发达国家评价指标的重要构成。在中观层面，一方面，对出版业、演出业、旅游业、动漫业、艺术品经管等营利性文化生产主体数量情况进行考察，包括“出版机构数（含网络出版）、书店数、剧场数、艺术品经营机构数、电影院数、艺术表演团体机构数、旅行社数、动漫企业数、娱乐场所数”等具体指标；另一方面，对图书馆、博物馆、美术馆、文化馆、文化类社会组织数等具有公共性的文化机构数量进行考察，具体包括“公共图书馆数、博物馆数、美术馆数、公共广播节目套数、公共电视节目套数”等指标，反映了城市基本公共文化供给数量与供给质量，也是城市文化生产指标与城市文化生活指标平衡状态的重要表现。在微观层面，主要考察代表文化生产主体产出情况的“文化产品与服务”指标。以国家统计局的《文化及相关产业分类（2018)》为依据，基于城市文化生产活动的特点，主要考察例如和城市文化生活密切关联的“电影院上映电影数、出版物销售数、电子出版物数、艺术表演团体演出场次、群众文化机构提供文化服务次数、国内国际体育赛事数、会展数与节庆数”等具体指标。城市通过开展各类文化活动与提供多样的文化产品丰富了文化生产，也为提高城市文化生活水平提供保障。

城市文化生产指标体系

一级指标	二级指标	三级指标
文化生产（A1）	文化投入（B1）	一般公共预算文化体育与传媒支出（C1）
		地方财政文化体育与传媒支出占地方财政支出比重（C2）
		文化专项扶持基金年度规模（C3）（文化事业费（C3-1））
		文化类基金会数（C4）
	文化产出（B2）	文化及相关产业增加值（C5）
		文化及行相关产业增加值占 GDP 比重（C6）
		电影票房收入（C7）
		艺术表演团体演出收入（C8）
		旅游收入（C9）
		文化产品进出口总额（C10）
	文化生产主体（B3）	文化及相关产业法人单位数（万人）（C11）
		规模以上文化及相关产业企业数（C12）
		文化及相关产业从业人员（万人）（C13）
		出版机构数（C14）（网络出版（C14-1））
		书店数（C15）
		剧场数（C16）
		公共图书馆数（C17）
		博物馆数（C18）
		美术馆数（C19）（画廊数（C19-1））
		艺术品经营机构数（C20）
		电影院数（C21）
		电影银幕数（C22）
		艺术表演团体机构数（C23）（民间剧团数量（C23-1））
		艺术表演场馆数（C24）（国有艺术表演场馆数（C24-1））
		公共广播节目套数（C25）
		公共电视节目套数（C26）
		旅行社数（C27）
		动漫企业数（C28）
		娱乐场所数（C29）
		文化馆数（C30）
		文化类社会组织数（社团 + 基金会 + 民办非合计）（C31）
	文化产品与服务（B4）	电影院上映电影数（C32）
		出版物销售数（C33）
		电子出版物数（万张）（C34）
		艺术表演团体演出场次（万场次）（C35）
		群众文化机构提供文化服务次数（C36）
		国内国际体育赛事数（C37）
		会展数（C38）
		节庆数（C39）

城市文化生活维度

城市文化生活指标是城市文化生产指标成效的表达与检验，即城市文化生产的最根本目标是为生活在城市中的居民提供更加美好、更加丰富的精神文化产品与服务。基于城市文化生产的营利性与公共性的双重特点，城市文化生活可以划分为文化消费指标与文化参与指标。

在文化消费维度，一般通过消费性支出指标来总体考察不同城市的居民文化消费水平。居民文化消费支出是反映城市文化生活质量的重要指标。虽然长三角城市 2019 年人均 GDP 已经突破十万元大关(数据为笔者根据国家统计局公布的 2019 年长三角三省一市的 GDP 总量与人口规模进行计算所得)，但居民用于文化消费支出的比重并未呈现大幅度增长，这与传统的文化消费理念、文化消费结构以及文化生产供给息息相关。通过“城镇居民人均教育文化娱乐消费支出、农村居民人均文化娱乐消费支出”两个指标，既可以衡量长三角 41 个城市不同居民的文化生活状态，也可以通过客观比较不同经济规模和人口规模的城镇居民和农村居民文化消费支出的差异，深入挖掘城市文化生产与城市文化生活的不均衡现象。此外，为了从宏观层面比较不同城市文化消费水平的差异性，纳入长三角城市居民消费支出中比重高且常态化的旅游支出指标，即不同城市年度的“国内游客人次（万人次）、入境游客人次”进行整体考察，由此可以客观比较不同长三角城市的文化消费市场情况与差异。

在文化参与维度，通常包括文化场馆参与、文化活动参与情况。城市居民文化参与指标既反映了城市提供文化服务数量与文化活动质量的情况，也反映了城市文化供给的效率与居民实际需求的均衡状况。其一，公共文化场馆接待人次，这个指标反映城市公共文化场馆数量与城市居民公共文化需求对接情况，主要通过“博物馆（含美术馆）参观人数、公共图书馆总流通人次、社区文化活动中心参加人次、群众文化机构文化服务惠及人次”等指标考察不同城市居民文化活动的参与情况。其二，文化活动参与情况，通过“艺术演出观众人次、2 个最受欢迎的展览 / 展会的参加人次、2 个最受欢迎的节庆的参加人次”等 3

个指标进行考察，既可以反映不同城市的文化会展与节庆的影响力，也可以横向比较长三角城市文化一体化程度。其三，鉴于网络社会的真正崛起，城市文化生活的方式与内容都发生了改变，特别是长三角城市群作为我国三大城市群之首具有雄厚的网络文化基础，网络文化消费变成长三角城市文化生活的重要构成。由此，指标体系特增加了网络文化指标：一是长三角城市“文化类 APP 使用规模共计（万人次）”，主要考察长三角不同城市使用“喜马拉雅、大麦网、淘票票、爱奇艺、优酷、抖音、微信、QQ、网易云、酷狗音乐”等十大 APP 的情况；与此同时，还增加“城市文化热搜度（正向）”指标，以便对长三角城市的热搜指数进行评价与比较。

城市文化生活指标体系

一级指标	二级指标	三级指标
文化生活（A2）	文化消费（B5）	城镇居民人均教育文化娱乐消费支出（C40）
		农村居民人均文化娱乐消费支出（41）
		国内游客人次（万人次）（C42）
		入境游客人次（C43）
	文化参与（B6）	博物馆（含美术馆）参观人数（万人次）（C44）
		公共图书馆总流通人次（万人次）（其中：图书馆外借册次，万册次）（C45）
		社区文化活动中心参加人次（万人次）（C46）
		群众文化机构文化服务惠及人次（万人次）（C47）
		艺术演出观众人次（万人次）（C48）
		2 个最受欢迎的展览 / 展会的参加人次（万人次）（C49）
		2 个最受欢迎的节庆的参加人次（万人次）（C50）
		文化类 APP 使用规模共计（万人次）（C51）
		城市文化热搜度（正向）（C52）

城市文化生态维度

长三角城市文化生态是长三角各城市文化发展的生存环境、文化氛围、多样性及生存状态的集合，影响着城市文化生产的类型与城市文化生活的状况。通常来说，越是充满活力、充满创新力的城市往往越具有多元化、多样态、包容性的文化生态。为了更加客观与全面展示长三角不同城市文化生态状况，建构了由文化资源指标、文化环境指标与文化多样性指标构成的文化生态指标体系。良好的文化生态有助于城市文化生命力和文化活力的维持，有助于城市文化的传承与发展。

首先，文化资源指标，是一个城市文化生态的基础构成要素，是一个城市文化得以持续良性循环发展的根本，也是城市文化实力的表征。城市文化资源禀赋是构建城市文化特色和文化核心竞争力的重要基础。文化资源遍及城市文化历史变迁的脉络之中，既包括自然历史资源，又包括文化人才资源，还包含文化空间资源。文化资源指标不但承载了一个城市人文历史文化的更替，还是城市现代文化生产的重要资源。一方面，是城市文化生产得以持续再循环和不断创新的基础；另一方面，是城市文化生活朝着高质量美好生活行进的保障，也是城市文化活在的源泉所在，可以随时转化成文化生产与文化生活的要素、实现保值增值。长三角地区孕育了古老而又充满生机的江南文化，拥有着丰富的文化资源。由此，对文化资源的考察，一是侧重文化遗产指标，即“地市级以上文物保护单位数、国家 A 级以上景区数、地市级以上非物质文化遗产数”等；二是关注文化人才指标，即“中国文联协会会员人数（含中国作家协会、中国音乐家协会、中国戏剧家协会、中国电影家协会、中国美术家协会、中国曲艺家协会、中国舞蹈家协会、中国摄影家协会、中国书法家协会、中国杂技家协会、中国民间文艺家协会）”“工艺美术大师数”等两个三级指标，人才是城市文化创造力的核心，是城市拥有文化魅力和吸引力的关键所在；三是关注文化空间资源指标，包括“创意园区数”“餐馆、酒吧、咖啡馆、茶馆数”“星级酒店数”等三级指标，是构成文化生态的重要因素。上述文化资源要素共同构成了城市文化生态系统的核心，是城市文化竞争力形成关键。例如，长三角作为中国拥有

5A 级景区最多的城市群，有着丰富多元的文化旅游资源，不同城市的历史文化特色、地理位置、自然生态、水文气候等条件的差异形成的文旅特色，构建了以旅游业为主导产业的城市文化发展格局。

其次，文化环境指标。文化环境，是一个城市在其长期发展过程中形成的，有其特定的文化理念、价值观念、行为方式、风俗习惯、宗教信仰、人文自然遗址等。文化环境的优劣影响着一个城市的文化生产秩序、健康发展与居民文化生活的质量，是城市文化生态的外在体现。在奔向实现美好生活目标的新文化发展时代，高质量文化环境的打造意味着是以高水平经济发展作为保障的，由此，将对文化环境具有重要影响的经济环境因素纳入，即考量每个城市的“人均地区生产总值”作为判断文化环境的重要依据。此外，社会文化环境是高质量文化环境的重要构成，特别是一个城市拥有高等教育人才的情况，即“普通本专科在校学生数、高等学校在校学生数占比”情况，可以反映城市文化的创造力。特别是在城市竞争日益激烈的今天，城市比任何时候都意识到人才指标的重要性，通过人才营造城市个性特色尤为重要，是城市文化可持续发展的内在动力，对于城市形成良好的文化生态至关重要。

再次，文化多样性指标，主要体现一个城市具有的文化多样性、吸引力与包容性以及具有的国际化程度。长三角城市文化受经济全球化、多元化的影响，逐渐呈现出国际化和多态化趋势。对内而言，文化多样性体现来自不同区域的人口及其差异化的风俗文化的交融，不同民族文化、不同国度文化，或是长期性的发芽生根式的生存性交融、或是短暂性体验式的文化碰触。对外而言，文化多样性意味着城市文化吸引力，是城市在全球城市格局中，能够成为文化维度的全球性节点，其蕴含的城市精神内核展示出一定的文化辐射性和带动作用。特别是长三角中心城市因其较强的综合竞争力与国际化程度，在文化领域展示出较强的国际辐射力与影响力，文化也更加开放、包容与多样。由此，文化多样性指标具体包括“非户籍人口占比”“连续居住 3 个月以上的国外人口占比”“留学生数（含港澳台）”等，是一个城市文化生态良性循环的生机所在。

城市文化生态指标体系

一级指标	二级指标	三级指标
文化生态（A3）	文化资源（B7）	地市级以上文物保护单位数 (C53)
		国家 A 级以上景区数 (C54)（其中：5A 数）
		地市级以上非物质文化遗产数 (C55)
		中国文联协会会员人数 (C56)
		工艺美术大师数 (C57)
		创意园区数 (C58)
		餐馆、酒吧、咖啡馆、茶馆数 (C59)
		星级酒店数 (C60)（其中：5 星级酒店数）
	文化环境 (B8)	人均地区生产总值 (C61)
		普通本专科在校学生数 (C62)
		高等学校在校学生数占比 (C63)
	文化多样性 (B9)	非户籍人口占比 (64)
		连续居住 3 个月以上的国外人口占比 (C65)
		留学生数（含港澳台）(C66)

参考文献

[1] 麦肯锡全球研究所 . 城市的世界：测绘城市的经济力量 [R]. 转自倪以理 . 麦肯锡“全球城市 600”研究成果分享现场实录 [EB/OL],http://www.sznews.com/zhuanti/content/2012-02/24/content_6492671.htm.

[2] 王琳 . 中国大城市文化产业综合评价指标体系研究 [EB/OL]. 中国网 ,2002.

[3] Edward L. Glaeser. 世界城市排名背后的含义 [N]. 纽约时报 ,2011-05-04.

[4] 理查德·佛罗里达，Irene Tinagli. 在创意时代的欧洲 [R].2004.

[5] 香港特别行政区民政事务局 . 香港文化创意指数研究 [R].2005:19.

[6] 贾文山 , 石俊 . 中国城市文化竞争力评价体系的构建——兼论西安文化价值的开发 [J]. 西安交通大学学报 (社会科学版),2019,39(05):139-145.

[7] 向勇 , 白晓晴 , 李尽沙 . 中国城市文化力发展评价指标体系研究 [J]. 福建论坛 (人文社会科学版),2018(04):49-57.

[8] 解萧语 , 褚婷婷 . 城市文化软实力综合评价研究——基于北京市文化软实力发展分析 [J]. 价格理论与实践 ,2019(10):149-152.

[9] 保罗·欧文斯 . 世界城市文化报告 [M]. 黄昌勇 , 等 , 译，上海：同济大学出版社，2013:33-56.

[10] 张晗 . 批判与借鉴 : 欧美城市文化产业分析指标 [J]. 深圳大学学报 (人文社会科学版),2013,30(05):191-194.

[11] 黄昌勇 , 等 . 中国城市文化报告 [M]. 上海 : 同济大学出版社，2017.

[12] 上海艺术研究所课题组 . 上海城市文化发展指标体系研究 [R].2005.

[13] 高福民 , 花健 . 文化城市：基本理念与评估指标体系研究 [M]. 北京：商务印书馆，2012:163-166.

[14] 刘伟 , 吕庆华 . 创意城市评价实证研究——以长江三角洲 10 市为样本 [J]. 科技管理研究 ,2014,34(04):240-245.

[15] 侯兵，等 . 城市文化旅游竞争力评价体系的构建与实证分析——以长三角地区城市群为例 [J]. 世界地理研究 ,2016,25(06):166-176.

[16] 邵蒙蒙 . 泛长三角 27 个城市文化旅游创意产业竞争力评价研究 [D]. 南京：南京航空航天大学 ,2019.

[17] 程乾 , 方琳 . 生态位视角下长三角文化旅游创意产业竞争力评价模型构建及实证 [J]. 经济地理 ,2015,35(07):183-189.

[18] 徐知渊 , 吕昌河 . 长三角城市旅游产业竞争力综合比较研究——基于 AHP 法与 BP 人工神经网络模型 [J]. 中国人口 · 资源与环境 ,2017,27(S1):237-240.

[19] 黄昌勇、解学芳 . 中国城市文化指标体系的构建与实践 [J]. 学术月刊 ,2017,49(05):102-115.

专家视野

坚定文化自信，努力实现人民对美好生活的新期待

陈 平

关键词 剧院 文化自信 美好生活

21 世纪以来，我国剧院事业伴随着城市化建设迅猛发展。经统计，我国共有 1,730 个专业剧场，2000—2018 年，平均每 8.5 天就有一座新剧院落成。可以说，我国已经到了一个剧院时代，为坚定文化自信，努力实现人民对美好生活的新期待提供了保障。

"十三五"期间，我国在剧院建设上形成了如下特点：一、全覆盖，目前，我国省级城市已全覆盖，83.09% 以上的地级市已覆盖；二、体量大，剧院在形态上由单体剧院向表演艺术中心转变，公共大厅、观众厅、排练厅等规模都在逐步增大；三、多功能，能满足多种艺术门类演出需求，同时兼有艺术教育、展览、会议、餐饮等功能；四、专业化，功能越来越专业，建筑设计、声学设计、舞台设施等越来越专业。

在快速发展的同时，我国剧院也面临着五个方面的挑战：一、节目供给的挑战；二、观众参与率的挑战；三、运营模式创新的挑战；四、大量人才需求的挑战；五、"鲍莫尔成本病"的破解。这些都是"十三五"阶段的课题。

“十四五”时期，好的剧院态势仍将持续，京津冀、长三角、粤港澳大湾区三个城市群仍然会在全国的剧场建设上发挥引领作用，未来几年还会陆续建成一批标志性的、具有国际水准的新剧场。京津冀地区将建设中央歌剧院、中国爱乐音乐厅、北京副中心文化粮仓、北京人艺戏剧艺术中心、河北省邢台大剧院。长三角地区将建成扬州新大剧院、南通大剧院、苏州狮山艺术剧院、绍兴新大剧院、义乌大剧院、上海新宛平剧院、宝山长滩音乐厅，最瞩目的当属浦东世博文化园内的上海大歌剧院，建成后将成为世界规模体量最大的、多厅的生产型歌剧院。粤港澳大湾区将建成深圳歌剧院、福田演艺中心、深圳宝山戏剧艺术中心。深圳的前海，即特区中的特区，也正与伯克利音乐学院合作，建设前海伯克利未来音乐中心。宋城计划投资 150 亿元，在珠海建设世界最大剧场群，建成后会有 24 个剧场、55,000 余个座位。横琴岛未来在剧场建设上也会有所布局。

可以说，“十四五”时期，既是剧场建设加速器，同时，也是繁荣发展文艺事业的关键时期，应着重关注和解决以下六个方面的问题。

发展不平衡、不充分

中国是一个相当于 100 个普通欧洲国家人口规模的超大型的文明型国家，人口众多、幅员辽阔、各地区差异很大。十九大报告提出，当今中国社会的主要矛盾是“人民日益增长的美好生活需要和不平衡、不充分的发展之间的矛盾”。这一矛盾在剧院领域也是广泛存在的。我国的剧院建设虽然达到了省级全覆盖、4/5 的地级市都覆盖（83%），但仍有 57 个地级市、26 个市辖区、1,000 多个县没有剧场，还有 8,000 万人口等待脱贫。即便在上海等国际大都市，也存在这种不充分、不均衡的问题。上海全市 82 座剧院主要集中在中心城区，还有两个区没有剧场。

粤港澳大湾区、长三角、京津冀三个城市群处于领先地位。三个城市群是全国精华所在，涉及 5 个省、3 个直辖市、2 个特别行政区共 50 个城市，拥有全国 5.01% 的国土面积、24.07% 的人口数量、73.45% 的旅游人口、41.22% 的 GDP、24.99% 的财政

全国剧院数排序图

单位：个

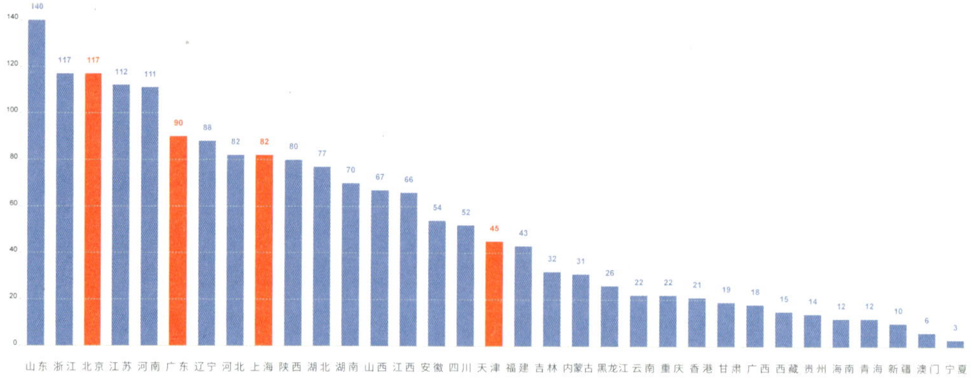

全国剧院总坐席排序图

单位：个

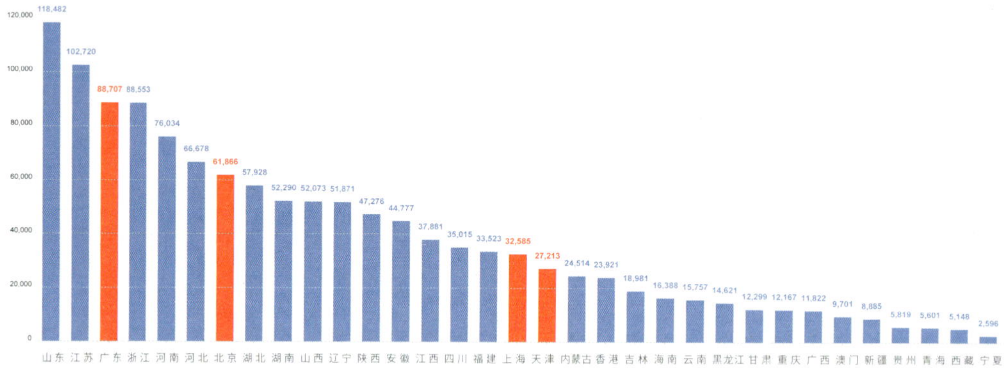

全国万人拥有坐席数排序图

单位：个

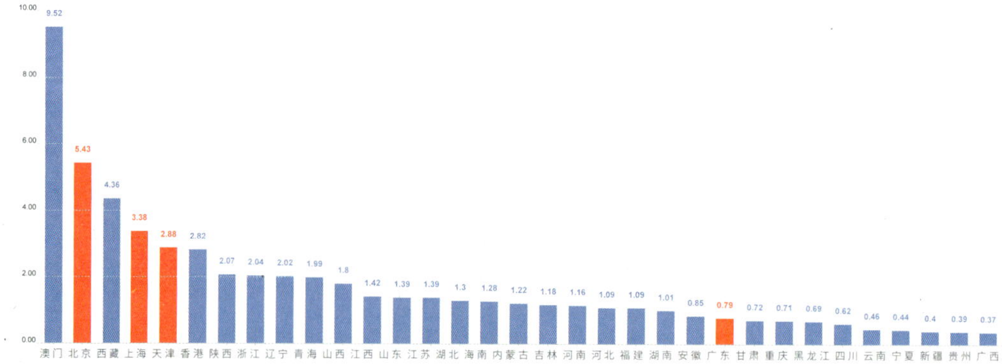

收入，以及全国 36.90% 的剧院，38.28% 的坐席数。通过对 50 个城市数据分析，人均财政收入超过万元的 16 个：北京、天津、上海、香港、澳门、苏州、无锡、常州、南京、杭州、宁波、嘉兴、舟山、广州、深圳、珠海。百万人拥有剧院数超过三大城市群均值（1.93）的有：北京、天津、石家庄、承德、上海、香港、澳门、苏州、无锡、杭州、宁波、嘉兴、舟山、绍兴、台州、珠海。人均财政收入过万元而未达到 1.93 均值的城市 4 个：常州、南京、广州、深圳。百万人剧院数在 1.26 ～ 1.93 之间的城市 10 个：唐山、南京、常州、扬州、泰州、湖州、合肥、安庆、池州、广州。低于全国均值 1.26 的城市 26 个。从万人坐席数来看，万人座位数达到三大城市群均值（14.40）的城市 19 个：北京、天津、石家庄、南京、苏州、无锡、常州、扬州、杭州、宁波、嘉兴、绍兴、舟山、合肥、香港、澳门、广州、惠州、珠海。万人座位数未达到三大城市群均值的城市 31 个。

但各省、自治区、直辖市剧院分布不均，省、市、县各层级间的分布亦不平衡、不充分，目前尚有 57 个地级市、26 个直辖市市辖区、1,000 余个县没有剧场。

因此，“十四五”期间，针对不平衡、不充分的问题，要按照“抓两头、补短板”的发展思路加强规划：一是“抓两头”。一方面，抓三个城市群剧场建设，继续保持在全国引领示范作用。三个城市群剧场上还有 32 个城市没有达到全国的水平，在“十四五”期间应该补齐。另一方面，抓经济欠发达 7 个省直辖市的剧场建设，即黑龙江、广西、贵州、甘肃、云南、新疆、重庆。二是“补短板”。补齐 57 个地级市、26 个直辖市市辖区，推进 1,000 余个县的剧场建设。

三大城市群人均剧场数和坐席数情况

省级区划	剧院数量（个）	总座位数（个）	面积（平方公里）	GDP 总量（亿元）	财政收入（亿元）	总人口（万人）	旅游人口（万人）	人均 GDP（元）	人均财政收入（元）	百万人享有剧院量（个）	万人享有座位数（个）
全国（不含台湾）											
	1,756	1,263,692	9,634,057.00	900,309.00	183,352.00	139,538.00	553,900.00	64,521	13,140	1.26	9.06
三大城市群（城市数量：50）											
全国占比	36.90%	38.28%	5.01%	41.22%	24.99%	24.07%	73.45%				
小计	648	483,749	482,918.00	371,134.90	45,814.80	33,584.40	406,830.70	110,508	13,642	1.93	14.4

京津冀地区人均剧场数和坐席数情况

省级区划	城市	剧院数量（个）	总座位数（个）	面积（平方公里）	GDP 总量（亿元）	财政收入（亿元）	总人口（万人）	旅游人口（万人）	人均 GDP（元）	人均财政收入（元）	百万人享有剧院量	万人享有座位数
城市均值		13	9,675	9,658.40	7,422.70	916.3	671.7	8,136.60				
京津冀地区（城市数量：13）												
全国占比		13.90%	12.33%	2.25%	9.31%	5.80%	7.98%	21.95%				
小计		244	155,757	217,247.00	83,840.50	10,628.60	11,138.60	121,566.10	75,270	9,542	2.19	13.98
城市均值		19	11,981	16,711.30	6,449.30	817.6	856.8	9,351.20				
北京市		117	61,866	16,410.00	30,320.00	5,785.90	2,154.00	31,400.40	140,761	26,861	5.43	28.72
天津市		45	27,213	11,946.00	18,809.60	2,106.20	1,560.00	22,898.30	120,575	13,501	2.88	17.44
河北省	小计	82	66,678	188,891.00	34,710.90	2,736.50	7,424.60	67,267.40	46,751	3,686	1.1	8.98
	城市均值	7	6,062	17,171.90	3,155.50	248.8	675	6,115.20				
	石家庄市	25	22,756	15,848.00	6,082.60	519.7	1,095.10	10,708.70	55,544	4,746	2.28	20.78
	邯郸市	10	10,611	12,000.00	3,454.60	243.4	952.8	6,994.10	36,257	2,555	1.05	11.14
	邢台市	8	2,940	12,486.00	2,150.80	149	737.4	3,058.40	29,167	2,021	1.08	3.99
	保定市	6	8,670	22,190.00	3,070.90	256.7	1,046.90	11,174.00	29,333	2,452	0.57	8.28
	张家口市	3	1,750	36,829.00	1,536.60	156.9	443.4	7,354.80	34,655	3,538	0.68	3.95
	承德市	7	4,663	39,519.00	1,481.50	104.6	357.9	7,009.40	41,395	2,923	1.96	13.03
	唐山市	12	7,627	13,472.00	6,955.00	432.4	793.6	6,664.60	87,639	5,449	1.51	9.61
	秦皇岛市	0	0	7,813.00	1,635.60	133.4	313.4	6,251.20	52,189	4,257	0	0
	沧州市	6	616	13,419.00	3,676.40	263.4	758.6	2,115.80	48,463	3,472	0.79	0.81
	衡水市	2	871	8,815.00	1,558.70	115	446	1,995.50	34,948	2,578	0.45	1.95
	廊坊市	3	6,174	6,500.00	3,108.20	362	479.5	3,940.70	64,822	7,550	0.63	12.88

粤港澳大湾区人均剧场数和坐席数情况

省级区划	城市	剧院数量（个）	总座位数（个）	面积（平方公里）	GDP 总量（亿元）	财政收入（亿元）	总人口（万人）	旅游人口（万人）	人均 GDP（元）	人均财政收入（元）	百万人享有剧院量	万人享有座位数
粤港澳大湾区（城市数量：11）												
全国占比		5.58%	8.25%	0.59%	12.07%	7.86%	5.09%	13.00%				
小计		98	104,215	56,508.2	108,658.6	14,411.4	7,109.0	71,992.1	152,847	20,272	1.38	14.66
城市均值		9	9,474	5,137.1	9,878.1	1,310.1	646.3	6,544.7				
香港		21	23,921	1,106.3	24,001.00	5,408.0	745	6,515.0	322,161	72,591	2.82	32.11
澳门		6	9,701	32.8	3,609.0	1,090.0	63	3,580.0	572,857	173,016	9.52	153.98
广东省	小计	71	70,593	55,369.1	81,048.60	7,913.4	6,301.0	61,897.1	128,628	12,559	1.13	11.2
	城市均值	8	7,844	6,152.1	9,005.4	879.3	700.1	6,877.5				
	广州市	26	21,486	7,434.4	22,859.40	1,632.3	1,490.4	22,304.5	153,377	10,952	1.74	14.42
	深圳市	14	12,852	1,996.9	24,222.00	3,538.4	1,302.7	13,932.4	185,937	27,162	1.07	9.87
	佛山市	5	2,723	3,875.0	9,935.9	703.1	790.6	5,424.0	125,675	8,894	0.63	3.44
	东莞市	6	6,281	2,465.0	8,278.6	649.9	839.2	4,545.0	98,649	7,744	0.71	7.48
	惠州市	6	8,021	11,599.0	4,103.1	393	483	5,892.0	84,950	8,137	1.24	16.61
	珠海市	8	12,978	1,711.2	2,914.7	331.5	189.1	4,311.3	154,137	17,529	4.23	68.63
	中山市	3	3,619	1,783.7	3,632.7	315.2	331	1,412.2	109,749	9,524	0.91	10.93
	江门市	1	1,260	9,503.9	2,900.4	243.9	459.8	2,722.7	63,080	5,305	0.22	2.74
	肇庆市	2	1,373	15,000.0	2,201.8	106	415.2	1,353.0	53,030	2,554	0.48	3.31

长三角地区人均剧场数和坐席数情况

省级区划	城市	剧院数量（个）	总座位数（个）	面积（平方公里）	GDP 总量（亿元）	财政收入（亿元）	总人口（万人）	旅游人口（万人）	人均 GDP（元）	人均财政收入（元）	百万人享有剧院量	万人享有座位数
长江三角洲地区（城市数量：26）												
全国占比		17.43%	17.71%	2.17%	19.84%	11.33%	10.99%	38.50%				
小计		306	223,777	209,162.8	178,635.8	20,774.8	15,336.8	213,272.6	116,475	13,546	2	14.59
城市均值		12	8,607	8,045	6,871	799	590	8,203				
上海市		82	32,585	6,340.0	32,679.9	7,108.1	2,424.0	34,893.7	134,818	29,324	3.38	13.44
江苏省	小计	91	83,951	64,997.0	78,444.8	7,148.0	5,730.0	50,573.0	136,902	12,475	1.59	14.65
	城市均值	10	9,328	7,221.9	8,716.1	794.2	636.7	5,619.2				
	南京市	15	15,326	6,586.0	12,820.4	1,470.0	843	11,540.0	152,081	17,438	1.78	18.18
	无锡市	14	18,253	4,628.0	11,438.8	1,012.0	657	9,398.0	174,107	15,403	2.13	27.78
	常州市	7	7,202	4,373.0	7,050.3	560	472	7,134.0	149,370	11,864	1.48	15.26
	苏州市	21	17,211	8,210.0	18,597.5	2,120.0	1,072.0	9,968.0	173,484	19,776	1.96	16.06
	南通市	9	5,158	8,001.0	8,427.0	606	731	1,906.0	115,280	8,290	1.23	7.06
	盐城市	9	5,997	16,972.0	5,487.1	381	720	2,674.0	76,209	5,292	1.25	8.33
	扬州市	7	6,830	6,592.0	5,466.2	340	453	3,960.0	120,666	7,506	1.55	15.08
	镇江市	3	3,171	3,847.0	4,050.0	302	319	2,450.0	126,959	9,467	0.94	9.94
	泰州市	6	4,803	5,788.0	5,107.6	357	463	1,543.0	110,316	7,711	1.3	10.37
浙江省	小计	100	77,395	65,698.0	47,555.0	5,481.6	4,371.2	87,205.7	108,792	12,540	2.29	17.71
	城市均值	13	9,674	8,212.3	5,944.4	685.2	546.4	10,900.7				
	杭州市	25	22,482	16,596.0	13,509.0	1,825.1	980.6	18,403.0	137,763	18,612	2.55	22.93
	宁波市	25	21,534	9,365.0	10,746.0	1,379.7	820.2	12,500.0	131,017	16,822	3.05	26.25
	嘉兴市	12	7,574	3,915.0	4,872.0	518.6	472.6	10,700.0	103,089	10,972	2.54	16.03
	湖州市	4	2,777	5,794.0	2,719.0	287.1	302.7	4,448.6	89,825	9,485	1.32	9.17
	绍兴市	11	7,814	8,256.0	5,417.0	501.3	503.5	10,893.0	107,587	9,957	2.18	15.52
	金华市	5	4,652	10,919.0	4,100.0	392.7	560.4	12,100.0	73,162	7,007	0.89	8.3
	舟山市	5	3,621	1,440.0	1,317.0	146	117.3	6,321.0	112,276	12,448	4.26	30.87
	台州市	13	6,941	9,413.0	4,875.0	431.2	613.9	11,840.1	79,410	7,024	2.12	11.31
安徽省	小计	33	29,846	72,127.8	19,956.1	1,037.0	2,811.6	40,600.2	70,978	3,688	1.17	10.62
	城市均值	4	3,731	9,016.0	2,494.5	129.6	351.5	5,800.0				
	合肥市	15	17,484	11,445.1	7,822.9	712.5	786.9	12,800.0	99,414	9,054	1.91	22.22
	芜湖市	3	1,710	6,026.0	3,278.5	118.1	367	5,749.1	89,332	3,218	0.82	4.66
	马鞍山市	2	3,057	4,049.0	1,918.1	39.9	227.6		84,275	1,753	0.88	13.43
	铜陵市	2	603	3,008.0	1,220.0	24.3	160.1	2,266.3	76,202	1,518	1.25	3.77
	安庆市	7	3,949	13,590.0	1,917.6	43.5	461.2	6,930.8	41,578	943	1.52	8.56
	滁州市	1	600	13,398.0	1,801.8	51.4	404.4	2,757.9	44,555	1,270	0.25	1.48
	池州市	2	1,599	8,271.7	680	25	144.3	6,392.0	47,124	1,731	1.39	11.08
	宣城市	1	844	12,340.0	1,317.2	22.4	260.1	3,704.1	50,642	861	0.38	3.24

发展模式的问题

主要是建管用分离和场团分离的问题，“两分离”的问题严重制约了我国剧院高质量发展。

建管用分离主要表现在建设理念、模式和流程上。建设理念上。一味求大、求全、求洋，与当地经济、人口、艺术承载能力相脱节；过度追求外形上的美观，忽视内部布局及功能使用和实际运营需求。建设模式上。以交钥匙为特点的代建制，人为造成了剧院建设使用脱节的情况，由于运营团队不能有效参与剧场建设中，致使很多剧场建成后并不好用、弊端重重、留下很多遗憾。建设流程上。由于缺乏策划环节和后期评估环节，部分剧场功能定位、规模和内容尚未论证清楚就仓促上马，为后期运营带来很大的难题。

剧院团结合是国际惯例，通过分析全球 177 家国际知名歌剧院，发现近 88% 的歌剧院拥有驻院艺术团体、且均为生产型剧院。通过分析到访国家大剧院的 103 支顶级交响乐团，发现近 93% 的乐团拥有自己的常驻音乐厅。院团和剧院作为演艺产业链上下游，应该是供需匹配、相互协作、风险共担的高度融合关系。场团融合，具有多重好处，一是符合艺术生产规律，降低了院团艺术创作生产成本，院团有了固定演出场所、艺术生产的计划性大大增强。二是解决剧场节目供给问题。剧场有了节目，其演出活力、品牌影响力就会大大提升。

然而，在我国多数剧场和院团是割裂的，即院团无剧场、剧场无驻院院团，剧场以租场、合作或自营的方式承接院团生产节目。此种运作方式，造成剧院团交易成本上升，双方的关系由本应该的合作关系转变为博弈关系，即院团要增加收入将设法压低场租、剧场反之如要增加收入则提高场租，结果是双方利益都受损：院团有节目处于场租压力进不了剧场、剧场有场地无节目的恶性循环，根据文化和旅游部统计数据测算我国艺术表演团体进入剧场的演出场次不足其演出总场次的 10%。剧院和院团的割裂，不仅造成表演艺术“产供销”的有效供给无法形成，同时也不利于艺术院团艺术创作生产、不利于剧场提升发展活力、不利于人民群众文化需求的满足。

全国省、直辖市、自治区地级城市剧院覆盖率一览表

序号	省级区划	地级区划数	无剧院区划	剧院地级区划覆盖率
1	安徽省	16		100.00%
2	山东省	16		100.00%
3	湖北省	14		100.00%
4	江苏省	13		100.00%
5	山西省	11		100.00%
6	浙江省	11		100.00%
7	江西省	11		100.00%
8	陕西省	10		100.00%
9	吉林省	9		100.00%
10	福建省	9		100.00%
11	河南省	17	1	94.12%
12	北京市	16	1	93.75%
13	湖南省	14	1	92.86%
14	内蒙古自治区	12	1	91.67%
15	河北省	11	1	90.91%
16	四川省	21	2	90.48%
17	上海市	16	2	87.50%
18	辽宁省	14	2	85.71%
19	广东省	21	4	80.95%
20	黑龙江省	13	3	76.92%
21	天津市	16	4	75.00%
22	青海省	8	2	75.00%
23	广西壮族自治区	14	4	71.43%
24	西藏自治区	7	2	71.43%
25	海南省	5	2	60.00%
26	宁夏回族自治区	5	2	60.00%
27	甘肃省	14	6	57.14%
28	贵州省	9	5	44.44%
29	云南省	16	9	43.75%
30	新疆维吾尔自治区	14	10	28.57%
31	重庆市	26	19	26.92%

国外知名剧院和院团融合情况

剧院名称	所属院团
莫斯科大剧院	芭蕾舞团、管弦乐团、合唱团
马林斯基剧院	交响乐团、管弦乐团、合唱团
英国皇家歌剧院	芭蕾舞团、管弦乐团、合唱团、歌剧团
法国巴黎歌剧院	芭蕾舞团、交响乐团、合唱团
美国大都会歌剧院	芭蕾舞团、管弦乐团、合唱团
维也纳国家歌剧院	芭蕾舞团、管弦乐团、合唱团

国外知名音乐厅和音乐厅融合情况

剧院名称	所属院团
圣彼得堡爱乐乐团	圣彼得堡爱乐大厅
维也纳爱乐乐团	维也纳金色大厅
伦敦交响乐团	巴比肯艺术中心
德累斯顿国家管弦乐团	森柏歌剧院
波士顿交响乐团	波士顿交响乐厅

在场团融合发展上，长三角地区做得比较好。如上海交响乐团与上海交响乐团音乐厅，杭州大剧院与杭州爱乐乐团，宁波大剧院和宁波交响乐团，苏州文化艺术中心与苏州芭蕾舞团、苏州交响乐团，而且，苏州目前正在为苏州民乐团建设剧场，等等。但分离的情况还存在，如江苏大剧院和江苏演艺集团，两个单位都是省属单位，但是却处于割裂状态。

“十四五”期间，我国需要推动剧场发展模式创新，以科学的模式推动剧院长期科学快速发展。一是优化建设模式，解决建管脱离的问题。建议转变剧场建设理念，推动剧场建设与经济、人口及文化承载力相协调，建设绿色、适用、便捷、经济、专业、好用的剧场。优化剧场建设方式，在剧场建设初期就成立运营团队，或聘请专业的剧场运营顾问参与剧场规划、设计、建设过程中。完善剧场建设流程，完善剧场前期策划环节和使用后评估环节。二是促进场团融合，构建以剧院为中心的表演艺术产业链，使剧院不再为节目发愁、使院团不再为场地和观众发愁、使二者积极性都得到发挥，以解决当前剧院团割裂、供需不匹配、资源不共享、协同程度低等方面的问题。在整合方式上，建议结合各地区实际，采取“以场带团、以团带场、场团合作”的方式有序推进。

- 针对艺术生产活跃、但剧场无法满足需求或无剧场的艺术院团，通过新建或改造剧场的方式，改善其排练演出条件。
- 针对规模较大、功能齐全、设备先进的大剧院，可考虑成立驻院艺术院团或通过划转院团的方式，提升其节目生产能力，提升利用率、经营业态。
- 针对同一地区、艺术品类相近、业务互补性强的院团和剧场，可考虑采取以契约的方式，打破隶属关系及体制的藩篱，推动剧场和院团资源深度融合，实现优势互补、资源共享、风险共担。在场团深度融合方式上，可先从较为基础的“场团合作”开始，逐渐向“场团一体化”方向发展。

提质增效的问题

受发展模式落后影响，我国多数剧院整体运营效益并不高，集中表现在剧场利用率、公众参与率、资金自给率等方面还存在着巨大的潜在空间。

剧场利用率低

“十三五”时期，我国剧院利用率虽有所上升，剧院年均演出场次 76 场，但与一般剧场的演出水平 200 场相比还存在着巨大的上升空间。利用率低的问题，不仅造成了国家投资的浪费，也使人民群众的文化需求得不到满足，同时，还限制了院团及表演艺术的快速、健康、持续发展。

除演出场次少之外，剧院设备设施利用率也不高。新中国成立以来，我国剧场在功能上，多是按照东德“保留剧目制”设计，配备标准的“品字形”舞台、齐全的舞台设备，而且，近年来我国剧场总体上越建越大、建设标准越来越高、设备越来越先进。但是，在剧院运营上，却采取简单的出租场地制，承接的演出多是巡演项目、布景相对简单，花费重金配备的先进的舞台设备及艺术生产空间往往成为摆设，调研中部分剧院表示台下舞台机械很少用、排练厅等艺术生产空间使用率也不高、但运维成本高昂。

观众参与率低

由于演出市场开发不足，以及适销对路节目供给不足的问题，我国剧场整体的观众参与率并不高。“十三五”时期，我国剧场年观演人次仅为 2.3 万，平均每场演出观众人次仅为 340 人次，平均每个剧院、每场演出上座率不足 5 成。与西方发达国家相比，我国人均观演场次还有较大提升空间。一方面，剧场多数时间处于闲置状态；另一方面，部分人民群众的文化需求无法得到满足。

经费自给率低

由于演出少、观众参与率低，我国多数剧院的演出收入及占比并不高，2018 年，每个剧场年演出收入仅为 174 万元，占总收

“十三五”时期我国剧院利用率情况（数据来源：国家统计局，2016—2019）

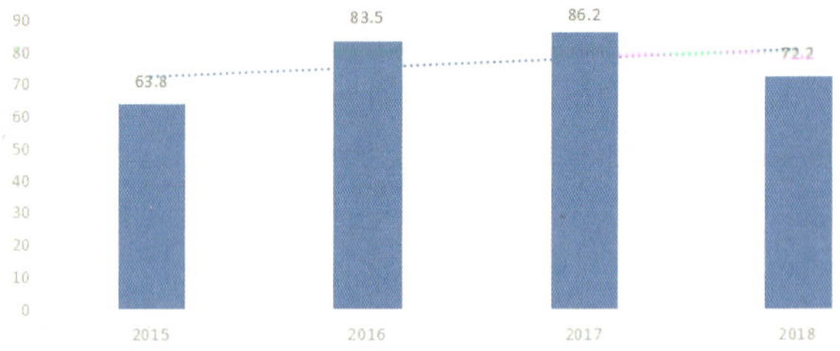

“十三五”时期我国剧院观众人次情况（数据来源：国家统计局，2016—2019）

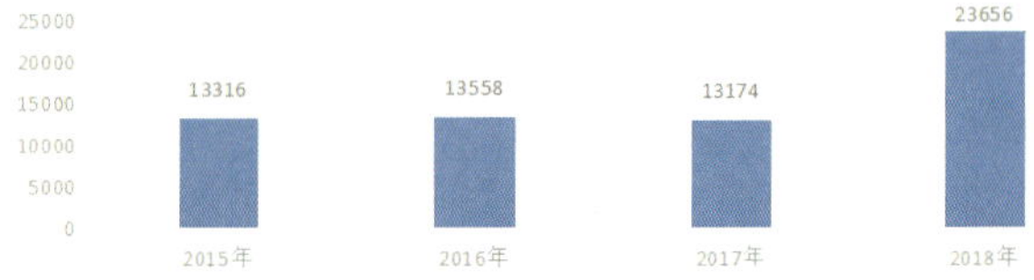

国家大剧院与全国艺术演出场馆演出场次比较（数据来源：国家统计局和国家大剧院年报）

数据项	全国总体情况	国家大剧院总体情况	国家大剧院单个场馆情况	全国单个演出场馆情况	国家大剧院与全国单个演出场馆数据对比
艺术场馆数	2478 个	4 个	1 个	1 个	
总坐席数	192.04 万个	5250 个	1312 个	774 个	
年演出场次	17.89 万场	991 场	247 场	72.19 场	3.4 倍

国家大剧院与全国艺术场馆演出观众人次比较

数据项	全国总体情况	国家大剧院总体情况	国家大剧院单个场馆情况	全国单个演出场馆情况	国家大剧院与全国单个演出场馆数据对比
艺术场馆数	2478 个	4 个	1 个	1 个	
总坐席数	192.04 万个	5250 个	1312 个	774 个	
艺术演出观众	5862 万人次	101.2 万人次	25.3 万人次	2.37 万人次	10.68 倍

入的 32.7%。收入来源较为单一，剧院经费自给率相对较低。

因此，“十四五”期间，剧院必须要提质增效，着重要解决“两率”的问题。

- 提高剧场利用率。实施让剧场演起来的计划。演起来关键是要有好节目。如何让剧院持续不断演出好节目？需要推动场团深度融合同时解决上下游供需问题。实质是解决表演艺术供给侧结构性改革的问题。

未来三阶段发展目标

第一阶段：十四五期间 2025 年				
	演出场次	观众人次	票价 100 元	票价 120 元
现在	80	1.00 亿人次	100 亿元	120 亿元
“十四五”时期	200	2.51 亿人次	250 亿元	300 亿元
增加值	120	1.50 亿人次	150 亿元	180 亿元
“十四五”增加值	600	7.52 亿人次	752 亿元	902 亿元
第二个阶段：“十五五”期间 2030 年				
	演出场次	观众人次	票价 100 元	票价 120 元
现在	80	1.00 亿人次	100 亿元	120 亿元
“十五五”时期	250	3.13 亿人次	313 亿元	376 亿元
增加值	170	2.13 亿人次	213 亿元	255 亿元
“十五五”增加值	850	10.65 亿人次	1,065 亿元	1,278 亿元
第三个阶段：“十六五”2035 年基本实现现代化				
	演出场次	观众人次	票价 100 元	票价 120 元
现在	80	1.00 亿人次	100 亿元	120 亿元
“十六五”时期	300	3.76 亿人次	376 亿元	451 亿元
增加值	220	2.75 亿人次	275 亿元	330 亿元
“十六五”增加值	1100	13.79 亿人次	1,379 亿元	1,654 亿元

“十三五”时期我国剧院演出收入占总收入比重（数据来源：国家统计局）

年份	演出收入占总收入比重
2015	29.60%
2016	30.20%
2017	39.90%
2018	32.70%

伦敦和纽约剧场数量及性质分布（数据来源：《北京市剧院现状及发展对策研究》）

所属地区	商业性剧院	剧院总数
伦敦剧场	42 个（西区）	194 个
纽约剧场	41 个（百老汇）	436 个

- 提高观众参与率。树立“以人民为中心”的剧院工作导向，鼓励剧院融入城市、融入社区、融入人民生活中。

定位不清晰

就全国剧场而言，还存在定位不清晰的问题，在剧场性质上还存在诸多的模糊认识。

- 娱乐和艺术分不清。即剧场应被当作是弘扬优秀文化的高地，还是仅仅被当成一个演出或者娱乐场所，目前，多数地方政府对剧场的娱乐和艺术属性并没有做清晰的划分。
- 由于娱乐和艺术不分，导致剧场的商业性和非营利属性认识不清。目前，多参照百老汇、伦敦西区剧场发展经验，将剧场定位成商业性剧场、经营上不给或给与少量的补贴。实际上，即便在纽约、伦敦等演出市场发达的欧美特大城市，其商业性剧场也仅是少数，绝大多数剧场是非营利性质的。
- 由于对剧场属性认识不清楚，继而导致剧院应该归属于哪个体系分不清。目前，多数剧场被划归到文化市场体系，采取企业运营方式、政府给予少量补贴。

定位不清晰的问题在全国普遍存在,在长三角也同样存在。因此，“十四五”期间，需集中力量解决剧院定位问题。

- 明确剧院定位。在我国，剧院不仅是演出场所，同时也是文化传承的载体及市民文化生活的栖息地，在我国繁荣发展社会主义文艺、构建社会主义文化强国、全面建成小康社会过程中发挥着不可替代的作用。因此，在剧院应高点定位，发挥其在艺术传承、弘扬社会主义核心价值观、提升中华文化软实力中的重要作用,要把剧场当成是文化自信的重要支点，作为国家文化战略去对待。而不能去媚俗、一味迎合市场。
- 营利性剧院和非营利性质剧院应该分清楚。建议结合剧院功能属性，同时，参考国际经验及我国实际，将我国剧场划分成非营利性和商业性两种。非营利性剧院，是指不以盈利为主要目的，以传承文化艺术、弘扬社会主义核心价值观为己任的剧场，包括国有剧场、集体所有制剧场、民营剧场但致力于公益事业发展的剧场，此部分剧院应在国家剧场体系中占据主体地位、由国家政府和社会予以支持，纳入公共文化服务体系、作为国家公共文化服务体系的有效延伸。商业性剧院，是指以盈利为目的的剧院，此部分剧场应纳入到文化市场体系，由国家按照文化产业政策对其发展进行支持和指导。

法规不完善

受剧场定位不清的影响，符合艺术规律、剧场运营规律的法律体系建设相对滞后。

- 缺乏专门的法规和规章。目前，图书馆、博物馆、文化馆等文化设施有非常健全的法律体系支撑。但剧院领域还尚未出台一个专门的法规和规章。
- 缺乏标准和规划。导致各地区在剧场建设上完全自主决定:建在哪、建多大、怎么管、怎么用，缺乏宏观调控和指导，导致发展不平衡、建设上弊端重重、运营上缺乏保障。虽然，文化和旅游部和建设部正制定《剧场建设标准》，但是，运营管理标准制定还相对滞后。由于标准的缺乏，导致剧院考核评价缺乏依据，没有考核剧院则干好干坏一个样，缺乏动力和竞争机制。

- 缺乏健全的统计体系。有关剧场统计数据是非常不全、不实的。为此，我们做了大量的调研工作，走访了很多单位，都没有全面、准确的数据。由于数据的不全不实，给政策制定、行业发展带来很大的限制。

可以说，在法规制定上，长三角地区的上海是有意识的，行动上也走在三大城市群和全国前列，在演艺及剧场政策上制定了并实施了促进演艺发展的实施办法、剧场管理和服务规范。但是法规、规范、标准以及统计上，还有很多的工作需要进一步研究和深化。

解决法律问题，要将剧场的建设、运营、发展纳入到法制化轨道。经过几十年的发展，剧院行业已不是小行业，如果每个剧院按 5 亿元测算，光建设经费就高达万亿元。如果再加上每年票房收入，对当地经济和旅游的拉动、对就业的促进作用都非常大。而且剧院的发展势头仍然十分迅猛。除了经济上考量，如果从文化软实力的角度讲，推动剧院立法就更具战略意义，对于传承中华文化、提升公民文化素质具有重要作用。因此“十四五”时期，要着力在以下法规建设上下功夫。

- 应结合剧场定位，推动剧场专门法及配套政策建设。推动我国《非营利性剧院促进法》的立项和出台，将我国剧院建设、运营、管理纳入到国家法制化的轨道，确保在剧院领域有法可依。
- 制定剧院建设运营规范，对我国剧院的规划、建设、运营、管理等进行规范指导。完善配套扶持政策，推动相关减税、降费等方面的政策出台，对剧场艺术生产、设备设施维修、水电气热、固定资产折旧等方面给与支持。
- 完善剧院统计体系。加快剧场数据库建设，推动各级剧场硬件和经营数据线上公开。要加强剧院统计体系建设，科学设计统计口径、统计内容及统计方式，解决现有剧院统计数据不全、不实、缺乏及时性等方面的问题。建议利用地理编码计划、云计算、大数据等技术，建立覆盖全国的、实时的剧院行业运营服务平台，实时掌握全国剧场建设情况、机构情况、节目情况、演出经营情况等，以摸清全国院团和剧院的资源底数、提高政策制定的有效性和实操性。

人才短缺

一流的事业需要一流的人才。人才是剧院发展的核心要素和根本保证。如艺术创作展示靠人才，艺术传播普及靠人才，艺术的营销与管理也要靠人才。剧院领域，目前急缺三类人才，即演艺创作人才、演艺表演人才、演艺管理人才，尤其是懂艺术、善管理、会经营的复合型经营管理人才——院长 / 总经理。在演艺人才供给方面，长三角地区相较京津冀地区还有很大差距，目前大部分的艺术院校和演艺人才还是在北京，如何吸引和培养人才、加强艺术院校建设还有很多路要走。人才短缺，很重要的原因在缺少学科支撑。目前，我国剧院管理学科还几乎处于空白状态，导致剧院运营管理及相关技术后背人才供给严重不足。同时，社会上缺乏相关职业认证培训也是人才缺乏的重要原因。在学科建设上，可以说是走在前列的，2016 年教育批准上海戏剧学院作为首批可以招艺术管理本科的院校。

因此，“十四五”期间，建议大力解决人才问题，着力抓好这样几件事。

- 制定人才发展规划。在开展剧院人才调查的基础上，结合全国演艺行业及剧院人才需求，制定中长期《演艺及剧院管理人才发展规划》。
- 成立剧院管理专业。文化部门会商相关艺术院校，开设剧院建设、运营及管理等相关专业，为全国剧院建设运营提供持续不断的后备人才。
- 实施人才培养计划。建议开展全国剧场经理人培养计划，有重点、分批次的培养一批懂艺术、善管理、复合型的经营管理人才。建议培养一批舞台技术等专业技术类人才。开展专业技术类人才职业资格认证制度。

在人才建设上，笔者提出几点呼吁：一是呼吁全国设有艺术管理学科的高校应关注我国剧院发展态势，关注我国剧院发展所带来的巨大人才需求，在剧院相关学科建设上、师资配备上、人才培养上予以回应和解决。二是呼吁艺术管理学者，能够带领学生们走出教室和校门，走进剧场、参与到艺术管理火热的实践中，去真真切切的感受剧院与城市的关系、剧院与艺术的关系、剧院与人民美好生活的关系。因为艺术管理是一门交叉性的、实践性的、应用性的学科，需要有一个扎扎实实的实践过程、需要有一个摸爬滚打的刻意训练的过程，也需要有一个总结、提炼、升华的过程。三是呼吁艺术管理的同学们，要怀揣振兴中华文化之理想。中国艺术蓬勃发展的未来是属于你们的。当中国走向世界，屹立于世界文化强国之时，世界乃至人类艺术发展的未来也是你们的。前途是光明的、道路是曲折的、艰巨的，在通往中华文化复兴的道路上要时刻谨记习主席讲话精神，“坚持与时代同步伐”“坚持文化自信”“坚持以人民为中心”“坚持以精品奉献人民”，用更好的艺术启迪人们的心智、温润人们的心灵、提升人们的文化素养。

江南美，最美是文化

周汉民

关键词 长三角文化 山水风貌 日常生活实践 文化创新

长三角是一个美誉度极高的地区，而构成其独特地位和人们记忆中美好印象的是文化。青山绿水和稻谷飘香，与崇尚读书和勤勉做事的民风，相得益彰，凝聚成优秀的江南文化。长三角文化不但有山清水秀的自然风貌，更有深入日常的生活品质，并从活生生的生活实践中提炼出一种高品味的文化方式，获得历代人们的崇尚。当代意义上的长三角义化，除了对历史的继承发扬之外，其文化的魅力体现在文化的创新和发展上，对传统文化的扬弃与丰富的文化创新共同构成当代长三角文化的基本生态。

长江，世界第三长河，6,300 公里，烟波浩渺，滋养这一伟大民族千百代子孙。长江流域有 205 万平方公里的土地，涉及 2 个直辖市、9 个省份。2019 年长江流域的经济产值是国家总产值的 40%，也就是 36 万亿人民币。长江流域的人口是国家 14 亿总人口中的 40%，6.5 亿人。浩浩荡荡的长江，百川归海，最后融入了东海，进入了太平洋。这其实就是文化传源流、传播发展的生动写照。文化的核心在于既要融合，更要坚守其特质。什么是长三角文化在高质量发展中题中之义应有之为呢？笔者有三个观感。

第一，青山绿水就是文化。伟大诗人白居易写《忆江南》有三首，第一首里面写到青山绿水，“日出江花红胜火，春来江水绿如蓝”，后面五个字多么隽永——“最忆是江南”。

那首诗我曾经在五年前会晤一位日本伟大的匠人时用过。这位匠人是日本茶道的代表人物。他曾经百次来过中国，他向邓小平同志、江泽民同志、胡锦涛同志、习近平同志都敬过茶。他强调敬茶的道。那天是中国农历的春分，我为见他，特意找了一嫩绿的领带，这条领带我从来没有戴过。我戴上这条领带跟说他：先生今天您 90 高龄，第 100 次来中国，来得正是时候，那就是“日出江花红胜火，春如江水绿如蓝”的时刻。您今天当与中国的春天同驻。春天是万物萌生、成长和壮大的季节，尽管中日关系有坎坷，但是您一定听过“孟母三迁”的中国成语。孟子的母亲为了孟子的成长，营造好的环境，三迁居家。但是，今天很难再三迁，因为房价太高，很多人说自己的房值几百万元、上千万元，那只是个概念，除非你先搬到马路上去才能实现。既然我们的居家不能选择，就意味着邻居难以选择，邻国难道可选吗？邻国是不能选的，不能选邻国唯一要强调的就是睦邻关系、安邻关系、富邻关系。对此，他十分感怀，在进行了茶道仪式后，我不敢用“敬我茶”一说，我喝了一杯。就是为了让我喝这杯茶，是他此行的目的。临走时我说：“先生我提一个不情之请，也是我生平第一次做的事，我能和您换领带吗？”我脱下嫩绿的领带，他换给我的那条我还记得，是蓝白红的条纹领带，今天我仍然珍藏着。

江南是什么？江南是青山绿水。江南最集中的代表是长三角地区，而最集中的区域是今年定为示范区的上海青浦、浙江嘉兴、江苏吴江所在的 2,300 平方公里土地。这 2,300 平方公里地区是块“大布料”，不能大题小作任意裁剪。这块布料要裁得好，才能叫天合之作、天衣无缝。我们得把长三角一体化示范区做好，而示范区的核心就是“最江南”。要做好“最江南”，我想把白居易的《忆江南》三首一次次的吟诵，你会悟到他写了什么呢？第一首写是宏观的，第二首写了杭州，第三首写了苏州，这才叫做上有天堂，下有苏杭。

我再讲一个小故事。2010 年上海世博会，作为主要的筹备团队成员之一，我始终心中想一句话，拿什么奉献给你我的世界？最后，我们在世界各国的支持下，搞成了城市最佳实践区 50 个案例。为了表示公开、公平、公正的理念，我们礼聘联合国时任副秘书长兼人居署署长蒂贝琼卡女士和国际展览局秘书长洛塞泰斯先生为双主席，我出任秘书长。两位主席直言不讳地提示我，不要给我们已经准备好的案例，让他们主动遴选。我说您放心，遴选的场所全程录音录像，各位遴选最后的表决要署名表决，以交付历史检阅。历史是最好的阅卷人。因而，最后 50 个案例在第一轮投票中有 49 个脱颖而出，49 个中就有杭州和苏州。我举这个例子是想说明，青山绿水是文化，青山绿水是世界共同的语言。这是我第一个观感。

第二，市井烟火是文化。什么是江南？什么是我们要打造的“最江南”？一定要方方面面时时刻刻感悟到世界烟火气。有诗云“烟火一半是江南”，江南今天在世界的影响力在于它的烟火气。我再举一例。2001 年，我受中央政府委派去巴黎申办世博会。2002 年 3 月，开始全面的申博竞争，2002 年 12 月 3 日，赢得“世博会”的举办权。其中就有一段往事，2002 年，国际展览局要对 6 个申办国家的城市：中国上海、俄罗斯莫斯科、波兰弗兰茨瓦夫、墨西哥克雷塔罗、韩国丽水还有阿根廷布宜诺斯艾利斯进行考察，上海是第一个被考察的城市。他们提了一个要求，上海代表中国申办世博会，有别的城市会欢迎支持吗？要找一个支持的城市。今天，让我再想一遍我还会第一个想到它——杭州。我们过去向杭州市委书记报告，市委书记说一定要表现出杭州人民对上海世博申办的支持。国际展览局去考察的那天，西湖边摆上了所有杭州的小吃、杂耍、泥人等。没有高大上的灯火辉煌，没有漫天焰火，有的只是市井文化的方方面面。捏泥人、走高跷、唱小调，吟诵唐诗宋词，等等，表现出这样一座伟大的历史名城是人的烟火生活、市井生活所造成的气氛。今天我们读获得诺贝尔文学奖的大作，我个人不敢说读全部，其中，最打动人的都是那些市井生活，它让你一生萌发一种冲动，要去那实地走走看看，走什么看什么？走和看就是当时那位作家写这段的时候他的心路历程，我能感悟到的人间烟火。我第二个观感就是“市井烟火即文化，烟火一半是江南”。

第三，长三角一体化高质量发展，文化的作为何在？除了青山绿水，除了市井文化，必须强调创新创业是文化。人们常说长三角人杰地灵，我说它见贤思齐。长三角的历朝历代的青年是最爱学习的。今天，全中国 1/4 双一流高校在长三角，可见一斑。长三角人民从来是胸怀世界的，我不敢说到过世界多少地方，但是，我到过世界不少的地方，能够见到有中国人的地方必定有浙江人，见到有浙江人一定会有温州人。他们不是在窘迫中走向世界，他们是怀揣对世界的梦想而走向世界的，因而，长三角今天成为创新创业的热土。我国 37% 的出口贸易是由长三角完成的，我们国家引进外资 62% 到达长三角地区，我们国家对外投资 29% 出自长三角。所有这些数据说明，长三角要提倡的、要坚守的、要力推的就是创新创业的文化。这样的创新创业不是一人一事一地一企，而当大众创新、万众创业，尤其是当世界和中国经济面临较为严峻格局的当下，稳就是我们的主轴，稳就是文化的表达，只有行稳才能致远。因而，创新创业也得稳字当头，稳步推进、稳定大局、稳住人心。

长三角一体化高质量发展，什么最要紧？当下最要紧的是凝聚人心汇聚力量。长三角一体化高质量发展最大的优势在于它不仅是以习近平同志为核心的中共中央自上而下的要求，而是长三角 2.2 亿人民自下而上的期盼。我们为什么需要一体化？中国今天从南到北的所有战略没有一个是一体化为主题的。“京津冀”叫协同发展战略，在 21.5 万平方公里土地上，1.1 亿人民为疏解北京的非首都功能；“粤港澳大湾区”发展战略不是以一体化为主要的，5.6 万平方公里土地，7, 000 万人民，在进行一项合作战略，因为，要承认粤港澳的一国两制，承认我们三个独立的司法领域，也承认我们粤港澳还有三种法定货币可以通行；“长江经济带”发展战略以保护为主轴，我们不搞大开发，共抓大保护。唯有今天“长三角”这一战略被赋予一体化高质量发展。

所谓一体化，很核心部分就是文化认同。文化认同是人心向背的基础。而我以为，文化认同中极为重要的一点就是我们要淡化某个地方人的概念。要强化我们同为“长三角人”这样的身份。所以，以文化为这次论坛的主轴，正当其时，不是发思古之幽情，不是来一次文化苦旅，而是强调文化的向心力、凝聚力和感召力。强调我们所在这块地方绿水青山当永续保存，市井烟火当永续保住，创新创业当永续推进。有了这三个“永续”，长三角一体化高质量发展一定得有辉煌的前途。

因而，让我们在长三角一体化的文化发展上做好一篇文章。这篇文章是涌动着中华文化和世界文化融合的激情；是表现出中华文明和世界文明不仅是隔空，而且是同台对话的雅量；是要展示出我们在文化交流中“奇文共欣赏，疑义相与析”这样的一种决心；也就是各美其美、美人之美、美美与共，为的是天下大同。

建设国际文化大都市的政策指引：以“上海文创”50条为例

曾原

关键词 文化产业 上海文创50条 国际文化大都市 产业政策 上海

产业政策是政府重要的产业引导工具。文章以“上海文创”50条为例，讲述了政策制定的背景，政策的特点、结构、内容及后续发展。并从制度供给的角度总结了政策制定和产业发展的关系。

推动与城市发展相匹配的文化建设，上海早在2007年5月召开的第九次党代会上，就已经明确提出建设国际文化大都市的总体目标。第十次党代会以及之后的第十三个五年规划又再次提及，要求力争到2020年，基本建成文化要素集聚、文化生态良好、文化事业繁荣、文化产业发达、文化创新活跃、文化英才荟萃、文化交流频繁、文化生活多彩的国际文化大都市。因此，我们看到，建设国际文化大都市，一是形成目标共识的时间早，二是初步建设的时间跨度长，三是当下已进入到工作任务完成的检验阶段。

围绕上述总目标总任务，“十三五”时期上海出台了一系列行业（产业）政策。行业（产业）政策是党政部门引导、规范行业发展的抓手性工具，经过前期酝酿、准备、编制，一旦以文本文件形式在一定范围出台，绝大多数会在一段时间内产生积极影响。它不仅面向行业各参与主体发出重点关注、主要实施的导向性信号，对相关资源及利益关系进行有效调动和适度调整，同时也是对党政相关部门自身责任和义务的规范。从 2020 年向前回顾，这些行业政策包括上海市“十三五”文化改革发展规划、上海现代公共文化服务体系实施意见、上海基本公共文化服务实施标准、“上海文创”50 条、丰富上海文化建设主体实施意见、上海国有文化企业“双效统一”实施意见、“上海文化”品牌三年行动计划、促进上海电影发展若干政策、上海文艺院团改革发展实施意见等，以及涉及报业、文广、出版、电影、图书馆、文化群团组织等专项领域改革发展方案。

2017 年年底，《加快本市文化创意产业创新发展的若干意见》（简称“上海文创”50 条）出台。本文从政策制定参与者的视角，复盘“上海文创”50 条制定的背景，简要解读其内容。以及，通过这一政策制定过程的剖析，进一步检视一项政策在宏观目标实现中发挥的作用。

问题导向的政策制定背景

“上海文创”50 条的出台具有明确的问题导向。如前所述，上海市第十三个五年规划中提出“到 2020 年上海基本建成国际化大都市”。2017 年年初的市政府在谋划，2020 年已近在眼前，从市政府主抓相关工作的角度，文化领域的工作总体情况如何，哪些工作是当前重点，哪些工作仍然存在短板，这些问题的提出，催生了当年年初实施的《上海国际文化大都市“四梁八柱”研究》。时间紧、任务重，这个研究用了 3 个月不到的时间完成，核心内容提出，优秀文艺作品创作生产、重大文化设施建设、现代公共文化服务、文化创意产业发展、中华优秀传统文化传承、重大节庆展会和赛事活动、文化人才队伍建设、文化法规政策保障等 8 个体系建设，更具标志引领性、根本支撑性的特征，是上海国际文化大都市建设的“四梁八柱”。至“十三五”期末，落实 8 个体系重点工作，以重点带全局，以难点促突破，推进上海国际文化大都市建设。同时，针对上述 8 个体系，每个都从发展现状、对标比较、存在不足、主要目标、重点工作等 5 个方面进行了深入研究。

这份研究起到了很好的决策支持作用。当年市领导听取专题汇报后认为，因为聚焦了 8 个体系，有数据、有分析、有比较、有抓手，内容上比此前“十三五”规划文本更实在。同时也指出，纵观 8 个体系，其中的文化创意产业需要进一步推进和发展，并提出面向全社会做一个对接国际化大都市建设具体内容、促进产业发展的产业实施意见。于是，从“四梁八柱”到“上海文创”50 条，从研究到工作，从决策支撑到决策本身。虽然在当年 3 月的时候，只有工作方向，还没有名称，也不知道最后会出台怎样的政策内容。

符合经济政策定位的立意

《2017 年上海十大新闻》的第 6 条为“一批贯彻新发展理念的重大政策出台，推动上海经济社会高质量发展”，并简要解释为，4 月 27 日，《关于进一步扩大开放加快构建开放型经济新体制的若干意见》公布，这是新形势下上海推动新一轮高水平对外开放、加快打造利用外资“新高地”、构建开放型经济新体制的指导性文件。5 月 31 日，《关于创新驱动发展巩固提升实体经济能级的若干意见》发布，围绕提质增效、创新引领、环境营造、要素集聚、降低成本等提出举措、制定目标：到 2020 年，战略性新兴产业增加值占全市生产总值比重达 20% 以上，成为全国创新引领实体经济发展的新高地。12 月 12 日，《关于加快本市文化创意产业创新发展的若干意见》印发，聚焦影视、演艺、动漫游戏、网络文化、创意设计、出版、艺术品交易、文化装备等领域出台政策措施，为文化创意产业发展构筑“四梁八柱”。基于此，2017 年上海产业经济政策推出“三架马车”，就是指的是上述开放型经济 33 条、实体经济 50 条、“上海文创”50 条三个政策。将“上海文创”50 条摆在如此的高度给予肯定，认为这是进一步推动上海文化产业发展的重要推手，这体现了上海对文化产业的重视。

突出产业属性的政策特点

“上海文创”50 条虽然是宣传部门牵头做的政策，但和以往给公众的印象不同，这是一个偏硬的政策，更多体现了产业属性和与城市发展的关联。有机构对“上海文创”50 条的定位是这样的——“要用好用足文创 50 条，激励原创，激活市场，做大做强影视、演艺、网络文化等 8 个优势产业，推出更丰富精神食粮”，这个角度有失偏颇，或者说，还是用传统的眼光在看宣传口制定的这个政策。事实上，“上海文创”50 条是产业政策，它跳开了原先仅仅从宣传文化角度看文化产业这种相对比较小的角度，把它放到更大的视野中观察，因此，它的产业属性和城市关联属性非常强。“上海文创”50 条制定的目的，从产业角度看，是在产业结构优化升级、城市核心功能增强中体现文化创意产业的新作为，要进一步提升城市的经济创新力、产业竞争力和文化软实力；从城市发展关联角度看，是要夯实国际文化大都市的产业基础，使文化创意产业成为构建新型产业体系的新的增长点、提升城市竞争力的重要增长极。从“新动能在文化产业中发生，新经济格局在文化产业中布局”的高度看待“上海文创”50 条，很多思路、做法就会不一样。也只有这样，才配得上 2017 年上海产业经济政策“三架马车”之一的政策立意。

“上海文创”50 条的主要结构

“上海文创”50 条的结构分为四个部分。

第一部分为总体要求，包括指导思想、发展目标、产业体系等。这部分有两个要点。一是提出了相对较高的发展目标，“未来五年，本市文化创意产业增加值占全市生产总值比重达到 15% 左右；到 2030 年，本市文化创意产业增加值占全市生产总值比重达到 18%左右。”具体来看近期目标，可以作一个比较，2016 年上海文化创意产业增加值占全市生产总值比重为 12.1%，而按照“上海文创”50 条到 2022 年或 2023 年要达到 15%，实事求是讲，这一近期目标的实现，难度还是有点大，需要整个产业界方方面面的共同努力。二是从政策制定角度很少见地出现了产业体系的表述。这里提出了“走出内涵深化整合、外延融合带动的发展新路”，主要是交代了包容性较强的文化产业内部自身的关系以及文化产业作为一个整体与外部产业的关系，既突出了内在产业逻辑，又强调了产业间的融合。

第二部分集中表述了上海重点发展的 8 个产业领域，这是作为一个产业政策的核心内容。在影视、演艺、动漫游戏、网络文化、创意设计、出版、艺术品交易、文化装备共 8 个产业中，文化装备产业相对特殊。从产业分类来讲，这不是一个独立的产业门类，其实质是国民经济中的第二产业、特别是制造业在属于第三产业的文化产业领域的应用和服务。把文化装备产业写入省级文化产业政策中，当时在国内是第一次，体现了“上海文创”50 条的产业选择眼光。

围绕一个产业的发展，必须有良好的市场体系进行构建，因此，第三部分为构建现代文化市场体系，从市场主体、重大项目、金融服务、节展活动、对外贸易、大众消费、“放管服”改革等 7 个方面来要求。特别是最后一部分的“放管服”改革，其实是给党政部门自身提要求，规范了党政部门的责任和义务。这体现了治理而非简单管理的政策制定和政策实施思路。

最后一部分是从资源要素角度表达的共性政策。“上海文创”50 条编制逻辑有个特点，一些专项的政策直接写入第二部分的产业政策。但还有一些共性的政策，涉及资金、税收、土地、人才，最后做了一个集聚，以“引导资源要素向文化创意产业集聚”的标题形成完整的又是殿后的部分。这里把资金、税收、土地、人才政策，做进一步的集聚和优化提升。

重点发展的产业领域

“上海文创”50 条的核心内容是提出了重点发展的 8 个产业领域。其中，影视、演艺、动漫游戏、网络文化、创意设计，其产业基础比较好，通过政策的推动，要进一步巩固和完善；而在出版、艺术品、文化装备制造上，需要跨越式发展，进一步提升。

影视产业方面提出“打造全球影视创制中心”，并形成“1+3+X”的发展格局。此外，提出重点培养一批技术领先的影视后期制作企业，支持企业参与国家高新技术企业认定。

演艺产业方面提出打造“亚洲演艺之都”，重点支持环人民广场演艺活力区等 8 个演艺集聚区建设。“环人民广场演艺活力区”后来有个简练而响亮的名称，“演艺大世界”，而“上海文创”50 条对“演艺大世界”在上海演艺版块中突出地位的形成起到了很大作用。也提到做大做强各具特色的驻场品牌，鼓励发展具有文旅特色的演艺产品，支持和鼓励社会资本新建、改建剧场和演艺空间。“上海文创”50 条强调演艺经纪的发展，大力发展各类专业服务，用好自贸区文化市场开放政策，引进知名演艺集团和演出经纪机构。

动漫游戏方面其实可以把动漫和游戏分开，“上海文创”50 条在这个版块还是更倾向于网络游戏的发展，提出的目标是建设全球动漫游戏的原创中心。上海有国家授权的网络游戏出版申报服务平台，因为上海行政效率高、服务好，吸引了很多国内的网络游戏公司纷纷到上海注册公司，通过上海进行网络游戏产品申报。当时希望进一步建好这个平台。同时，在这个版块提出了“加快全球电竞之都建设”，鼓励投资建设电竞赛事专业场馆、特色体验馆，发展电竞产业集聚区。制定“上海文创”50 条时已预感到电竞的热度，但确实没想到有政策出台之后那么热，从电竞的案例可以看到，对路到位的政策真的具有“四两拨千斤”的作用。

“上海文创”50 条也重点提及了网络文化，这是以网络视频和网络文学作为重要载体的产业门类。上海网络文学在全国有约 70% 以上的市场份额，要重点扶持这一类网络文学企业在上海发展。

上海此前提出建设国际设计之都、国际时尚之都、国际品牌之都、国际会展之都的目标，“上海文创”50 条的创意设计产业就是围绕“四个之都”展开。特别是国际会展之都，提出要在现有的物理空间已经世界第一的情况下，怎么把更多会议展览的内容、服务引入上海，培育壮大上海的会展经济。

“构建出版产业新格局”目标在出版领域而言，要求提的并不高。全国出版领域中，国家队、兄弟省市的实力都很强，上海错过了上一轮的发展机会。接下来，上海要加速传统出版转型深化，支持品牌民营出版机构落户，鼓励民营出版机构与上海国有出版单位的深度合作。以及，在发行领域，落实《上海市支持实体书店发展的实施意见》，推动实体书店升级发展，推动高校校园实体书店全覆盖。

艺术品交易方面提出了“构建国际重要的艺术品交易中心”的目标，加速推进浦东外高桥、徐汇滨江艺术集聚区建设，支持艺术类文化创意园区发展，鼓励举办环艺术院校艺术集市。同时支持本地艺博会和全国性艺术展览会的发展,也要进一步深化国有艺术品拍卖机构的改革，支持各类画廊参与国内外的艺术博览会，鼓励国际知名机构、艺术家等携海外艺术精品来沪办展。

文化装备产业更多是从产业链角度进行功能布局,提升文化装备技术创新能力。基本的布局是一基地、一平台和多园区。对照《上海市创新产品政府首购和订购实施办法》，提出文化装备“首台套”政策，鼓励符合条件的文化装备项目申报上海市高端智能装备首台突破和示范应用专项，用好这个财政扶持政策。

后续深化与思考

“上海文创”50 条一经推出，旋即在国内引发高度关注，得到了相应的赞誉。同时，作为国际大都市的上海，在上海发展、关注上海发展的国外文化机构主动翻译政策文本后把相关信息进行传播，也使得“上海文创”50 条得到了国际层面的注意。究其原因，一是出台时间把握得好。这是党的十九大召开之后出台、并对十九大相关内容第一时间反应的首部省级文化产业政策。二是内容有亮点。不仅突出了 8 个重点产业领域，而且系统性强，关注到了和文化产业相关的方方面面。三是政策体现可操作性。这是一部实实在在的行业政策，实际操作者、学习借鉴者都从中看到了“干货”。四是传播到位。因为是宣传部门牵头做的政策，调动传统和新兴媒体资源，信息传播、媒体宣传、政策解读等方面的工作都做得很充分、很有水平。同时，文件又没有设置密级，第一时间向全社会公开，也有助于政策的推广。

政策出台之后，针对“上海文创”50 条中重点推动的影视、演艺、动漫游戏、网络文化、创意设计、出版、艺术品交易、文化装备8个产业，2018年上半年分别由上海市文广局、市新闻出版局、市文创办牵头编制，出台了各自的促进产业实施办法。正式发文时，这8个实施办法由市委宣传部、市发改委、市经信委、市商务委、市科委、市财政局、市人社局、市国土资源局、市文广局、市国（地）税局、市新闻出版局、市金融办等联名发出。

2019年，在8个实施办法出台半年多之后，政策效果得到市场的深度检验。从突出工作效果、实施产业重点突破的角度，上海进一步实施产业聚焦，围绕推动全球影视创制中心、艺术品交易中心、亚洲演艺之都、全球电竞之都“两中心两之都”建设等明确目标，就电影、演艺、电竞、艺术品交易四个领域进行再聚焦，集中引进一批龙头企业、战略项目，培育未来新的经济增长点。

“上海文创”50条是一面旗帜、一个标杆，随着文化产业发展不断深入推进，从“上海文创”50条出发，之后是政策不断迭代、优化，更是引领推动产业不断深入、升级。回顾制定“上海文创”50条的前后过程及其后续发展，作为经验总结，较为明晰的一条政策制定路径已然呈现：以政策制定为抓手，为产业发展提供可靠的制度供给。政府如果能够把制度层面的工作做好，提供一整套更完善、更优质的制度保障，能够用改革来解决发展的问题，对上海这座超大城市而言，在商务成本相对较高的情况下，产业发展依然具有竞争力。并且，这种竞争优势是短期内无法复制的。

空间集聚与城乡的再中心化：关于时间与空间的隐喻

王国伟

关键词 城乡更新 空间集聚 再中心化 时空隐喻

当代城乡空间更新和转型，从社会实践层面看，是物理空间中物和人的关系重构和调整，但透过这层关系，其实是人对时空的一种价值判断。物与人共同构成空间内容，并安排在特定的场所范围内活动，场所的意义和价值是由时间赋予的。因此，看似具体的空间和物，其价值判断受到时间的控制。时间是线性流动的，每一个物与人都生活和发生在一个具体时间点上，空间也会从现实空间转变为历史空间。我们同时就会面对着三个时间概念，历史学意义的时间，是有前后延续的；消费意义上的时间，从现在开始，是切断历史的；艺术中的时间，是透明的，可以穿越历史与未来的。而把时间赋予的价值物做空间集聚，就会形成新的中心。三个时间的意义把握，能为我们的城乡更新实践带来重要的启示。

我们处在快速迭代的时期，全球化，互联网，都是快速移动，资本的流动，信息的流动，物质的流动，以及人群的移动，我们时刻都在集聚变化的过程中间。空间和内容的集聚，是基于时空意义上的空间与地方重构，因为“地方意味着安全，空间意味着自由”，地方可以满足生物的生存，并形成经验和体验。空间提供自由流动。核心是改变和调整时空意义。

城乡更新，使已经衰退多年的地区得以复活，就是把属于过往时空意义的地区资源，在时空意义重新定位，在新时空的宏观背景中，寻找和设定自身新的位置。激活空间和地区，通过内容资源和空间结构形成新的集聚，结果就是再中心化。在时空重新定位过程中，我们就得弄清什么是时间，什么是空间。

关于时间的隐喻

我们先看两个案例，第一个案例是刚刚结束的 2019 乌镇艺术季。乌镇在古镇改造过程中经历了两个历史阶段。第一个历史阶段基本被历史建筑保护学界认为是个失败的案例，把古镇核心位置原住民都置换出去，空城化的结果就是把古镇核心部位变成一个盆景。第二阶段开始修正，通过文化定位，开始导入文化艺术的内容，就是现在的戏剧乌镇、互联网乌镇，乌镇就再次进入当代消费者的视野，特别是年轻消费者的消费图景之中。一个历史学意义上已经消失的乌镇，在消费意义上复活了，再次成为人们关注的中心。所以，我看到 2019 年乌镇艺术季的主题时，很有针对性，特别呈现当代性讽刺意味，好像就是对乌镇自身空间改造更新过程的一种隐喻。

时间开始了

2019 乌镇艺术季第一个推出的概念是时间。时间开始了（见后页图），首先以时间计时器为标志，“震荡的钟摆”既是时间形式的表征，也是时间永恒的指称。人工创造物背后，作品里有都充满着时间的隐喻。系列作品建构在一个特定的时间，我们称之为当下，作品就跟观展流动的人群交叉出两个时间概念：一个是实在的时间，是游人在那里行走游荡的时间；还有一个是艺术家塑造的时间。中间这样一个装置作品，两个时间形成的历时性与共时性的冲突，我们就触碰到了一个具体的时间和抽象的时间的矛盾冲。艺术家和作品创造了一个冲突的时间和交叉的时间。第二个是视频，艺术家依然在给我们讲述时间的故事，在这样一个有历史的砖木结构房子里面，置入一辆十分典型的工业化的标志——汽车，一堆废弃的汽车的残部件，搁置在典型的江南民居

时间开始了

上　具体与抽象时间的矛盾冲突

下　“汽车”的置入，房子与汽车的对白与协同

的房子前面，房子和汽车，通过不同的历史定位，形成农耕文明与工业文明的对白和协同，反差叙事中不断强化时间，讲时间的故事。

第二个案例，日本濑户内海的艺术家心目中的时间。濑户内海小岛艺术季中，有一个比较典型的小岛——犬岛。建筑师妹岛和世选择、设计、改造了 6 个建筑，然后再请其他艺术家置入相应的内容，分别命名为：《生命的诞生》《记忆烙印》《变形》《祝祭》《历史的话语》《冥想》，进而串起一个时间的过程和一个生命的过程。建筑师和艺术家心中的时间概念，对应着我们的时间经验和判断。呈现的图像和视频是其中的一个建筑，木梁材料和榫卯结构以及建筑形制，建筑师显然是表现典型的在地化特征，明确指向木结构的房子是属于江户时代，属于这个小岛典型特征，明确历史的存在感。艺术家下岛千夏在敞开的房子内部置入内容，下岛千夏用丝线建构了各种结构网络，创造和铺陈出一个

上　《生命的诞生》

下　《历史的话语》

呈现濑户内海艺术装置的是一个木结构房子

流动、抽象的时间，他抽象的时间就与妹岛和世的具体时间形成了对峙。

三个不同的时间开始重叠

看了上述作品，我们可以明晰，什么叫时间。

显然，我们面前永远存在着交织在一起的三个时间概念：第一个概念属于历史学意义上的时间，是有接续和传承的时间，构成我们的出处和以往的路程；第二个概念，是消费意义上的时间，它是切割掉历史学意义上的时间线索，让历史断裂，它就是从现在开始，就是当下。第三个概念是艺术家的时间，艺术家的时间是透明的、穿越的，既可以穿越回过去，也可以穿越到未来，它可以打通三个时间的间隔，使我们进入一个想象和经验构成的时间之中，化解三个时间的冲突和对立。

空间集聚再中心化的实践过程，首先面临一个时间上的平衡和协调，就是把史学家的历史留给史学家，把消费意义的时间留给消费者，我们更需要的是通过艺术家的时间来打通另外两个时间的链接，所以，全世界集聚和活化空间的最好方式就是艺术干预和艺术置入。

关于空间的隐喻

第二个是空间实践。空间集聚和城乡再中心化，就一定会面临一个想象的空间和一个实在的空间同时在我们面前。空间是通过距离产生价值。当代的所有文化实践，就是在不断创造和建立我们之间合适的距离。

非常近，非常远

乌镇艺术季给出的第二个概念，叫非常近，非常远。我们处在移动的时代，也是边界模糊和不断重构边界的时代。身体在移动，信息在流动，这个时代的本质焦虑，大多来自安全感缺失。人和人、人与空间、人与内容需求之间的距离失当，就会产生身体和心理失重，存在感就会缺失。所有的事物关系、行为过程、心理反应，都必须在特定的空间里实现，空间价值都是距离建构。

互联网和信息传播这么强劲的当代，博物馆、美术馆不但没有衰退，而且发展更加蓬勃，就是因为它特定的距离价值。原作和真迹，在有效距离内，才能让我们感受到艺术最真切的信息密码，这就是本雅明说的艺术灵韵传导出的迷人的艺术气质。上海环人民广场的演艺大世界和黄浦江徐汇西岸的艺术展览空间的建设，就是建设未来实体空间与我们的距离。因为我们需要这个距离。这个距离是什么？距离是基于人的身体性感受所产生的可感性，是我们基于感受的直接判断，其中包含生理距离和心理距离。基于科学研究，有学者认为，我们的任何公共空间都会基于人的生理和心理反应，产生空间距离与人的特殊对应关系。人和人之间如果相距 0.75～1.75 米之间，这个距离最可能是亲密的距离，不是恋人就是闺蜜；而放大到 1.75 ～ 3.75 米之间，就是朋友关系了，3.75 米以上，那就是社交关系了。空间的距离，首先是基于身体的，身体能互相感受到某种气息，其次还有心理的。我们到了一个空间和地方，我们的感受会做出直接的判断，这个地方是冷漠还是温暖，都和距离有关。当然，我们所说的距离，包括色彩、业态相关联度等空间建构的所有的细节内容，否则会发生断裂，而这种断裂会把人推得很远，跟感觉产生冲突，就会感到冷漠，结果就是我们心理距离被放大而远离这个空间。

人类情感经验与物理空间的对应性

情感存在于人类的经验之中。苏珊·朗格认为："感觉世界是由感官直接参与的抽象所演绎的真实世界。"经验是来源于感受与思想的融合，记忆与预期共同建构感受的经验，因此，人类往往依赖不断进化的经验，去面对瞬息万变的世界。

东西和物体，都可能通过不同组合，产生空间和距离关系，这个距离还是每个人都能感受到的。这个作品，通过玻璃光的视觉反射，造成的异性变化产生三度空间（见下页图）。镜面物理曲度反射，产生了距离和空间倒置，突破了我们正常的观看方式，产生了三重空间的复合与重叠，一个是我们实在的空间，一个是倒置的空间，一个是物体变异的空间，这三个空间顿时构成我们心理感受的复杂性和空间张力。正与反，上与下，正常与变形，写实与抽象，通过冲突，不断产生感觉上的扩张性冲击力，产生我们面对空间时的距离复合与巨大反差。

日本濑户内海的犬岛艺术季作品的空间安排中，建筑设计师妹岛和世的基本设计理念，是对应人行走时的距离感受与空间尺度的协调。游客来到这个小岛上行走一小时，是绝佳、舒适的行走的尺度，要在这个尺度里，收获旧时的时光、生活印象、田园美景，同时收获经验、生活感受和美学经验之间的情感对应，产生一个非常好的体验和感受的结果。建筑师妹岛和世的理念，正是基于人类的情感经验，人们对现实空间的尺度感受而设计的，这也就是最恰当的历史与现实的尺度。

上　三重空间的复合与重叠

下　倒置与变异的空间

当代空间集聚的建构规则

边界与临界

既然城乡空间集聚是建构空间距离，那么空间再中心化首先要设定并明晰边界和临界。任何一个空间都是有边界的，但是边界与边界之间一定有临界的模糊地带，空间建构是静态与动态的结合。在这个快速迭代的时期，哪些需要坚守，哪些可以越界都是被约定的。空间定位与业态转型之间有其规律性特征，看似是空间设计师和商业空间决策者之间的约定，其实是空间与消费者感受上要形成约定。决策者不能太主观和武断，需要对消费者的尊重，特别是心理和生理感受上的足够尊重。任何空间建构，需要尊重人们对这种空间带来的细节性的品质提高而产生的冷漠和温暖的判断。基于生理和心理的这种边界和临界，需要科学调研和消费者调查，这是我们空间集聚中一个非常重要的原则。

在地与飞地

第二个要考虑的是空间集聚的地方，是在地性还是飞地性，空间集聚首先是地理性的集聚，在地和飞地两者之间的选择，是由其历史和现实条件所决定的。在地需要尊重历史和激活历史资源，要有历史传承和历史延续，让它复兴和再中心化。上海市黄浦区的演艺大世界的业态集聚和空间复兴应该是在地性的。因为这些演艺空间大部分都是历史遗存，有充分的地理意义和艺术意义的距离相关性，还有人们基于历史意义的情感体验和经验，因此，进一步归并和调整，激活这个区域的功能，赋予其当代的内容消费和服务能级。

飞地是切断历史的，切割历史的目的就是要忘掉这儿曾经有过的历史，创造一个全新的空间概念和艺术想象。上海徐汇西岸艺术集聚区域，地处黄浦江流入上海市区段的上游，历史上基本是垃圾码头、化工厂等业态，在上海工业和产业转型的当代，去工业化的主体，就是消灭这些环境污染的产业。建设具有当代美好想象的艺术集聚区域，首先需要让大众忘掉它曾经的丑陋和脏乱。切割历史，才能建构一个基于想象的空间集聚，彻底置换空间功能，提升空间层级，就是在一个艺术置入的空间建设中，完成飞地的建设使命。选择在地和飞地，必须尊重历史，同时也必须面对当下，以及我们的时代需求。这一切依然与时间和空间相关。

包容性文化与友爱性空间

包容性文化给空间带来附加值

空间集聚和再中心化，是链接流逝的、远去的时间，给当下的空间添加想象和经验情感带来的附加值，并进一步创造近的生理感受与心理感受。而时间过程，完成了文化多样性和丰富性的积累，对接当代人的兴趣多样性和快速变化的特征。当代空间内容消费释放，需要满足大分化的时代，人群分类、文化分层、消费分区域，对接各个区域，对接不同的人群，对接各自的文化形态和消费方式。文化机遇就在于包容的态度和文化之中，在这个时代，包容是我们基本的态度，文化又是多样多元的，多样多元的分层次的文化才会构成它包容性的文化生态。

友爱型空间是空间建构的目标

英国伯明翰文化研究学派给文化的基本定义：文化就是生活方式。文化都是在一代又一代先人的劳动和艺术实践中诞生的。在这个意义上而言，文化又能够融合和协调人们的生活和文化实践。因此，当代空间建构的主体价值，就是追求混合型、友爱型空间内涵与形式的建设。每个人都有各自不同的工作和生活，社会需要协调和平衡，在更具公共属性的空间和区域建设时，需要准确把握对于文化认同与多元包容的空间安排和文化暗示。我们每个人都活动在特定的空间里，除去私人空间的不可讨论之外，我们存在的空间应该是增强友爱和包容，化解文化与阶层冲突，消解由社会落差造成的社会普遍焦虑的理想空间。极其物质化的空间建构，主导空间建构的灵魂依然是文化选择和文化判断，增强友爱，给予抚慰，消除焦虑，这才是空间建构的意义所在。

空间集聚和再中心化的社会实践，必须处理好时空关系，无论是承继历史还是创造当下，都是时空意义的置换与重构。文化、消费、生活，都是在有效距离中展开。把握好尺度，才会使得实践变得更有现实意义和生命意义。因为，空间更新实践永远在路上。

长三角一体化背景下公共文化服务建设研究

符湘林　施福平

关键词　长三角一体化　公共文化服务建设　公共文化示范区

立足于长三角一体化的国家战略，长三角公共文化建设取得了显著的成绩，为全国提供了诸多可复制、可推广的典型经验。本文首先回顾了长三角一体化的背景，梳理了长三角一体化的研究现状和公共文化服务建设存在的问题。然后，在大量案例分析的基础上，从以下九个方面论述了长三角公共文化建设的成果：公共文化设施建设实现广泛覆盖，公共文化内容供给更加丰富多样，数字服务助力公共文化效能提升，公共文化社会化步伐进一步加快，公共文化示范区创建持续深化，文旅公共服务融合快速推进，公共文化"四个一"项目落地见效，公共文化队伍建设不断加强，公共文化消费活力得到充分激发。最后，文章讨论了长三角公共文化建设存在的问题。

长三角一体化背景下公共文化服务建设由来

长三角地缘相近、人缘相亲、文脉相通、文化底蕴深厚、文化活力勃发。长三角公共文化在以习近平为核心的中国特色社会主义思想指引下，坚持以中办、国办《关于加快构建现代公共文化服务体系的意见》[1] 和《中华人民共和国公共文化服务保障法》[2] 为依据，坚持以人民为中心的公共文化导向，坚持以打响品牌为动能，坚持以提升百姓获得感为目标，坚持以示范区创建为引擎，长三角各地联手、联动、联合，以创新举措助推公共文化软硬件建设实现了更高质量发展。

2018 年 11 月 5 日，在首届中国国际进口博览会开幕式上，习近平总书记表示，“将支持长江三角洲区域一体化发展并上升为国家战略”。[3] 2019 年 12 月 1 日，中共中央、国务院印发《长江三角洲区域一体化发展规划纲要》（以下简称《纲要》），[4] 标志着长三角一体化作为国家战略正式进入实施阶段。此次《纲要》明确，一体化范围包括上海、江苏、浙江和安徽，即长三角一体化指的是全域一体化，谋求共同发展。《纲要》强调，“加强文化政策互惠互享，推动文化资源优化配置，全面提升区域文化创造力、竞争力和影响力。加强革命文物保护利用，弘扬红船精神，继承发展优秀传统文化，共同打造江南文化等区域特色文化品牌。构建现代文化产业体系，推出一批文化精品工程，培育一批文化龙头企业。继续办好长三角国际文化产业博览会，集中展示推介长三角文化整体形象。加强广播电视产业跨区域合作发展。推动美术馆、博物馆、图书馆和群众文化场馆区域联动共享，实现城市阅读一卡通、公共文化服务一网通、公共文化联展一站通、公共文化培训一体化。加强重点文物、古建筑、非物质文化遗产保护合作交流，联合开展考古研究和文化遗产保护。”

在公共文化标准化建设和长三角一体化战略的支撑下，长三角地区的公共文化服务建设全国具有重要地位，在公共文化示范区创建、社会化发展、数字服务、艺术普及等方面创造了许多全国经验，同时，公共文化在惠民、利民、便民中取得了令人瞩目的成绩，不少工作走在全国前列，呈现出诸多亮点，也存在相应的问题。

长三角一体化背景下公共文化服务建设研究理论与现状分析

长三角一体化是一个渐进的过程。由于地域相邻、文化相通，长三角地区尽管有着形成区划的限制，但是经济社会文化一体化正在破除行政体制上的壁垒向深度和广处延伸。

早在 1961 年，华东局在上海设立，作为长三角省市合作协调机构。1996 年上海发起成立“长江三角洲城市经济协调会”；次年召开第一次长三角城市市长联席会，以城市间合作先行开展的长三角区域一体化序幕就此拉开。2008 年，国务院正式出台《关于进一步推进长江三角洲地区改革开放和经济社会发展的指导意见》。2010 年，《长江三角洲地区区域规划》颁布实施。2016 年，《长江三角洲城市群发展规划》正式颁布实施，并提出到 2030 年全面建成具有全球影响力的世界级城市群的目标，要求长三角率先建立一体化发展体制机制,创建城市群一体化发展的“长三角模式”。2019 年，中央正式出台《长江三角洲区域一体化发展规划纲要》。长三角区域一体化发展上升为国家战略，不仅从制度层面化解了区域内行政区划的阻力,为长三角地区经济社会一体化协同式治理提供了制度保障；同时，真正实现沪苏浙皖“一市三省”的优势互补、深度互动与协调有序，有助理增强我国战略定力，完善国家战略布局，为“两个一百年”的发展提供战略支撑。[5]

长三角一体化的研究成果很多。[6] 朱金海（1995）研究认为长三角一体化是指冲破行政管理体制的界限，以市场为纽带，以企业为主体，并由宏观调控组织引导现代经济一体化区域，这一研究还仅限于讨论经济一体化。[7] 陈建军（2004）回顾了长三角一体化的历史进程，他以上海为中心，将长三角一体化分为上海经济区时期、浦东开发时期和经济全球化时期三个阶段，分别讨论三个阶段的市场化和要素流动,亦可见上海在长三角一体化进程地方和中心作用。[8] 郁鸿胜（2010）认为一体化合作核心是制度合作，通过制度合作破解合作壁垒。[9] 张学良（2018）认为长三角区域一体化发展上升为国家战略，预示着长三角区域的发展进入了新的阶段。长三角区域一体化发展包括产业、交通、市场等方面。[10] 关于文化与旅游一体化，陈兵（2009）分析长三角文化创意产业的一体化，提出制订文化创意产业发展规划，提供必要的法治保障，搭建文化创意产业平台等建议。[11] 吴福象（2019）认为，长三角区域一体化发展至少应强调三个方面：一是强调动力的变革和新旧动能的转换；二是强调治理模式的转变；三是强调机制构建。当前，长三角公共一体化发展存在以下的问题。

第一，区域公共文化发展水平不均衡。以 2018 年为例，沪苏浙皖“一市三省”以占全国约 3.7%的土地面积，汇集全国 15%的常住人口，却创造了占全国大约 24%的经济体量，成为推动国家经济发展的重要引擎。但是，长三角内部却存在较大的差距。从人均 GDP 来看，2018 年，上海为 134,982 元，江苏超过了 10 万元，浙江接近 10 万元，而安徽仅为 47,712 元，上海人均 GDP 分别是江苏、浙江、安徽的 1.2 倍、1.4 倍和 2.8 倍。从人均财政收入来看，上海 2018 年高达 29,324 元 / 人，浙江与江苏依次为 11,501 元 / 人、10,719 元 / 人，安徽只有 4,821 元 / 人，上海的人均财政收入分别是浙江、江苏、安徽的 2.5 倍、2.7 倍、6.1 倍，财力差距巨大。

经济的差距直接造成了公共文化供给的不均衡。在公共文化方面，“三省一市”人均拥有公共图书馆藏量差异巨大，上海平均每人拥有 3 册以上，而江浙两省只有 1 册左右，安徽则不到 0.5 册（见下页图表）。

第二，公共文化均等化建设面临体制性障碍，需要统筹破局。长三角一体化进程中，公共服务均等化面临重要体制性障碍，主要存在的问题：一是公共文化服务领域法规、标准与执行的不协调、不统一；二是三省一市间信息互联互通跟不上一体化的发展需要；三是公共文化资源共享存在缺乏相应的统筹机制，难以实现公共文化资源有效配置。解决上述问题，就需要有专门的机构统筹规划，破解难题。具体的思路就是：需要地区内部的协同探索，也需要适当的中央政策支持，是长三角区域合作办公室（以下简称长三办）要在统筹公共文化服务资源、完善公共文化服务治理机制上先行先试。长三角公共文化服务一体化、均等

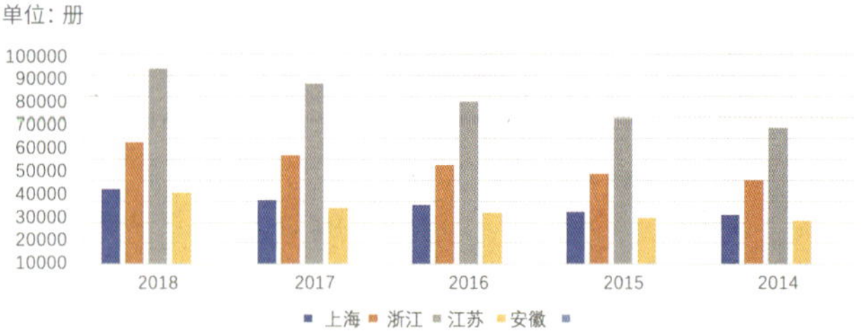

长三角地区 GDP 比较
数据来源：国家统计局，2015—2019。

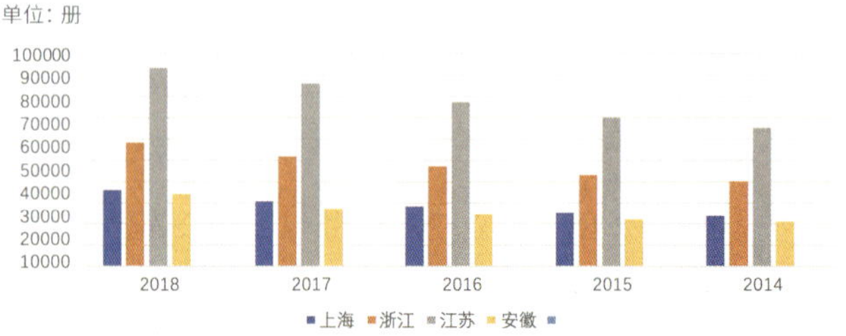

长三角地区人均公共图书馆藏量
数据来源：国家统计局，2015—2019。

化要统一标准分层次推进。可以参考成熟地区的成功经验，按照条件成熟一个推进一个的思路实现基本公共文化服务均等化，不断提升长三角区域人民在公共文化领域的获得感。

第三，长三角公共文化一体化就是政府消除区域之间行政性壁垒的公共政策一体化，也就是要做到公共文化建设消除行政体制、文化体制的诸多束缚，打破一些领域的地区壁垒、条块分割，充分发挥市场配置资源作用的发挥还受到种种限制，使得文化产业的规模化、集约化、专业化水平，从而促进长三角地区公共文化高质量发展。

长三角一体化背景下公共文化服务建设研究实践探索

精心布局，公共文化设施建设实现了广泛覆盖

推进公共文化服务体系建设，设施是基础。近年来，长三角地区按照基本公共服务均等化的要求，出台了公共文化设施建设的规划，统筹城乡文化设施建设，不断构建与当地经济社会发展水平和城市功能定位相适应、覆盖城乡、结构合理、功能健全、实用高效、群众满意、引领全国、接轨国际的现代公共文化设施网络体系。

上海电影博物馆及4楼“星光大道”

据统计，上海现有博物馆126家、公共图书馆238家。到2018年为止，浙江全省已建成公共图书馆102家、文化馆102家、各类博物馆275家，实现乡镇（街道）综合文化站、村（社区）文化活动室全覆盖；建成图书馆乡镇分馆894个、文化馆分馆312家、农村文化礼堂7,628家、农家书屋25,335个、文化广场26,109个；乡镇（街道）综合文化站平均面积达到了2,689平方米，上等级站比例达到了91.6%。江苏省建有县级以上公共图书馆115个，文化馆115个，博物馆322个，乡镇（街道）文化站1,279个，行政村（社区）村村有文化室、农家书屋、一定规模的文化广场，形成了省、市、县、镇、村五级公共文化设施网络，2019年，累计落实近9,937个基层综合性文化服务中心的建设任务，村（社区）综合性文化服务中心建成率达98%。安徽全省共有1, 794个免费开放的公共文化场馆，村级文化服务中心建设覆盖率达到70%。

持续加大对设施建设的投入，建成了一批标志性建筑。如上海市，近年来新建成程十发美术馆等新场馆，目前正在建设的项目有上海少年儿童图书馆新馆、中共一大纪念馆、上海图书馆东馆、上海博物馆东馆、上海大歌剧院和上海越剧艺术演艺中心等。浙江也陆续建成自然博物馆、浙江小百花越剧院等一大批标志性公共文化设施。不断优化公共文化设施布局。长三角各地积极打造“15分钟公共文化服务圈”，推动公共文化设施布局从“全设置”走向“全覆盖”。如上海基本建成“15分钟公共文化服务圈”。江苏省苏州市出台了《苏州市区公共文化设施布局规

上 长三角公共文化合作机制大会在铜陵举行

下 长三角地区文化和旅游公共服务产品采购大会

划（2015—2030）》，[12] 为苏州市公共文化设施建设描绘了新的蓝图，对于指导全国公共文化设施在城市空间中科学合理的布局和建设具有示范、引领意义。

需求导向，公共文化内容供给更加丰富多样

推进现代公共文化服务体系建设，关键还是要坚持以群众的需求为导向。当前公共文化服务正处在从“有没有”“缺不缺”向“好不好”“精不精”转变的关键时期，公共文化供给侧结构性改革正当时。公共文化产品供给侧改革是提升服务效能、更好满足新时代人民群众精神文化生活需求的迫切需要，是促进政府职能转变、推进文化治理能力现代化的内在要求，是贯彻新发展理念、促进公共文化服务高质量发展的重要举措。长三角地区坚持以人民群众的需求为导向，不断深化公共文化供给侧结构改革，改变此前一定程度上存在的内容单一、供给缺乏弹性等问题，更好同广大人民群众的需求相对接，形成了诸多创新实践，切实增强人民群众的文化获得感、幸福感。

上海自 2014 年起，启动公共文化配送改革；[13]2016 年，上海市群众艺术馆发起筹建上海市东方公共文化配送中心，全面承担市级公共文化配送职责，向上海市 200 多家社区文化活动中心提供文艺演出、文艺指导、文化讲座、艺术教育活动四类产品的配送。2013 年至今，上海市民文化节平均每年举办活动 5 万余场，年均参与人次超过 3,000 万，真正实现了群众文化的全民大联欢。2018 年，长宁区联合长三角城市成立了公共文化服务体系示范区（项目）合作机制，举办了首届长三角地区文化和旅游公共服务产品采购大会，首次实现了跨区域办展、文旅联合参展，有效整合的长三角资源，大大丰富了服务内容。

2019 年，安徽省铜陵市轮值第二届长三角合作机制，举办了 2019 长三角文化和旅游公共服务产品展览会。展会共 40 多个市（区）参加，317 家企业共设展位 400 多个，长三角地区众多文化旅游公共服务机构、公共文化产品生产企业、知名旅游服务企业、公共文化运营和设备开发单位、文创开发企业汇聚参展，累计网上平台用户访问量 42 万人次。本次大会进一步发挥长三

角地区在文化和旅游公共服务资源精准供给领域的示范效应，完善了覆盖长三角、辐射全国的创新型文化和旅游公共服务产品展示平台。

浙江省推动文化服务惠及全民。到 2018 年，全省年均送戏下乡 2 万场次、送书 200 万册次、送电影 30 万场次、送讲座展览 4,000 余场次、开展“文化走亲”活动 1,000 余场次，涌现了浙江“图书馆之夜”、衢州“文化加油站”、温州“城市书房”、舟山“淘文化”、丽水“乡村春晚”等一大批在国内有影响的文化品牌。对照《浙江省基本公共文化服务标准（2015—2020 年）》[14] 确立的 54 个指标，到目前为止，达标率在 90% 以上的县（市、区）占比为 88.8%，其中 54 项指标全部达标的有 34 个，占比 38.2%。

江苏省推动建立“自下而上、以需定供”的互动式、菜单式服务，提高公共文化供给有效性，实现文化惠民精准到位。2019 年组织开展国家级“群星奖”和省级“五星工程奖”作品基层巡演 30 余场，实施“好戏进万村”行动，完成“送戏下乡”2,800 余场，组织“倡导移风易俗、弘扬时代新风”主题性群众文艺巡演巡展近 1,000 场。

提档升级，数字服务助力公共文化效能提升

公共文化服务数字化建设是信息化社会发展、服务设施升级、服务模式创新的必然要求。当前，移动通讯技术快速发展，人民群众早已习惯通过移动通讯设备获取信息，如果仅仅以线下的方式提供公共文化服务，其受众有限，且服务效率也不高。《“十三五”时期公共数字文化建设规划》[15] 指出，“到 2020 年，基本建成与现代公共文化服务体系相适应的开放兼容、内容丰富、传输快捷、运行高效的公共数字文化服务体系”，进一步完善现代公共文化服务体系。这既体现了党和国家对公共文化发展的重视，也表明推进公共文化服务数字化建设的紧迫性。长三角地区积极推动“互联网 + 公共文化服务”的新模式，推广数字场馆建设，有效撬动了社会资源，精准对接群众文化需求，提升了公共文化服务的质量和水准，打通了“最后一公里”。

2016 年 3 月，由上海市文旅局主导，创图科技建设的“文化上海云”[16] 上线，成为全国第一个实现省级区域全覆盖的公共文化数字化服务平台，目前覆盖了上海 400 多家文化馆、图书馆、展览馆、美术馆和社区文化活动中心。上线以来，平台平均每月为市民推送 1 万场活动信息，每月访问量达 1,500 万人次，活跃用户量近 100 万，真正实现公共文化服务“百姓点单”，使供需精准对接成为现实。

浙江省近年来公共文化数字化发展水平也稳步提高。已建成 1 个省文化共享工程分中心、11 个市支中心、83 个县级支中心、44,886 个基层服务点、1,764 个公共电子阅览室，基本建成覆盖全省各级公共图书馆分布式虚拟专网；推出浙江文化通等 APP 应用平台，为群众提供搜索文化活动资源等服务。杭州、嘉兴、丽水、湖州、舟山和浙江文化馆等地（单位）也先后建立了基于互联网技术的公共文化服务平台。2017 年，宁波推出“一人一艺”云平台，[17] 搭建面向全市的文化输送“高速公路”。据统计，自平台试运行一年，累计总访问量超 900 万次。嘉兴推出了公共文化服务“团购式”互联网平台“文化有约”，充分对接群众文化需求，提供丰富多样的公共文化产品和服务；台州打造的“文化超市 3.0”，动动手指上网选课，让公共文化培训成为“一座难求”的秒杀爆款；舟山在全国推出“淘文化”平台，实现了消费者对公共文化服务从需求表达、自主选择、消费享受到最后反馈的完整消费过程。

安徽省将公共文化服务数字化建设作为近年来的重点任务，推进“互联网 + 公共文化服务”，统筹实施文化信息资源共享、数字图书馆、数字博物馆、数字文化馆建设等项目，基本构建起标准统一、互联互通的公共数字文化服务网络。

开门惠民，公共文化社会化步伐进一步加快

党的十八届三中全会提出“推动公共文化服务社会化发展”，各地积极引导和鼓励社会力量、社会资本参与公共文化服务，大力培育文化类社会组织，提高公共文化服务社会化发展的多样化、专业化、常态化、制度化水平，加快构建政府主导、社会参与

的现代公共文化服务体系。长三角地区通过调动各种市场主体和各种社会力量的积极性，使其参与到公共文化服务体系建设中来，实现了公共文化服务供给主体、供给方式和资金投入多元化，基本形成以“政府主导、社会参与、多元投入、协力发展”为特征的现代公共文化服务治理结构。

积极建立健全政府向社会力量购买公共文化服务机制，为社会力量参与公共文化服务提供有效路径，鼓励和引导社会力量进入公共事业领域，有效发挥了社会力量在提供公共文化服务、改善社会文化治理方面的作用，激发整个社会的文化活力和文化创造力。如在上海建成运行的 216 家社区文化活动中心中，超过 90% 的社区文化活动中心委托企业、社会组织、群众文艺团队等各类主体参与整体运行或部分项目管理，成效显著。江苏省南京市，24 小时公共书房“二楼南书房”自 2014 年开设以来就成为城市的一道风景线，也成为公共文化服务的生力军。

文化领域 PPP 模式得到推广。PPP 模式拓宽了文化领域的投融资渠道，缓解了政府的财政压力，有利于理顺政府与市场关系，加快政府职能转变，充分发挥市场配置资源的决定性作用；同时，也有利于优化项目建设和运营体制，提高质量和效率，为公众提供高品质的文化服务，从而更好地满足人民群众日益增长的精神文化需求。浙江省在全省内都推广 PPP 模式，如宁海文化综合体（包括潘天寿艺术中心和宁海大剧院）政府和社会投资比为 1:9，余姚市公共文化中心等。安徽省公共文化 PPP 项目也比较多，如颍上县文化服务中心 PPP 项目等。

示范引领，公共文化示范区创建持续深化

为探索公共文化服务体系建设经验，推动建成现代公共文化服务体系，国家启动了公共文化服务体系示范区建设。目前，全国共申报创建国家公共文化服务体系示范区 127 个、示范项目 205 个，其中长三角地区示范区 16 个、示范项目 32 个。

长三角地区公共文化示范区创建为全国积累了许多典型经验。从历年创建成绩来看，浙江省嘉兴市“城乡一体化公共图书馆服务体系建设”、上海市浦东新区“高雅艺术走进百姓的运作

模式”、江苏省南通市“环濠河博物馆群”、安徽省铜陵市“城市社区文化建设项目”获得第一批示范项目的优秀成绩。嘉兴市在 2016 年以东部地区第一的优异成绩成功创建第二批国家公共文化服务体系示范区。上海市嘉定区、浙江省台州市、江苏省南京市江宁区分别获得第三批示范区创建东部组的第一、第四、第五名，安徽省铜陵市获得中部组第二名。浙江省温州市“城市书网”公共图书馆现代服务模式、浙江省丽水市乡村春晚、上海市静安区静安“智”文化服务平台获得东部地区优秀示范项目的成绩，安徽省池州市“基层群众文化结对辅导”获得中部地区优秀示范项目的成绩。

以示范区、示范项目为基础，整合长三角地区公共文化资源和力量。2018 年，长三角地区国家公共文化服务体系示范区（项目）合作机制在上海启动，意味着长三角城市群之间公共文化交流增添平台，长三角公共文化一体化发展加速。这也是迄今为止全国首个区域性公共文化领域的合作机制。2019 年，第二届长三角地区国家公共文化服务体系示范区（项目）合作机制在安徽省铜陵市举办。本届合作机制以“文旅融合、区域共享”为主题，旨在提升长三角地区文化和旅游公共服务合作水平，深入推进文化和旅游公共服务供给侧改革，推动区域资源共享、优势互补、协同发展，进一步激发长三角公共文化发展活力，促进公共文化服务高质量发展。

整合资源，文旅公共服务融合快速推进

2018 年是文旅融合元年。当今社会，文化在旅游产品和旅游服务中的地位愈发重要，并越来越成为旅游业发展的核心资源。长三角地区要推动文化和旅游融合发展，其着力点之一就是要加速推进文旅公共服务融合发展，为长三角文旅公共服务的融合发展提供内生动力，积极构建长三角一体化文化旅游发展新格局。

近年来，上海市文化旅游局积极推动落实文化和旅游融合发展工作，咬住国际文化大都市和世界著名旅游城市的建设目标，从产业融合、空间融合、服务融合、交流融合四方面发力，有效推动了文化和旅游公共服务的融合发展。着力推进资源的开发开放，将博物馆美术馆、剧场等文化场馆和设施，有机融入旅游产品和线路。从 2019 年起，连续三年开展“百万市民看大戏、游上海”活动，并结合十二艺节非遗日，推出春夏两季共 80 条精品线路。深化“建筑可阅读”项目，让文物“活”起来，为 1,237 处不可移动文物、优秀历史建筑和历史风貌区设置了二维码，上海市民和游客通过扫码阅读，便可了解建筑的历史和背后的故事。着力推动文化旅游的夜间消费，出台了《关于上海推动夜间经济发展的指导意见》，并从 2019 年 7 月开始，上海市的部分博物馆开始探索夜间开放长效机制，首批有 14 家博物馆，每周五试点延长开放时间。着力提升旅游的文化内涵，在覆盖上海全市 16 个区的 79 个“休闲好去处”中，不断提升文化内涵，充分满足市民游客的多元化需求。此外，还将公共文化服务的内容融入携程等平台的旅游服务中，通过老洋房酒店的推介，宣传海派文化，上线“当地向导”频道提供各大博物馆的特色文化导游讲解服务。

浙江省紧紧围绕浙东唐诗之路、钱塘江诗路、瓯江山水诗路、大运河文化带（文化公园）、生态海岸带、10 大海岛公园、10 大名山公园、之江文化中心等全面推进文化浙江、诗画浙江建设，推动文化和旅游融合发展，启动打造 100 个文化和旅游“金名片”工程、100 个美丽乡村美育村、10 个美育样板村。

江苏省积极推动公共文化设施拓展旅游服务功能，依托游客服务中心、旅游集散中心等旅游公共设施，组织开展文化惠民服务。目前已成功打造出“南京云锦”“南京金箔”“苏州刺绣”“宜兴紫砂”“无锡泥人”“扬州玉器”“扬州漆器”“南通扎染”等一批具有历史文化积淀的文化旅游品牌。

安徽省持续提升文化旅游公共服务水平，加强文化遗产保护利用。实施大别山等革命老区革命文物集中维修行动计划，大力发展红色旅游、研学旅游，推动非遗融入吃、住、行、游、购、娱。将各类博物馆、纪念馆、文化遗址、非遗传习所等纳入旅游线路。

便利共享，公共文化“四个一”项目落地见效

中共中央、国务院印发的《长江三角洲区域一体化发展规划纲要》[18] 提出，到 2025 年，长三角要共筑文化发展高地，推动文化资源优化配置，全面提升区域文化创造力、竞争力和影响力。2019 年，第二届长三角国家公共文化服务体系示范区合作机制大会召开，会上城市阅读一卡通、文化和旅游公共服务培训建设框架、公共文化联展一站通、公共文化和旅游平台一网通“四个一”项目正式签约。

跨区域助推阅读资源一体化。借助大会平台，安徽省铜陵市图书馆、上海市长宁区图书馆、江苏省南京市金陵图书馆、浙江省嘉兴市图书馆、安徽省马鞍山市图书馆、安徽省池州市图书馆、安徽省安庆市图书馆等公共图书馆经友好协商，作为长三角（皖江）区域城市阅读一卡通协议发起成员单位，共同发起倡导实施城市阅读一卡通。区域共享关键还在于人才的共享。长三角地区文化和旅游公共服务培训一体化建设框架协议签约达成，标志着在此框架下，长三角地区城市合作共享、交流互动，整体提升区域文化和旅游领域公共文化服务从业人员的专业素养与业务能力，更好地服务文化和旅游公共服务一体化建设，让培训资源既“在场”又“在线”。

打造“线上与线下互通”的公共文旅服务新模式。大会发布了公共文化和旅游服务一网通项目“长三角文旅云”。通过该平台，形成了“信息与资源汇聚、管理与服务融合、在场与在线联动、线上与线下互通”的公共文旅服务新模式，实现公共文旅资源的互联互通，促进供需精准对接，推动长三角地区公共文旅服务提档升级。“一站通”助力艺术传承和发展。浙江省嘉兴市文化馆、浙江省嘉兴美术馆、江苏省南通市文化馆、江苏省南通美术馆、安徽省马鞍山市文化馆、安徽省马鞍 山美术馆、上海市浦东新区文化艺术指导中心、上海市浦东金桥美术馆共同发起长三角公共文化联展一站通项目合作。搭建了长三角地区公共文化联展交流平台，长三角城市馆际资源真正开始实现共享互通。

强化内功，公共文化队伍建设不断加强

公共文化服务体系建设属于知识型、智力型事业，公共文化的大发展大繁荣，基础是队伍，离不开大量专业人才的支撑。长三角各地大力加强以文化行政人才、文化经营管理人才和文化艺术专业人才等为主的文化人才队伍建设，切实增强了公共文化队伍建设水平，提升了服务能力。调动各方力量，加强公共文化服务队伍建设。如上海市，整合汇聚包括工会、共青团、妇联和教育、民政、科技等各系统的各类公共文化服务资源和力量。江苏省为每个乡镇（街道）文化站编制配备不少于 2 人，积极探索文化人才“下基层、种文化”，立足本土资源，着力培育本土文艺人才和文艺骨干，全面落实村（社区）设立不少于 1 个政府购买的宣传文化公益岗位。

激发群众积极性、主动性，提供文化志愿服务。如上海市进一步发挥“上海市文化志愿服务联盟”作用，鼓励 5,000 余支上海文化志愿服务队伍及近 20 万志愿服务者大力开展文化志愿服务。江苏省研究制定了《江苏文化志愿者管理办法》，让更多文化使者、文化能人发挥更大作用。

加强对公共文化队伍的培训。江苏省通过制定《全省基层文化队伍培训行动计划》，分级分类分批实施基层文化队伍培训；到 2018 年底，浙江省图书馆、文化馆、乡镇（街道）综合文化站共有公共文化从业人员 9,406 人，其中乡镇文化站从业人员为 3,548 人，专业技术人员 2,098 人，占比 59.13%。通过大范围培训，把公共文化服务队伍建起来，近几年累计培训基层文化队伍 10 万人次。

创新模式，公共文化消费活力充分激发

研究表明，文化消费已成为国民消费升级的重要标志，[19] 文化消费是满足人们对美好生活的向往、丰富群众深度文化和旅游体验的重要途径。促进文化消费，特别是公共文化消费，日渐成为经济发展的内生动力，也是满足人民对美好生活向往的重要切入点，同时还是弘扬社会主义核心价值观的重要抓手。

创新消费理念，引导广大人民群众树立健康的文化消费观念和方式，推动公共文化消费的跨领域融合。如浙江省以文化惠民为原则，以杭州、宁波两个首批国家文化消费试点城市为重点，其他各地积极创造条件参与，全省联动开展一系列文化消费活动，引导老百姓参与文化消费。与此同时，主动加强与阿里巴巴集团等大企业、大平台合作，充分利用阿里巴巴大麦网、淘票票、天猫等平台，采取企业打折一部分、政府补贴一部分的办法降低票价，推出文娱演出抢票、万张影票惠市民、图书理想生活狂欢季图书专场等网上购票（购物）活动，以质优价廉、便捷高效的文化消费体验给老百姓带来了更多实惠。

总结推广引导城乡居民扩大文化消费试点工作经验和有效模式。至 2019 年，安徽省共举办了六届文化惠民消费季活动。其中，第六届安徽文化惠民消费季活动，安徽省在惠民消费支付手段、文化消费领域、直补资金、宣传营销等方面都呈现出新的亮点。鼓励城乡居民看书、看报、看电视、看演出、看电影消费，财政提供 910 万元补贴资金直补消费者；组织开展全省新创优秀剧目展演、省群星奖优秀作品巡演、全省地方戏曲（声腔）汇演、全省民营艺术院团优秀剧目展演等艺术展演活动，共计1,000余场。

推进长三角公共文化一体化发展的建议

立足于长三角一体化进程的国家战略，长三角公共文化建设取得了显著的成绩，为全国提供了诸多可复制、可推广的典型经验。但是，更高质量地推动长三角公共文化一体化发展，还存在一些深层次问题亟待根本性解决。相信上海在全国率先建成现代公共文化服务体系之后，长三角地区公共文化会继续保持全国优势，不断补短板、强弱项，引领全国公共文化发展。

一是要发挥上海的“龙头带动”作用。长三角公共文化发展的进程中，要注意发挥上海龙头带动作用，另一方面是上海公共文化发展水平更高，发展更均衡，形成了很多社会知名的文化品牌和成果范例，可以起到引领示范作用。过去，上海在一体化当中的作用主要体现在对外开放方面，现在上海要对内起到引领示范作用，以一体化为突破口，实现区域协调发展的重大战略意义。

二要加强顶层设计，探索区域协同决策机制。着眼于服务国家发展大局，立足长三角整体发展和长远利益，一盘棋考虑、一条心谋划，努力形成共同行为准则，深入推进各类规划充分对接，充分发挥规划在公共文化一体化发展中的统筹和引领作用。加快形成共同事务处理机制，促使区域内部各地区利益空间得以向外延伸，缓解地区间的利益矛盾，维护各地区的利益均衡。

三是要加强政府主导，健全法规制度体系。应建立健全相关的政策体系，建立对文化类非营利组织的专门法规，制定落实有关公益性文化捐赠的税收、奖励等政策，切实引导和支持社会资金捐助和兴办博物馆、图书馆、文化馆等公共文化服务事业的发展。

四是要转变政府职能，由“办文化”到“管文化”。改革形成地区封锁和市场分割的行政权力，促使经济建设型政府转向公共服务型政府，将地方政府职能切实转变到提供公共服务、社会管理、维护社会秩序等方面。大幅度减少政府直接配置资源，使市场主体在公共文化服务建设发挥重要作用。

五是要立足本地实际，建设公共文化服务体系。长三角地区内的省市尽管存在很多相似性，但是各地所特有的地理环境、生产生活方式、文化观念所形成地方文化和发展特色，一体化不排斥放弃本地特色，而是要在各地传统优势的基础上寻求公共文化建设的均等化和标准化。

六是要优化公共服务供给。着力于让区域内的人民平等享受图书馆、文化馆等公共文化设施，推动推动教育资源共享、文化服务跨地区服务、文化产业联动发展、供给文化产品互联互通等，不断优化公共服务供给，拓展合作领域和深度

七是要鼓励社会资本，发展公共文化服务。鼓励国家财政进一步支持文化建设发展的同时，在国家的政策层面上，鼓励更多的社会资本进入到文化产业中。由于文化产品和服务的特殊性，国家应当在产业和市场准入、土地和税收优惠等方面，制定鼓励社会资本进入文化产业的政策措施。只有这样，才能促进文化产业的发展，为社会和居民提供丰富多彩的文化产品和服务，加快文化产业的发展。

参考文献

[1] 中国政府网，http://www.gov.cn/xinwen/2015-01/14/content_2804250.htm.

[2] 全国人大常委会办公厅供稿 . 中华人民共和国公共文化服务保障法 [M]. 北京：中国民主法制出版社 ,2016.

[3] 习近平在首届中国国际进口博览会开幕式上的主旨演讲，http://jhsjk.people.cn/article/30382600.

[4] 中国政府网，http://www.gov.cn/zhengce/2019-12/01/content_5457442.htm?tdsourcetag=s_pcqq_aiomsg.

[5] 樊霞飞 . 长三角一体化发展的战略意义、现实困境与路径选择 [J]. 长春金融高等专科学校学报 ,2020(1)：74-81.

[6] 朱金海 . 论长江三角洲区域经济一体化 [J]. 社会科学杂志 ,1995(2)：11-15.

[7] 陈建军 . 长江三角洲地区的产业同构及产业定位 [J]. 中国工业经济 ,2004(2)：19-26.

[8] 郁鸿胜 . 长三角制度合作是区域一体化的核心 [J]. 上海城市发展 ,2010(2)：9-10.

[9] 张学良，李丽霞 . 长三角区域产业一体化发展的困境摆脱 [J]. 改革 ,2018(12)：72-82.

[10] 陈兵 . 论长三角文化创意产业的一体化发展 [J]. 经济论坛 ,2009(5)：45-48.

[11] 吴福象 . 长三角区域一体化发展中的协同与共享 [J]. 人民论坛 (学术前沿),2019(4)：34-40.

[12] 苏州政府网，http://www.suzhou.gov.cn/szsrmzf/zxghjqygh/201701/3MXN25JBELEH5LXQX0QZJMFJ0OODN9KF.shtml

[13] 上海全面探索公共文化配送服务 [N]. 中国文化报 ,2014-01-27(A1).

[14] 浙江省文化厅网站， http://wht.zj.gov.cn/dtxx/zjwh/2017-10-19/216282.htm.

[15] 文旅部网站，http://zwgk.mct.gov.cn/auto255/201708/t20170801_688980.html?keywords=.

[16] 各方评点“文化上海云”[N]. 中国文化报 ,2016-04-07(A7).

[17] 蒋昕，傅才武 . 公共文化服务促进乡村文旅融合内生发展的动力机制研究 ——以宁波“一人一艺”乡村计划为例 [J]. 江汉论坛 ,2020(2):43-50.

[18] 中国政府网，http://www.gov.cn/zhengce/2019-12/01/content_5457442.htm.

[19] 王亚南 . 文化产业尚需成为“国民消费支柱性产业”——推动中国文化产业发展的另一种路向 [J]. 云南社会科学 ,2017(1):164-173.

江南城市文化品牌引领长三角更高质量一体化 *

刘士林

关键词 诗性智慧 城市群 江南文化

从地理上看，传统江南地区与长三角城市群的核心空间基本吻合。从人文上看，包含吴越文化、皖南村镇文化和海派文化的江南文化则构成了长三角传统文脉的主体形态。没有对长三角城市群高度的文化认同，在现实中就很难走出“单打独斗”的怪圈。江南文化在本质上是一种诗性文化，代表了我国区域文化在审美和艺术上的最高水准，是中国本土最符合马克思“人的全面发展”和“按照美的规律来建造”的思想文化谱系，对应对现代人普遍的精神和心理危机、促进长三角社会、文化和精神生态的保护建设具有重大战略资源价值。

* 本文为上海市哲学社会科学规划“江南文化研究”系列课题“江南城市文化与长三角高质量一体化发展”暨上海交通大学智库引导性研究项目“江南四大文化圈认同建构与长三角城市群一体化研究”的阶段性成果。

2018 年，是对长三角具有重大战略意义的一年。从国家来看，习近平总书记先后就推动长三角更高质量一体化和支持长江三角洲上升为国家战略作出重要指示。从上海来看，江南文化首次和红色文化、海派文化一起被提升到战略资源的高度，同时也列入打响城市文化品牌的三大重点任务。从地理上看，传统江南地区与长三角城市群的核心空间基本吻合。人文上看，包含吴越文化、皖南村镇文化和海派文化的江南文化则构成了长三角传统文脉的主体形态。目前，浙江、江苏和安徽也在积极响应开展江南文化的研究和建设，为形成区域价值共识和提升区域文化自信，创造了前所未有的良好社会条件和重大战略契机。

江南文化对当今世界和中国发展具有独特的“经世致用”价值

从中西比较的角度看，西方民族给人类最大的贡献是科学智慧和理性文化，中华民族对世界最独特的创造是诗学和诗性智慧。前者的主要问题是导致了感性与理性、主体与自然的二元对立，由此形成了机械地对待生命和残酷地征服自然的西方文化和生产生活方式。后者的核心机制在于：尽管人与自然的对立、个体与他人的冲突不可避免，但受“物我无对”“民胞物与”等诗性文化观念和价值的影响，中华民族不仅在应对人与社会的矛盾时，能较好控制个体与群体的冲突程度，同时在应对人与自然的矛盾时，也能避免天人关系走向彻底的分裂与对立。在全球生态危机和社会矛盾不断激化加剧的背景下，中华民族原创和承载的诗性文化，为构建一种真正包容性和可持续的生产生活方式提供了理念和智慧。

在区域比较的角度看，中国文化向有南北之分，受南北不同的地理条件、生产生活方式、社会生态、文化价值的影响，中国诗性文化在历史进程中又进一步演化出两种主要形态：一是以政治—伦理为深层结构、以中原文化圈为核心空间的“北国诗性文化”；二是以经济—审美为基本理念、以古代太湖经济区为主要范围的“江南诗性文化”。在前者存在的突出问题是“政治压迫经济”“群体淹没个体”，这在很大程度上直接影响到生产力发展和社会的活力。在后者则善于处理和协调“生产关系和生产力”“社会和个人”的矛盾关系，可以最大限度地实现物质与精神、功利主义与审美主义的融合发展。在当代中国的现代化进程中，江南诗性文化可以为实现政治、经济、社会、文化、生态协调发展贡献重要的思想文化资源。

江南文化认同是影响长三角建设世界级城市群的深层次因素

理想的城市群是一个在人口、经济、社会、文化和整体结构上具有合理层级体系，在空间边界、资源配置、产业分工、人文交流等方面具有功能互补和良好协调机制的城市共同体。长三角的发展目标是 2020 年建成世界级城市群。与 20 世纪世界五大城市群、与 21 世纪美国十大城市群相比，目前长三角的基础设施、经济总量、信息化水平等已不输于其中任何一个，但在层级体系和分工、区域一体化发展、生态联防联治、文化合作交流上仍有较大差距。这不是因为缺乏书面上的政策机制及相关法规条文，而主要是在城市群发展中未形成相匹配的文化和价值认同机制，致使在经济和交通上已紧密捆绑在一起的长三角，在很多时候仍表现为“一大堆联系松散的单体城市”，而不是“内在联系紧密和对外协调一致”的共同体。

以浙江相关部门 2018 年 8 月的“浙江世界级现代化大湾区规划”为例，其中将该湾区建设的短板概括为“缺乏世界一流的科学研究载体和重大科技基础设施集群”“缺少世界一流的高校资源”“缺少世界级的产业创新集群”。在长三角城市群的国家战略布局下，这些问题本可通过与沪、苏、皖的分工协作解决，但该规划提出的解决方案却是在浙江“另搞一套”，不仅有重蹈过去重复建设、同质化竞争的覆辙，也是对浙江已确定的全面接轨上海的开倒车。就其发布时间紧随《长三角地区一体化发展三年行动计划（2018—2020 年）》之后而言，则说明由于行政壁垒和市场竞争的存在，长三角的“逆一体化”进程并未停止。由此可知，没有对长三角城市群高度的文化认同，在现实中就很难走出“单打独斗”的怪圈。

江南文化建设是引领长三角城市群发展方式转变的主要抓手

当今世界城市群主要出现了两种发展模式：一是以经济、交通和人口为评价标准的“经济型城市群”，改革开放以来我国城市群主要选择的是这种“见物不见人”的发展模式。二是以文化、生态和生活质量为发展目标的“文化型城市群”，这是当今世界城市群在更高发展阶段的新理念和新形态。受“经济型城市群”发展模式影响，目前长三角面临的主要问题有二：一是资源和环境方面的生态压力，城市赖以存在的大气、土壤、水资源等“物质条件”日趋紧缺和恶劣；二是生活方式和文化价值方面的精神生态挑战，城市社会的是非心、同情心、信任感和认同感等“主体条件”严重萎缩和扭曲。同时，它们也是影响长三角城镇化建设质量和人民群众过上美好城市生活的主要障碍。

生态和环境问题是片面追求经济发展的直接后果，文化和价值问题则是其间接结果。以 GDP 增长为唯一目标而无所不用其极，不仅把人扭曲为机械的“劳动工具”，也把本该提供“美好生活”的城市异化为残酷竞争的“名利场”，完全背离了“让生活更美好”和“使人全面发展”的城市本质和理想。从城市治理的角度看，要应对外部的资源和环境压力，必须改变城市发展方式和建设生态文明，而要想彻底解决内部的社会和文化问题，则需要复兴优秀中华传统文化和建设当代城市文明生活方式。在绿色发展理念指导下，以太湖流域水环境综合治理为代表，长三角的环境保护和生态修复已初见成效。但对同样存在严重问题的生活方式和文化生态，还没有引起足够的重视。发掘和利用以生活品质见长的江南文化，引领长三角探索和建立“文化型城市群”，需要尽快提上议事日程。

江南城市文化是涵养长三角城市群的重大战略设计

城市群的本质是在更大的空间范围内为更多的城市人口提供“有价值、有意义、有梦想”的城市生活方式。一种理想的城市生活方式，既要有富足的物质生活、健全的制度保障，更要有个体的幸福和梦想。这是人们来到城市、建设城市的最高目的。随着我国全面建成小康社会目标的逐渐实现、国家治理体系和治理能力现代化的不断完善，作为基本保障的物质文明和制度文明已得到较好的实现，但作为“人民群众对美好生活更高层次的向往”的城市生活方式却成为棘手的问题，并集中体现在“逃离北、上、广”和“大城市伪幸福”等极端心态与言行上。这是一种典型的城市异化现象，以房奴、车奴、卡奴、路怒族和抑郁症患者为例：他们在城市中不是感到幸福，而是感到不幸和痛苦；不是找到了自由发展空间，而是处处受到钳制和压抑；不是实现了生命的价值和意义，而是丧失了最初的热情和理想。这个问题如果不能得到有效解决，就不可能真正实现“人民城市为人民”的目标。

改革开放以来，长三角先后形成 5 种空间形态：一是 1982—1984 年，由上海、苏州、无锡、常州、南通、杭州、嘉兴、湖州、宁波、绍兴构成的“上海经济区”。二是 1984—1988 年，包括除山东以外整个华东地区的上海经济区扩大版。三是 1992—2008 年，以 16 城市为主体的长三角城市群。四是 2008 年，长三角两省一市 25 城市版。五是 2016 年，长三角城市群三省一市 26 城市版。尽管空间范围和功能定位屡有变化，但本质上都是以经济、交通和人口为核心的“经济型城市群”规划，这是造成长三角经济与社会、人文发展不协调和不平衡的根源。江南文化在本质上是一种诗性文化，代表了我国区域文化在审美和艺术上的最高水准，是中国本土最符合马克思“人的全面发展”和“按照美的规律来建造”的思想文化谱系，对应对现代人普遍的精神和心理危机、促进长三角社会、文化和精神生态的保护建设具有重大战略资源价值。以《国家新型城镇化规划》提出的“注重人文城市建设”为中心，打造江南文化品牌，为长三角建设世界级城市群补充一个文化功能区，不仅具备最好的社会条件和机遇，也是新时代推进长三角高质量发展的现实必由之路。

长三角共建江南城市文化品牌的有利条件众多。首先，与经济欠发达地区相比，长三角雄厚的经济实力为区域文化建设提供了坚实的物质基础，持续支持区域文化实现更高水平的重建和复兴。其次，与其他经济和文化协调发展水平较低的区域相比，集聚着世界一流文化人才和团队的长三角，在文化发展理念特别是在开放发展和国际化上,同样拥有其他区域不具备的视野和优势;再次,江南文化是长三角共同的传统文化资源,也是一个在中国乃至世界文化体系中均拥有良好口碑和无穷魅力的小传统,重建江南文化不仅有利于解决长三角内部的文化冲突和矛盾,也有利于在中国和世界建设一个传统文化复兴示范区。

开展长三角国家级江南文化传承发展示范区规划研究

习近平总书记指出:"规划科学是最大的效益,规划失误是最大的浪费,规划折腾是最大的忌讳"。推动长三角更高质量一体化发展,必须以科学和高水平规划为战略突破口。与区域经济一体化主要靠市场驱动不同,江南文化的协同发展更需要国家的总体协调和制度安排,因此有必要尽快编制"长三角国家级江南文化传承发展示范区"发展规划。

深入开展长三角国家级江南文化传承发展示范区的基础理论研究

基础理论研究的作用在于提供一种"系统设置",为认识与把握对象提供必要的理论工具、分类原则与解释框架。在上海率先把江南文化资源列为城市战略性资源,浙江、江苏、安徽纷纷开始谋划和布局江南文化的背景下,认真研究和吸取过去文化建设的经验教训,特别是要反思过去按照经济发展思路从事文化建设的误区,在新一轮江南文化保护传承和开发利用热潮来临之前,先行开展关于江南文化的范畴、范围、类型、内涵、历史价值、现代转换等研究,为长三角江南文化发展提供"内在生产观念"和"实践操作原理",在明确了概念内涵、外延边界、评价标准、发展模式等理论认识之后,再着手开展策划、规划、设计和建设,就可以走出"先建设,后规划"或"无规划乱建设"的怪圈,尽可能地减少折腾和发展成本,在江南文化自身发展规律和新时代长三角高质量一体化之间找到最佳的平衡点和协同机制。

科学建构长三角国家级江南文化传承发展示范区的总体空间布局

江南文化包含吴文化、越文化、海派文化和皖文化四大板块。

按照城市群的标准，在文化资源配置和文化产业上也恰好可以形成一个层级体系和功能分工。具体说来，明确江南文化的层级与自身的特色。江南文化三种形态：一是以古代的扬州、杭州、南京和近现代以来的上海为代表的江南都市文化，居于最高层级；二是以古代的嘉兴、湖州、徽州和近现代的苏州、无锡为代表的江南城市文化，居于中间层级；三是以明清以来的江南市镇和当今小城镇为代表的江南城镇文化，居于最低层级。这三个层级不仅和城市一致，也显示出三省一市的差异，比如上海（徐汇区、浦东新区、黄浦区等）、南京、杭州等可以重点建设都市文化，合肥、苏州、嘉兴、宁波等可以重点建设城市文化，苏南、浙西、皖南等可以重点建设，按照这个文化层级和功能定位编制南文化发展的总体规划，明确战略方向并提供政策和机制保障，既可以深耕风格多彩的区域特色文化资源发挥各自的优势，也便于与城市群的经济社会发展规划协调一致，避免出现城市文化发展的同质化，为把长三角建成交通、经济、人口增长和文化、生态、生活质量改善协调发展的城市群做出总体安排，带动我国城市建设走上文化发展转型之路。

坚持以江南区域文化的主题和主要内容引领规划编制

在规划的编制过程中，要防止抄袭、模仿、复制，要坚持既立足人文地理禀赋和历史人文资源，深入挖掘和发挥江南传统空间和文化特色优势，同时要以传承优秀设计文化、摈弃“洋大怪”规划设计模式，促使江南自然和文化特色与当代长三角城镇发展建设相协调，为特色文化产业和空间走特色化发展之路提供顶层设计。在规划编制中，要坚持特色文化平台建设、特色环境建设与特色文化建设相协调，坚持在规划中强调文化特色和特色文化产业，为江南文化示范区持续健康发展做出制度安排。同时，要加快特色江南文化示范区高端智库建设。为破解保护历史文化遗产、民族（区域）文化风格和传统风貌与利用创新特色文化资源之间可能出现的尖锐矛盾，促进特色文化产业在传统文化与现代文化、本土文化与外来文化的交融中迸发活力，建议在相关职能部委的具体指导下，依托相关高校成立“江南文化示范区研究中心”，集聚文化产业、文化旅游、非物质文化遗产保护、城乡规划学、城市经济学、城市社会学等领域的专家学者，针对文化示范区建设中的重大问题开展前瞻性、针对性、储备性政策研究，提出专业化、建设性、切实管用的政策建议。

我们相信，以古代的江南文化为母体、在现代顺利实现了江南文化转型，同时作为长三角世界级城市群的首位城市和上海大都市圈的中心城市，上海在新时代和长三角高质量一体化发展的背景下，自觉主动把江南文化提升为自身的战略资源，不仅有助于清理旧海派文化的西方殖民文化烙印，实现上海现代都市文化的革故鼎新，以开放胸襟引领江南文化复兴和建设长三角城市群新文化，同时也必定会以自身在经济、社会和文化领域更高、更全面和更协调的发展，为国家的现代化和实现中华民族伟大复兴做出新的更大的贡献。

长三角江南文化品牌网络传播大数据评估 *

臧志彭

关键词 长三角 江南文化品牌 网络 大数据

江南文化品牌的传播力与影响力是长三角文化软实力的核心表征。本研究以全国 31 个省市自治区范围内国家级非物质文化遗产品牌、省级非物质文化遗产品牌、红色文化品牌、旅游景区文化品牌和中华老字号文化品牌等五种类型的文化品牌作为研究对象，采集 2018 年 1 月至 2019 年 6 月期间在报刊（网络版）、网页、论坛（BBS）、微博、微信和内容客户端（APP）等六大类媒体上的全部网络声量数据构建网络传播指数，对长三角江南文化品牌传播力基本状况、内在结构以及其在全国七大主要区域中的地位进行了深入细致的量化研究，希望能够为长三角高质量一体化发展的国家战略提供有价值的参考。

* 本文系上海市哲学社会科学规划课题“基于大数据的江南文化品牌影响力评估与提升研究”（项目编号：2018XAC008）阶段性研究成果。本研究由课题组成员共同完成，课题组主要成员包括：解学芳、薛哲、严艳璐、张轩宇、张文娟等。

江南文化随着江南地区在南宋以后成为中国政治、经济和文化中心，已然成为中国文化的第三高地[1]。江南文化，基于古代江南地区特有的城市空间为地理—人文背景发展而来，且在当代都市化进程影响下长三角地区固有的文化传统逐渐演化、发育出的一种高度发达、独具个性的都市文化模式[2]，是长三角三省一市协同发展的共同文化基因。

江南文化品牌是江南地区物质文化品牌和精神文化品牌的总称，是江南物质文化价值和精神文化形象的鲜明表征。发展江南文化品牌是提高长三角区域文化软实力和综合竞争力的重要战略途径，也是长三角高质量一体化发展的重要举措。2018 年 5 月，上海正式对外发布《全力打响“上海文化”品牌加快建成国际文化大都市三年行动计划（2018 — 2020 年）》，将打响红色文化、海派文化、江南文化品牌作为三大主攻方向。同年 11 月，首届长三角国际文化产业博览会开幕，上海、江苏、浙江、安徽共同提出“推动长三角文化产业更高质量一体化发展”的战略目标。

在当今互联网时代，网络成为江南文化品牌传播进而产生影响力的核心载体。就传播渠道而言，能够进行江南文化品牌网络传播的媒体包含了报刊等传统媒体的网络版，还包含了网页、论坛等网络媒体，更包含了微信、微博、客户端等移动媒体，这些媒体每天都产生着大量有关文化品牌的大数据。因此，本文基于上述各类媒体大数据进行全面采集和深入分析，希望能够对江南文化品牌网络传播能力在全国竞争格局中的地位和内部结构特征状况有比较客观准确的定位，从而为长三角江南文化影响力提升提供有价值的研究成果。

基于大数据的长三角江南文化品牌网络传播评估体系

长三角江南文化品牌的内涵界定

本文认为，在当今世界面临“百年未有之大变局”背景下，在“互联网 +”、大数据、云计算、人工智能、区块链等新一轮科技革命浪潮大趋势下，在长三角高质量一体化发展上升为国家战略的情况下，江南文化品牌的定义不应仅仅局限于传统江南文化资源的代表性符号，而更应该具有丰富的当代特性与面向未来的时代内涵。

基于上述认识，江南文化品牌的内涵是指立足于新时代进程和国家确立文化强国战略背景下，基于对江南特有文化资源价值意义的深度挖掘，通过具有江南特色的名称、术语、标记、符号及其组合运用的智慧表达，借助现代科技手段进行广泛和有效传播，形成的具有鲜明辨识度的江南精神文化形象和具备显著竞争优势的江南物质文化象征。江南文化品牌的传承与发展，是弘扬中华优秀传统文化资源、打造具备核心竞争力的江南文化产业、促进江南城市群经济社会高质量一体化可持续化发展的核心象征与引领力量。

评估指标体系与评估指数模型

构建江南文化品牌网络传播评估模型，是对品牌网络传播综合能力进行考察。移动互联网时代，以大数据、云计算等为代表的现代数字网络技术极大改变了传播生态，也为品牌传播力的评估提供了技术支持。本研究所指的江南文化品牌网络传播是通过传统媒体、网络媒体和移动媒体等各类媒体传播渠道进行品牌的主动传播与被动传播，产生品牌价值与品牌影响的能力。

本文通过对江南文化品牌在微信、微博、内容类客户端（APP）、电子报刊、各类网站、网络论坛等各种媒体渠道进行品牌的主动传播和被动传播所产生的大数据信息进行采集、整理、分析，从而对江南文化品牌的传播能力进行深入探究。这六大类媒体按照其载体属性可以基本上划分为三大类：传统媒体、网络媒体和移动媒体。在传统媒体传播力方面，主要考察电子报刊传播声量；网络媒体传播力主要通过网站网页传播声量和网络论坛传播声量进行考察；移动媒体传播力主要通过微信传播声量、微博传播声量和内容类 APP 传播声量进行考察。具体指标体系如下。

在上述指标体系基础上，本文构建文化品牌传播力评估模型如下：一级指标分别是传统媒体传播力、网络媒体传播力、移动媒体传播力，以 C1、C2、C3 表示；二级指标是对各一级指标

	一级指标	二级指标	权重
文化品牌网络传播力指数（M）	传统媒体传播力（C1）	电子报刊传播声量（A1）	1/6
	网络媒体传播力（C2）	网站网页传播声量（A2）	1/6
		网络论坛传播声量（A3）	1/6
	移动媒体传播力（C3）	微信传播声量（A4）	1/6
		微博传播声量（A5）	1/6
		内容类 APP 传播声量（A6）	1/6

文化品牌网络传播力评估指标体系

的细分，分别以 A1、A2、A3、A4、A5、A6 表示，各二级指标权重占比均为 1/6（见上表）。传播力指数模型构建步骤分为以下三步。

第一步：数据标准化。

SA1=ln（A1+1）；SA2=ln（A2+1）；SA3=ln（A3+1）；SA4=ln（A4+1）；SA5=ln（A5+1）；SA6=ln（A6+1）；

第二步：权重设定。由于本次研究为初步尝试，故采用平均权重的方式，降低算法权重的不合理程度。

第三步：构建文化品牌传播力指数模型，即：

文化品牌传播力指数（M）=SA1·（1/6）+ SA2·（1/6）+ SA3·（1/6）+ SA4·（1/6）+ SA5·（1/6）+ SA6·（1/6）

江南文化品牌评估的数据来源

限于数据可得性，本文采集了全国 31 个省市自治区范围内（不含港澳台）国家级非物质文化遗产品牌、省级非物质文化遗产品牌、红色文化品牌、旅游景区文化品牌和中华老字号文化品牌等五种类型的文化品牌作为研究对象。

国家级非物质文化遗产品牌（简称国家级非遗品牌）：本文主要选取经中华人民共和国国务院批准，由文化和旅游部确定并公布的非物质文化遗产名录。本研究的统计范畴包含了中华人民共和国国务院先后批准分别于 2006 年、2008 年和 2011

年、2014 年命名的全部四批国家级非物质文化遗产名录作为文化品牌数据统计来源基础。

省级非物质文化遗产品牌（简称省级非遗品牌）：本文主要选取全国 31 个省市自治区范围内（不含港澳台）文化和旅游厅（局）或相关部门公布的全部批次的省级（或直辖市级）非物质文化遗产名录作为文化品牌数据统计来源基础。

旅游景区文化品牌：本文主要选取国家文化和旅游部（原国家旅游局）权威发布的全国 31 个省市自治区范围内（不含港澳台）的 5A 和 4A 两类级别的旅游景区，作为旅游景区文化品牌的数据统计来源基础。

红色文化品牌：限于数据可得性，本文主要选取中共中央办公厅、国务院办公厅等相关部门权威发布的红色旅游经典景区，还有国家教委、民政部、文化部、国家文物局、共青团中央、解放军总政治部等相关部门权威发布的爱国主义教育基地两大红色文化品牌类型作为文化品牌数据统计来源基础。

中华老字号文化品牌：本文主要选取国家商务部权威认定的全国 31 个省市自治区范围内（不含港澳台）的全部中华老字号名录作为文化品牌数据统计来源基础。

具体数据采集方面，本文得到了全国知名的新媒体大数据专业机构——北京清博大数据科技有限公司的专业大数据技术支持，对全国 31 个省市自治区（不含港澳台）国家级非遗、省级非遗、红色文化、旅游景区以及中华老字号等五大类品牌 2018 年 1 月至 2019 年 6 月期间在报刊（网络版）、网页、论坛（BBS）、微博、微信和内容客户端（APP）等六大类媒体上的全部网络声量数据。

长三角江南文化品牌基本状况分析

截至 2019 年，全国文化品牌共 21,555 个，其中非遗文化品牌共 15,594 个，品牌数量占比 72.35%，占据中国文化品牌数量的绝大部分。细分看来，国家级非遗文化品牌数量共 2,733 个，省级非遗文化品牌数量共 12，861 个，分别占比 12.68%、59.67%。除此之外，红色文化品牌数量共 1，124 个，占比 5.21%；旅游景

文化品牌类型	品牌数量（个）	品牌数量占比
国家级非遗	2，733	12.68%
省级非遗	12，861	59.67%
红色文化	1，124	5.21%
旅游景区	3，699	17.16%
中华老字号	1，138	5.28%
文化品牌总计	21，555	100.00%

全国文化品牌总体结构状况

区文化品牌数量共 3，699 个，品牌数量占比 17.16%；中华老字号文化品牌数量共 1,138 个，品牌数量占比 5.28%（见上表）。

江南文化品牌数量基数较大，省级非遗最多

全国文化品牌数量约 2.2 万个，江南地区文化品牌数量总计 4,099 个，分为国家级非遗、省级非遗、红色文化、旅游景区和中华老字号五种类型，总体占全国文化品牌数量的 19.02%，约五分之一，江南地区文化品牌基数较大。其中，省级非遗文化品牌数量为 2,341 个，占江南文化品牌总体数量的 57.11%，在江南地区位居第一，其次是旅游景区文化品牌，数量为 738 个，占江南文化品牌总体数量的 18.00%，与省级非遗文化品牌数量相差 1，603 个，且省级非遗约是其数量的 3 倍。可见，江南省级非遗文化品牌数量上占据优势地位，远超江南其他类型文化品牌数量。国家级非遗与中华老字号文化品牌数量相近，分别是 469 个和 399 个，分别占比江南文化品牌总数的 11.44% 和 9.73%。数量最少的是红色文化品牌，总共 152 个，占比江南文化品牌总数的 3.71%。

细类文化品牌中传统技艺类最多，红色文化品牌最少

江南地区文化品牌可细化为 15 个种类。首先，关于非遗的十大类文化品牌数量共计 2,810 个，在江南地区总体占比 68.56%。其中传统技艺文化品牌数量最多，为 803 个，占江南内部比重 19.59%；数量排名第二是传统美术文化品牌，数量 344 个，占比 8.39%；再是民俗和传统舞蹈文化品牌，数量分别为 325 个和 265 个，且分布占江南总体 7.93% 和 6.46%，两者差距较小；

江南文化品牌细类数量及其占比情况

单位：个

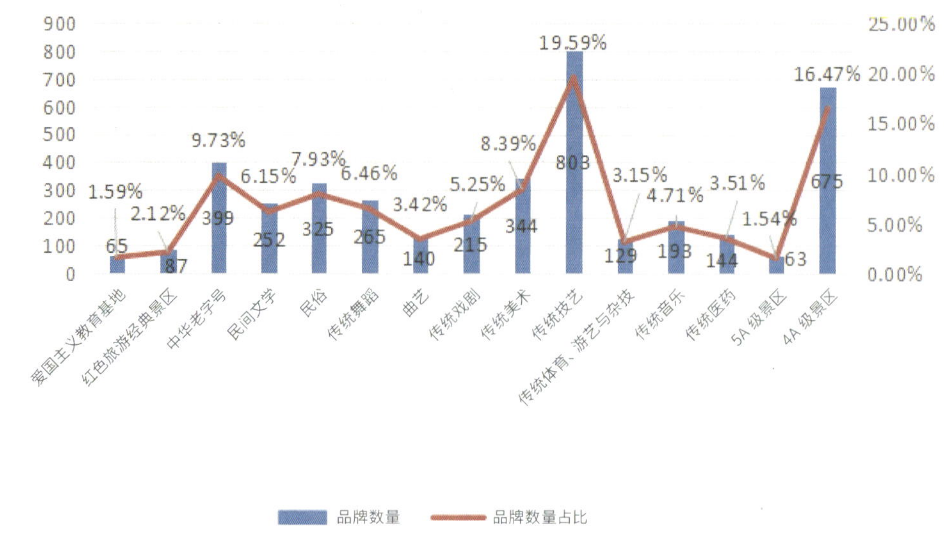

其余民间文学、曲艺、传统戏剧、传统体育、游艺与杂技、传统音乐和传统医药六个细类文化品牌数量差距较小，大致占比在3%—5.5%。

关于旅游景区的两类文化品牌数量共计 738 个，细分为 5A 景区与 4A 景区，占江南文化品牌总量的 18.00%。其中，5A 景区文化品牌数量 63 个，占江南总体数量的 1.54%；4A 景区文化品牌数量 675 个，占江南总体数量的 16.47%。4A 景区文化品牌的数量是 5A 景区的 10 倍之多，4A 景区的旅游交通住宿等基础设施、环境安全、服务质量等各个方面与 5A 景区存在差距，其有待进一步优化升级，以提高景区综合实力，晋级为 5A 景区。最后，江南地区红色文化品牌占江南文化品牌总体数量的 3.71%。其中，爱国主义教育基地文化品牌数量 65 个，占江南总体数量的 1.59%，是江南细类文化品牌中数目最少的一类文化品牌；红色旅游经典景区文化品牌数量 87 个，占江南总体数量的 2.12%（见上图）。

三省一市非遗文化品牌传播声量

地区	微信（万次）	微博（万次）	网页（万次）	客户端（万次）	报刊（万次）	论坛（万次）	总传播量（万次）
江苏	535.81	223.77	258.55	214.93	32.32	8.1	1,273.49
浙江	398.67	106.88	168.51	133.24	17.35	6.32	830.97
安徽	172.12	43.6	66.88	46.53	5.84	2.64	337.61
上海	98.63	45.21	53.16	37.51	2.75	1.74	239
总计	1,205.23	419.47	547.1	432.21	58.26	18.79	2,681.07

长三角江南非遗文化品牌网络传播评估

统计显示，江南地区的国家级和省级非遗文化品牌合计2,810个，其中浙江省拥有的非遗文化品牌数量最多，达1,007个，以35.84%的占比排名第一，江苏省拥有892个，安徽省拥有617个，上海市的非遗文化品牌数量仅有294个，虽然总量排名最后，但其中国家级非遗品牌比例高于其他三省。总体而言，江南内部三省一市非遗文化品牌分布不均等。

三省一市非遗文化品牌网络传播声量差距大

一般而言，非遗文化品牌传播总声量与品牌数量基本成正比，非遗品牌越多，传播声量越大。但江苏省却以六大网络媒体平台遥遥领先的传播声量，成功超越品牌数最多的浙江省，成为江南三省一市中非遗文化品牌传播总声量最大的地区。浙江省的总声量虽略低于江苏省，但相较安徽省和上海市，品牌数量带来的优势依然明显。排在第三的安徽省传播声量较少，仅占三省一市总声量的12.59%，与前两位差距逐渐拉大。上海市作为非遗文化品牌传播总声量最少的江南省市，与区域内领先的江苏省相差超过1,000万次。比较结果显示，三省一市非遗文化品牌传播声量分布呈现出两级分化的态势，领先的江苏、浙江两省与后两位的安徽、上海之间差距巨大（见上表）。

上海非遗网络传播增速最快但传统媒体短板明显

江南三省一市中，上海市非遗文化品牌网络传播力 18 个月定基增长 207.32%，其余三省的增长率均在 180% ～ 190% 之间，安徽省提升略快，浙江省发展相对较慢。若各省市保持目前的增长态势，上海市的传播力将在未来逐渐赶超安徽省，而浙江省与江苏省之间的传播影响力差距也会被进一步拉大。

在非遗文化品牌网络传播的急速成长阶段，高速稳定的发展离不开合理的媒介选择策略。目前，上海市非遗文化品牌网络传播仅在微博这一媒体平台上达到江南平均发展水平，其余五大媒体网络传播明显不足，其中电子报刊则为最弱项。接下来，上海需要对自身非遗文化品牌网络传播状况做全面评估，制定与之相契合的网络传播媒介策略，从而不断提升上海非遗文化品牌网络传播力和影响力。

江南非遗总声量全国第三，省级非遗传播滞后

2018 年 11 月出台的《中共中央国务院关于建立更加有效的区域协调发展新机制的意见》提出，要推动国家重大区域战略融合发展，以“一带一路”建设、京津冀协同发展、长江经济带发展、粤港澳大湾区建设等重大战略为引领，以西部、东北、中部、东部四大板块为基础，促进区域间相互融通补充[3]。本研究基于上述文件精神，结合历史文化发展脉络、中国经济区域发展战略规划，同时也考虑到区域比较的可比性及省市数量的均

江南三省一市非遗文化品牌传播力演化趋势

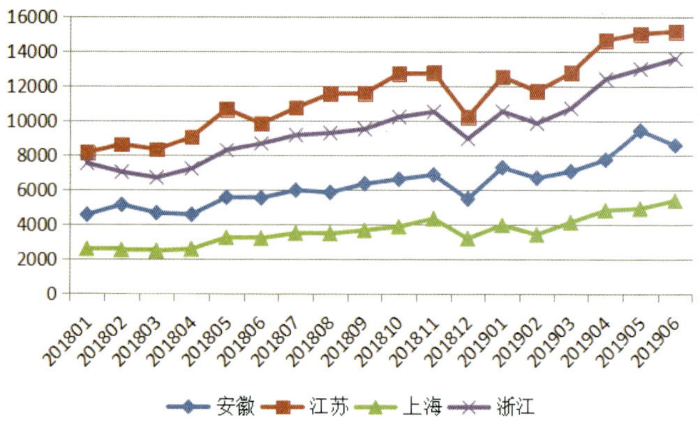

网络媒介	上海（次）	江南平均(次)	上海与江南整体的比值
微信	3,355	4,289	0.78
微博	1,538	1,493	1.03
网页	1,808	1,947	0.93
客户端	1,276	1,538	0.83
报刊	94	207	0.45
论坛	59	67	0.88

上海市非遗文化品牌网络媒体传播声量均值与江南对比

衡，将全国划分为七大区域：环渤海区域主要是指北京、天津、河北、山东四省市；长三角（江南）区域包括上海、江苏、浙江和安徽一市三省；东南沿海区域是指广东、海南、福建、香港、澳门及台湾；东北区域即辽宁、吉林、黑龙江三省；中部区域包括河南、山西、湖北、湖南、江西五省；西南区域涵盖广西、云南、贵州、重庆、四川、西藏六省区；西北区域包含了陕西、甘肃、青海、宁夏、新疆和内蒙古等省和自治区。

数据显示，截至2019年6月，江南地区省级以上非遗文化品牌传播总声量达到2,681.07万次，在七大区域中占比21.83%，低于中部区域（3,646.53万次）和环渤海区域（3,000.90万次），位列第三位，且与前两位差距略大（见下页图）。其中，国家级非遗文化品牌受政策扶持力度较大，非遗资源本身知名度较高，虽受制于品牌数量而导致传播总声量数较低，实际传播力度却远胜省级。省级非遗文化品牌虽有近2,000万次的传播总声量，是国家级非遗品牌的2.45倍，但平均声量仅有8,129次，不到国家级非遗品牌传播平均声量的一半。

长三角江南旅游景区文化品牌网络传播评估

限于时间和精力，本研究主要选取国家文化和旅游部（原国家旅游局）权威发布的全国31个省市自治区范围内（不含港澳台）的5A和4A两类级别的旅游景区作为研究对象。统计汇总发现，全国4A旅游景区文化品牌有3,414个，5A旅游景区文

江南与全国主要区域非遗文化品牌传播总声量

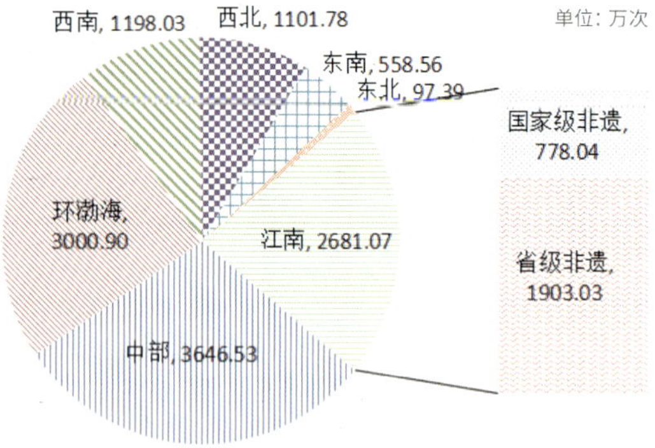

化品牌有 285 个，仅占 4A 旅游景区文化品牌数量的 8.35%。截至 2019 年，长三角三省一市（江南地区）4A 和 5A 级旅游景区文化品牌合计为 738 个，其中江苏、浙江、安徽三省数量接近，分别达到 239 个、224 个和 212 个，上海数量最少，仅有 63 个，占江南地区 8.54%。

江南整体传播力呈上升趋势，移动媒体是传播主力军

2018 年 1 月到 2019 年 6 月，江南旅游景区文化品牌网络传播指数均值从 16.06 增长到 26.23，整体涨幅明显。江南城市文化凭借江南地区得天独厚的地理环境和人文特色，使其区域特色品牌在媒介融合促进信息多样化传播的背景下，得以广泛传播并不断提升品牌知名度和影响力（见右页图，上）。

江南旅游景区文化品牌传播中，微信声量数最高，近 450 万次，其次是微博声量数，高达 313 万次，二者在传播声量总数的占比均超过 1/4，总占比近 65%。微信、微博等移动媒体在江南旅游景区文化品牌传播过程中发挥着极其重要的作用（见右页图，中）。

浙江旅游景区文化品牌传播声量总数一马当先

数据分析结果显示，江南三省一市中，浙江省的微信声量数、微博声量数、网页声量数、客户端声量数、报刊声量数、论坛声量数均高于安徽省、江苏省和上海市。其中，论坛声量数占比 38.84%，微信声量数占比和网页声量数占比接近 50%，客户端声量数占比、报刊声量数占比均大于 50%，微博声量数占比高达 60%（见右页图，下）。

江南旅游景区文化品牌传播力指数均值及演化趋势

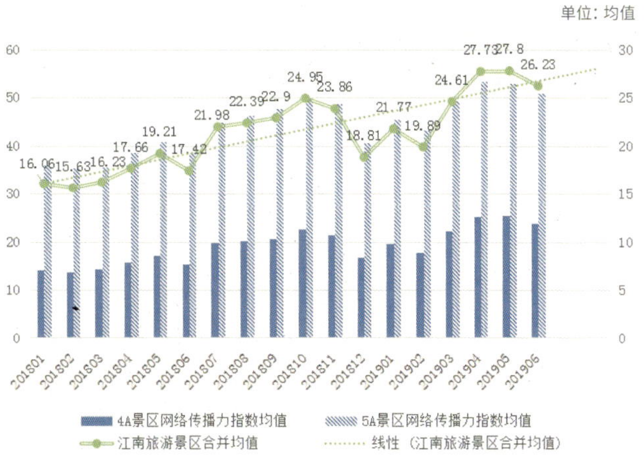

江南旅游景区文化品牌传播声量数及占比

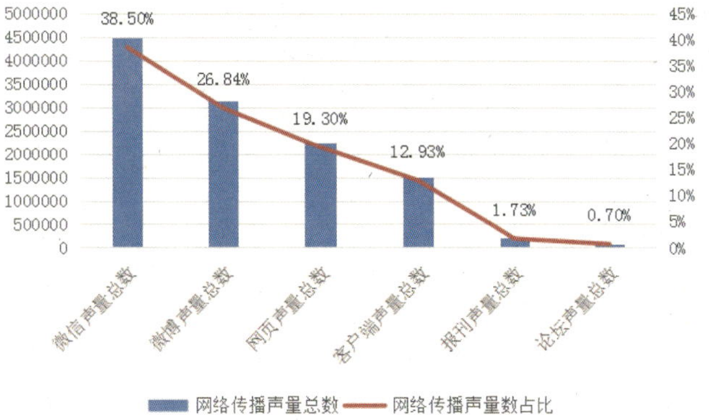

江南三省一市旅游景区文化品牌各媒体声量数占比

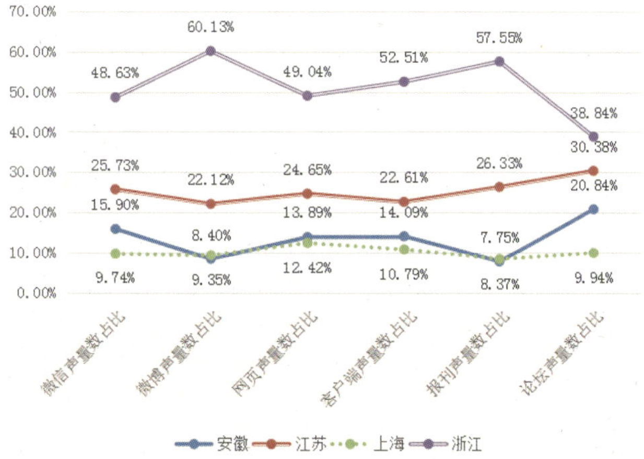

江南三省一市各媒体网络声量数占比及传播声量总数占比

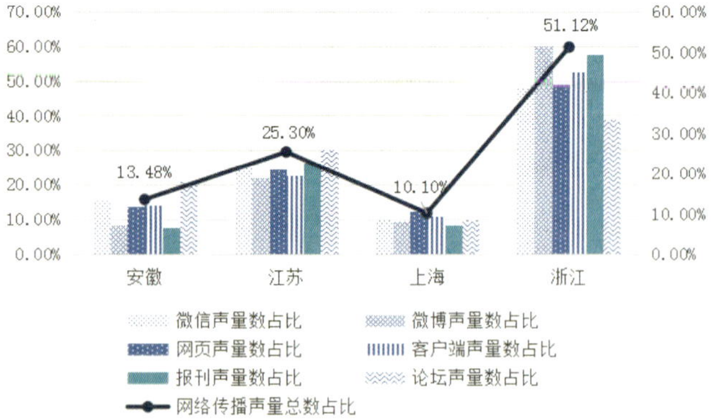

全国七大区域传播声量总数和传播力指数

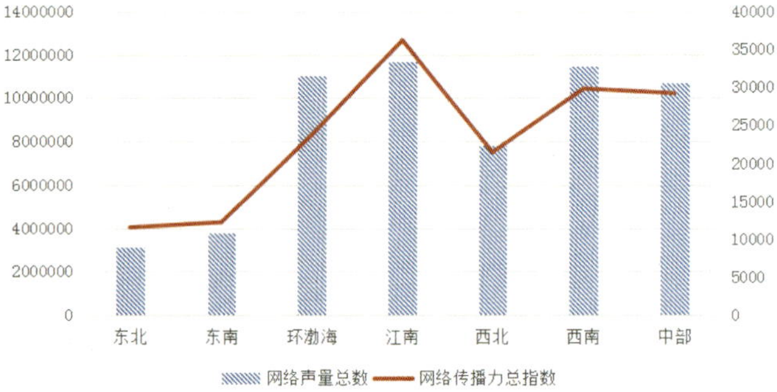

而且，浙江省各媒体在其旅游景区文化品牌传播中的声量总数占江南三省一市网络声量总数的一半以上，远超过安徽、江苏和上海。旅游景区文化品牌的建设与城市旅游形象和城市基础设施建设、城市包容度和知名度、城市自然景观、人文氛围等紧密相关[4]，这些都成为安徽、江苏、上海打响文化品牌，提升其城市旅游景区传播力的重要抓手。

江南区域旅游景区网络传播力和增速均全国第一

根据全国传播声量总数统计数据，江南旅游景区文化品牌传播声量数高达 1,167 万次，位居全国七大区域之首，传播力总指数也排在首位。全国各区域的发展差异化以及旅游景区文化品牌资源分布的密度等使得不同区域旅游景区文化品牌数存在差异，这也造成了不同区域旅游景区文化品牌的传播力之间的差距。

2018 年 1 月—2019 年 6 月全国七大区域文化品牌传播力趋势

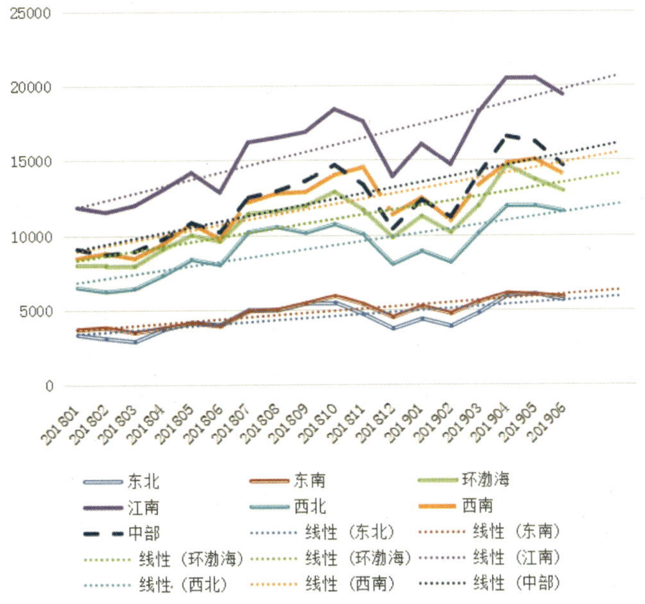

2018 年 1 月到 2019 年 6 月，全国各区域旅游景区文化品牌传播力都在上升，且从上图中线性趋势来看，各区域也都呈现上升趋势。这一趋势从一定程度上反映出各大区域的旅游景区文化资源整合及开发能力在不断进步，文化品牌网络宣传力度和深度在不断扩大，使得品牌的传播力得以提升。江南旅游景区文化品牌传播力在 18 个月里均位居全国第一。东北和东南地区每月的旅游景区文化品牌传播力变化较小，传播声量数也最低。相较而言，江南地区旅游景区文化品牌的网络宣传创新度更强，且线性趋势斜率表明江南旅游景区文化品牌传播声量数的增长速度是最快的。

长三角江南红色文化品牌网络传播评估

限于数据可得性，本研究主要选取红色旅游经典景区和爱国主义教育基地两大类红色文化品牌类型作为研究对象。统计显示，截至 2019 年，江南红色文化品牌总数量为 152 个，其中红色旅游经典景区品牌为 87 个，占比 57.24%。爱国主义教育基地文化品牌数量为 65 个，占比 42.76%。

江南红色文化品牌传播声量数占比状况

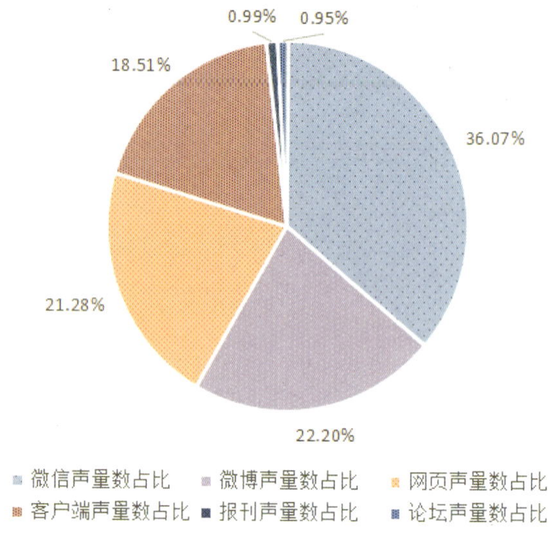

江南红色文化品牌微信声量数最多，论坛声量数最少

品牌运用移动媒体和网络媒体成为当今时代品牌传播文化内涵、扩大影响力的主流趋势，江南红色文化品牌传播愈来愈趋向网络传播，而传统传播媒介作用淡化，逐渐被边缘化。根据上图显示，在江南红色文化品牌传播中，微信声量数总计 61.98 万次，占比 36.07%，在所有媒介传播途径中排名第一。其次，微博、网页与客户端传播声量数分别是 38.14 万次、36.56 万次、31.8 万次，占比分别为 22.20%、21.28%、18.51%，三者传播声量数差距较小，江南红色文化品牌逐渐形成以微信为主，以微博、网页和客户端为辅的网络传播格局。最后，排名末端的是报刊与论坛，传播声量数分别是 1.70 万次、1.64 万次，占比分别为 0.99%、0.95%。

江苏红色文化品牌网络传播排名第一，安徽末位

江南地区文化历史源远流长，红色文化资源丰富，如江苏南京博物馆、安徽凤阳小岗山、上海博物馆以及浙江嘉兴南湖等皆是家喻户晓的红色文化品牌，是江南地区提升文化软实力的重要战略资源，然而，江南各地区红色文化品牌传播力度不一，重视程度不同。首先，根据数据显示，江南三省一市红色文化品牌传播声量数总值差距较大，地区传播格局不均衡，并且各类传播

江南三省一市红色文化品牌数量占比状况

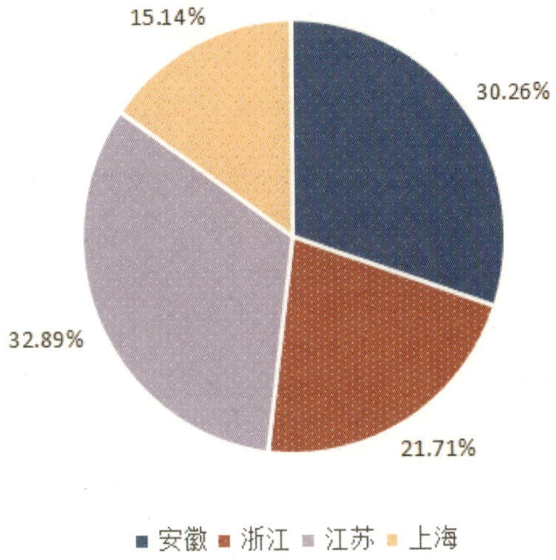

媒介传播声量数也具有较大差距，其中，江苏省除了在客户端声量数上低于浙江省 4.64 万次之外，其微信、微博等各媒介传播声量数均大于其它两省一市，尤其是微信声量数高达 25.22 万次，是安徽省微信声量数的 3.4 倍之多（见上图）。

其次，上海市和浙江省红色文化品牌媒介传播声量数总值差距较小，分别为 41.23 万次、46.51 万次，相差 5.28 万次，且两者微信声量数皆是各自地区的第一，分别为 16.57 万次、12.98 万次。但上海红色文化品牌传播表现较差，一方面体现在数量更具优势的上海传播声量数总值却低于浙江省，另一方面体现在微博声量数上，上海明显低于浙江，相差 7.42 万次。微博是现今多数年轻用户活跃互动的社交媒体平台，品牌传播者在微博上通过图片文字和视频等形式发布红色文化相关信息，更有助于红色文化品牌高效率、高质量地向社会传播积极向上的内容，逐步加强红色文化的社会渗透力和影响力。但显然，上海红色文化品牌方忽略了微博的传播价值，新媒体传播格局相对更不均衡。

最后，安徽省传播声量数总值为 15.93 万次，排名江南地区末位，在各个声量数上也均低于其余两省一市，无一超过 10 万次，这可能与安徽红色文化品牌数量较少、品牌传播者观念落后有关。

江南三省一市红色文化品牌传播声量

单位：万次

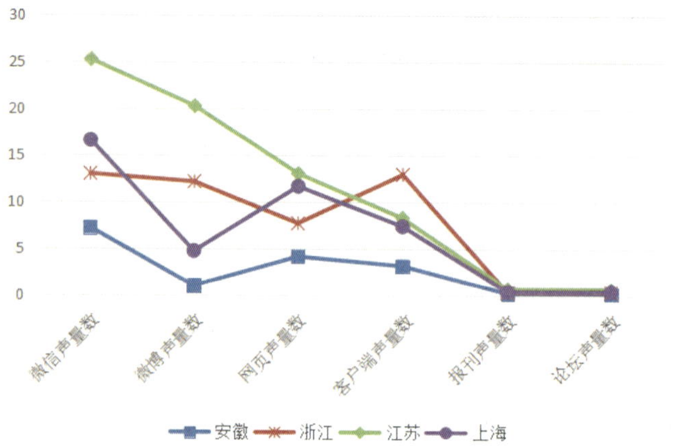

江南红色品牌网络声量数排名全国第二，微博需加强

全国各主要区域的红色文化品牌网络声量数总值差异较大（见上图）。环渤海区域在网络声量数上独占鳌头，以超过 500 万次的巨大优势遥遥领先于其他六个区域，江南区域排名第二，但与排名第一的环渤海区域相差 368.27 万次，差距较大，说明江南品牌网络声量数有很大增长空间。同时，江南红色文化品牌又以较大的差距领先于其余 5 个区域。最后，东南区域排名末位，其网络声量总数仅为 13.23 万次，约是江南网络声量数的 7.00%。

根据数据可知，在全国主要区域红色文化品牌网络声量的比较中，江南地区基于文化品牌数量优势，重视红色文化品牌的构建与传播，充分利用新媒体技术、网络技术加速传播红色文化，助力江南社会形成良好的爱国、敬业等红色精神环境氛围。

全国各个地区各媒介之间声量数占比不均，江南各媒介网络声量数占比除了微博，均排名全国第二。其中，江南地区客户端网络声量数在全国占比较大，为 25.91%，其次报刊网络声量数、微信网络声量数在全国占比分别为 22.16%、20.86%。此外，江南微博网络声量数占全国比重仅为 12.00%，说明江南红色文化品牌在微博的运用上还需加大力度，其微博媒介宣传提升空间很大。

全国主要区域红色文化品牌网络声量总数

七大区域	微信（次）	微博（次）	网页（次）	客户端（次）	论坛（次）	报刊（次）
西南	153，626	95，790	122，307	79，618	4，515	5，160
中部	200，903	422，323	128，272	90，857	7，863	5，999
东北	79，372	37，704	69，124	36，657	3，069	3，088
江南	619，825	381，361	365，611	318，006	17，015	16，422
西北	220，002	187，025	126，792	86，258	9，037	4，463
环渤海	1，635，582	2，046，852	996，642	591，170	93，252	37，159
东南	62，572	5，841	34，638	24，756	2，675	1，830
总计	2，971，882	3，176，896	1，843，386	1，227，322	137，426	74，121

全国主要区域红色文化品牌网络声量总数占比

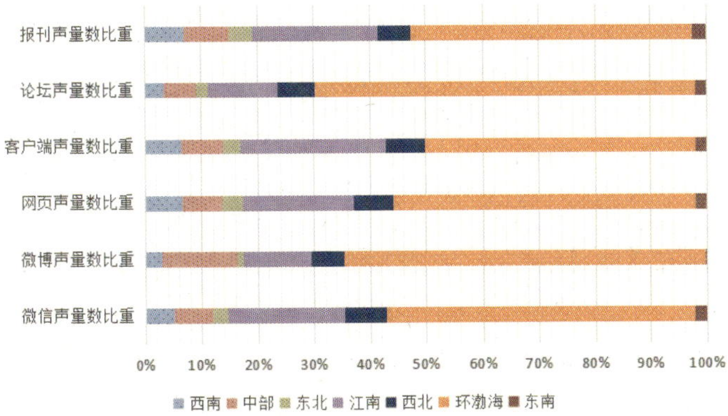

长三角江南文化品牌网络传播指数 100 强

基于六大网络媒体声量数计算的江南文化品牌网络传播力综合指数排名，本研究遴选出长三角江南文化品牌百强。

长三角江南文化品牌百强地理分布：浙江第一

江南地区文化品牌网络传播力百强中，浙江有 38 个文化品牌，占比 38%，在江南地区占比最高；江苏数量排名第二，共有 28 个文化品牌，占比 28%。浙江、江苏省百强文化品牌数量排名与其所拥有的总计文化品牌数量排名相符，两省文化品牌网络传播力较强。上海百强文化品牌共计 19 个，安徽百强文化品牌数量最少，仅有 15 个。

江南文化品牌网络传播力前 100 强分布地区数量与占比

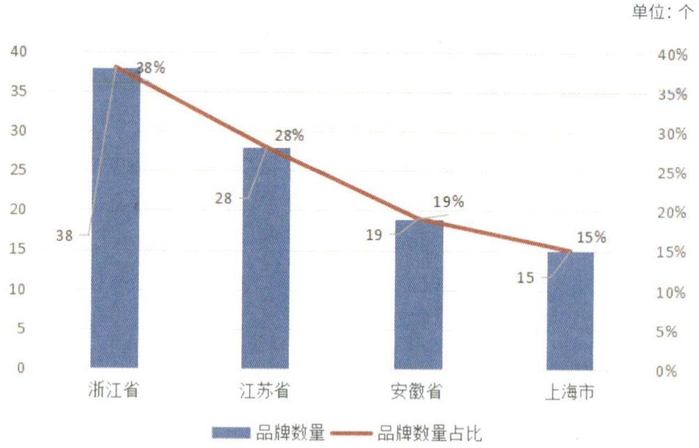

江南百强细类文化品牌数量及占比状况

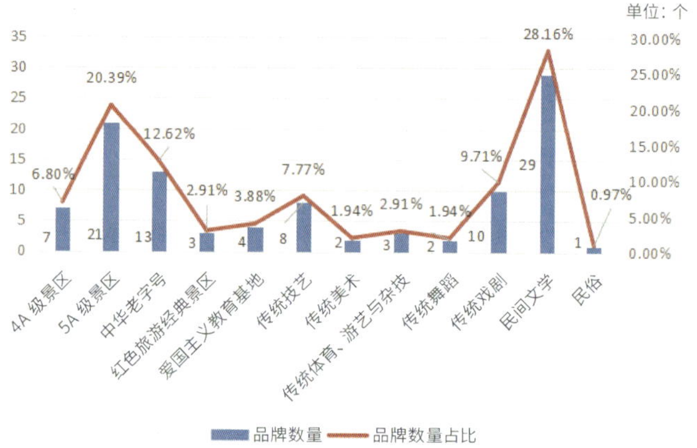

此外，江南地区百强文化品牌网络传播力地区分布不均匀。安徽与浙江百强文化品牌数量相差 13 个，其中，在安徽省文化品牌网络传播力排名第一的安徽宣纸制作技艺却在江南地区排名第 14，同时，在安徽省内文化品牌网络传播力排名第二的安徽古井贡酒在江南地区已经排名 29，与浙江文化品牌网络传播力有很大差距。

乌镇景区网络传播力排名江南文化品牌百强榜首位

江南文化品牌网络传播 30 强中，嘉兴市桐乡乌镇古镇旅游景区凭借着世界互联网大会和乌镇戏剧节的高知名度而成为江南文化品牌中最具有影响力、最受关注的文化品牌，而杭州市千岛湖风景名胜区也在 100 强中排名第 4，杭州市西湖风景名胜区排名第 6，这些文化旅游景点的上榜显示出了江南特色文化旅

江南文化品牌网络传播 30 强

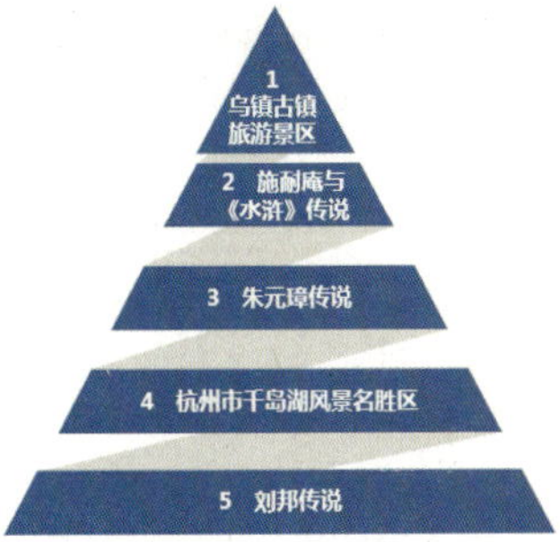

6 杭州市西湖风景名胜区
7 苏东坡传说
8 西施传说
9 韩信传说
10 大禹传说
11 项羽故事
12 岳飞传说
13 济公传说
14 宣纸制作技艺
15 白蛇传传说
16 王羲之传说
17 花果山传说
18 孙权传说
19 海瑞传说
20 南京市夫子庙 - 秦淮风光带景区
21 十八般武艺
22 舟山市普陀山风景名胜区
23 梁祝传说
24 扬州市瘦西湖风景区
25 京剧
26 勾践传说
27 虞姬传说
28 上海博物馆
29 安徽古井贡酒股份有限公司
30 浙江省嘉兴市南湖旅游区

游资源广泛的知名度与巨大的开发潜力。而以施耐庵《水浒传》传说、朱元璋传说、刘邦传说等为代表的民间文学排名靠前则说明江南文化在全国范围内具有的巨大影响力与价值。

江南品牌百强行业分布：民间文学和 5A 景区最强

江南文化品牌网络传播百强中，非遗文化品牌中的民间文学类品牌数量占据最高点，其品牌数量为 29 个，在江南百强中占比高达 28.16%，遥遥领先于其它细类文化品牌数量。

5A 景区文化品牌网络传播力强，仅次于民间文学。数据显示，5A 景区百强文化品牌数量为 21 个，品牌数量占比 20.39%，与民间文学文化品牌数量相差 8 个。5A 景区文化品牌高度重视网络传播建设，不断优化升级景区多媒体传播渠道 [5]。如浙江乌镇旅游区，从传统休闲古镇转变为文化特色小镇，于 2014 年成为互联网大会永久会址，分别创建了微信公众号“乌镇景区”、微博账号“乌镇旅游”以及网站“乌镇旅游官方网站”等不同媒体账号，以“来过，便不曾离开”宣传口号塑造乌镇温柔文艺品牌形象，增强品牌认同感，形成了强大的品牌影响力。

参考文献

[1] 王战 . 江南崛起的文化密码 [J]. 探索与争鸣 ,2019(02): 11.

[2] 刘士林 . 江南都市文化的“文化理论”与“解释框架” [J]. 江苏社会科学，2006(04): 87-90.

[3] 中共中央国务院关于建立更加有效的区域协调发展新机制的意见 [EB/OL].http://www.nxnews.net/sz/rdts/201811/t20181130_6117764.html.2019-12-13.

[4] 孙旭，吴赟 . 全媒体情境下城市旅游形象传播的理念路径与策略 [J]. 传媒，2018(12): 75-78.

[5] 张玉 . 新媒体下 5A 级旅游景区市场格局演变及营销创新 [J]. 商业经济研究，2019(06): 183-185.

长三角江南文化品牌网络传播指数 50 强名录

排名	品牌公司 / 项目名称	文化品牌类型	省市	微信（次）	微博（次）	网页（次）	客户端（次）	报刊（次）	论坛（次）	网络传播指数
1	嘉兴市桐乡乌镇古镇旅游区	旅游景区	浙江	462,214	574,139	315,277	233,955	18,321	6,824	116.62
2	施耐庵与《水浒》传说	非物质文化遗产	江苏	498,614	156,512	201,464	186,905	34,409	4,218	113.71
3	朱元璋传说	非物质文化遗产	江苏	362,804	129,972	203,884	215,457	34,671	2,222	112.07
4	杭州市千岛湖风景名胜区	旅游景区	浙江	247,145	256,489	131,011	63,178	40,375	5,013	111.39
5	刘邦传说	非物质文化遗产	江苏	373,964	94,918	190,104	183,865	31,010	1,739	110.62
6	杭州市西湖风景名胜区	旅游景区	浙江	234,803	495,206	123,983	90,689	11,960	3,109	110.09
7	苏东坡传说	非物质文化遗产	江苏	428,792	80,802	155,950	119,544	14,804	4,877	110.02
8	西施传说	非物质文化遗产	浙江	378,642	148,738	132,589	117,436	23,414	1,756	109.59
9	韩信传说	非物质文化遗产	江苏	262,223	141,306	149,625	162,215	29,632	944	108.99
10	大禹传说	非物质文化遗产	浙江	285,129	104,839	128,101	94,113	3,829	17,914	108.96
11	项羽故事	非物质文化遗产	江苏	298,405	86,246	160,856	152,070	27,882	1,150	108.63
12	岳飞传说	非物质文化遗产	浙江	314,177	81,568	123,913	106,211	22,055	2,307	108.35
13	济公传说	非物质文化遗产	浙江	330,978	103,665	121,375	81,083	13,971	1,586	106.97
14	宣纸制作技艺	非物质文化遗产	安徽	243,389	120,066	103,430	71,624	7,452	3,966	106.71
15	白蛇传传说	非物质文化遗产	浙江	140,573	644,035	75,979	73,950	8,402	1,319	106.5
16	王羲之传说	非物质文化遗产	浙江	314,995	51,195	136,350	101,920	9,088	2,468	106.31
17	花果山传说	非物质文化遗产	江苏	175,605	204,426	74,469	65,008	12,018	2,054	106.04
18	孙权传说	非物质文化遗产	浙江	194,412	49,681	116,010	111,119	24,329	943	105.37
19	海瑞传说	非物质文化遗产	浙江	159,068	59,894	76,333	49,856	9,334	3,108	103.7
20	南京市夫子庙 - 秦淮风光带景区	旅游景区	江苏	139,421	155,716	62,179	44,223	1,788	8,621	103.48
21	十八般武艺	非物质文化遗产	浙江	164,037	96,128	66,040	49,906	4,416	2,173	102.46
22	舟山市普陀山风景名胜区	旅游景区	浙江	168,218	117,117	54,539	35,523	6,641	1,281	101.74
23	梁祝传说	非物质文化遗产	江苏	145,887	81,708	52,098	41,883	5,456	1,871	101.41
24	扬州市瘦西湖风景区	旅游景区	江苏	90,540	109,678	48,187	30,494	8,463	1,681	101
25	京剧	非物质文化遗产	上海	151,559	18,194	92,071	60,452	3,843	2,574	100.48
26	勾践传说	非物质文化遗产	浙江	159,203	55,609	49,611	43,772	6,629	831	99.88
27	虞姬传说	非物质文化遗产	江苏	71,176	65,537	56,253	63,948	11,372	421	99.42
28	上海博物馆	旅游景区 / 红色文化	上海	89,328	35,631	59,961	38,516	2,266	1,316	97.25
29	安徽古井贡酒股份有限公司	中华老字号	安徽	57,465	35,647	64,310	36,369	4,509	1,010	97.24

长三角江南文化品牌网络传播指数 50 强名录 （续表）

排名	品牌公司 / 项目名称	文化品牌类型	省市	微信（次）	微博（次）	网页（次）	客户端（次）	报刊（次）	论坛（次）	网络传播指数
30	浙江省嘉兴市南湖旅游区	旅游景区	浙江	81,227	19,709	44,207	57,373	2,366	2,271	97.24
31	嘉兴市南湖风景名胜区（中共一大旧址）	红色文化	浙江	81,227	19,709	44,207	57,373	2,366	2,271	97.24
32	昆曲	非物质文化遗产	上海	51,225	346,973	35,318	22,140	1,331	1048	97.05
33	隋炀帝传说	非物质文化遗产	江苏	95,118	14,384	52,470	48,049	6,217	698	96.62
34	管仲传说	非物质文化遗产	安徽	143,853	14,508	46,147	35,010	6,988	622	96.58
35	金华市东阳横店影视城景区	旅游景区	浙江	72,426	39,305	39,586	25,083	3,544	1,072	96.06
36	上海冠生园食品有限公司	中华老字号	上海	76,014	158,392	24,601	21,293	577	2,510	95.79
37	浙江省杭州西溪湿地旅游区	旅游景区	浙江	59,656	62,724	30,431	24,204	3,401	886	95.63
38	池州市九华山风景区	旅游景区	安徽	103,279	38,092	35,756	23,909	724	3,222	95.54
39	浙江五芳斋实业股份有限公司	中华老字号	浙江	32,337	125,664	20,138	51,106	2,032	642	94.93
40	温州市雁荡山风景名胜区	旅游景区	浙江	95,620	30,055	33,179	21,189	4,330	621	94.93
41	伍子胥故事	非物质文化遗产	江苏	74,488	31,666	26,476	39,068	3,454	581	94.75
42	西湖龙井制作技艺	非物质文化遗产	浙江	76,006	29,992	28,492	19,688	2,872	880	94.06
43	二郎神传说	非物质文化遗产	江苏	48,751	24,705	37,974	43,239	291	5,387	94
44	苏州园林（拙政园、虎丘山、留园）	旅游景区	江苏	75,620	34,313	29,630	20,664	3,876	457	93.83
45	无锡市鼋头渚景区	旅游景区	江苏	68,974	44,163	26,047	16,282	2,967	721	93.8
46	碧螺春制作技艺	非物质文化遗产	江苏	92,702	20,543	24,754	19,111	668	3,251	93.23
47	南京博物院	旅游景区 / 红色文化	江苏	44,347	26,666	33,580	19,767	2,197	1,085	93.15
48	黄山市黄山风景区	旅游景区	安徽	53,090	16,797	39,386	22,626	2,337	935	93.03
49	常州市天目湖景区	旅游景区	江苏	49,092	21,010	24,795	15,424	3,998	1,030	92.91
50	上海老凤祥有限公司	中华老字号	上海	107,824	17,279	39,068	9,127	4,760	509	92.9

苏州艺术，何以领风骚五百年 *

朱栋霖

关键词 苏州 文艺 江南 长三角

苏州文化艺术经数百年历史积淀，已经形成一个具有代表性的中国非物质遗产的群落，具有鲜明的吴文化—江南文化美学特色。鲜明的江南水乡自然特征，吴文化的魅力，城市发展、经济繁荣，社会自由、思想活跃，重教崇文的文化传统，儒雅融和的人文精神，造就了苏州延绵不绝、历久弥新的城市文脉，滋养着江南文化的繁花似锦。

独领明清风骚

苏州，作为两千多年来长三角文化核心地，最丰富厚重、最具华彩的，乃是文化——教育、风俗、文学、美术、书法、戏曲、评弹、手工艺、出版、医药，并活跃于当代。

自明代始，苏州文艺勃然绽放。它吮足了两千年历史文化乳液。宋代梦华，江南富足，那细雨垂杨下的江南烟雨拂醒了植在吴文化的柔媚种子与枝芽，苏州文艺的自我意识觉醒了。明清两代，苏州文学艺术的各个领域都创造出杰出的成就，江南文化与美学特色鲜明。

---

* 本文首次发表于《艺术百家》，2015 年第 01 期，第 122—130 页。有改动。

以人文荟萃著称的苏州，一个重要特点是明清两代文人众多，灿若星河。据《江苏艺文志·苏州卷》收录的古代苏州著者多达 9,178 人，著述超过 3 万种，明清最甚，遥遥领先于国内一般城市。

明清两代，苏州在文学、美术、书法、戏曲、曲艺、园艺、工艺美术等方面，各门类全面发展，特色鲜明，都以一流水平臻达全国领先。

高启等“明初四杰”开有明一代文坛先河。自明至清，王世贞、王鏊、吴梅村、钱谦益、沈德潜先后被推为“文坛盟主”“诗坛领袖”，执文坛牛耳于江南。

以冯梦龙《三言》为标志，在中国文学界掀起一股市民通俗文学热潮，开创了中国文学新潮流。冯梦龙实为畅行二十世纪海内外通俗文学之鼻祖。

金圣叹独标“才子书”，从理论上提高了被贬斥的小说、戏曲的地位。冯梦龙、金圣叹开创的文学新潮、白话文学思想直接影响了胡适在五四时期的“白话文学史”理念。

苏州与杭州、南京、建安庞大的刻书出版业推波助澜，把这股雅、俗文学强力推向社会。苏州袁氏嘉趣堂、顾氏大石山房、毛晋汲古阁、席氏扫叶山房等明清名家刻书业成为中国出版界的炫目界碑。据《历代藏书家辞典》载，苏州历代有藏书家 576 人，著名的有瞿氏铁琴铜剑楼、钱谦益绛云楼、徐乾学传是楼、潘祖荫滂喜斋、黄丕烈百宋一廛室、顾文彬过云楼等。

优雅清脱的吴门画派成为中国美术史的重要画派。“明四家”沈周、文徵明、唐寅、仇英形成吴门画派，将中国文人画推向高峰，领袖明代画坛二百年。清“四王”王时敏、王鉴、王原祁和王翚的山水画被尊为有清一代绘画正宗，主流清代画坛三百年。

吴门书坛源远流长，陆机、王珣、陆柬之、孙过庭一代翘楚，张旭被誉为“草圣”。明代文徵明、祝枝山为领袖形成吴门书派，为海内所宗。

明代中叶，魏良辅改革昆山腔。昆山腔以其典雅柔婉的音乐系统特色，在中国古典乐坛奏出一派富有江南水乡特色的旋律，成就了中国戏曲史、中国音乐史上的巨大革命，苏州戏剧家们完成了由曲向剧的位移，歌舞合一，唱做并重，达到了昆曲音乐、舞台表演、角色行当和舞台美术的综合发展，以写意与虚拟艺术在舞台上创造诗的意境。中国昆曲艺术的美学特色，这是昆曲作为人类文化遗产的杰出贡献。

当昆曲开始式微，苏州评弹崛起于乾隆年间。民间的评弹艺术家们对评弹文学，也就是吴语文学，做出了无与伦比的杰出创造。苏州评弹有二三十种流派唱腔，吴侬软语沥沥莺声至今传唱江南。

苏州古典园林妙绝江南甲天下。如诗如画的景观与意境，“虽由人作，宛自天开” 。

苏州工艺美术以精细雅洁风格和精湛技艺著称于世，被称为“苏艺”“苏作”“苏样”“苏式”“苏意”“苏派”。明人羡称：“吴中绝技，陆子冈之治玉，鲍天成之治犀，周柱之治嵌镶，赵良璧之治锡，朱碧山之治金银，马勋、荷叶李之治扇，张寄修之治琴，范昆白之治三弦子，俱可上下百年，保无敌手。但其良工心苦，亦技艺之能事。至其厚薄浅深，浓淡疏密，适与后世鉴赏之心力、目力针芥相投，是则岂工匠所能办乎？盖技也而进乎艺矣。”[1]

文化魅力，湖河水韵

苏州文化艺术经数百年历史积淀，已经形成一个具代表性的中国非物质遗产的群落，具有鲜明的吴文化—江南文化与美学特色。这也是今发展长三角，最需关注的核心。

明清苏州为何能创造出如此令人惊艳的文化艺术成果与群落，在中国文化史、中国艺术史上占有重要地位？

简明的回答：吴文化的魅力——长三角文化的魅力。

泰伯奔吴，带来北方中原文化，与在地土著文化相融合。吴文化首度焕发出异彩。东晋时期中原衣冠南渡，大批士族携来成熟的中原文明与文化艺术。儒雅、温婉、灵秀、恬静的士族精神、书生风尚逐渐浸入俗称蛮夷的江南文化机体。13 世纪宋室南渡，中原文化、诗书礼仪的教化养成第三度全面融入江南文化机体。吴地完成了从重剑好斗、尚武尚勇到重教崇文的尚文文化与群体阴柔心理的转型。吴地民众种族心理新质的提升，也是吴地文化基因新质的成熟。

以苏州为中心的江南文化美学特色，滋生于江南水乡自然的、人文的风貌。太湖三万六千倾，更兼大运河水流千年拥抱苏城。苏州一江南文化的创生和传承，首先取决于太湖一大运河水域地理气候环境的造化。

水，养育、滋润了江南。水是江南的灵魂，这是自然造化的钟情，也是其妙笔所在。江南的水，清澈纯净又温和宛转。曲水清流，水软山温，山灵水秀，风物清嘉。水的温婉灵动，赋予苏州人以柔情秀逸，人文灵慧。它催发了吴地苏州整体新的美学精神湛然艳放，形成了以清雅、柔曼、缠绵、婉约为基调又隐含刚劲的美学风华。

这是为人艳羡的、明清苏州艺术美韵，也是江南文化的美学特点：精细秀雅——精巧、细致、秀美、优雅。那昆曲典雅幽婉，舞姿柔媚摇曳，园林雅丽精致，吴歌绵长情深，丝绸织锦溢彩流光，刺绣缂丝丝丝传神，盆景年画如诗似梦，苏扇苏灯玲珑剔巧，工艺雕刻巧夺天工，灯彩乐器技艺卓绝。明清之际臻于成熟完美的苏州艺术与吴文化，淋漓尽致地焕发着流光溢彩、玉软香温。

精美细腻优雅的苏州艺术，烙印着苏州的艺术精神。美的形式就是人的精神生活方式，苏州的美学追求融化于苏州的文化性格之中。那是对艺术的一种一以贯之的激情与痴迷：得地利天时之厚的丰腴的人文精神，追求天人合一，善于师法造化，心灵的美的构思委婉隽永，对精巧细雅的美学品格有一种超乎寻常的心理领悟力和把握力。

商业经济、城市化、文化产业与前工业社会

丰富的社会物质条件，发达的经济贸易活动，高度城市化进程，是明清苏州文艺繁荣的社会物质基础。史家研究，明清时期的苏州已率先引领长三角地区，进入早期工业化社会——旧称“资本主义萌芽”。

明、清两朝五百余年，江南社会大体稳定。苏州农民吃苦耐劳，又得太湖流域天时地利优势，高速发展的经济仍使其再度雄

踞全国经济中心。南京、杭州、苏州的城市化进程加速，市民阶层壮大，中国市民文化勃然兴起。明清高度发达的商业经济和文化，社会的自由活跃，成为吴中文艺发展的绝妙温床。

明清时期，苏州是全国最大城市，城市化进程加剧，效应显著。周边市镇密集，迅速发展，称最全国。苏州府下辖 7 个县，据统计，明正德年间已共有市镇（集镇）75 个，康熙年间共有市镇（集镇）115 个。

苏州是经济大市。最大为丝织业。三百六十行苏州均有，其著名手工业有刺绣、裱褙、窑作、铜作、银作、锡作、制笺、灯具、制扇、乐器、首饰、制笔、玉雕、印书与书坊、制古董与仿古业、盆景、花木、漆作、造酒、织席、藤枕、纱帽胎、食品与烹饪业，等等。

一个值得思考的问题是，唐代苏州已列雄州，唐宋元苏州的地域自然条件应与杭州一样，但杭州始终跃居苏州之前列。为何始于明代中叶至清代，苏州经济文化不仅超越杭州，而且迅速跃居全国第一？

明代苏州经济大发展，最大得益，乃是京杭大运河的南北竣通。

原隋唐大运河系西转往长安，这一段到元代已淤塞。运河北京段自元初建成，到元末明初由于战乱一部分已淤塞废置不用。而永乐迁都北京，首都需直控江南，而且宏大京师各类需求大激增，贯通南北漕运交通，将所需粮食等各类实用货物与文教用品送往京都乃当务之大事。永乐九年、永乐十三年，明朝廷分别两次组织浚通旧道、开挖新渠。大运河畅通无阻，漕运通达。“燕、赵、秦、晋、齐、梁、江、淮之货，日夜商贩而南，蛮、海、闽、广、豫章、南楚、瓯、越、新安之货，日夜商贩而北”沿运河两岸的市镇成为南北交通大码头。而苏州，乃是最大受益者。

苏州占全国南北东西交通的最佳地理区位。苏州北枕长江，便利东西物流；坐拥南北大运河穿流而过，长江运河的贸易活动比较到杭州节省 4 到 5 个水运日程；苏州娄葑门外河港东联太仓浏河港接驳海外商贸，明清两代苏杭一带以生丝（湖丝）为主打的海外贸易赢得大量西方白银进口。大运河、长江南来北往的物贸交通，促成苏城阊胥门与枫桥山塘一带经贸往来异常活跃。“金阊一带，比户贸易，负郭则牙侩辏集”（崇祯《吴县志》）。其民多“居货招商，阊阛之间，望如锦绣”，从胥门到阊门，“迤逦而西，庐舍节比，殆等城中，此侨客居多”（顾炎武：《天下郡国利病书》）。这里活跃的商贸乃是全国性的。

阊门，白居易称“阊门四望郁苍苍，始觉州雄土俗强。”可见唐时阊门一带还是原生态乡野,否则何以这位苏州刺史登阊门闲望一派“郁苍苍”？张籍也称：“杨柳阊门路，悠悠水岸斜。”阊门外还有军营，“阊门晓严旗鼓出”（白居易《忆旧游》）。宋《平江图》标载胥阊门间还有吴王避暑的夏驾湖遗存，宋《吴郡志》也有记。到明代，阊门就成了商业闹市区。唐寅《阊门即事》写道：“世间乐土是吴中，中有阊门又擅雄。翠袖三千楼上下，黄金百万水西东。五更市买何曾绝，四远方言总不同。” 清宗信《续苏州竹枝词》：“阊门趸货众商居，十万人家富有余。赶节冰鲜何太早，南濠四月卖鲥鱼。”完全是一派商贸繁华之地。乾隆二十四年（1759 年）《盛世滋生图》（后称《姑苏繁华图》），其高潮段即是从胥门到阊门繁茂的商贸情景，写实地再现“阊门内外居货山积，行人水流，列肆招牌灿若云锦”，河上货船、客船、竹筏等约 400 艘，商铺林立 230 余家，包括五十多个行业，摩肩接踵人物 12，000 人。阊门到枫桥，成为 15—18 世纪中国最繁华的地段。

唐诗中“江枫渔火对愁眠”的枫桥，在明清则已是全国著名的经贸重镇。“自吴阊至枫桥，列市二十里。”苏州府郡风俗“枫桥之米市，南濠之鱼盐、药材，东西汇之木簰，云委山积”，与河南朱仙镇、广东佛山、湖北汉口号称全国四大米镇，枫桥独占鳌头。例如，雍正十二年（1734），枫桥交易大米一千万石，占全国远距离运销商品粮总数三分一,可见枫桥米市与经贸交易在全国的分量。

中国古代虽然贬商抑商，但是明清以来，苏州与江南一带得益于大运河交通，商贸活动就相当活跃，商业意识强。顾炎武称，苏州人“当江淮岭海楚蜀之走集，其人浮游逐末，奇技淫巧之所出”（顾炎武：《天下郡国利病书》）。《太湖备考》称其地民风，“以商贾为生。地狭民稠，民生十七八即挟赀出商，楚、卫、齐、鲁靡不到，有数年不归者。”洞庭人“商游江南北，以迨齐、鲁、燕、豫，随处设肆，博锱铢于四方”。而文人学士官吏，一方面读书科举，一方面经商，做了高官的并不贱视经商，在故乡出资经商者大有人在。在商业经济环境下，吴中文人士子逐渐改变了不屑与商贾为伍的清高态度，出入市井，与商人交往热络。文艺创作已不再止于“自娱”。吴中文人领袖文徵明、唐伯虎、祝枝山、仇英的书画作品，王世贞等文豪名家应聘撰写序跋、墓志铭，都明码标价，收取润笔。苏州是中国最早资本主义萌芽的地区之一，商业意识深入到社会各群落。

文化繁荣需要文化人耕植，文化成果——产品也需寻求文化消费与拥有的对象。城市居住着各阶层人物：官吏（包括致仕闲居在苏的外籍官吏），文人，商人（本地和外籍客居的商旅人士），妓女优伶，手工业者，游闲人物、地痞流氓。前四类和第六类人，是文化消费的主要对象，文人、优伶、手工业者是苏州文化创造者。那些书画佳构、名家特撰，有人订购品鉴，昆曲有士绅家班蓄养，有戏园日夜公演，评弹有数以百计的书场与各阶层有闲暇的听众，园林有士绅构建游赏，百工之艺、数以千计的工艺品提供给江南至京城使用，而那些吴中绝技、高端极品自有达官贵吏、高士豪绅、命妇闺秀、妓女美妾享用，或流通于商界官场。各种门类文化产业勃然兴盛。例如演剧唱曲冶游娱乐业，钱泳《履园丛话》指出姑苏此种现象：“商贾云集，宴会无时，戏馆酒馆凡几十处，每日演剧养活小民不下数万人。”

城市化与商业化，经济繁荣、商贸发达，催生了文化产业遍地开花，文化成果姹紫嫣红。时任吴县县令的袁宏道，赞叹苏州风物：“若夫山川之秀丽，人物之色泽，歌喉之宛转，海错之珍异，百巧之川凑，高士之云集，虽京都亦难之。”

心灵飞扬的空间

思想的解放，社会的自由活跃，是推动苏州——江南文艺繁荣的根本动因。

明代中央集权国家制度建立，相伴随的是对全国实行严密的思想统治。明初，朱元璋为巩固其刚建立的皇权，更以残酷手段实行严酷统治，杀灭功臣，甚至对一起出生入死的开国元老、德高重臣也不放过，宋濂被流放而死，刘伯温被毒死。胡惟庸案、蓝玉案诛杀万人。朱元璋对苏州管制尤酷，事为张士诚曾得苏州人支持。朱元璋先后将沈万山发配云南，顾瑛发配凤阳，沈、顾和黄旭等江南富豪被罗织罪名，家族株连下狱，家产籍没归公，强迁苏州等江南居民数千户到凤阳与苏北盐淮。明初“吴中四杰”的徐贲被下狱而死，扬基遭冤死，张羽被发配途中投江死，才华横溢的高启因不愿在明廷为官，以莫须有罪惨遭腰斩。明初，画坛“元四家”之尚在的名画家王蒙遭下狱死，罪名是他曾到胡惟庸家中观画品茗。将嗜洁如癖的倪云林下狱锁在尿桶边，一代大画家被折磨而死。文人画家被朱元璋诛杀的有十数人。明初，朱元璋还规定程朱理学为明王朝国家主流思想，钦定朱熹集注四书为科举考试国家教材。明代文化思想受到严重管制与束缚。而苏州、江南文坛更是腥风血雨，肃杀恐怖，文人个个噤若寒蝉，哪能有何艺术创作可言？明初文坛，盛行的只能是“三杨”（杨士奇、杨荣、杨溥）的台阁体，歌功颂德、雍容僵硬、“啴媛冗沓，千篇一律”的应酬之作。永乐因是篡权登位，愈发加剧严酷统治。

明代中叶，经宣德朝休养生息政策，到成化年间开始显示出社会繁荣稳定局面。此时距明朝开国已经百年，这一百年，中国文坛乃至姑苏均无甚可圈可点之处。15 世纪末至 16 世纪初，中国文坛萌生新动态。武宗正德（1506—1521）朱厚照荒唐无度，肆意玩乐，世宗嘉靖（1522—1566）朱厚熜笃信道教，这两位都不理朝政，嘉靖二十多年不视朝，他们放任宦官（刘瑾）或权相（严嵩）擅权，朝政混乱，朝廷权斗激烈，上下腐败丛生。也因此，专制集权统治松弛，文禁疲软，给“天高皇帝远”的江南留下了自由发展的空间。

一股新的思想潮流在明代中叶滋生暗长，迅速崛地而起。王阳明创心学，他提出哲学思想关键词：“吾心”，“心即理也。天下宁有心外之性，宁有心外之理乎？宁有理外之心乎？”[2] 阳明心学系属于理学之一支流，但其核心理念显然是质疑程朱理学，程朱理学谓“存天理灭人欲”，王阳明则论断：“吾心之良知，即所谓天理也。”[3] 泰州王艮发展了阳明心学哲学内核，他以“六经注我”，明确强调回到自己的本心：“人性之体，即是天性之体”，他说：“天理者，天然自有之理也。”他针对“天理人欲”之辩，提出：“身与道原是一体”，“以身为天下国家之法”，“百姓日用条理即道”，宣讲“百姓日用之学”。在心学思想影响下，福建李贽提出：“童心”说。他也针对“天理人欲”之辩，进而提出：“人道即是天道”，“道不离人，人不离道”，他举日常生活“穿衣吃饭，即是人伦物理。”（《焚书·答邓石阳书》）他肯定“人必有私”，狂言不忌“自我作祖，不傍他人”，批评当今“咸以孔子之是非为是非，固未尝有是非”。李贽言论如狂风突卷，他全盘否定了孔孟与程朱理学。

二王心学学说，在大江南北迅速传播，从上层文人士绅官僚到下层读书人普遍欢迎。心学思想，以其崭新的思想理念与体系在中国思想文化史上掀开了新的一页。这股尊崇个性主义、主情主义、激活自我的新思潮主要活跃于江南，在此产生深刻影响。江南社会生气勃勃，例如，商业活动频繁，商人蠢蠢欲动，商品经济雨后春笋快速增长，苏州最早诞生了中国早期资本主义萌芽——前工业社会形态。

毫无疑义，明代中叶苏州社会经济的勃兴得益于这股哲学新思潮。正是心学思想尊重自我、解放了个人、解放了个人欲望——“百姓日用条理即道”（王艮）、“人必有私”（李贽）——，才调整了重农抑商传统观念，为经济发展提供了理念依据，才萌生了早期资本主义在苏州的枝芽，而不是相反。

新思想潮流复苏了苏州文人紧闭的心灵。敏感的江南文坛春风又绿，文人不甘寂寞，跃跃欲试，人文勃兴。从明代中叶起，吴门绘画、纵情书道、昆曲传奇、通俗小说、吴歌小曲、园林寻幽，如春雨连宵一朝齐发群生，贤才俊杰纷涌迭出。

明四家沈、文、唐、仇，引领了中国文人画书写文人心灵情感和世俗化的一代新潮。吴门四子唐寅、祝枝山等脱略不羁，不受礼教束缚。唐寅以其狂逸特行表现出反叛的意义，更成就此后数百年姑苏文人和江南文坛永远的偶像，说不完的“唐伯虎话题”。

冯梦龙一生倡扬情教，呼应了王艮“人性之体”、李贽“童心”、汤显祖“情至”思想，以“三言”小说，全力推出白话短篇小说，在中国文学界掀起一股市民白话通俗文学的热潮，至今影响不衰。

金圣叹独标“才子书”，力举文艺批评大旗，独辟蹊径，他放言无忌，敢于发人所未发，大力肯定《水浒》《西厢》的叛逆思想。他力推《水浒》《西厢》为千古未有之妙文，从理论上提高了历来被贬为“不登大雅之堂”的小说、戏曲的文学地位。

嘉靖、万历年间（1522—1620），是中国文艺最后一个鼎盛期，也是苏州文化发展鼎盛期。其主要得益于经济繁荣与心学思潮传播引发的社会思想解放。力主“情至”“情教”的著名戏曲家汤显祖（临川）、市民通俗文学大师冯梦龙，都是崇信二王心学的传人。汤显祖的老师罗汝芳是王艮弟子，汤的剧作与思想对苏州传奇昆曲创作影响至大。冯梦龙距王阳明虽然时间较远，但冯梦龙“酷嗜李氏之学，奉为蓍蔡”[4]，他专门研究过王守仁，撰写王守仁传记小说，冯与李贽友人丘长孺交往甚深，李贽获罪自戕狱中，冯不避风险校订出版了李贽评点《水浒传》作品。而金圣叹独立特行风格一如李贽，他不仅继续了李贽的所操，而且其评点《水浒》《西厢》的思想观点与倾心异端邪说的李贽毫无二致。金圣叹受清政府迫害而死，但他的著述大受欢迎，其学说直至影响了胡适等人的五四文学主张。

需要探讨的是，有明一代，最早开吴中风气之先的吴门四子、明四家，他们的文化风格是否也是最先承受心学思想解放潮流的？明四家，从沈周开始，吴门画风摆脱宫廷画陈套束缚，表述文人个人意兴情绪，引进文人生活与世俗元素，造就文人画一代新风尚。唐寅、祝枝山、徐帧卿等吴中文人诗酒放纵，写白话诗、携妓女游等。唐寅以其狂逸不羁体现出反叛的意义。这是他们偶然的个人行为吗？尽管尚没有文献资料证明唐寅等吴中文人与阳明心学的直接关系，但以下几点是确切无疑的。

- 唐寅、祝枝山、徐帧卿生当阳明心学盛行同时代。王守仁，1472—1529年；王艮，1483—1541年；祝枝山，1460—1527年；唐寅，1470—1523年；文徵明，1470—1559年；徐帧卿，1479—1511年。阳明龙场悟道，事在武宗正德元年（1506）后，心学成熟，已经开始传播。吴中文坛得风气之先，不会对此置若罔闻。心学开始传播之际，也正是唐寅等吴中文人风格行为形成展示之时。唐寅 30 岁（1500）遭遇科场案，此后颓废消极。1514 年，遭遇宁王险局，愈加玩世不恭，放纵自我。

- 正德十九年（1519）江西宁王事发，擒获宁王的正是王守仁，王名声大震，获称“大明军神”。曾经深陷宁王叛局的唐寅，对王守仁及其思想必生最深的感念。
- 心学左派王艮先世苏州人，他在泰州与江南一带宣教讲授，引发狂潮，他的门徒与受众大多是底层文人与市民、劳工，唐寅、祝枝山面向生活，接触市民，混迹欢场，了解下层新信息。
- 明四家开始关注画家自我内心，“内得心源”，藉水墨表达个人意兴情绪。唐寅、文徵明、祝枝山的美学特点，恰好与阳明心学理念相呼应。阳明解读“心外无理，心外无物”理念：“尔未看此花时，此花与尔心同归于寂。尔来看此花时，则此花颜色，一时明白起来。便知此花，不在尔的心外。”
- 吴门四子直接受影响的是倡导“文必秦汉，诗必盛唐”的同时代“前七子”，徐帧卿就是七子之一，太仓王世贞是“后七子”领袖。而前后七子的文学变革主张其实都与心学思想相呼应。

二王心学更广泛的影响是在于，心学与原就在江南文人中深具影响的佛教禅宗思想获得深度互透，恰与文人追求适意自在、洒然无拘的生命情韵相重合。在紧张凶险的朝野政治格局中，心学提炼了可自我调设的心境，于是，处世超然旷达、心灵淡泊宁静，成为文士们追求高雅恬淡境界，抚慰失意心理缺失的良药。吴中文人终于寻找的潜心艺术创作的人文心理环境。

重教崇文造就人文荟萃

吴地民风在千年历史风雨中经历了由勇猛尚武到温雅精细的嬗变，主要得益于崇文重教在苏州蔚然成风。

宋代，范仲淹建府学，倡导教育与学术。范氏之后，苏州府学建制从未间断直至清末（1905）。苏州府学在政府扶持下，历任地方官倍加重视，规模不断扩大完备，办学资源富裕充足。府学、县学为官学。苏州书院、私学数量之多也在全国领先。著名书院有鹤山书院、学道书院、甫里书院、文学书院、文正书院、紫阳书院、正谊书院、学古堂、平江书院、金乡书院、玉峰书院、安定书院、虞山书院、虞溪书院等。

精英教育的提升，使苏州历代涌现卓越人才，诗文书画、传奇创作，名家辈出，状元为傲。世称“吴为人材渊薮。文字之盛，甲于天下。”

市民教育的普及，戏曲评弹、通俗文艺的深入民间，使苏州市民文化素质全面提升，文化知识较普及，文明程度较高，心灵手巧、善用智慧。苏州以优伶婉妙著称，百工之艺、吴中绝技，世所艳羡，苏州教育为这方面人才提供了人文基础。

“大学之道，在明明德，在亲民，在止于至善。”教育的宗旨在于育人，在于中华人文精神代代传承。

综上所述，鲜明的江南水乡自然特征，吴文化的魅力，城市发展、经济繁荣，社会自由、思想活跃，重教崇文的文化传统，儒雅融和的人文精神，造就苏州人文荟萃。这个庞大的人文群体创造了苏州艺术，领袖明清风骚五百年。

参考文献

[1] 张岱：《陶庵梦忆》。

[2] 王阳明：《王文成公全集·书诸阳卷》。

[3] 王阳明：《传习录·答顾东桥书》。

[4] 许自昌：《樗斋漫录》。

长三角文化发展与文旅产业融合九人谈

郑崇选　孟建　荣跃明　何建华　王国伟

汪胜洋　王丽萍　李磊　黄昌勇

编者按

参与“2019 长三角城市文化发展论坛”的 9 位学者分别围绕“长三角区域文化差异、互补与共生”“长三角文旅产业融合发展的路径与方法”两个议题，就文化共生的趋同与文化个性的差异、文化的历史传承与现实创新；文旅融合面临的三个问题；文化要素与旅游产业的良性互动对策与方式等展开论述。长三角一体化中的核心依然是文化，由于长三角所处同一区域，地理、气候、建筑形态、生活方式等有一定的相似性，而具体到每个城市的文化内容和文化方式，又体现出很强的文化个性和特色。因此，在文化保护、融合、创新过程中，需要解决好共生与差异的平衡，同样，在文旅融合中，文化如何成为产业之魂，并有机地转化为旅游资源，形成叠加效应和有效支撑，成为与会专家们的共识。

郑崇选

长三角一体化背景下文化发展重点关注的三个问题

文化发展是长三角一体化国家战略实施过程中极为重要的组成部分，经济社会发展的核心目标就是为了文化的传承和延续，当历史的车轮滚滚而过，能够安身立命、凝聚人心的核心动力依旧是文化的高度自觉。同时，文化建设有其自身的特殊规律，我们不能用其他领域的规律或经验去规定文化建设的道路，只有对文化怀有健全的心态，把文化当成文化对待，而不是达成其他任何功利性目标的工具时，才能最终实现文化的健康发展。有鉴于此，如何正确认识和理解长三角一体化背景下的文化发展定位、模式和道路，对于长三角文化发展自身的繁荣以及与经济社会发展的相互促进，都有着迫切的时代意义。

首先，长三角文化发展如何在协同融合中构建区域文化共同体。要正确理解文化领域的一体化与其他领域存在不同的规律，每个不同的区域因为独特的生活环境和生活方式，会形成不同特点的文化形态，只有每一种文化形态都能够繁荣发展，才能推动长三角文化发展的百花齐放，进而呈现出文化内涵的包容与丰富。一体化发展最终的目标是建立一个代表中国参与世界对话的高质量特大城市群，进而转化为中国特色的城市群治理模式和发展路径。一体化的重点应该是市场层面的一体化、公共服务的一体化、产业布局的一体化、民生服务的一体化等，不能在文化内涵和文化形态上强调一体化。协同发展需要一种整体的文化发展视野，要跳出本位主义的发展格局，从国家战略的高度理解长三角文化发展的时代意义。当前的政绩考核模式依旧是按省市来划分的，各省市工作谋划的初衷几乎都是本位主义考虑，还没有形成从长三角整体考虑的自觉意识。行政壁垒在文化领域的突出表现就是省市之间文化产业的同质化竞争以及文化市场的相互封闭。如果不打破区域行政壁垒的藩篱和限制，只局限于本地区单一的文化格局之中，就会严重制约、阻碍长三角文化的协同融合发展。

其次，要警惕文化的同质化和单一化倾向。在长三角一体化上升为国家战略和文旅融合大背景之下，各种类型的社会资本会大量涌入长三角的文化发展领域。资本对于文化的评判价值与文化自身的客观价值会有很大的不同，资本强调的是能够增值的文化形态和文化项目，能够直接带来短期收益的产业形态。这种背景下，资本就会特别强调时尚文化、流行文化和消费文化的渲染，特别是关注有消费能力的所谓高端人士和成功人士，对于优秀传统文化的传承和发展就会考虑的比较少。如果没有超越短期利益的长期追求，江南优秀传统文化可能逐步走向边缘化甚至被同质化的城市消费文化所取代。未来的长三角城市空间将会是生活空间、旅游空间和文化空间的复合空间形态，也是一个复杂的博弈过程，如何处理这三者之间的关系直接影响到长三角文化的繁荣发展。比如，在长三角区域江南古镇的开发过程就出现了很多值得警醒的问题，发展的高度同质化、文化内涵的丧失、高端化和士绅化、文化地产的遍地开花、原真性生活空间的退出等都已经到了非常严重的地步。这些问题是在长三角文化发展过程中要高度关注的，否则，以江南文化为内在支撑的长三角城市群可能会逐步丧失其独特的文化标识和民众赖以生存的文化精神。

再次，要特别关注如何形成新时代的江南文化。“长三角”自发的文化认同不是三省一市文化形态的简单相加，而是在相互交流融通中生成一种新的文化内涵。要加强江南文化文脉与当代传承的综合研究，不能仅仅局限于典籍的考据与阐释，而应该以民众丰富的日常生活世界为肌理，构建江南文化的当代形态。在具体的文化实践中，要把时代精神、核心价值观与江南文化优秀传统充分融合，梳理归纳各区域文化形态的共通之处，进而提炼为三省一市共同认可并自觉渗透于广大民众日常生活的新时代江南文化。

孟建

文化的整合与提升：寻求长三角发展新动力

2019 长三角城市文化发展论坛的圆桌论坛将“长三角区域文化差异、互补与共生”作为主题，非常有价值。我们今天来讨论长三角的文化问题，不是坐而论道，而是寻求长三角发展的新动力。

我们现在讨论区域发展问题，往往怕谈深入研究文化。一是怕会不会没有紧紧抓住“经济建设为中心”；二是怕会不会缺乏驾驭能力，落得个“文化是个筐啥都往里头装”。实际上，任何人都摆脱不了文化的笼罩，任何人都要框定在文化的坐标上。

2019 年，中共中央、国务院正式印发了《长江三角洲区域一体化发展规划纲要》规划。规划中的长三角包括了上海市、江苏省、浙江省、安徽省。以前，长三角不包括安徽，大家对差异问题也许感到不那么突出，现在安徽进来了，就感到差异更为突出了。实际上，不用害怕，从文化丰富性角度来看，文化就是要有差异性。长三角一体化就是要把这些文化差异实现文化上的“创造性的转换”，使之成为文化发展的新能量。美国康奈尔大学教授乔治·里茨尔曾写了本书《社会的麦当劳化》，该书指出了文化缺少差异的种种弊端。当全世界的人们都只穿“牛仔裤”，只吃“麦当劳”，世界文化的末日也许就到了。

我们今天来讨论“长三角区域文化差异、互补与共生”这个主题，我认为主要还是一个观念形态的探讨，不更多地涉及到机制和运作。从这点来看，我觉得要分两个层面进行观察。

第一个层面，从长三角区域文化的个体角度来看。我觉得有三点可以分析。第一个就是地缘的所在家园的问题。你是上海人，你是浙江人，我是安徽人，我是江苏人，这样的认同就是地缘上的家园认同。第二个就是情感的心灵归属问题。每个人都在情感上指向养育自己的一方土地的乡情，这也就是我们讲的“心灵故乡”。第三个就是价值的自我实现。我们离开家乡，在外闯荡这么多年，实现了个人价值，甚至是荣归故里。这三点，都是从个体角度来看待长三角区域文化的，去历史性、地缘性、丰富性都通过个体特质强烈地表现出来。针对这个问题，有的智者提出了一个崭新的命题，我们是否可以考虑创造一个全新的“长三角人”的提法来粘聚长三角三省一市的“个体情节”，这个全新的创意，极具创造性。

第二个层面，从长三角区域文化的社会角度来看。今天，我们在这儿讨论长三角区域文化差异、互补与共生，最后总是要指向以下两个方面。第一个就是要“协同议题”。正因为各省各市有着许许多多的不同，怎么能够在文化意义上“形成归属”“协同发展”，这是个相当突出的问题。以前，长三角一体化也喊了那么多年，中央一开会，说要以上海为龙头，各地方口头上都表示服从，但是会一开完，就往往“各自想拳经”了。所以，我们如何通过“协同议题”达到“荣损自知”“抱团发展”，不只是个“行政命令”的问题，实际上，是个文化认同的深刻问题。第二个就是要“文化自醒”。我们要通过认识差异，取长补短、共生发展。我有个观点，我们的确要有“文化自信”，但是，要获得真正意义上的“文化自信”，先要“文化自醒”。长三角区域的三省一市，必须要有各自的文化“自醒”。也只有认清这些“自醒”，才能优势互补，共生共荣。这是新一轮长三角发展中文化上必须解决的大问题。就上海而言，就有很多文化上的“自醒”问题没有好好解决。若干年前，一位前上海市领导喊出的“马云为什么不到上海来？”就足以振聋发聩了。

长三角的发展还有一个问题必须高度重视。这就是文化上的守正创新、革故鼎新。如果，我们将眼光都只盯着长三角文化上的差异、互补与共生，可能会陷入一个误区“只要实现长三角三省一市的文化优势互补就达到目的了”，其实不然。2018 年年底，习近平主席到希腊访问，他在与希腊总理米佐塔基斯会谈时，谈到了两个世界文明古国发展问题。习近平主席专门提出，两个文明古国在文化上“要守正创新，既要在古人留给我们的丰厚文化遗产中交流互鉴，承前启后，又要从当今世界发展潮流中革故鼎新，开辟未来。”这非常重要。世界上文明古国有若干，为什么许多国家都衰落了？长三角区域文化必须是发展的，必须是创新的，必须是互鉴的，这是长三角发展的内在精神动力。

我们今天讲差异，讲互补，目的都要落在共生上，而这里讲的共生，必须是“守正创新”的，必须是“革故鼎新”的。唯其这样，才能将长三角建设好、发展好。

荣跃明

把握文化发展新趋势新特点，助推长三角一体化

学术界研究长三角一体化战略已有二十多年，而长三角一体化现已成为国家战略。长三角地区为什么要区域一体化？实际上是市场经济条件下经济增长在空间上呈现出的必然趋势。过去，长三角地区是指长江入海口的三角洲地带，只涵盖了江浙沪部分地区，是自然地理学的空间概念；后来，学术界用这一概念指代江浙沪两省一市全境的经济空间；现在，长三角区域空间概念有所扩大，加上安徽，专指涵盖三省一市整体经济空间。党中央把长三角一体化确定为国家战略，实际上是对市场经济条件下经济增长空间规律和变化趋势的深刻把握。

以往观察长三角区域一体化，主要着眼于经济层面。而长三角区域一体化二十多年的实践表明，区域一体化不只限于经济层面，也会逐步扩展到整个区域的方方面面。从空间上说，区域一体化的一个重要动力就是区域内各城市间不断增强的内外联系。经济地理学有“城市群”“大都市延绵区”“节点城市”等概念。这些概念反映了区域中各个城市间的空间关系。比如，上海在整个区域中是首位城市，江苏的南京、浙江的杭州和安徽的合肥作为省府所在地，都在当地省域空间范围内发挥中心城市作用。通过加强基础设施建设，改善和增强区域内各城市间各种内外联系，不光是在经济上有意义，比如，优化产业结构、提高产出效益；也会降低人流、物流、资金流、信息流的成本，提高人们的生活质量和水平。而区域经济一体化趋势必然先从经济层面开始，渐次在社会、文化和生态环境等各个领域展开，在区域一体化进程中，各个领域都需要相互协调、贯通和融合。

在长三角区域一体化讨论中，“江南文化”是一个热词。江南文化是历史上长三角地区人们共同拥有的地域文化。谚语“上

有天堂、下有苏杭”表明江南文化是传统中华文明所达到的一种极致状态。“江南”是人间天堂，同时又是非常世俗的，是一种生活状态，也是一种精神追求。但是，“江南”作为自然地理概念，今天，只在气象预报中会经常被提及，除此之外，现实中“江南”是作为历史文化概念而存在的。因为，长江三角洲地区今天并不存在统一的地域文化，解学芳教授所做“长三角地区文化品牌”研究可以印证这一点。仅从对这一区域内各地区文化品牌研究分析的结果就可以看出三省一市在当下文化发展上存在的巨大差异性。

江南文化发展鼎盛时期，江南地区内部也有很多差异性，但主要表现为江南文化的丰富多样性，且获得了这一地区人们的高度认同，进而形成了统一的地域文化；而今天区域内各地区的文化差异性何以没能形成统一的长江三角洲区域文化？我认为这与当下的经济发展模式有很大关系。改革开放以来，地方成为经济发展主体，即所谓行政区经济，各行政区相互之间存在竞争关系。一方面，中国经济快速增长得益于这样一种行之有效的增长模式；但另一方面，这一模式也带来了不少负面效应，其中最典型的是同质化、低水平竞争，一个新兴产业刚刚兴起，各地区就会一拥而上竞相发展。比如，电竞产业刚刚兴起，很多城市就把电竞作为主导产业来推动发展，上海提出要打造电竞之都，全国大概已有十几个城市提出了相似的政策，政府为此投入大量资源，而这种同质化、低水平竞争，总体上会造成很大的资源浪费和效率损失。

在长三角区域一体化发展成为国家战略的新形势下，如何通过积极推进长三角文化产业融合发展，助推长三角区域一体化进程，我认为要把握当前文化发展新趋势，顺势而为。

第一个趋势，是当前文化消费需求空前增长，正在成为引领整体经济增长的新动能。比如，江南文化正在成为社会关注热点，这一现象反映了大众日益增长且多元化的精神文化需求。但江南文化是历史形态的文化，是文化遗产，与当代人的生活没有直接关系。要传承发展作为优秀传统文化的江南文化，必须深入挖掘其深厚的精神内涵，特别是在各种文化产品开发中，将江南文化元素融入其中，借助于创新创意和现代设计，以符合当代人审美需求的方式，将江南文化的当代价值展现出来，才能真正使当代人接受并认同。实际上，长三角地区诸多文化品牌成长和传播的成功故事，也生动地说明了这一道理。

第二个趋势，是文化和旅游融合发展新趋势。文旅融合不仅是深化文化体制改革的新成果，文化部和国家旅游总局已合并成文旅部，也是文化发展的政策新导向。改革开放以来，我国旅游业发展市场化程度较高。相对而言，公共文化和文化产业两分格局下，文化产业受行政区经济增长模式影响，市场化程度较低，全国统一的文化大市场尚未形成，长三角区域三省一市的文化产业相互竞争，但市场还未有效发挥资源配置的作用，文化产业地区协作关系尚未真正形成。在长三角区域一体化战略下，把握好文旅融合这一新导向和新趋势，有助于三省一市将本地区文化产业的自身优势更好地发挥出来，在协同协作中形成优势互补，共同促进区域文化产业的结构优化和能级提升。

第三个趋势，是日益增长的文化消费正在引领消费升级。当前，我国社会基本矛盾已经转变为人民群众追求美好生活的愿望和发展不平衡、不充分之间的矛盾。这就意味着经济社会发展已经告别了短缺时代。对于满足人们的物质文化需求而言，现在生活不缺什么，什么都有了。人们现在追求地是更好的消费产品、更好的服务体验和更好的生活品质，这是当前消费升级趋势所呈现的内在本质。

把握文化消费增长引领消费升级新趋势，必须深刻理解文化消费的新特点。告别短缺时代，人们仍要满足衣食住行等物质性需求，但消费升级促使这类消费转变为复合型消费。吃什么、怎么吃才算吃好了，已经不是单纯物质性需求，而是嵌入了精神文化需求。从餐饮来看，人均消费 50 元是白领工作餐；人均消费 200 元是家人团聚餐，人均消费 500 元以上，就是要有更多文化内涵的聚餐。2018 年的一项文化消费调查发现，上海人均消费 500 元以上的高档餐馆大都坐落在历史风貌保护区，很多是老旧洋房改建的，在这种地方吃饭，其实是一种复合型消费，既消费美味佳肴，也消费文化，不光要吃好，还要有氛围、档次和品位。

消费升级中复合性消费既促进了经济增长，也扩大了消费内涵。工业化时期，城市空间按功能区分为生产空间、生活空间、文化空间等不同空间，这样可以提高社会整体生产效率。信息化社会，城市商业综合体、双创空间、特色小镇、工业园区等不同形态的空间中，集合了工作、生活消费、休闲娱乐、艺术等不同功能，这些空间无论是新建的还是经由历史建筑改造而成的，都有必不可少、可以观赏的“景观”，城市空间发展演变所呈现出的这种功能复合新趋势，正是由消费升级所推动的。

在贯彻落实长江三角洲区域一体化发展国家战略中，把握好当前文化发展新趋势新特点，有助于长三角三省一市立足文化产业发展地区差异化的现实，从以往的低水平同质化竞争，向优势互补的竞争与合作转变。各地区文化产业应在进一步增强自身优势和突出本地特色的基础上，寻求长三角区域内的协同与协作，进而实现文化产业的区域融合发展。

何建华

区域一体化贵在文化价值认同

“长三角区域文化差异、互补与共生”，是一个非常值得关注与研究的有价值课题。长三角区域一体化上升为国家战略，是改革开放 40 多年来这一区域城市化发展基础上同城化协同的必然趋势。以怎样的文化基因来整合长三角？长三角区域各城市间文化差异性较大，具有个性化丰富性特征，这种丰富性源自于文化的地域性。丰富性是不是带有排他性？这就需要我们思考：如何在长三角区域一体化这个必然趋势下增进不同区域、不同背景、不同城市、不同风格的互补，来打造文化价值认同的“同心圆”。事实上，只有文化的融合发展，才能更好地促进经济社会发展，推动一体化战略的共生协同发展。

文化的魅力之一在于精神上的共享特征。我在原文广集团任职期间，在北京参加过一个中非发展论坛，论坛上列举增进中国与非洲交流的一个成功案例，电视剧《媳妇的美好生活》，在非洲形成高收视率。为什么？因为，婆媳关系是人类共通的一个点。同样，中国文化走向世界，一个是美食餐饮用味蕾打动世界，另一个是姚明、刘翔等体育明星的人格魅力影响世界。

当然，文化的共享性特征并不是一种趋同性，而恰恰在于差异性互补与共生的魅力。长三角三省一市的非遗、旅游资源以及中华老字号文化，文化差异性是非常明显的。实现文化发展的互补和共生，首先要认知差异，因为文化特殊的魅力在于差异；差异如果不加以互补和共生，也就难以得到一个广泛的文化价值认同。长三角一体化主要是基础设施、产业协同、公共服务等全方位一体化，文化的一体化应当谨慎考虑。因为，文化具有各自的个性，认知也不一样，要防止同质化倾向，尤其是要防止不能使文化成为资本逐利的工具。

长三角区域涵盖上海、江苏、浙江、安徽三省一市，地域空间辽阔，资源禀赋不一，历史文化差异性较大。有江南文化，有大运河文化，还有徽派文化和海派文化，文化形态多元，文化差异大，都独具魅力。围绕着文化的差异互补和共生发展，文化价值认同上可否形成一个“硬核文化”？苏州提出要打造苏州的“硬核”，这个“硬核”严格意义上就是江南文化。长三角一体化发展国家战略的 2，300 平方公里绿色生态示范区，已经启动 660 平方公里先行区建设，这片区域的开发强度控制在 25%，这是什么概念呢？这就要造出一个如无锡这样开发程度差不多的绿色生态城乡一体化区域，成为引领长三角区域一体化发展的示范区，这就是“硬核”。

在长三角丰富的区域文化构成中，江南文化能否起到整合引领作用？同时，如何培育打造新时代的江南文化？需要做好下列三项工作：第一，要建设互动融合的学术研究平台；第二，不应过于强化地域文化，而要从国家战略视角提升文化高度；第三，要从示范区内从生活方式营造角度，来确立江南文化新的标准。总之，文化差异是常态，互补是路径，共生是目标，首先要做到文化数据一体化，文化人才资源要充分开放利用。以差异体现文化特色，以包容接纳新兴文化，以创新促进文化共生繁荣。

王国伟　长三角文旅融合面对三个问题

世界经济和产业格局在变化和调整中，消费拉动经济的大潮已经到来，消费需要可持续、消费需要提升消费品质，旅游与文化的结合消费就成为社会的共识。因此，国家成立了文旅部。如何使旅游消费转换为常态消费，其中的想象力和可拓展的空间在哪里?

我们首先看旅游是什么。当市场、技术、交通、通讯都已经为我们的身体移动创造了较好的条件，古人追求的“行万里路”境界，今天，我们只需要 12 个小时就能到达。而当代人生只有一项消费永无止境，就是旅游，就是周游世界。旅游是从身体到心理的一次放松，身心调整的机会，因此，旅游既是我们的梦想，也是我们的现实。如果，旅游要可持续和品质化，就需要建构身体和文化相结合的旅游消费。

第一个问题：长三角如何实现差异化、互补型文旅融合?

今天讨论长三角文旅结合的命题，对标可持续、高品质旅游的目的，我们自然会想到历史上乾隆皇帝七下江南的故事。身处权力顶峰的乾隆皇帝，为什么要七次下江南，而且路途遥远，非常辛苦。江南的吸引力是什么? 当然是江南的青山绿水，江南的品质生活，江南的优质文化。而万里迢迢一路赶来，是因为这儿和他所处的京城不一样的风貌和文化吸引他。所以说，今天谈长三角文旅融合，首先碰到的问题是，如何形成差异化的融合? 我们今天说起江南五大古镇，谁能简单说清楚它们各自的区别? 同质化是一个最基本、最普遍的问题。我祖籍是常州，小时候坐绿皮火车从上海到常州要半天时间，现在我们瞬间就能到。我小时候的记忆，当火车驶进常州城的时候，能看见清晰的常州城标识物文笔塔，再加上周边的天宁寺，这个识别和记忆是永不会遗忘的，非常美好。城市是依靠个性的文化存在于世，今天，我们许多城市的这些个性化历史标识物消失了，古城风貌支离破碎。

第二个问题：被精神化抽象的江南，如何实现高品质旅游生活的细节还原？

我们需要探讨的是如何建构当今长三角的旅游生态。江南是天堂，江南在人们的心目中，已经是被高度精神化的地方。如何把这种精神抽象，还原成具体的场景和可消费的细节，就需要回到人的维度去思考。英国文化研究学派认为，文化就是生活方式，而生活方式是有丰富的内容和可审美的场景共同建构的。高度美化和精神化的东西，来源于生活实践的创造，才让人们朝思暮想，流连忘返，并凝聚成美好的记忆和现象。细节和品质还原，特别要防止表面化、肤浅的复制和抄袭。各个地方的建筑、生活方式、文化方式都有其特殊性，表现为与众不同的形态。而这种形态需要实现场景化，包括内容、体验方式，都需要寻找和发掘自身的特点，既能保持灵魂的传承，又要注重当代转换。能让消费者体验到江南丰富的、可感受的那种特殊品质。

第三个问题：在充分竞争的市场，如何提升长三角文旅的品质？

品质是有时间和空间界定的。过去的江南品质很高，这基本没有疑义。但回到当代现场的消费和体验时，价值是跟特定的时间和空间相关。今天的年轻人来到江南，如何实现品质认同？首先，是历史资源和古意构成了遥远的距离审美，正是反差和老旧，让消费者可以穿越历史，想象中产生精神意向，内心被震撼和感动。保护和传承是前提。其次，当一个地方和空间需要被消费性体验时，需要创造创新场景体验方式，原封不动的房子，只能观赏，无法体验消费。当进入消费层面，观赏只是进入的路径，老宅子老的结构和重要的细节，那种斑驳陆离的意向吸引人走近，但久远的生活空间和方式，只能观赏，却无法体验。当代消费的品质需要讲究的生活空间和内容的细节化安排，而这一切需要跟当代人的品质对接，这才可持续化消费。老房子保留它老的结构和特征，但内部安排需要转化，消费的东西和用具，空间结构功能分配，必须当代化。就是在一个老房子里演绎出当代生活场景，这种资源的有机转换就是品质化的基本路径。

汪胜洋　文旅高质量供给需要营造宽松的发展环境

当前，文旅产业发展的总体认识是供给总量不足与质量不高并存。大家都比较关注文旅行业，因为，它和我们每一个人息息相关，而且总体感觉发展很不充分。现在，每年国人海外旅游的人数居高不下，究其原因有三：第一，国内生活水平提高了，有了外出看看的条件。改革开放以来中国经济持续发展，人们的生活水平普遍提高，很多人具备了外出旅游的基本收入水平，外出旅游不是少数人个别的行为，已经成为普通大众的经常性活动。同时，我们也看到，中国还是发展中国家，大多数人的收入水平还十分有限，人们的旅游预算都不高，还处于观光为主的阶段，所以，越是知名的景点越是拥挤，越是拥挤的地方人均消费越低。因此，旅游景点的拥挤问题主要是个阶段性问题。这背后透露出一个大问题，就是当前国内的文旅行业主要问题是总量供给不足。

相对而言，国外有的地方旅游的性价比还比较高，尤其是东南亚。国内有的地方旅游的性价比还不太高，首先是人口基数大，景点总体上不担心客源；再加上“门票经济”主导的商业开发管理模式，景点旅游的成本居高不下，导致相当一部分需求被国内市场挤出。

第二，国内景点潮汐现象严重，平时游人很少，双休日、小长假等，几乎所有人同时外出旅游并前往几乎相同的地点，导致景点人满为患，旅游的满足度不高，还不时会遇到一些欺客、宰客现象，十分影响旅游的心情。当然欺客、宰客现象世界各地都有，可以通过加强管理逐步解决。只不过，我们的情况比较严重，这也是阶段性的。现在，经过多次自媒体曝光事件以后，各地都在加大管理力度，目前状况已有明显好转。

第三，文旅市场质量不高，也是问题所在。随着生活水平的提高，有一部分高收入阶层产生了，他们的收入水平可以支持比较高质量的旅游，可以进行休闲式和探险式旅游，但是国内这方面的供给更加不足，少得可怜。如果仅仅是观光的话，很多地方去一次就可以了，一个景点要让人们去了还想去，就需要赋予它特别的内涵和新的内容，这就是要把文化的内涵注入进去。比如说乌镇互联网大会，很多人听说乌镇变化很大，听说乌镇怎么样怎么样，大家说多了，更多的人就愿意去了，不是去看什么景点，而是去看新近增添的新鲜的内容。这就是文旅结合。注入文化内容，改善和充实文化基因是提高旅游行业质量，景点吸引力的重要方法。这就是就是把文化注入进去的方法。文化是什么？实际上什么都是文化，文化就是一个内容，你把你的旅游的产品里面注入更好的内容，原来我们说的观光就是看，看个壳子看个外表看个景象，那就是旅游。现在不是，我们要看内容，我们要看有什么东西能打动我们、吸引我们，这就是文旅融合了。

此外，我还想谈一个观点，就是文旅产业的发展更加需要宽松的环境。比如，我有一个朋友过去做房地产，挣了很多钱，他说这么多钱怎么办，也不能把这么多钱都交了，因为要交 33% 的所得税，他说不想这么做，而是要把钱用掉，做一些有意义的事。那个时代正是全国大建设的时代，他看到很多很美的古宅被拆了，觉得很可惜，就用这些钱去购买那些民间的古宅，全收下来编了号放在仓库里，收了一千多套，收了好多年。古宅收了以后，他说把这个古宅放在仓库里意义不大，就请人给他的古宅子坏了的地方进行修补，有些地方补了以后还要雕花雕刻，做精致，他就请了几名东阳师傅专门做木雕。做完以后，总算有一天找到个地方政府说我要在那里把它复原。安徽蚌埠开发区给了他很大一块地复原，简单地复原有意义吗？不能光给人家看房子，一定要里面有内容。为了注入内涵，在古宅里搞了博物馆等各种各样的展示和活动。

2019 年 11 月 18 日，太湖论坛在那些修复的古宅小镇上召开，太湖论坛现在是国家第三大论坛(中国第一大论坛是博鳌论坛，第二大论坛是夏季达沃斯）。太湖论坛以后就会在那个小镇开，这就是文化。这个小镇我看过照片，太美了，找机会一定要去看看，感受一下。文化旅游的结合对我们整个旅游业调整会有很大的冲击，同时，也会让我们消费有了新的方向。长三角这样的案例有很多，如一些新的特色小镇，为整个旅游业的变化带来一股新的力量。

从收藏古宅到异地集中复原，再到往小镇注入博物馆和太湖论坛，这里很关键的一点，或者说最为关键的一点是政府支持。如果政策不友好，收藏古宅是否涉嫌业务超经营范围，是否涉嫌故意扩大成本开支，都是一个问题。如果没有政府，在规划上和土地供应上的支持，就不可能有古宅的异地集中复建。如果没有政府支持，国家级论坛也很难在这个小镇上举办。

上面这个案例表面上是说一个高明而有情怀的商人，实际上更加说明一个宽容的政府所营造的宽松的环境对文旅产业发展的重要性。精明的企业家很多，从来都不缺，宽容的政府和宽松的发展环境，实际上一直都很缺。企业家很大程度上也是环境的产物，有什么样的环境，才会有什么样的企业家。这一点在文旅产业尤其显得重要。这是因为当前的文旅资源市场化程度还不高，很多文旅资源掌握在各级政府手里，能否将那些文旅资源市场化，与市场对接，甚至直接帮助文旅企业解决问题，对文旅产业发展至关重要。

文旅产业，作为一个产业一定是市场化的；文旅资源，涉及面相当广，当前还有很多资源没有市场化，还有众多的文化事业单位，作为文旅资源的掌控方、运营方没有市场化，导致相当一部分资源、人才、资金非市场化运转，从某种程度上看实际限制了市场效率的提升，限制了资源等要素的高效配置，在很大程度上也限制了总量增加和质量提升。

所以，营造良好的发展环境，不仅是对市场宽容，还包括某些基础体制的改革，这就需要政府有向内进行自我改革的勇气。中国改革开放取得了举世瞩目的成就，用改革的方式推进发展已经成为我们成功的经验，相信进一步的改革势在必行，下一步的改革一定会成功。改革也会为文旅产业发展带来新的机会。

王丽萍

江南生活题材电视剧成功走出国门

近年来，中国电视剧的国际传播取得骄人成绩，电视剧已成为中国影视节目国际传播的一张金名片，成为中外民心相通的重要桥梁纽带。中国电视剧，特别是题材主旋律电视剧成功走出去，成为世界读懂中国的重要窗口。在中国电视剧走出去过程中，经过本土化译制的节目内容更容易为当地民众理解并接受，从而提升中国影视节目的传播力和传播效果。目前，共有 1,600 多部中国优秀影视节目被译制成英语、法语、俄语、阿拉伯语、蒙古语、缅甸语等 36 种语言，在全球 100 多个国家落地播出。

我很荣幸自己的多部作品被翻译成不同国家的文字，通过荧屏走出国门，走近海外观众。2019 年夏天，在伊拉克首都巴格达，近 50 摄氏度的高温炙烤着这座中东城市。一部被当地观众称为“豆豆”的中国电视剧火了，其火热程度完全不输这里的天气。伊拉克观众口中的“豆豆”，就是中国电视剧《媳妇的美好时代》中女主角的名字。回顾一下，时光转回到 10 年前，我创作了电视剧《媳妇的美好时代》的剧本，当时的想法，很朴素，就是想写点一家老小都可以看的戏，快乐的戏，讲人与人之间美好的故事。这部由刘江导演，海清、柏寒等主演的 36 集电视剧，通过描写余味和毛豆豆两家人之间家长里短的故事，探讨了中国当代都市家庭的婆媳关系，以及拥有新式婚恋观的年轻人的婚姻故事。

在无国界医生组织工作的阿马尔·娜詹近日对新华社记者讲述了她迷上“豆豆”的原因：“这部剧讲述了如何处理婆媳矛盾，这深深地吸引了我，因为伊拉克也存在同样的问题。”伊拉克电视台台长法特拉维告诉新华社记者，《媳妇的美好时代》吸引了大量伊拉克观众观看，通过阿语配音，伊拉克观众能够更加了解中国现代人民生活和家庭以及婚姻关系，这是实现中伊文化交流的重要一步。以《媳妇的美好时代》为代表的多部阿拉伯语配音版中国影视剧已经在埃及、阿尔及利亚等阿拉伯国家播出，受到了当地民众的喜爱，但在饱受战火的伊拉克还是头一次。

“现在家庭题材的电视剧在伊拉克非常流行。”巴格达市一家商店老板穆罕默德·巴扎兹说，“以前，我们一般都是观看土耳其和埃及的电视剧。但是看了这部中国电视剧后，我发现中国电视剧一点也不逊色，我希望能看到更多阿拉伯语配音的中国影视作品。”观众娜詹说，通过追剧，她发现伊拉克和中国在传统文化方面有相似之处。“我很想到中国走一走、看一看！

目前，我国电视剧占全国电视节目出口的比重约为70%，已开始走出亚洲，向中东欧、拉美、中东、非洲等国家和地区不断拓展，出口范围遍布全球200多个国家和地区。2011年，《媳妇的美好时代》被译为斯瓦西里语在坦桑尼亚国家电视台TBC1非黄金时段首播，连续爆火3个月，创下超高的收视纪录，之后几年内，多次重播依然收视长虹，观众对这部剧的喜爱可以说达到了“万人空巷”的地步，令引进方都感到意外。统计数据显示，有高达70%的坦桑尼亚电视用户看过《媳妇的美好时代》。2013年3月25日，国家主席习近平在坦桑尼亚尼雷尔国际会议中心进行重要演讲。在演讲中他表示，中国的电视剧《媳妇的美好时代》在坦桑尼亚热播，也让坦桑尼亚老百姓了解到中国老百姓生活的酸甜苦辣。

最初，坦桑尼亚在引进《媳妇的美好时代》之前，本土不少观众存在着看不懂字幕的硬伤，为了让大家能无障碍地理解剧情，当地为此还举办了招募配音演员的海选，掀起一股中文热。当选的配音演员们都像明星一般受到了观众的追捧，声名大噪。有了本土化的配音加持后，这部剧很快在肯尼亚、乌干达、塞内加尔等地刮起了一股“中国媳妇风”，不少非洲观众开始模仿剧中人物的对白，将说中文视为一种时尚，“余味”和“毛豆豆”成了大家茶余饭后谈论的热词。

《媳妇的美好时代》之后，一系列中国电视剧陆续走进了非洲，相较于严肃的记录片和各类武打功夫片，非洲观众们对中国的电视剧情有独钟。《欢乐颂》《奋斗》《我们相爱吧》等都得到了非洲观众的认可，甚至掀起一股追剧热潮。

中国电视剧从1958年拍摄了第一部国产电视剧以来，走过了60多年的征途，特别是改革开放这40多年来，新中国成立70年来，国产电视剧无论是数量还是质量，无论是题材领域还是讲述方式，都呈现出了辽阔大气，波澜壮阔的勃勃生机，中国电视剧在海外的影响力也越来越大，通过电视剧我们向世界彰显中国精神、讲述中国故事、展示中国文化。

这些年，我个人也喜爱中国电视剧走出去，并且很荣幸成为其中的一员。2014年，我编剧的《我家的春秋冬夏》走进美国。

这一部关于养老，黄昏恋，关于姐妹情感的上海电视剧，在纽约中文台热播，我跟主演杨立新老师一起出席了当地的发布会。2017 年，我编剧的电视剧《大好时光》日文版在日本长崎电视台播出，一些家庭主妇每天下午守在电视机边，很多观众还学会了主题歌。有的白领因为白天要工作怕错过了收看时间，特别录下来补看。2017 年 9 月，《生活启示录》在蒙古国举行主创与观众的见面会。我和导演夏晓昀，演员胡歌、闫妮一起来到乌兰巴托，这部电视剧的蒙语译制版于 2017 年 7 月 17 日在蒙古国家公共电视台首播，并在同期播出的电视剧中收视率位居第一。2018 年 5 月，我编剧的电视剧《生活启示录》的斯瓦希里语版在坦桑尼亚完成译制。在此之前，《生活启示录》曾被译制成阿拉伯语，在突尼斯、约旦、黎巴嫩、埃及等共 7 个国家的 8 家主流电视台联播。2019 年 8 月，由我和编剧鲁琦、张洋合作的电视剧《国民大生活》蒙语版在蒙古国家电视台播出，收视喜人。

近年来，中国现实题材电视剧在海外热播，成为世界了解当代中国的重要媒介，也成为中国电视剧走出去新品牌，而写老百姓的故事，写真善美，这也是世界都听得懂的语言也是我们的责任。与时代同行，更有责任感，更有自信心，用真情实感讲好中国故事，我愿意跟大伙儿共勉并加油。

李磊　江南文化是艺术创作丰富之源

如何在今天做好对传统文化的创造性转换和创新性发展，是摆在文艺研究者、创作者、传播者面前的一个非常重大的任务。对长三角文化艺术一体化来说，就是要锁定目标、统筹资源、搭建平台、推出成果、惠及百姓。在基础研究层面要推动历史文化资源和民间文艺资源的系统性整理，形成可以为全社会共享的资源库；在转换创新层面要鼓励基于跨地区合作，创作具体资源融合特质的新作品；在传播推广层面，运用互联网和跨区域活动平台，打破壁垒、培养受众、拓展市场。

文艺创作创新说到底离不开文化之根,文化之根在哪里?文化之根如何在新的形势下让它焕发出新的生机?开发好长三角人文艺术资源是要有做坐板凳的精神,要做基础性研究。近年来,我们很多的精力花在推动如何创新、如何发展、如何面向世界。但是,自己的祖宗留下来了多少东西?这些东西好在什么地方?怎么系统性地整理、研究和使用这些东西?对这些问题普遍有所忽视。

其实,在长三角区域,基础性研究有着非常丰厚的积累。我记得20世纪80年代江苏南京艺术学院的张道一老师,他是做中国古代图案研究的,他系统地梳理了中国古代的图案图形,甚至专门研究过民间殡葬使用的甲马图案。这些成果对改革开放后恢复的中国实用美术教育起到很大的作用。

我们上海艺术研究所的周迅老师和高春明老师,他们研究中国传统服饰,研究了十多年,大概在20世纪90年代形成一系列成果,出过一本《中国历代服饰艺术》的大书,影响非常大,上海歌舞团编创的舞剧《金舞银饰》就运用了许多其中的成果。《金舞银饰》成为上海歌舞团的保留剧目,演了十来年。

中国美术学院的范景中教授,他现在常住在上海,他曾经做过一本关于竹文化的研究,出版了《中华竹韵》。竹的精神性,竹的历代人文文本以及图像文本他都做了系统的研究。这也为后人在此基础上对于竹的有关类似的创作提供了基础。这些基础研究其实都是为我们的文艺创作提供了一些基础性的材料。

还有上海画家萧海春老师在整理中国传统书画,他研究中国传统绘画当中的各种画法、各种章法、各种风格,在这个基础上他形成了系统的课徒稿,出版后反响特别好,对学习中国画的同学特别管用。萧海春老师把传统吃透了回过头来要创新要发展,他要画中国新时代的青山绿水,要用传统的创作方法画出新时代的精神面貌,他不仅自己创作,还要带学生,还要形成系列的创作。

上海戏剧学院的杨青青老师也做了一个"中国传统戏曲服饰纹样图饰及当代设计应用研究"的课题,这个课题非常好,它将中国传统戏曲服饰纹样进行了色彩和图形的分解，并绘制了图像的矢量图，这使得研究与应用融合起来，而且这个成果是开放的，为日后的使用和创作者提供了便利。

这几个例子都是说明长三角有人才、有课题、也有转化的能力。在这里我特别想强调的是，在各种研究的课题当中一定要重视具有百科全书式的基础性整理和研究，这种整理和研究会为后续更多的创作者、研究者提供基础的材料和方法。所以，我想能否在上海文联的白玉兰戏曲奖和白玉兰美术奖当中设置一个文艺理论研究奖，来促进长三角在这方面的一体化研究和应用，对这个区域的文化发展做一个基础性的贡献。

黄昌勇

“亚洲演艺之都”的现代之路

对话嘉宾

李　舒　同济大学国家现代化研究院副院长、教授

黄昌勇　上海戏剧学院院长、教授，世界城市文化协同创新中心首席专家

导　读

“夜上海，夜上海，你是个不夜城……”一曲《夜上海》，唱尽了上海这个近代亚洲文化中心曾经的繁华与神韵，直抵人心，历久弥新。1843 年，上海开埠，170 多年的光阴里，上海以独特的文化魅力吸引着全球目光，承载着演艺、电影和文化的城市空间，随着城市功能变化和历史变迁不断演进。

演艺空间“演绎”百年沧桑

李舒　从开埠至今，上海城市功能几经变化，作为城市文化主要载体的剧场也历经世事更迭、风云变幻。作为曾经的“东方百老汇”，上海这座演艺之都的演进史是怎样的？

黄昌勇　1843 年到 1912 年的近代上海，以戏曲演出场所为主，典型代表是京式茶园和昆曲戏园，曾出现过仿建京式茶园和建设西式镜框剧场的建设高潮。此后一段时期，上海成为中国乃至亚洲的文化中心，中国传统戏曲和西方各类舶来演出百花齐放，形成了远东文化消费高地。上海的剧场数量占当时中国剧场数量的一半多。在这一时期，形成了以今天南京东路至南京西路和西藏中路为中轴的黄金十字线，构成了上海市中心的剧场集聚区，类似纽约百老汇和伦敦西区，时称“东方百老汇”。后来，上海作为一个工业城市，承担着国家经济命脉的重任，许多剧场、影剧院被拆毁或挪作他用，留存的剧场数量急剧减少。20 世纪 90 年代，上海出现文化设施建设高潮，作为全国第一家现代化剧场，上海大剧院的落成具有标志性意义。与此同时，市场经济大潮挤压了城市文化空间，大批过去的剧场在这一轮城市化过程中遭到破坏。据不完全统计，这一时期被拆除的剧场有 12 座。这说明我们在城市更新过程中缺乏历史建筑保护意识和经验，对剧场与城市文化的关系认识不清。

文化建设进入“自觉”时代

李舒　2010 年世博会以后，上海密集出台了一系列关于文化建设的政策文件：2011 年，提出力争到 2020 年把上海建设成“国际文化大都市”的目标；2017 年，推出“文创五十条”，提出建设“亚洲演艺之都”……您怎么看待这一系列文化建设举措？近年来，上海文化空间出现了哪些新变化？

黄昌勇　上海城市发展抓住了2010 年上海世博会的重大机遇，此后，文化设施的规划重点向浦东转移，建设力度前所未有。《上海市“十三五”时期文化改革发展规划》体现了文化建设的“浦东战略”，即全力打造浦东文化核心功能区，在上海科技馆、上海东方艺术中心等现有文化设施基础上，规划建设了上海博物馆东馆、上海图书馆东馆等地标性文化设施，逐步形成上海文化新枢纽。我认为，世博会后，上海文化建设进入“自觉”时代。上海城市发展空间演变实现了质的飞跃，开启了浦西、浦东并重的历史新篇章。

李舒　浦西地区作为上海城市文化空间的传统重镇，目前发展情况如何？

黄昌勇　黄浦区“演艺大世界”和静安区“现代戏剧谷”，是上海戏剧产业发展的核心地区，两个集聚区呈哑铃型分布。“演艺大世界”是在人民广场周围的剧场集群，区域内剧场和展演空间 39 个，其中人民广场周边 1.5 平方公里区域内，正常运营的剧场及展演空间 21 个，密度高达 14 个 / 平方公里，是全国规模最大、密度最高的剧场群。“演艺大世界”成为汇聚和展示上海乃至全球文化的“窗口”。与“演艺大世界”相呼应的是以南京西路、延安西路为交叉口，西至上海戏剧学院、上海话剧艺术中心一带的“现代戏剧谷”剧场群，每年有大量的戏剧节庆在这里展开。到 2018 年，持有演出许可证的剧场达到 162 家。这里由于有上海戏剧学院和上海话剧艺术中心这两个重镇，成为上海文化的“源头活水”。目前，上海“哑铃型”剧场集群虽在诸多方面与纽约百老汇、伦敦西区还有差距，但是城市基础、历史积淀、政策引导、空间规划、人力集聚、市场拓展、国际影响，都在一步步向世界级演艺集聚区加速迈进。

李舒　除了浦西戏剧集聚区，上海还有滨江地区演艺带（徐汇区）、世博园旅游演出剧场群（浦东新区）、四川北路剧场群（虹口区）等。它们之间是什么关系？要打造"亚洲演艺之都"，应该如何设置和布局城市文化空间？

黄昌勇　文化艺术都有向城市中心集聚的特点，表演艺术尤其如此，伦敦和纽约的剧院分布就集中在西区和百老汇，上海无疑也要打造"哑铃型"中心的影响力。其他演艺集聚区的功能定位也非常重要，纽约百老汇也有百老汇、外百老汇和外外百老汇的布局，各具特色，相得益彰。上海如何对这些演艺区域进行定位，有待持续深入展开研究。

提升演艺之都原始创新能力

李舒　纽约百老汇取得巨大成功的经验，是以剧本内容为中心聚集资本，从而串起产业链，激活剧院。目前，我国演艺市场引进剧目，特别是商演引进剧目市场占有率高，自创剧目能力不足，品牌剧目不多。如何提升演艺之都的原始创新能力？

黄昌勇　提升原始创新能力，需要系统研究演艺产业的成长规律。我认为，一是提升整个城市的艺术生态环境。例如，要探讨如何更好地吸引艺术家、创作者来上海生活、来上海创新创造。现在有大量海外学成归来的艺术家和港台艺术家生活在上海，要研究制定政策，吸引更多艺术家愿意来、留得下，鼓励他们积极创作，使他们发挥更大作用。二是加强人才培养。目前，上海表演类、演艺经纪类艺术高校不多，在校艺术类学生数量与伦敦、纽约有较大差距。应加大对艺术教育院校的投入，扩大招生规模，吸引更多青年人加入演艺事业。

李舒　上海海纳百川、国际化，这造就了百家争鸣、百花齐放的文艺格局，但也容易忽视地方、本土和民族特点。一个国际大都会，应该如何将世界性与地方性、民族性融合？

黄昌勇　有一段历史时期，在中西文化交融的大背景下，中国传统戏曲仍占据上海演艺市场的主流。对照起来，戏曲今天面临的困境，值得认真研究。我认为一个重要的原因，就是我们对外来文化过度依赖和重视，而对传统文化关注不够，深层次上还是文化自信不足。历史早已告诉我们，只有民族的才是世界的，中华戏曲文化蕴含中华文化的精华，具备很高的审美价值，足以屹立于世界艺术之林。传统戏曲的精髓被很多国外戏剧家研究、借鉴、吸收，用以创造出具有创新意识的作品就是明证。

李舒　随着城市化建设步伐加快，各地政府开始大刀阔斧改造城市空间，建设剧场成为文化空间植入的首选。多地扎堆建设大剧院，大多造型奇特、规模宏大，但利用率不高，“有院无剧”现象突出。相当部分剧院功能开发不足，资源浪费现象严重。您对此如何评价？二三线城市如何构建城市文化空间？

黄昌勇　国家大剧院首任院长、中国剧院发展研究中心主任陈平介绍，据不完全统计，全国有大剧院 140 余座。从 2000 年开始，中国平均每 8.5 天就出现一座新的剧场，这种剧场建设趋势还在继续。的确，这种建设规模和速度举世罕见，但也必须看到，我们历史欠账太多，目前很多地级市尚无一家标准化剧院。我建议：一是加强剧院（场）建设规划和建设标准制定；二是加大剧院（场）管理人才的培养，而且人才培养要走在前面；三是加强对剧院（场）经营、演艺艺术的研究，目前，我国专注于这个领域的研究机构极其稀缺。另外，由于大多数剧场和院团是分立的，目前，剧场的主要经营模式是物业租赁，导致剧目成本虚高、票价居高不下，这个问题也需要系统研究应对。

统计研究

长三角一体化视角下城市文化生产比较：基于 16 个城市的数据分析 *

解学芳　祝新乐

关键词　长三角　城市群　一体化　文化生产

文化生产是文化产业发展的关键一环，也是城市文化实力的重要表征。随着长三角一体化发展上升为国家战略，长三角城市群在文化产业上持续发力，文化生产水平走在全国前列。本文以长三角 16 个代表性城市的文化生产数据为例，通过横向和纵向对比，研究 16 城在文化投入和产出、文化生产主体、文化产品与服务等方面的文化生产能力，理清长三角三省一市在文化生产上的优势和困境，进而提出优化策略，促使长三角文化产业高质量发展。

* 本文系国家社科基金重大项目 [20ZDA065] 的阶段性成果。

研究问题的提出

1957 年，法国地理学家琼·戈特曼（Jean Gottmann）最早提出“大都市带”（Megalopolis），通过美国东北部都市区集聚效应来描述特定地区沿着轴线发展的多中心城市网络[1]。1978 年，在其所作的《世界大都市带系统》中提到中国以上海为中心的长江三角洲大都市带。20 世纪末，艾伦·斯科特（Allen Scott）提出概念“全球城市—区域”，认为区域是产生收益递增和竞争优势的跨界关系，强调了全球城市区域成长为多中心或多集群城市集群[2]。区域化城市发展逐渐受到关注。

长江三角洲地区位于我国沿海和长江经济带的交汇处，是我国经济社会最发达、人口和产业最密集、发展最具活力的地区。在这一区域，坐落着地域比邻的江浙沪皖三省一市，组成了我国开放程度最高、创新能力最强、最具有国际竞争力和重要影响力的长三角城市群。

早在 1982 年，“长三角一体化”战略构思就已被提出，近 40 年里，“长三角一体化”概念经历了多次变化。随着中国进入高铁时代，长三角城市群的联系空前紧密，“同城效应”“辐射效应”日益凸显，“长三角一体化”战略被重提，最近两年，“长三角一体化”相关政策论证逐步开展，合作加速进行。2018 年 11 月 5 日，在中国首届中国国际进口博览会开幕式上，中央宣布将支持长江三角洲区域一体化发展并上升为国家战略。2019 年 5 月 13 日，中共中央、国务院审议通过了《长江三角洲区域一体化发展规划纲要》，提出“共筑文化发展高地”的要求，进一步明确了长三角文化产业高质量发展的目标和路径。

文化产业不仅是长三角区域经济的重要组成部分，也是推动长三角区域经济一体化和经济高质量发展的重要引擎。目前，长三角地区以其综合优势已成为中国文化产业发展的核心地区。文化生产是长三角城市文化产业链中的关键一环，在长三角一体化视角下对比分析代表性城市文化生产状况，有助于明晰区域内不同城市文化生产的实力、找准短板与长处，发现优势与共同困境，为未来发展提出具有针对性的优化策略，从而提升长三角城市群的文化整体竞争力。

理论阐述与指标建构：城市文化生产

明确城市文化生产的内涵，了解国内外学者对文化生产的差异化释读是进行城市文化生产研究的必要前提。

理论溯源：文化生产理论及其观点

在西方，以霍克海默和阿道尔诺为代表的法兰克福学派最早对文化生产进行了讨论。“文化工业”这一词汇便首次出现在前述两位作者的合著《文化工业：作为大众欺骗的启蒙》中，该文对工业化的文化生产持消极态度，认为各式各样的文化产品控制着社会的思想，操纵着大众的审美。文化生产的内涵也是在此基础上基本明晰，即在现代工业体系中，电视、电影、报刊等文化产品的生产。

国外学者关于文化生产有两大经典理论：场域理论和声誉经济理论。20 世纪 60 年代起，布迪厄在其代表作《文化的生产场域》等专著中，系统分析了文化生产涉及到的关键问题，他创造性地将资本概念引入到文化领域的研究中，提出文化资本、社会资本等概念，认为其是文化生产场域流通的资本形式。美国学者詹姆斯·英格利什对场域理论进行了改造和修正，进一步提出了“声誉经济”的文化生产理论，他强调文化生产的“声誉资本”，即文化权威。此外，他认为文化生产具有包容性，并依赖于大众传播。西方学者的文化生产理论对我国文化产业的发展以及我国学者对文化生产的学术研究具有重要的启迪意义。

国内学者则普遍关注文化生产的功能和效益，并聚焦文化生产能力方面的研究。刘诗白在《论现代文化生产》一文中提出，文化生产是社会主义精神文明建设的重要组成部分，文化生产能够创造价值和获得额外受益，即创造经济效益，促进经济增长，通常文化生产有两种模式：生产与需求良性循环与不良循环[3]。解学芳，黄昌勇在《中国城市文化指标体系的构建与实践》中构建了文化生产、文化生活、文化生态的三生城市文化体系，并指出城市文化生产是一个城市文化产品和服务的供给能力，是城市文化健康发展的动力，能驱动城市的社会进步和居民生活水平的提升。城市文化生产的根本目的是为生活在城市中的居民提供更好的精神文化产品与服务，让居民能够获得一种城市生活的享受感和幸福感[4]。

体系构建：城市文化生产指标

参照联合国教科文组织和其他世界城市的指标体系，基于本研究前文构建的城市文化指标体系（长三角），现重点探究城市文化生产指标体系，即文化投入、文化产出、文化生产主体、文化产品与服务等 4 个二级指标和 39 个三级指标。

- 文化投入指标

文化投入是指政府、社会、各类文化团体及个人为文化产业的发展投入的成本，包括人、财、物。在本指标体系中，主要指政府对本市文化产业的投资。文化投入是文化生产的前提和基础，文化投入的规模直接影响文化生产的质量与数量。文化投入规模通常采用“一般公共预算文化体育与传媒支出”“地方财政文化体育与传媒支出占地方财政支出比重”“文化专项扶持基金年度规模或文化事业费”“文化类基金会数”等 4 个三级指标来衡量。

- 文化产出指标

文化产出是文化生产效益的集中体现，反映了一个城市文化产业对城市发展的贡献，不仅包括传统的经济效益，亦涵盖社会效益。本研究主要考察城市文化产业的经济产出，具体体现为“文化及相关产业增加值”“文化及行相关产业增加值占 GDP 比重”“电影票房收入”“艺术表演团体演出收入”“旅游收入”“文化产品进出口总额”从宏观到微观的 6 个三级指标。

- 文化生产主体指标

文化生产主体是城市中从事文化生产的自然人、企事业单位和社会团体。他们是直接或间接地为城市提供文化产品与文化服务的组织单元，其规模反映了城市文化生产的状况。本研究遴选了 21 个三级指标来考察城市文化生产主体，分别是：文化及相关产业法人单位数、规模以上文化及相关产业企业数、文化及相关产业从业人员、出版机构数（含网络出版）、书店数、剧

城市文化生产指标体系

一级指标	二级指标	三级指标
文化生产（A1）	文化投入（B1）	一般公共预算文化体育与传媒支出（C1）
		地方财政文化体育与传媒支出占地方财政支出比重（C2）
		文化专项扶持基金年度规模（C3）（文化事业费（C3-1））
		文化类基金会数（C4）
	文化产出（B2）	文化及相关产业增加值（C5）
		文化及行相关产业增加值占 GDP 比重（C6）
		电影票房收入（C7）
		艺术表演团体演出收入（C8）
		旅游收入（C9）
		文化产品进出口总额（C10）
	文化生产主体（B3）	文化及相关产业法人单位数（万人）（C11）
		规模以上文化及相关产业企业数（C12）
		文化及相关产业从业人员（万人）（C13）
		出版机构数（C14）（网络出版（C14-1））
		书店数（C15）
		剧场数（C16）
		公共图书馆数（C17）
		博物馆数（C18）
		美术馆数（C19）（画廊数（C19-1））
		艺术品经营机构数（C20）
		电影院数（C21）
		电影银幕数（C22）
		艺术表演团体机构数（C23）（民间剧团数量（C23-1））
		艺术表演场馆数（C24）（国有艺术表演场馆数（C24-1））
		公共广播节目套数（C25）
		公共电视节目套数（C26）
		旅行社数（C27）
		动漫企业数（C28）
		娱乐场所数（C29）
		文化馆数（C30）
		文化类社会组织数（社团 + 基金会 + 民办非合计）（C31）
	文化产品与服务（B4）	电影院上映电影数（C32）
		出版物销售数（C33）
		电子出版物数（万张）（C34）
		艺术表演团体演出场次（万场次）（C35）
		群众文化机构提供文化服务次数（C36）
		国内国际体育赛事数（C37）
		会展数（C38）
		节庆数（C39）

场数、公共图书馆数、博物馆数、美术馆（画廊）数、艺术品经营机构数、电影院数、电影银幕数、艺术表演团体机构数、艺术表演场馆数、公共广播节目套数、公共电视节目套数、旅行社数、动漫企业数、娱乐场所数、文化馆数、文化类社会组织数，涵盖了宏观上的 3 大指标，微观层面的 18 个细分指标。

- 文化产品与服务指标

文化生产的产品包括有形产品和无形服务。本研究将两者量化为文化产品与服务这一指标，从而直观反映城市文化生产的亮点与特色。本研究中，城市文化产品与服务主要聚焦在电影、出版、演艺、群艺、会展等方面，具体量化为 8 个三级指标：电影院上映电影数、出版物销售数、电子出版物数、艺术表演团体演出场次、群众文化机构提供文化服务次数、国内国际体育赛事数、会展数、节庆数。

指标分析：长三角地区 16 城城市文化生产状况比较

基于统计原则和样本分类的双重考虑，本报告选取了长三角地区 16 个代表性城市作为样本进行研究，并通过长三角三省一市之间的区域维度比较以及 16 个地级市 GDP 相同维度的横向比较综合分析和比较城市文化生产状况。

区域维度比较：上海引领地位凸显

从长三角文化生产总体状况来看，上海引领地位突出，综合实力领跑三省。在文化投入方面，2017 年，上海市一般公共预算文化体育传媒支出为 191.32 亿元，而同期合肥市为 8.05 亿元，2018 年，南京和杭州市分别为 35.1 亿元和 11.55 亿元。由此可见，上海的文化投资规模远超其他城市。在文化产出方面，文化及相关产业增加值是反映文化产出的重要指标，2017 年，上海文化及相关产业增加值达到 2,081.42 亿元，GDP 占比为 6.80%，同年杭州市数据为 1,580 亿，南京市为 630 亿元，合肥市为 380 亿元。在文化生产和服务主体方面，上海在各项数据上的排名均处于前列，比如，2018 年，上海共有美术馆画廊 449 家，而同期安徽 5 市分别为 80、21、11、3、15 家，5 市总量尚不足上海市

指标 / 城市	上海	南京	杭州	合肥
一般公共预算文化体育与传媒支出（亿元）	191.32	35.1	11.55	8.05
文化及相关产业增加值（亿元）	2,081.42	630	1580	380

注：2018 年数据为灰色，2017 年为黑色。

上海、南京、杭州、合肥文化投入及产出

苏浙皖文化体育与传媒支出情况比较
数据来源：国家统计局。

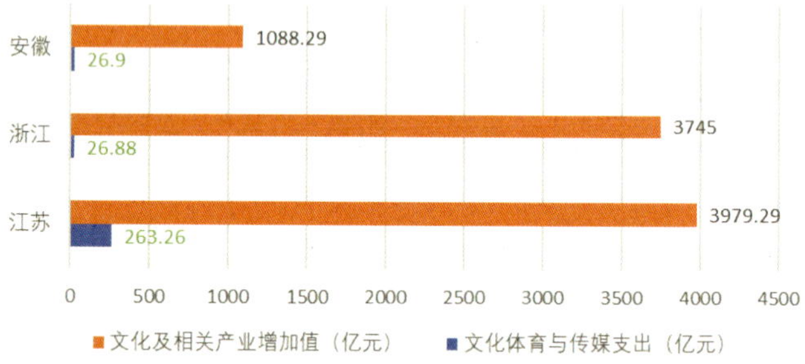

的 1/3。在文化产品与服务方面，同样如此，上海在文化产品与服务的 8 项指标上无一例外地大幅领先其他长三角城市。

江苏省综合实力强劲。在文化投入和产出层面，江苏省在三大省份中优势突出。2019 年，江苏省在文化旅游体育与传媒支出 263.26 亿元，而浙江和安徽两省的文化体育与传媒支出仅为 26.88 亿元和 26.9 亿元，仅为江苏省的 10% 左右。2017 年，江苏省文化及相关产业增加值达到 3，979.29 亿元，超过浙江省的 3，745 亿元，并遥遥领先安徽省的 1，088.29 亿元。此外，江苏省内各市文化生产能力呈现南北不均的态势。以长江、淮河为界，江苏省被割裂性的划分为苏南、苏中和苏北，文化生产能力南高北低，本研究遴选的江苏 5 个代表性城市中 4 个（南京、苏州、无锡、常州）来自苏南，1 个来自苏中（扬州）。5 个代表城市的各项数据都明显领先于除上海之外的其他城市，各市实力均在长三角城市群中出类拔萃，其中南京和苏州在文化生产上不分伯仲，呈现出“双中心”的特点。

浙江省紧跟江苏，活力充沛，未来潜力巨大。以富庶为名的浙江在文化投资上同样“出手阔绰”，2017 年，民营经济腹地宁波在文化体育与传媒行业支出 33 亿元，几乎比肩 2018 年南京的数据。同时，省内文化创意产业发展相对平衡，各市文化生产能力差距较小。作为改革开放先发地的浙江是互联网新经济的领军者，数字经济已成为浙江创新驱动的强劲新动能，阿里巴巴、乌镇互联网大会等已成为浙江文创产业的新名片。在“互联网 +”的风口上，浙江有着天然优势，在未来的发展中将迸发出强大的爆发力。

安徽省文化生产能力稍显逊色，与江浙沪相比存在较大差距。受地缘生态影响，长期以来，安徽一直扮演着江浙沪“后花园”的角色，文化生产成绩并不亮眼。2017 年，安徽 5 个代表城市一般公共预算文化体育与传媒支出均未超过 10 亿元大关，其中省会城市合肥 8.05 亿元，尚不及江苏省的扬州以及浙江省的嘉兴和绍兴。在文化产出方面，2017 年安徽省文化及相关产业增加值为 1,088.29 亿元，不足江浙两省的 1/3。在文化生产与服务主体方面，2019 年安徽省博物馆数量为 204 个，而同期浙江省博物馆数量达到了 360 个，江苏省也在 2018 年就达到 322 个。由此可见，安徽省各市总量数据在 16 个城市中较为落后，但仍超过全国平均水平。

安徽五市文化体育与传媒支出情况比较

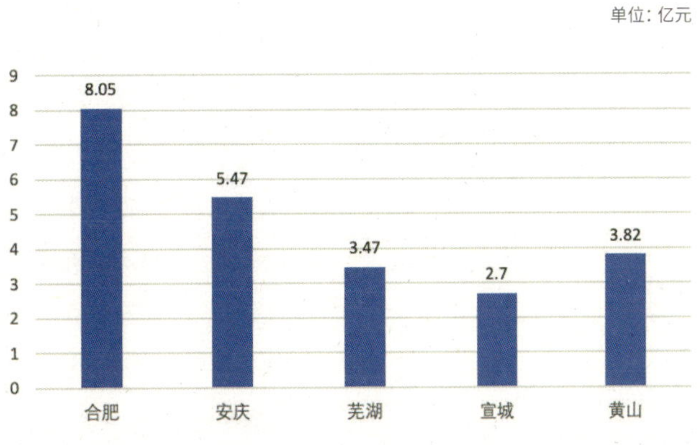

城市维度比较：不同梯队差异明显

从文化投资来看，省际差异较大，投资规模与城市经济发展水平直接相关。在一般公共预算中，上海的文化投入最高，属于第一梯队，2017 年，上海文化体育与传媒支出为 191.32 亿元，高出第二名苏州 151 亿元，优势明显；南京、苏州、无锡、杭州、宁波、嘉兴属于第二梯队，文化体育与传媒支出在 10 亿～ 50 亿元；常州、扬州、绍兴、湖州、合肥、安庆、芜湖、宣城、黄山位列第三梯队，文化体育与传媒支出在 10 亿元以下，其中安徽五市排在 16 个城市中的末尾。文化事业费同样可以分为四大梯队，上海独占第一梯队，2018 年上海文化事业费 47.87 亿元，是 16 个城市中唯一一个达到 40 亿元以上级别的城市；第二梯队苏州、杭州位列其后，分别达到 15.86 亿元和 10.17 亿元；南京、无锡、宁波、嘉兴处于第三梯队，文化事业费集中在 5 亿～ 10 亿元；常州、扬州、绍兴、湖州、合肥、安庆、芜湖、宣城、黄山位列第四梯队，文化事业费不足 5 亿元。综上来看，文化投入所处梯队的差异与城市整体经济发展水平、文化产业发展程度息息相关。

从文化产出来看，上海、杭州表现最为亮眼，文化及相关产业增加值突破千亿大关，是当之无愧的第一梯队，其中上海领先优势明显。2017 年，杭州文化及相关产业增加值以 1，580 亿元的数额位居第二，占国民生产总值的 12.6%。随着数字经济时代的到来，杭州开始加速发展包括数字内容、影视、动漫游戏、创意设计、会展等行业在内的文创产业，成绩斐然，文创产业占 GDP 的比重不断攀升，已成为杭州经济的支柱性产业。第二梯队是苏州、南京、宁波、无锡、常州、合肥，在 1，000 亿元到 300 亿元之间。第三梯队是绍兴、芜湖、扬州、湖州在百亿元以上。第四梯队是嘉兴、安庆、宣城、黄山，不足百亿。

从文化生产与服务主体来看，16 个城市文化市场繁荣，上海龙头地位难撼，各城市文化特色各异。就书店数量这个指标而言，上海、合肥、苏州、杭州和南京 5 城超过 500 家，宁波、无锡、常州、安庆、扬州在 300 ～ 500 家，芜湖、嘉兴、绍兴、湖州、宣城、黄山不足 300 家；就公共图书馆数量而言，16 个城市差距不大，数据集中在 30 个以内；博物馆、美术馆、国有艺术表演场馆

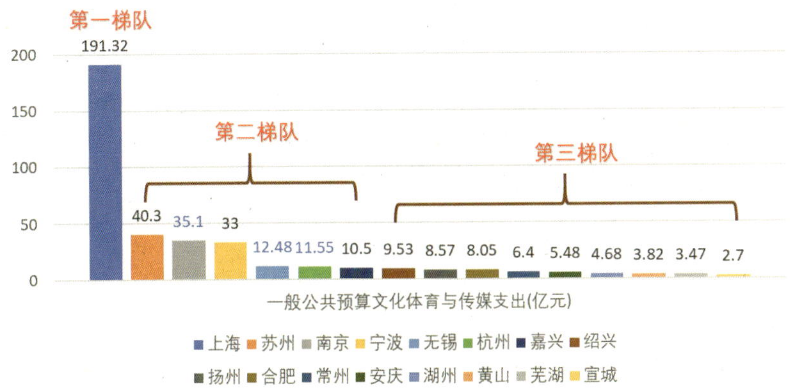

长三角 16 城文化投入三大梯队
注：2019 年数据为绿色，2018 年蓝色，2017 年黑色，2016 及以前红色。

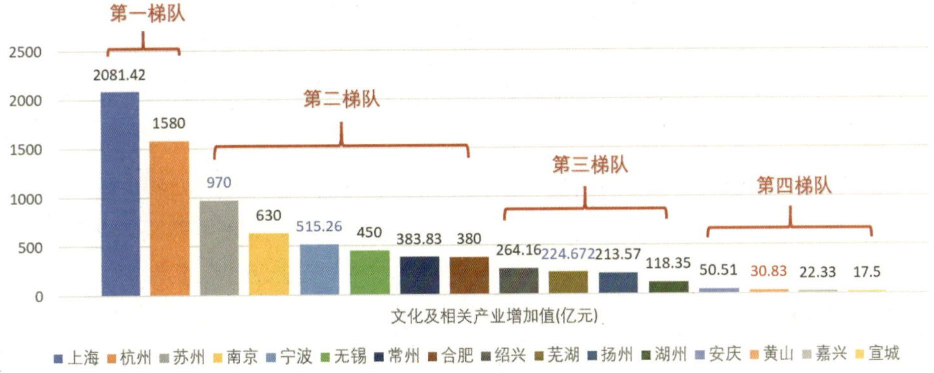

长三角 16 城文化及相关产业参与增加值
注：2019 年数据为绿色，2018 年蓝色，2017 年黑色，2016 及以前红色。

的人均数量也相对均衡，这表明长三角城市群文化基础服务设施普遍完善。无锡市作为国家历史文化名城，在博物馆行业颇有特色。2019 年，中国博物馆主题游消费趋势报告显示，无锡的收费博物馆游客接待量位列全国第九位，其博物馆旅游热度在省内仅次于省会南京。杭州市动漫产业异军突起，2018 年，杭州动漫企业数量 180 家，在 16 个城市中遥遥领先，在杭州政府的大力支持下，动漫产业迅猛发展，杭州也已成为全国动漫产业的高地和标杆。

长三角 16 城书店数量比较

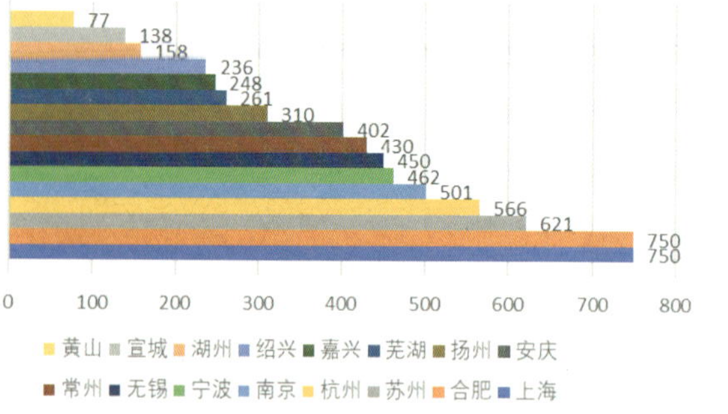

长三角 16 城国内国际体育赛事数

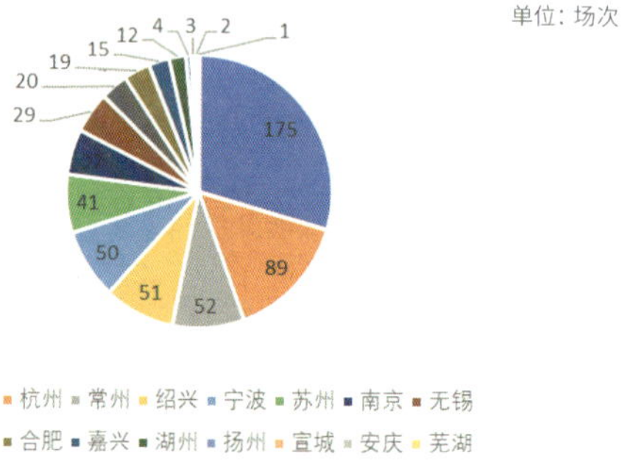

从文化产品与服务来看，省际差距悬殊。以国际国内体育赛事数据为例，2018 年，上海承办赛事 175 场次，几乎是第二名杭州（89 场次）的两倍，扬州、安庆、芜湖、宣城仅为个位数。会展数据情况类似，2018 年，上海举办会展 741 场次，远超其他城市，是名副其实的国际会展之都。第二名南京 116 场次，其余各市均在 60 场以下。赛事和会展是输送城市文化、展示城市文化风采的一种形式，通过可视化、可听化等展示城市文化的魅力，与此同时，又在此过程中延伸文化体验，提升城市文化知名度与影响力。可以看出，16 个城市提供文化产品与服务的水平严重不均衡，在上海的强虹吸效应下，其余城市的文化实力还有待不断提高。

困境研判：长三角一体化下城市文化生产发展困境

长三角地区协同发展的大背景下，城市文化生产也面临着诸多困境和挑战，如文化生产能力不均衡、文化资源割裂和不同城市文化生产同质化等。

文化投入与产出维度：文化生产能力不均衡

当前，文化产业的发展依赖于文化投资的力度，然而，长三角三省一市在经济发展水平存在的天然鸿沟使得其文化生产能力十分不均衡[5]。上海作为超一线城市，经济实力雄厚，文化投资一骑绝尘，文化产出一枝独秀，其文化生产能力在长三角地区处于霸主地位。经济基础较好的江苏和浙江两省，紧跟上海的步伐，但文化投资和产出指标与上海仍存在不小的差距，而安徽 5 城各项文化投入和生产指标则均大幅落后于沪苏浙，这根源于安徽经济在长三角区域中的“掉队”，安徽的文化生产体系尚未能深度融入长三角地区。

文化生产主体维度：文化资源割裂

市场分割是长三角一体化发展面临的突出障碍，这使得文化生产资源流动受阻，配置效率不高。从数据可以看出，16 个城市文化企业遍地开花，基础文化生产服务设施普遍完善，但由于区域行政壁垒的存在，导致城市间公共文化生产基础设施缺乏联动与协调机制，难以实现共建共享。此外，长三角区域内文化人才分布不均匀，从数据来看，文化及相关产业从业人员多集中在上海、南京、杭州、合肥等中心城市，其余城市对文化人才的吸引力相对较低，尤其安徽各市面临人才流失的发展难题，如芜湖、安庆、黄山文化及相关产业从业人员不足万人。

文化产品与服务维度： 同质化严重

长三角城市群比邻而居，文化资源禀赋相近，文化生产的目标和路径也大同小异，这就导致长三角地区 16 个城市之间文化生产结构类似，文化产品与服务同质化现象较为突出。比如，上海一直以来在会展领域几乎呈垄断态势，而南京和杭州同样提出了打造“会展之都”的战略，在上海强大的虹吸效应下，南京和杭州要在会展领域反超需要独辟蹊径。从赛事和节庆数据同样可以看出，上海龙头引领之下，其余城市在各项文化产品与服务上都有涉猎，呈现“小而全”的同质化生产面貌。然而，这种重叠式生产致使长三角各城市的文化生产体系处于松散无序的状态，一定程度上抑制了长三角区域一体化联动效应的发挥。

发展路径：长三角城市文化生产优化策略

针对以上文化生产困境，长三角城市文化发展亟需优化文化生产策略，创新发展路径：加大文化投入，优化文化产出；打破行政壁垒，推动文化资源共享协作；立足城市特色优势资源，实现差异化发展。

文化投入与产出方面：增加投入、优化产出

经济基础决定上层建筑，大力发展经济，提升整体经济发展水平是三省一市的首要任务，特别是安徽省，要加速缩小与沪苏浙的差距，从制度设计上保障文化投入的持续增长，不断提升文化生产水平。进入网络化、数字化新经济时代，更加多元化的融资方式可供探索，长三角城市群应当在增加文化及相关行业的财政投入的同时，充分利用好多元化的资本市场和网络大平台，鼓励民间资本进入文化生产，在政府的主导下推行金融与文化生产的深度对接。[6] 此外，充分发挥文化基金的作用，设立多类型多层级的专项文化生产基金，对新兴和特色文化生产项目进行专项补助，从而推动特色文化生产的发展。同时，长三角三省一市也需重点关注投入与产出比，从追求数量转变为追求高质量、高效率的产出，推动城市文化生产向集约化、数字化、生态化发展。

文化生产主体方面：城际联动、区域协作

长三角三省一市之间的行政壁垒不仅阻碍了文化生产市场的有序竞争和资源的合理配置，也制约了长三角城市群内各种生产要素和产品的顺畅流通，而且会导致文化生产主体协作不畅，产业趋同，从而影响长三角城市群文化生产整体实力的提升。[7] 加大政策支持是文化生产主体协作不畅这一难题的破解之道，这意味着行政区域内的各部门之间要切实协作协同，拆除行政围墙，确保文化生产和文化服务互联互通、生产要素自由流动，推动资本、技术、人才、信息等文化生产要素资源的高效配置。例如，长三角区域内公共图书馆、美术馆、博物馆服务共享，动漫企业行业共治，文化艺术发展生态共建，搭建文化生产体系协同平台，最大程度地发挥城市间内部协同效应、激发文化生产主体的强劲活力。[8] 此外，长三角在三省一市的户籍制度、就业政策方面还应加

强协作，落实柔性人才政策，实现人才资源的合理、灵活流动。

文化产品与服务方面：深耕细作，求同存异

长三角一体化强调“同一”，更追求差异。上海作为龙头城市，在经济实力、科创实力、文化生产能力等方面表现突出，应将虹吸效应转换为“领头羊”的示范引领作用，带动长三角区域内城市实现差异化互补协同发展格局。一方面，长三角各城市应最大程度挖掘自身文化资源，取长补短，在长板处深耕细作，打造出独一无二的文化标识，从而在异质化竞争中形成合力，将长三角城市群打造为实力更加强劲的发展共同体。例如，上海市，可着力发展文化科技产业，打造全球文化科创中心；同时，可继续大力发展文化会展业，打造国际化的文化会展高地；江苏，可将自身优越的非物质文化遗产和民俗文化发扬光大，在文博领域大放异彩；在互联网时代立于潮头的浙江可大力推进数字创意产业的发展和独具特色的文化旅游业；安徽省，可在出版行业持续发力，抓住数字出版的新机遇，培育出更多以芜湖国家数字出版基地为代表的出版园区、以安徽出版集团、安徽新华发行集团为代表的优秀出版企业。从而实现长三角文化发展的百花齐放、和而不同。

参考文献

[1] Baigent E.Patrick Geddes, Lewis Mumford and Jean Gott-mann : divisions over ‘megalopolis’ [J]. Progress in Human Geography,2004,28(2):687-700

[2] Scott A J. Global city-regions :trends, theory, policy[M].Oxford: Oxford University Press, 2001.

[3] 刘诗白 . 论现代文化生产 (上) [J]. 经济学家 ,2005(01):4-16.

[4] 黄昌勇 , 解学芳 . 中国城市文化指标体系的构建与实践 [J]. 学术月刊 ,2017,49(05):102-115.

[5] 郭新茹 , 陈天宇 . 长三角文化市场区域合作与一体化路径研究 [J]. 江苏社会科学 ,2020(02):80-88.

[6] 高晗 . 数字化 + 立体联动 助力长三角文化创意产业纾困 [N]. 中国城市报 ,2020-03-30(14).

[7] 孔令刚 , 蒋晓岚 . 长三角一体化发展: 安徽的使命与作为 [J]. 安徽行政学院学报 ,2019(06):75-80.

[8] 解学芳 , 胡晨楠 . 全球城市数字媒体产业集聚机理与中国路径——基于全球数据的实证研究 [J]. 社会科学研究 ,2020(02):57-65.

长三角一体化视角下城市文化生活比较：基于 16 个城市的数据分析 *

解学芳　耿倪帅

关键词　长三角一体化　城市文化生活　网络化

长三角城市群在一体化视角下加快文化产业协同发展。基于 16 个城市文化消费和文化参与指标数据分析发现，长三角三省一市区域间城乡差异明显，城乡居民之间文化消费不平衡，文化参与的资源也较为分散不均。鉴于此，长三角一体化视角下亟需增强城乡居民文化消费的协同发展，以缩小城乡文化消费的差距；扩大长三角文化参与的资源融合，优化文化消费与文化参与生态，激发文化发展的新活力；同时，以新技术为长三角城市文化生活赋能，提升城市文化生活生命力。

* 本文系上海市社科规划一般课题 [2019BCK008] 的阶段性成果。

研究问题的提出

伴随着国内改革开放带来的中国工业化和城市化进程,区域发展也呈现新态势。国内学术圈关于都市连绵区、城市—区域、城市群等诸多概念始 20 世纪 80 年代，如于洪俊、宁越敏（1983）的《城市地理概论》，书中引进戈特曼的“大都市带”的概念，并称之为巨大都市带；姚士谋（1992）在《中国城市群》中提出“城市群”概念，并研究了长三角在内的 5 个超大型城市群。城市间的关系愈加紧密，同时，城市化、工业化等深入发展，形成了围绕核心大都市区的集聚,并且逐步在区域内城市间形成一体化发展格局。

“长三角一体化”概念是在 2008 年《国务院关于进一步推进长三角地区改革开放和加快地区经济社会发展的指导意见》中提出，指导意见肯定了长三角作为区域经济发展的带动作用和战略地位，要求进一步加强长三角一体化发展。2018 年 11 月，国家主席习近平在首届中国国际进口博览会的开幕仪式发言上提出长三角一体化发展升级成为国家战略。同时，长三角城市群的发展目标也明晰为打造以生态、文化和生活质量为标准的“文化型城市群”。基于上述研究目的，本文将以长三角区域 16 个城市的文化数据作为研究对象,探讨长三角一体化视角下的城市文化生活发展状况。

理论阐述与指标建构：城市文化生活

长三角区域的文化资源在长三角一体化上升为国家战略后更加趋于集聚协同发展，从而为高质量的城市群发展不断聚力，加强了区域间的合作交流。为顺应长三角城市群一体化发展的战略目标，长三角应积极打造以生态、文化和生活为标准的文化型城市群，协同各城市间文化资源，为长三角居民提供更优质的文化产品和服务，从而提升城市居民的文化生活。

城市文化生活相关理论及其观点

城市文化生活指的是城市特定空间中居民所享有的精神文化生活。它是判断城市社会文化发展阶段的重要指标。当国家城市化程度达到较高水平，政治、经济、文化发展会相应进入较发达的阶段，而民众对高品质的文化生活将提出更高需求，城市的综合职能超越单纯的居住生活、生产分工、物流交易等，对精神生活的追求更为迫切。可以说，提升城市文化生活是城市文化健康有序发展的关键所在。城市文化涵盖诸多方面，在《消费文化与后现代主义》一书中英国社会学家迈克·费瑟斯通提出城市自身总有属于自己的文化，而这种文化又塑造了城市独特的文化产品、人文景观、建筑及独特的生活方式 [1]。而城市文化生活是指在城市提供给居民享有的文化产品及服务，是城市物质文化发展到一定阶段对于精神文化需求的满足，是居民对生活品质提升的需求满足，要通过发展文化生产来实现的。

在经济发展与社会文化发展向高质量阶段挺进的新阶段，城市居民的精神文化生活已经成为关注的重点。城市文化生活的提升是以城市文化空间作为载体的 [2]，常东亮（2019）在《当代中国城市文化活力问题多维透视》中认为从文化视角而言，日常生活是城市文化蕴生的寓所和活力之源，日常生活奠定了城市文化活力的根基 [3]；吴东民（2012）认为人们的文化生活需求关系着文化生活质量，文化生活需求是一种高层次精神需求，是居民对精神活动和精神产品的需求，文化生活质量可以定义为各种精神活动和产品的保障情况和对人们文化生活需求的满足程度 [4]。人们的现实生活由文化和物质两个基本领域组成，物质发展以及物质生活水平的提升凸显了文化生活的重要性，人们对于文化生活的需求也更加迫切。而城市文化生活的丰富以及提高有赖于物质生产和文化生产的提高，张三元（2017）在《论文化生活与文化产业的耦合性》中提到文化生产为文化生活提供丰富内容，同时文化生活的需要也是文化生产的源头活水 [5]。

城市文化生活指标阐释

城市公民满足其精神文化需求的重要方式是通过公民的文化消费与文化参与活动来实现，换言之，城市文化生活通常由文化参与和文化消费组成。鉴于此，城市文化生活指标划可分为两大维度：文化消费与文化参与，以及 13 个三级指标，以此来比较长三角一体化视角下 16 个城市的城市文化生活状况。

一、文化消费指标。随着长三角地区经济社会文化发展的不断提升，人民生活水平不断提高，对更高品质的文化生活的诉求越来越高，在物质消费的基础上，愈加重视文化消费，注重改变文化消费结构。文化消费指标主要强调居民在文化消费方面的支出状况，是反映城市文化生活质量的重要指标。因此，本文选取人均教育文化娱乐消费支出、国内游客人次，以及入境游客人次等指标来反映长三角各城市间文化消费情况。

二、文化参与指标。随着我国城市化进程的深入，居民的物质生活日益富足，对城市文化生活的参与性也在逐步增强，从而更加频繁地参与多元化的文化生活。同时，文化参与也体现了城市提供给城市居民的文化产品及服务的数量与质量，反映文化产品服务的供给与居民需求情况。一方面，本文遴选博物馆、公共图书馆、社会文化活动中心、群众文化机构等公共文化场所的参与人数、惠及人次等数据对城市居民文化参状况进行比较，借此反映城市公共文化的供给质量与城市居民精神文化需求的满足情况，分析 16 个城市间文化参与的特点及差异。另一方面，通过 2 个最受欢迎的展览 / 展会、节庆等典型性文化活动参加人次反映文化活动供给与居民文化需求满足之间的平衡 [6]，结合现下移动互联网发展态势，增添了文化类 APP 使用规模以及城市文化热搜度等网络文化参与指标进行评析。

城市文化生活指标体系

一级指标	二级指标	三级指标
文化生活	文化消费	城镇居民人均教育文化娱乐消费支出
		农村居民人均文化娱乐消费支出
		国内游客人次（万人次）
		入境游客人次（万人次）
	文化参与	博物馆（含美术馆）参观人数（万人次）
		公共图书馆总流通人次（万人次）（其中：图书馆外借册次，万册次）
		社区文化活动中心参加人次（万人次）
		群众文化机构文化服务惠及人次（万人次）
		艺术演出观众人次（万人次）
		2 个最受欢迎的展览 / 展会的参加人次（万人次）
		2 个最受欢迎的节庆的参加人次（万人次）
		文化类 APP 使用规模共计（万人次）
		城市文化热搜度（正向）

指标分析：长三角地区 16 市城市文化生活比较

长三角一体化战略下城市文化生活比较将从文化消费和文化参与指标进行分析，对比文化消费、文化场馆以及文化展览活动的参与情况，从区域维度与国际维度分析城市文化生活中居民对文化产品和文化服务的消费与参与状况，比较研究长三角一体化视角下城市文化生活中存在的问题。

区域维度比较

在文化生活方面，长三角的整体文化消费和文化参与水平是比较高的，但是，三省一市区域间存在差异，同时，城乡差异明显。在人均文化教育娱乐支出维度，2018 年，长三角城镇居民支出为 3,669.5 元，农村为 1,456.5 元，城乡差异大。从右页图表可以看出，2018 年，上海市城市居民人均文化教育娱乐消费达到 5,491 元，位居第一，浙江省排在第二是 3,685 元，与第一名上海市相差 1，806 元，安徽省居民人均文化教育娱乐支出最低，为 2,373 元。同时，长三角三省一市区域内部城乡居民文化教育娱乐支出差距明显，差距基本在 1,000 元以上，其中，差距最大的是上海。可见，长三角城乡的文化消费能级有待进一步提升。

长三角区域的旅游资源丰富，集聚吸引了众多国内游客以及境外游客，据右页图表数据显示，2018 年，吸引国内游客人次最多的是江苏省，总共吸引 81，422.8 万人次，其次为安徽省和浙江省，吸引国内游客最少的是上海市，共吸引 33，976.9 万人次，与江苏省差 47，445.9 万人次。在入境游客人次方面，上海则排名第一，共吸引 893.71 万人次，与吸引人次最少的江苏相差 492.86 万人次，这一数据对比凸显出上海作为国际化大都市的优势与特色。总的来看，长三角三省一市的旅游吸引力相对较高，但是区域间仍存在较大差异，亟需建立协同开放的旅游合作机制，促进长三角文化旅游业高质量协同发展。

此外，长三角三省一市在城市文化生活参与方面差异明显。浙江省整体文化参与度较高，如右页图表数据所示，在公共图书馆总流通人次方面，浙江省吸引人次最高，达到 11,875 万人次，同时浙江省的群众文化机构文化服务惠及人次也最多，为 7,842 万人次；安徽和上海在公共图书馆总流通人次、群众文化机构文

长三角居民人均文化教育娱乐支出

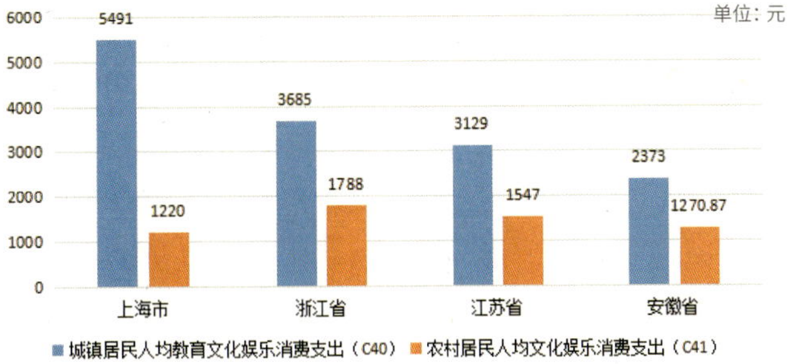

左　长三角国内游客人次

右　长三角入境游客人次

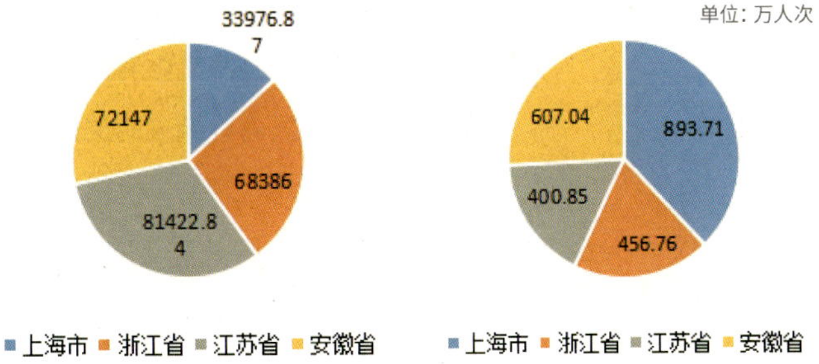

长三角三省一市文化参与情况

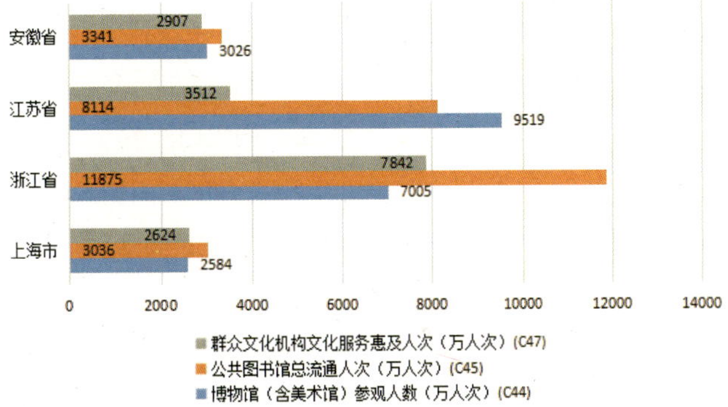

化服务惠及人次以及博物馆参观人数等方面的文化参与度不及浙江省与江苏省。由此可见，长三角不同区域在文化参与方面差异明显，同时，区域内部文化参与也呈现不均衡发展态势。

城市维度比较

长三角整体文化消费水平居于全国前列，但长三角的省会城市与上海进行比较发现，不同城市的文化消费水平差异明显，同时，城市间城乡居民文化消费呈现两极分化的态势。在上海、南京、杭州与合肥四大城市中，上海的城镇居民人均教育文化娱乐支出最高，2018 年达到 5,491 元，但农村居民人均教育文化娱乐支出却最低，为 1,220 元；农村居民人均教育文化娱乐支出最高的是杭州市，为 1,856 元；合肥的城镇居民人均教育文化娱乐支出则最低，为 2,955 元。此外，从城乡人均文化消费支出差额来看，合肥市的城镇居民与农村居民在人均文化支出指标上差额最小，仅为 1,635 元，但上海高达 4,271 元。总的来看，安徽省在三个省会城市中城乡居民人均教育文化娱乐支出都较低，反映了长三角各区域城市文化发展相对不均衡的状况。

长三角区域间城市群整体文化消费水平较高，但是城市间文化消费差异明显。相近 GDP 的城市间文化消费趋同，但城市内城乡居民的文化消费水平仍然有较大的差异。考虑城市地区间的发展差异带来的文化消费差异，选取三省 GDP 相近的城市比较人均教育文化娱乐消费，如右页图表所示，将城市 GDP 相近的无锡、宁波和合肥进行比较发现，无锡和宁波在城镇和农村居民人均教育文化娱乐支出相近，无锡和宁波的城镇居民人均教育文化娱乐支出分别为 4,692 元、4,477 元，而农村居民人均文化消费支出分别为 2,275 元和 1,877 元，同时城乡差距也相近，合肥在三个 GDP 相近的城市中人均文化消费支出最低，说明城乡居民文化消费水平与经济发展水平的正相关性。

长三角区域间均出现了城乡居民文化消费支出差距较大的问题。值得注意的是，安徽省的安庆市的城乡差距最小——城镇居民人均教育文化娱乐支出为 1,326 元，而农村居民人均文化支出为 976 元，相差 350 元。虽然安庆城乡居民人均文化支出的差距最小，但是总体水平也低于长三角 16 个城市的平均文化消费水平。江苏各城市文化消费支出普遍较高，其中，苏州市城镇居民人均文娱消费支出达到 5,251 元，农村居民人均文化消费支出为 2,397 元，为 16 个地级市之最，超过省会城市南京。在境内外游客人次指标方面，上海排名第一，2018 年，上海国内游客人次达 33,977 万人次，杭州和南京分别位列第二、第三，而宣城市的国内游客人次最少，仅为 3,115 万人次。此外，2018 年，上海入境游客达到 894 万人次，其次为杭州、黄山、苏州，入境游客人次最少的是扬州，反映出不同城市的国际影响力的差异。可见，国内和入境游客人次同样呈现出发展不均衡的态势，体现了长三角文化协同发展的必要性。

在文化参与方面，除了南京市、上海市博物馆（含美术馆）

16 个城市文化消费指标数据

		上海	南京	苏州	无锡	常州	扬州	杭州	宁波	绍兴	嘉兴	湖州	合肥	安庆	芜湖	宣城	黄山
文化消费	(C40) 元	5,491	3,571	5,251	4,692	4,609	3,513	4,196	4,477	4,569	3,370	3,489	2,955	1,326	2,148	2,032	1,897
	(C41) 元	1,220	1,846	2,397	2,275	2,286	2,052	1,856	1,877	3,149	1,608	1,786	1,320	976	1,178	1,012	768
	(C42) 万人次	33,977	13,318	12,848	9,818	7,225	6,291	17,983	12,000	10,879	10,600	10,553	11,106	6,903	5,700	3,115	5,540
	(C43) 万人次	894	81	227	59	20	7	421	187	89	72	112	46	28	50	21	238

注：其中城镇居民人均教育文化娱乐消费支出 (C40)；农村居民人均文化娱乐消费支出 (C41)；国内游客人次 (C42)；入境游客人次 (C43)

16 个城市 2 个最受欢迎的展览 / 展会名称及参与人次

区域	2 个最受欢迎的展览 (C49)(万人次)	展览 / 展会名称及参加人次 (C49-1)(万人次)	展览 / 展会名称及参加人次 (C49-2)(万人次)
上海	50.45	2018ChinaJoy 闭幕	上海国际汽车上海国际汽车零配件、维修检测诊断设备及服务用品展览会零配件、维修检测诊断设备及服务用品展览会
		35.45	15
南京	26.2	2018 第十届江苏·南京外贸品牌商品展销会暨进口商品展	2018 第五届中国（南京）国际新能源汽车与电动车展览会
		20	6.2
苏州	5.5	2018 苏州国际智能展览会	苏州国际机器人及自动化展览会
		2.5	3
无锡	22.9	2018 无锡世界物联网博览会	中国（无锡）国际新能源大会暨展览会
		18.9	4
常州	3.7	2018 中国常州国际装备制造业博览会	2018 中国（常州）汽车灯具展览会
		2.5	1.2
扬州	7.1	2018 中国扬州国际工业装备博览会	中国首届智能船艇大赛暨 2018 智能船舶高端论坛
		2	5.1
杭州	17.3	2018 中国国际电子商务博览会	2018 全球未来出行大会
		12	5.3
宁波	37.5	中国特色文化产业博览会	全球智能经济峰会暨第八届中国智慧城市技术与应用产品博览会
		30	7.5
绍兴	7.3	2018 中国（绍兴）国际房车露营大会暨绍兴房车交易博览会	2018 绍兴诸暨国庆大型汽车展
		3.1	4.2
嘉兴	8.9	2018 第十六届长三角（嘉兴）智能机械装备博览会	2018 全球工业互联网大会暨中国国际工业互联网博览会
		2.9	6
湖州	190.02	中国湖州·台湾村国际旅游节	2018 湖州首届网络文化活动季
		0.02	190
合肥	220	2018 世界制造业大会	2018 第十届合肥年货展
		4	216
安庆	1.1	2018 安庆名优产品迎春展销会	国际蓝莓文化旅游节
		0.3	0.8
芜湖	151.2	2018 第八届中国（芜湖）科普产品博览交易会	2018 中国（芜湖）国际机电产品交易会
		150	0.3

16 个城市 2 个最受欢迎的展览 / 展会名称及参与人次（续表）

区域	2 个最受欢迎的展览 (C49)(万人次)	展览 / 展会名称及参加人次 (C49-1) (万人次)	展览 / 展会名称及参加人次 (C49-2) (万人次)
宣城	0.8	2018 皖东南名品展销会	2018 长三角古道旅游大会
		0.5	0.3
黄山	0.65 万人次	2018 年黄山旅游节开幕式暨第七届安徽国际旅行商大会	2018 年黄山市文化馆活动联盟暨文艺展演活动
		0.5 万人次	0.15 万人次

注：其中 2 个最受欢迎的展览 / 展会参加人次（C49）；展览 / 展会名称及参加人次（C49-1）；展览 / 展会名称及参加人次（C49-2）

参观规模较为突出以外，参观人次分别达到 2,973.57 万人次和 2,584 万人次，其余城市博物馆、美术馆参观人数在 1,000 万人次以下，常州市博物馆参观人数排在末尾，为 20.4 万人次。在公共图书馆总流通人次指标方面，上海市、嘉兴市、苏州市位列前三，其中，上海公共图书馆一年吸引读者 3,036 万人次，其余城市总流通人次均在 1,000 万人次以下，宣城市公共图书馆总流通人次最小。此外，在社区文化活动中心参加人次指标方面，江苏与浙江参与度高，其中杭州市社区文化中心参加人次最多，为 450 万人次，其次依次为无锡 241.1 万人次、常州 236.9 万人次以及南京文化站 211.2 万人次。而群众文化机构文化服务惠及人次中，上海远高于其他 15 个城市，惠及 2,624 万人次，其余城市为 500 万人次以下，体现出上海群文活动的高参与度。

文化参与指标还包含文化类展览展会以及文化节庆，从表 3 的大数据分析中可知，长三角 16 个城市中 2018 年最受欢迎的展览 / 展会是参加人次最多的“2018 第十届合肥年货展”，达到 216 万人次，而中国湖州·台湾村国际旅游节参加人次最少，仅有 0.02 万人次参与其中。各城市均有特色性的展览展会活动，并且形成常态化活动，但是在文化参与方面差异较大。与此同时，伴随数字文化与网络文化的流行，网上参与展览展会的文化活动也越来越多。

16 个城市 2 个最受欢迎的节庆名称及参与人次

区域	2 个最受欢迎的节庆的参加人次（万人次）	节庆名称及参加人次（万人次）	节庆名称及参加人次（万人次）
上海	3,275	上海旅游节	市民文化节
		1275	2,000
南京	179	秦淮灯会	国际梅花节
		132	47
苏州	2,065.26	中国苏州国际旅游节	太湖旅游节
		104	1,961.26
无锡	211	2018 鼋头渚樱花节	太湖旅游节
		50	161
常州	153	常州月季花灯会	天宁寺庙会
		143	10
扬州	109.5	“烟花三月”国际经贸旅游节	中国·扬州大明寺迎新祈福撞钟盛典
		109	0.5
杭州	257.35	第十四届中国国际动漫节	横店影视城春节黄金周
		143.35	114
宁波	116.93	象山海鲜节，五一黄金周	杨梅节
		41	75.93
绍兴	76	绍兴鲁迅文化艺术节	安昌古镇腊月风情足
		51	25
嘉兴	181	西塘旅游文化节	钱江（海宁）观潮节
		19	162
湖州	44	湖州含山蚕花节	湖笔文化节
		3	41
合肥	30	龙虾节	桃花节
		10	20
安庆	14	安庆大龙山举办梨花节	第八届中国（安庆）黄梅戏艺术节
		10	4
芜湖	27.75	鸠兹灯会	芜湖方特 1895 音乐节
		10 万 + 人次	17.75
宣城	192	文房四宝文化旅游节（2017 年有举办，2018 年不详）	徽菜美食文化节
		101	91
黄山	3,158.6	重阳庙会	春节
		5	3,153.5

节庆活动对提升居民的文化生活质量起着至关重要的作用，从下表可知，2018年，长三角16个城市中2个最受欢迎的节庆，其中上海市、黄山市以及苏州市2个最受欢迎节庆的参加人次为前三，上海2个节庆参加人次之和为3,275万人次，其中上海旅游节的公众节庆有1,275万人次参与，市民文化节则吸引了2,000万人次。苏州的2个最受欢迎的节庆活动主要集中在旅游节，分别为太湖旅游节和中国苏州国际旅游节，共吸引了2,065.26万人次参与。其他城市2个最受欢迎的节庆总参加人次均在500万人次以下，参加人次最少的安庆市，2个节庆共吸引14万人次参与，其中大龙山梨花节吸引10万人次参与，第八届中国（安庆）黄梅戏艺术节共4万人次参加。总的来看，长三角16个城市的节庆活动多元精彩,各具地方特色,但是节庆活动的文化参与度差异较大，同时也没有形成良好的区域引流作用。

随着5G时代的开启以及移动终端的快速发展,城市文化生活的文化参与也体现在文化类APP的使用规模上。本研究基于不同类型和特点的分布选取了十大文化类APP，即微信、QQ、喜马拉雅、大麦网、文化云、网易云、酷狗音乐、爱奇艺、优酷、抖音。其中，上海的文化类APP使用规模最高，为2,217,150万人次；江苏省会城市南京和浙江省会城市杭州分列第二、第三位，文化类APP使用规模相近，均约为1,400,000万人次；安徽的黄山市的APP使用规模最小，仅为75,626万人次，与上海相差2,141,524万人次。总的来看，安徽省各城市的文化类APP平均使用规模均小于长三角其他区域，反映了安徽省的互联网新经济发展与网络文化消费理念的普及度还有待不断提升。

文化类APP使用规模共计（C51）

单位：万人次

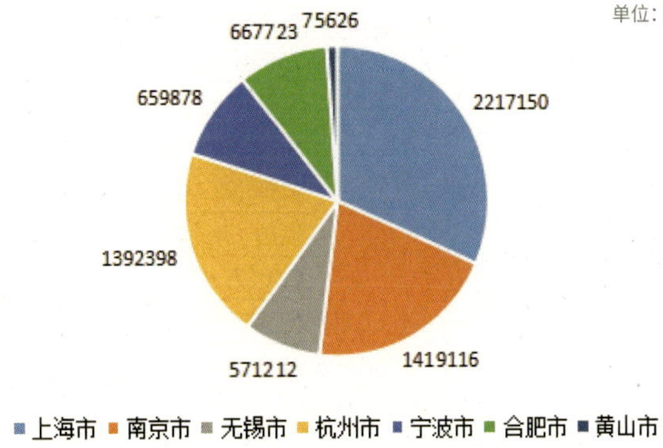

从文化类 APP 公众参与的细分数据来看，微信、QQ、爱奇艺、抖音和优酷是长三角居民使用人数最多、欢迎度最高的五大文化类 APP。从城市分布来看，上海、南京、杭州和苏州的居民是使用这些 APP 的“主力”。此外，喜马拉雅 FM、大麦网、淘票票、网易云和酷狗等也是居民使用频率较高的文化类 APP。为了更客观地进行比较，本研究选取了城市 GDP 相近的 3 个地级市无锡市、宁波市和合肥市进行比较分析，数据显示，各文化类 APP 的使用规模在 GDP 相近的城市间规模大小差异较小，如喜马拉雅在无锡市的使用规模为 7,019 万人次，在宁波的使用规模为 7,894 万人次，在合肥的使用规模为 7,488 万人次，均在 7,000 万人次之上。在文娱影视类 APP（优酷 + 爱奇艺）中，无锡市的参与规模为 132,000 万人次，宁波市参与规模达到 151,000 万人次，合肥市则为 146,000 万人次，参与规模也较为相近。在聊天类文化 APP 中，QQ 及微信的参与规模在 3 个地级市中差异不大，但是合肥居于 3 个地级市之首，微信 APP 的参与规模达到 197,000 万人次，QQ 的参与规模为 156,000 万人次，均高于无锡市和宁波市。总的来看，长三角 16 个城市间移动客户端的文化类 APP 参与规模城乡差距较大，但是，基于相近 GDP 的城市间各文化类 APP 参与规模差异不明显，且数字化、网络化成为城市文化生活的重要特征与发展趋势。

GDP 相近城市间各文化类 APP 参与规模

	无锡	宁波	合肥
喜马拉雅（万人次）	7,019	7,894	7,488
大麦网（万人次）	708	809	589
淘票票（万人次）	2,485	2,175	1,646
爱奇艺（万人次）	83,000	101,000	98,000
优酷（万人次）	49,000	50,000	48,000
抖音（万人次）	75,000	83,000	88,000
微信（万人次）	167,000	193,000	197,000
QQ（万人次）	126,000	146,000	156,000
网易云（万人次）	14,000	14,000	19,000
酷狗音乐（万人次）	47,000	62,000	52,000

跨国比较

长三角一体化战略的提出是在文化软实力竞争在综合国力竞争地位愈加凸显的大背景下，长三角本身具有较为发达的文化产业和文化创新能力，同时，也是文化集约化和国际化程度高的地区，因此，需在增强中国文化竞争力上发挥先导作用。从下表可知，长三角三省一市与国外其他城市的文化消费指标相比——在国内游客人次与入境游客人次指标方面，长三角三省一市的国内游客人次远高于纽约、伦敦和巴黎等三大国际大都市，但是入境游客人次明显低于纽约、伦敦和巴黎。其中，巴黎 2018 年入境游客人次最多，为 1,882 万人次，其次分别为伦敦 1,760 万人次、纽约 1,350 万人次。即使上海作为世界一流城市，其入境游客人次仍明显低于国外其他 3 大城市，为 893.71 万人次，由此可知，长三角城市文化国际吸引力和城市国际化程度还亟待提升。

实际上，国内外文化参与也显示出一定的差异，基础性的文化设施与场所是城市居民参与文化生活的保障性公共空间。伦敦、纽约、巴黎等国外城市的文化设施总量大、人均占有量高，呈现出局部集中、整体分散的布局形态，但实现了网络化的全覆盖[7]，同时各城市也保有各自独特的文化特征，相较于长三角，文化参与资源更丰富，城市文化生活的满意度也更高。

2018 年，在《艺术新闻（中文版）》（*The Art Newspaper China*, 简称 TANC）的全球博物馆调查中，评选出了当年全球前 10 大最受欢迎的博物馆 / 美术馆，其中，包括纽约大都会博物馆、伦敦的泰特现代美术馆、大英博物馆、伦敦英国国家美术馆、伦敦维多利亚与阿尔伯特博物馆，以及巴黎卢浮宫博物馆，并未有长三角区域的博物馆和美术馆入选。其中巴黎卢浮宫博物馆

长三角城市与国际大都市关于游客人次指标的比较

区域	上海	浙江	江苏	安徽	纽约	伦敦	巴黎
国内游客人次（万人次）	33,976.87	68,386	81,422.84	72,147	5,160	1,750	2,070
入境游客人次（万人次）	893.71	456.76	400.85	607.04	1,350	1,760	1,882

2018 年国内外城市间博物馆参观人数

单位：万人次

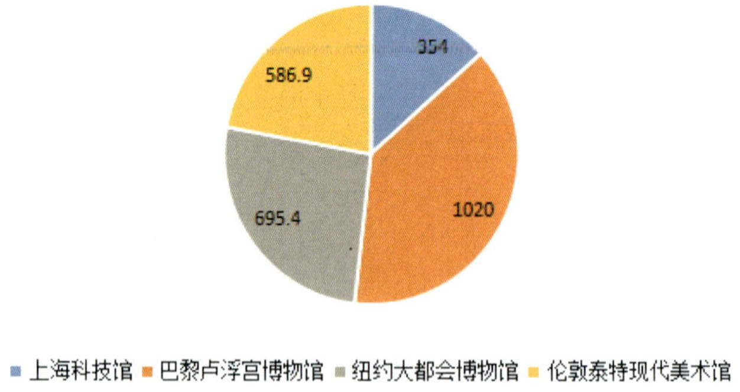

2018 年参观人次高达 1020 万人次，纽约大都会博物馆参观人次共计 695.39 万人次，伦敦泰特现代美术馆 586.86 万人次，而 2018 年上海年观众量第一的上海科技馆参观人次为 354 万人次，与巴黎等博物馆的参观人次差距较大（见上图）。据不完全统计，作为"博物馆之都"的巴黎有约 300 多个博物馆，而截至 2018 年年底上海的博物馆数量仅为 131 座。可见，长三角仍需通过增设文化场所 / 设施来不断提升居民文化参与程度。

困境研判：长三角一体化下城市文化生活发展问题

长三角各城市文化产业快速发展，所提供的文化产品和文化服务的数量和质量均有明显提升，居民文化生活的满意度也不断提高，但城乡居民文化消费仍然存在着显著差距。虽然长三角地区文化资源丰富，但文化资源协同态势仍不完善，存在文化参与资源分散不均的问题。

长三角一体化下城乡居民文化消费差距明显

长三角城市的文化消费水平不断提升，但仍存在着明显的文化消费差距。从数据来看，长三角各城市间城乡居民文化消费差距大，2018 年，长三角城镇居民人均文化娱乐消费支出为 3,669.5 元，农村居民为 1,456.5 元。总的来看，上海市、江苏省、浙江省的 11 个城市的城乡居民文化消费差距相较于安徽省更为明显（见右页图）。城乡居民文化消费差距明显，不利于有效提升整体的居民文化生活质量，同时也会出现不能完全满足文

长三角 16 个城市城乡居民教育文化娱乐消费支出

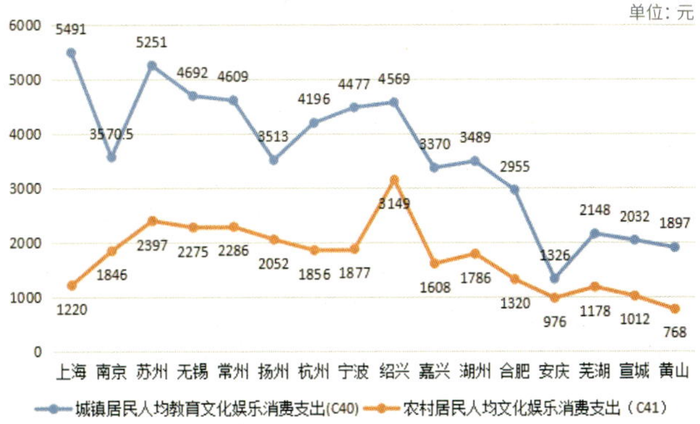

长三角 16 个城市城乡居民教育文化娱乐消费支出

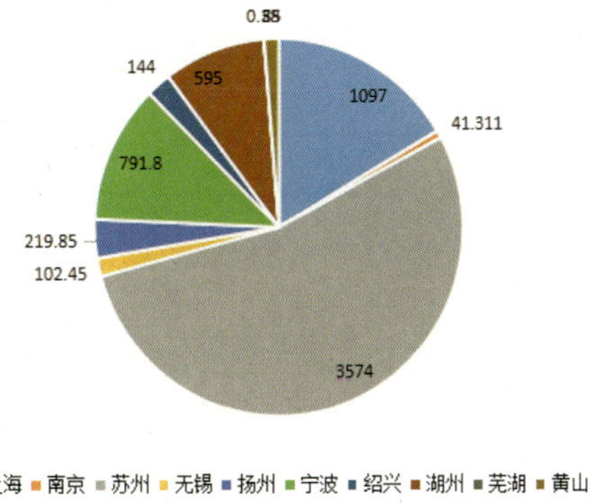

化消费需求的情况，这是长三角一体化视角下城市文化生活发展的短板。

长三角一体化下城市公共文化资源分散不均

在长三角一体化战略下，从公共文化参与指标数据来看，长三角公共文化资源分散不均，文化活动及公共文化场馆等服务人次存在较大差异，难以满足居民日渐增长的精神文化需求。在博物馆 / 美术馆参观人次方面，上海市和南京市远高于长三角其他城市，文博资源丰富的南京市超出了上海市的博物馆参观人次，但是，其他城市博物馆和美术馆的参观人次均低于 1,000 万人次。在公共图书馆总流通人次中，除上海市和苏州市以外其他城市的公共图书馆的总流通人次均在 1,000 万人次以下，而黄山市公共图书馆的流通人次仅为 107.9 万人次。在社区文化活动中心参与度与群众文化机构文化服务惠及人次方面，不同城市之间的差异也极其明显，说明长三角各城市间公共文化资源分布存在分散不均的问题，造成文化场馆惠及服务群众人数也相差较大。

长三角一体化下城市文化活动参与度差异大

长三角各城市文化活动参与情况差异同样明显,造成文化活动面向的受众规模大小不一。在国内艺术演出观众人次方面，上海和苏州艺术表演观众人次高于其他城市,其中芜湖市国内艺术表演的观众人次仅达到 0.38 万人次，艺术表演观众人次等数据显示文化活动参与在长三角各城市间的不均匀。从各城市展会及节庆统计数据可知，各城市区域文化活动展会各具特色，但是参与度不一，尚需要进一步实现引流和集聚，实现协同发展。

发展路径：长三角城市文化生活的优化策略

针对长三角三省一市文化生活维度存在城乡居民文化消费差距大、文化参与资源分布不均等问题，应立足三省一市协同发展，创新城市文化生活的协同发展策略，扩大各城市文化参与的人才、资金、技术、市场等资源融合，增强文化参与发展的合力，同时协同互联网技术创新长三角文化消费与文化参与生态,提升城市文化生命力，实现长三角城市文化生活的提质提量增质。

注重长三角城乡文化协同发展，缩小城乡文化消费差距

为了缩小长三角城乡文化消费的差距，需确立长三角城乡文化协同发展理念，引导城乡居民文化消费，切实满足长三角居民的文化生活需求，实现文化消费的升级。特别是根据城镇和农村居民文化消费的不同习惯，不断优化文化消费结构，对文化产品和服务消费的生产供给做出合理布局；分层次扩大文化消费，缩小城乡文化消费差距；培育城乡文化消费的新消费热点，引领特色文化消费,通过网络文化市场建设将新兴文化产品和服务推向农村基层[8]。实际上，文化消费支出很大程度上依赖于居民的人均可支配收入状况，从而影响文化消费数量以及消费结构。鉴于此，一方面切实提高长三角城乡居民的收入，进一步完善收入分配制度，并引导城乡居民进行文化消费；另一方面可以探索“公共文化适度免费”机制，将文化消费与公共文化服务体系进行结

合，培养居民文化消费的理念，尤其是适当引导农村居民的文化消费意愿；此外增加文化产品和服务的乡村供给，降低文化产品服务的价格，促进农村居民教育文化娱乐消费支出，同时也可以辅以政府的文化消费券和文化消费补贴等[9]给城镇文化消费“提质”、给农村文化消费“提量”，促进长三角城乡文化消费的协同发展，缩小城乡之间的差距。

加快长三角文化资源融合进程，增强城市文化生活参与合力

长三角各城市间文化场馆的参与度参差不齐，节庆和会展活动的参与规模也相差较大，鉴于此，确立“长三角一体化”战略思维下的整体性思维，基于长三角区域各城市文化参与问题与资源丰富的优势，加快一体化发展进程，发挥上海和省会城市的带动和示范作用。首先，扩大长三角三省一市之间文化资源的覆盖面与联动性，形成区域间文化资源的大融合大联动，合办系列特色文化展览节庆等活动，助力文化内容创作和产品服务提质。其次，避免区域内城市间同质化的问题，确立差异化互补性发展格局。比如彰显上海的海派文化与国际性潮流文化，突出南京的人文历史文化亮点，表达杭州的数字文化与创新国际文化，推广宁波的商贸和海洋文化等不同城市独具特色的文化内容，与博物馆美术馆、社区文化活动中心以及展览节庆等文化参与有机结合，做到和而不同。再次，搭建文化参与的协同发展平台，对内推动整个长三角区域居民文化参与水平的提升，对外推出更为丰富多元的跨区域跨领域文化项目，实现优势互补、共同发展的战略目标，满足长三角居民的精神文化需求，实现信息资源融合共享共促，增强城市文化生活参与合力，不断扩大长三角文化的影响力及辐射范围。

创新长三角文化消费与文化参与生态，提升城市文化生命力

移动互联网、5G、人工智能等新技术的快速崛起及发展，开启了文化生活的全新时代，如何积极将文化消费、文化参与和新技术融合渗透，创新出文化生活的新业态新模式，推动长三角城市文化生活充分优质发展是重要的战略选择。数字技术的创新可以应用于文化消费和文化参与的场景中，创新文化消费体

验，实现文化生活的升级。未来在文化生活领域需要打造“平台 + 技术 + 内容 + 垂直运作”的文化生态结构，智能分发文化生活内容，同时通过用户反馈形成完整的文化消费闭环[10]。5G 技术可以应用于未来公共文化场馆以及文化活动中，利用 5G 通信技术的创新、VR 和 AR 等技术实现博物馆展品内容以及节庆活动的沉浸式、交互式体验；同时公共图书馆、博物馆、美术馆、社区文化活动中心、群文机构等将会积极拥抱“互联网 +”，打造全新的网络化、数字化、体验性的公共文化服务体系，吸引更多城乡居民参与其中。此外，新兴文化业态将打破场景、连接等各种外在限制，实现文化参与资源的整合互动，吸引更多人参与到高品质的文化消费网络中，从而持续增强长三角城市文化生活的活力。[11]

参考文献

[1] 迈克・费瑟斯通 著: 消费文化与后现代主义 [M]. 刘精明 译 . 南京 : 译林出版社 ,2000.

[2] 胡惠林 . 城市文化空间建构 : 城市化进程中的文化问题 [J]. 思想战线 ,2018(04):126-138.

[3] 常东亮 . 当代中国城市文化活力问题多维透视 [J]. 学习与实践 ,2019(04):110-117.

[4] 吴东民 . 文化生活质量指标体系的构建与测试研究 [J]. 学习与实践 ,2012(03):116-122.

[5] 张三元 . 论文化生活与文化产业的耦合性 [J]. 天津社会科学 ,2017(05):65-72.

[6] 黄昌勇，解学芳 . 中国城市文化指标体系的构建与实践 [J]. 学术月刊 ,2017(05):111-114

[7] 魏伟 , 刘畅 , 张帅权 , 等 . 城市文化空间塑造的国际经验与启示——以伦敦、纽约、巴黎、东京为例 [J]. 国际城市规划 ,2020(02).

[8] 李蕊 . 中国居民文化消费 : 地区差距、结构性差异及其改进 [J]. 财贸经济 ,2013(7):95-104.

[9] 张亚丽 . 我国文化产业发展及其路径选择研究 [D]. 吉林 : 吉林大学 ,2014.

[10] 朱静雯 , 郑琪 , 方爱华 .5G 背景下文化产业的创新发展探析 [J]. 出版广角 ,2020(03):14-17.

[11] 解学芳 , 张佳琪 . 技术赋能 : 新文创产业数字化与智能化变革 [J]. 出版广角 ,2019(12):9-13.

长三角一体化视角下城市文化生态比较：基于 16 个城市的数据分析 *

解学芳　陈思函

关键词　长三角一体化　文化发展　城市文化生态

伴随着长三角地区城市经济发展水平的不断提高，长三角一体化进程下的城市文化生态问题成为重要的理论命题与现实命题。本文从文化资源、文化环境和文化多样性三大维度对 16 个长三角城市的相关数据对比分析发现，长三角地区城镇化水平较高，城市文化生态良好，上海、无锡、苏州、南京、杭州等城市扮演着“领头羊”作用；而湖州、安庆、芜湖等城市还存在文化人才资源短缺、文化教育生态匮乏等问题，亟需通过改善区域文化经济环境，吸引文化人才等策略不断优化整个长三角城市的文化生态。

* 本文系国家社科基金重大项目 [20ZDA065] 的阶段性成果。

研究问题的提出

研究背景与意义

2018年，习近平主席在首届中国国际进口博览会开幕式的主旨演讲中提出支持长江三角洲区域一体化发展并上升为国家战略，体现了长江三角洲地区在我国区域一体化建设中的重要地位。长三角一体化是一个综合性概念，一体化发展也不仅是经济上的协同发展，更应该是深层次、全方位的一体化。未来，长三角地区城市合作将从经济领域向社会、文化等更多维度迈进。

伴随着长三角地区城市经济水平的不断提高与城市化进程的加快，城市的文化生态正随着西方文化的传播与城市文化的趋同而逐渐改变，如何认识一体化进程下的长三角城市文化生态建设现状，如何保护、更新城市文化生态成为亟待解决的问题。本文在长三角一体化的时代背景下，在构建城市文化生态指标体系的基础上遴选出长三角地区的16个代表性城市，对城市文化生态发展水平进行数据分析，旨在把脉一体化背景下长三角城市文化生态现状，并针对城市文化生态健康长远发展提出建议，以期促进长三角文化一体化水平的提升以及区域一体化进程。

研究综述

- 国内研究现状

中国城市经济的发展以及城市化进程带动了西方文化的涌入，城市文化生态环境受到了挤压，如何客观认识城市文化生态现状，并在推动经济发展的同时保护、更新城市文化生态，成为了学者们关注的焦点。学界关于文化生态的研究形成了整体性的思考，傅守祥认为，文化生态保护与改善在个人层面关系到人的全面发展，在文化层面则关系到文化多样性状态[1]；而方乐等学者指出，城市文化之间的差异直接造成了城市文化生态的不同，而正视文化差异要求我们要坚持文化多样性原则[2]。在城市的发展过程中，要为文化认同留有足够的余地与空间，将城市公共生活与传统历史完美融合是城市发展与文脉续接的重点与关键。王祎根据文化生态学理论，从文化变迁视角出发，构建文化生态变迁结构模式图,将环境划分为自然环境和社会环境两类，社会环境又包含科学技术、经济体制、社会组织和价值观念四个层次，各层级之间都存在着塑造与反塑造的交互作用[3]。

此外，还有学者针对特定城市开展个案研究。胡萧白从城市史角度出发，通过研究南京历史上文人士大夫的游冶活动，发现了南京不同时期文化生态的变化影响了文人理解城市的方式,由此探析城市文化的形成与变迁,从而认为文人雅士对于城市文化的形成具有重要影响[4]。刘欣以西安为例提出“异质融合，有机更新”的理念，建议在坚持对本地文化认同的前提下，保持开放的心态，实现不同文化的融合与有机更新，同时针对消费文化在西安文化生态中发展的现象,强调要在持续反思与深化认知的基础上，在城市文化中为现代文化发展找到合适的位置[5]。韩君在文化生态学视角下探讨潍坊手工类非物质文化遗产的传承与保护，认为手工类非物质文化遗产是当地文化生态的特有产物，必须在相应的自然环境、文化环境、社会环境中保护和传承[6]。

最后，学者们尝试构建了有关城市文化生态的评价体系。王硕等人基于扎根理论，将城市文化生态竞争力分解为资源力、创造力、传承力、服务力、影响力和开放力 6 个构成因素，形成了 1 个标准层、6 个目标层和 38 个评价因子层的评价指标体系[7]。黄昌勇和解学芳将中国城市文化发展指标体系划分为城市文化生产、城市文化生活以及城市文化生态三大类，其中将将城市文化生态一级指标划分为文化资源、文化环境和文化多样性 3 个二级指标以及 48 个三级指标[8]。

可以看出,国内关于城市文化生态的研究大多集中在城市规划界和建筑界,研究内容上多以对策性研究为主。上述文献对城市文化生态理论框架的搭建具有重要作用,但针对于长三角地区城市文化生态的研究较为少见，且研究大多以定性分析为主，关于城市文化生态的评价体系尚不清晰,同时缺乏相关数据分析作为支撑，具有较大的局限性。

· 国外研究现状

文化生态概念的研究始于斯图尔德“文化生态学”的观点。该观点认为，文化变迁就是文化适应。它强调了文化的传承与创新，通过保护、改善正在恶化的生态环境，同时创新内容与形式，使正在衰败的地域文化得到现代性的传承，让传统文化以一种能够适应现代社会的方式延续，获得现代性的发展。20 世纪 80 年代后，文化生态学得到了进一步的发展，“系统”概念的纳入进一步增强了文化生态学的系统性与整体性，有学者认为文化生态系统是无形的[9]。此外，在观点方面，从过去单一的认为环境对文化的决定性作用转向环境和文化相互影响的观点，在环境和文化的互动中研究文化生态，也有人指出个人的生活和文化的享受表现出该地文化生态系统的价值[10]。还有学者以传统村落为研究对象，分析了村落文化生态资源的构成要素，并提出了文化生态的整体保护、动态保护和多样性保护策略[11]。随着文化生态学的进一步发展，研究此议题的学者从美国逐渐扩散至世界；研究领域也从文化学、人类学扩展到了地理学、城市规划学、社会学等学科。“城市文化生态”概念正是文化生态学理论在城市建设领域的新扩展，核心观点是城市文化的发展要正视不同个体的差异文化需求和文化的多元性，要通过政府的协调与平衡达到和谐与统一。有学者认为，在城市的可持续发展中，文化是不可缺少的环节，城市文化生态是城市可持续发展的内在动力，城市生态环境则是城市健康发展的重要保障[12]。也有学者认为，将城市建筑和生态的两个概念框架交叉起来有助于满足对城市可操作生态的需求[13]。

理论阐述：从文化生态到城市文化生态

文化生态理论缘起于 20 世纪 50 年代的美国，经过了长时间的发展，文化生态理论体系日渐完善。随着城市的出现以及由此带来的社会环境的巨变，文化生态理论逐渐延伸到了城市文化生态理论，旨在探讨城市化过程中城市文化生态现状以及城市文化变迁。

文化生态理论

相关研究主要有两种视角，由此对应的文化生态概念也有广义和狭义的区别。一是文化人类学角度，主要是在人类学研究的基础上重点探讨文化与环境的关系，代表作品是美国学者斯图尔德（J. H. Steward，1902—1972）的理论著作《文化变迁论》（*Theory of Culture Change*）[14]，是广义的文化生态；二是从文化哲学视角出发，在社会总体框架下研究各个文化具体形态之间的关系，是狭义的文化生态，如孙卫卫认为：文化生态应是指某个时期社会文化大系统内部各种具体文化形态之间相互影响、相互制约的方式和状态[15]。事实上，广义文化生态理论是狭义文化生态理论研究的基础部分，狭义文化生态理论则是在广义文化生态研究的基础上进行的扩展和延伸。本文主要阐述文化与城市环境之间的关系，因而属于广义上的文化生态理论。

- 文化生态理论变迁历程

20 世纪 50 年代，随着全球生态环境的恶化以及城市化进程的加快，人类学学者们开始认识到单纯的生态学研究已经无法满足当前生态环境的变化，必须引入更多学科的理论，尝试从生态学角度探讨文化和人类社会、文化与环境的关系。朱利安·斯图尔德在《文化变迁论》中阐述了他关于文化生态适应的相关理论，通过分析不同环境下的文化的特点，指出文化对生态环境的适应性是推动文化变迁的主要原因，首次对文化生态进行了探讨。在斯图尔德的影响下，20 世纪 60 年代又出现了以《尼日利亚的山地农民》（*The Hill Farmers of Ngeria*,1968）为代表的相关著作。20 世纪 70 年代以后，世界范围内人类学、社会学、环境学、传播学以及哲学等学科的学者的研究逐渐涉及，文化生态学得以和其他学科进行融合交叉，冲破学科、地域的限制，得到了进一步的发展。20 世纪 80 年代，文化生态学逐渐发展成了一门新的、独立学科[16]。

我国学者在早期研究中也萌发了文化生态意识。李大钊的《东西文化的本质差异》[17]、冯友兰《新事论》[18]等作品在论述文化生成的原因以及产生方式时认为，文化的差异与民族性与生态环境关系密切。20 世纪 80 年代，黄育馥引入“文化生态”概念[19]。20 世纪 90 年代，国内文化生态学研究范围扩展到人文社科领域，更多的国内学者逐渐开展文化生态研究。就目前来看，国内对文化生态的研究大多集中在基本内涵[20]、研究对象以及构成要素等方面，黄育馥、王玉德、司马云杰等都是国内文化生态领域研究的权威学者。

总之，文化生态学是研究文化与生态环境关系的学科，厘清人、文化与环境、社会之间协调关系，促进社会的发展与文化的进步。

- 文化生态理论观点阐释

文化生态理论论证了生态环境的改变是文化变迁、发展的主要动力。文化具有自适应性，可以依据生态环境的变化而发生改变，以适应新的生态环境。这种观点强调了文化的传承与创新，通过保护、改善正在恶化的生态环境，同时创新内容与形式，使正在衰败的地域文化得到现代性的传承，让传统文化以一种能够适应当代社会的方式延续，获得发展。他强调，文化变迁的影响因素有很多，生态因素绝对是重要的决定性因素[21]。

该理论最重要的贡献在于认识到文化与环境不可分割，并且二者相互影响。斯图尔德提出，人类是一定环境中生命网络的一部分，并与其他物种构成一个生物层的次社会层，通常被称为群落。人类为生物层，人类生活中的文化因素就是文化层，两个层次相互依存[22]。文化生态学的主要任务就是发现文化发展的规律、解释发生变化的原因并研究环境对文化的影响。

城市文化生态理论

- 城市文化生态理论的阐释与观点

城市文化生态理论是文化生态学与城市规划学等学科融合的成果，是文化生态学理论的延伸。城市是现代人类的主要生活空间，也是文化的主要存在空间。如何在城市生活中为文化的发展与传承创造合适的空间，维持文化生态的平衡，是促成城市文化生态理论进一步发展的现实因素。城市文化生态观将文化生态理论具化于城市文化建设，是文化生态理论的补充与发展。城市文化生态观的核心观点是：城市文化的发展要正视不同个体差异化的文化需求和多元文化的存在，通过政府的协调与平衡达到和谐与统一[23]。

城市文化生态的研究对象是在城市背景下的文化与环境的互动关系。周膺认为，人、城市、文化和自然共同构成一个互动系统，即城市文化系统，而城市文化生态学正是一种研究这一系统互动关系的理论[24]。万昆指出，城市文化生态学是研究城市中的人、社会文化以及地理环境之间的互动关系的学科[25]。人处于这种互动关系的核心，人在继承城市文化的同时，又受到所处城市环境的影响而改造文化；生活在城市中的人们也在创造、革新着城市环境，特定的环境下又会产生新的文化。而人作为城市与文化的创造者与传承者，通过合理的城市规划达到建设城市、革新文化的作用。

- 城市文化生态研究的要义

在互动关系中把握平衡。城市是现代社会生活的重要组成单位。在城市形象下包含着一系列人类的社会活动，如经济行为、社会建设、文化创造等，因而城市是人类各种活动和自然环境因素相互作用的结果。在城市文化生态研究中，要充分把握各个因素之间的关系，采取合适的方式，对城市建设进行引导与控制，促进城市的健康发展。

在多元化中实现共生。首先，要保持城市文化的多样性与广泛性，对于历史上遗留下来的有价值的、能够反映城市发展变迁的各类文化遗产都应该尽力保留，丰富城市文化内容，创造多元发展的城市文化生态环境。其次，要保护城市形态的整体性。通过对城市结构、建筑街景以及城市空间的设计，缩小城市现代化与文化遗产之间的差异，保持城市各个时期历史文化的连续，使多元文化在城市中得以共生。

在历史发展中革新文化。城市文化生态理论非常重视对于历史文化和传统的保护，并提倡采用公众参与的方式体现文化的地方性，常被当做旧城改造、城市更新的重要思想理论。保护历史与传统并不意味着全盘接收，而应采取更新改造的策略，在保持地方特色的同时，为传统和历史增添现代内容，延续历史文脉，在历史和现代之间把握平衡状态。

从文化生态到城市文化生态的变迁动因

- 早期文化生态学的局限性

早期文化生态学研究较为粗浅，研究范围较为狭窄，存在着较多缺陷。首先，研究对象多集中在小型地区，尤其是农村环境，因而研究结论可能不适用于大范围地区。然而，工业化、城镇化造就了超级城市以及由此产生的文化生态恶化问题无法得到有效的解决。其次，早期文化生态学只注重环境对于文化的改变，忽略了人对环境变化的主观能动性。“文化适应”是文化生态学的主要观点，强调环境对文化的影响，在这个过程中文化处于被动状态，受环境的影响而发生改变，从而忽视了人类的能动性，忽视了人类对于环境的主动作用。最后，文化生态学对过去的历史研究较多，未能对当今生态环境的变化做出解释。学界多注重通过对历史文献的研究来分析历史上文化的变迁，无法适应近几个世纪以来生态恶化对文化造成的影响，因而具有很大的局限性。

- 城市化导致的生态环境恶化以及地方特色的消失

几个世纪以来，伴随着工业化的发展与城市化进程的加快，城市的建设在为人类生活提供便利的同时也加剧了人与人人与环境之间的矛盾。城市高度集中的人口加速了资源的消耗，严重的污染排放对自然环境造成了不可逆的损害。联合国环境规划署在 2019 年发表的《2019 年排放差距报告》指出，过去 10 年全球温室气体浓度每年上升 1.5%，在目前条件下，全球气温预计仍将上升 3.2°C，预计对全球气候造成的影响将是更广泛、更具破坏性的[26]。

盲目的城市扩张同时造成了地方特色的消失与文化的趋同。伴随着工业革命的发生，西方发达国家率先出现城市化现象，逐渐掌握世界的话语权。改革开放后，中国在城市化、国际化的过程中不免出现“西化”倾向，建筑形式、服饰风格、饮食文化等方面的文化传统在国际化的过程中遭到不同程度的破坏，地方与地方之间文化的差异性被城市化的统一性所代替，城市文化生态环境急需改善。

时代背景：从长三角一体化到长三角文化一体化

历史上，长江三角洲地区因为发达的水利交通而在民间层面自发连接在一起，直至新中国成立改革开放后，才在国家层面上开始了区域一体化发展的规划与探索，在长三角经济一体化深入发展的当下，长三角地区正朝向多维方向继续迈进。

长三角一体化战略的提出

- 长三角一体化进程

1982 年，国务院成立上海经济区，标志着“长三角”经济圈的雏形的出现。经济区以上海为中心，同时，涵盖江苏省的苏州、无锡、常州、南通，浙江省的杭州、嘉兴、湖州、宁波、绍兴共 10 个城市，后来又增加了安徽、江西和福建三省，形成五省一市的格局，总人口占全国的 1/4，国土面积占比超过 6.6%，在全国占有重要的经济地位与战略地位。

20 世纪 90 年代，伴随着改革开放的不断深入与浦东开发计划的提出，长三角经济区得到了进一步发展。1992 年，党的“十四大”报告中就明确提出了以浦东开发为龙头，进一步开放长江沿岸城市，以上海的发展与浦东的开放带动长江三角洲和整个长江流域地区的新飞跃。借助高速公路的兴建与市场经济体制的建设，长三角地区加快产业分工与合作，长三角经济圈逐渐形成。

进入 21 世纪，尤其是中国加入世界贸易组织以来，长三角地区市场规模进一步扩大，国际化趋势更加明显，吸引外资能力进一步提高，在国家改革开放的过程中起着越来越重要的作用。大量的跨国公司通过上海研发经营、长三角生产的方式进一步巩固了长三角地区的分工模式，推动着劳动力、科技等生产要素的自由流动。在国内层面，市场经济的快速发展促进长三角地区民营企业的发展壮大，政府与市场的分工使地方政府加紧制度建设与区域合作，为区域经济协作创造良好的环境。2008 年，《关于进一步推动长江三角洲地区改革开放和经济社会发展制导意见》确定了长三角一体化的概念，明确了总体要求、主要原则与发展目标，这标志着长三角一体化进入国家战略层面。2018 年，长江三角洲区域一体化上升为国家战略。2019 年 12 月，中共中央、国务院公布的《长江三角洲区域一体化规划纲要》明确指出了长江三角洲地区的区域范围，确立了目前长三角地区三省一市（江苏、浙江、安徽、上海）的格局，提出要加快推进都市圈协同联动，将区域合作逐渐从经济领域扩展到城市建设、民生发展、文化旅游等多领域、多维度一体化，为长三角地区的发展提出了更高的要求。

- 长三角一体化战略的意义

合力调配区域资源，促进城市分工协作，合力提升发展水平与竞争能力。亚当·斯密在《国富论》中提出，劳动分工有助于提高劳动生产力，增进国民财富[27]。长三角区域作为全国经济最活跃的地区之一，若各省市相互竞争、各自为政，势必会造成资源的浪费与生产效率的低下，不符合可持续发展的原则。长三角区域一体化发展有助于加强城市之间的分工协作，变竞争为共赢，促进各种资源、生产要素的合理流动。通过发挥上海市的“龙头”作用，综合考虑区域内各城市的特点，以互通有无、取长补短等方式提升整个城市群的竞争合力，从而促进经济水平的提高与影响力的扩大。

缩小贫富差距，提升区域内居民生活水平。长三角一体化的最终目的和落脚点在于深化改革开放，增进人民福祉，使更多人共享改革带来的红利。长三角一体化也不仅仅是经济一体化，更在于社会、空间等的全面一体化。当前，长三角区域内省与省之间、省级内部发展水平仍然存在不平衡的现象，上海作为核心城市远远领先于其他地区，而各省内部不同地区也存在着较大的差异。长三角社会一体化旨在于促进区域内社会保障、医疗卫生、教育文化、生态环境、公共基础设施等多方面的提升，使居民享受到更优质的社会服务，从而优化居民生活水平，缩小贫富差距。

长三角文化一体化的要义

首先，推进长三角文化一体化进程是增强区域文化认同的重要保障。在长三角地区悠久的历史中，早已被打上了地域文化认同的烙印，从而保持了对本地区文化特质与文化传统的珍视与传承。要想实现区域融合，文化认同的实现是重要的一部分。文化认同将通过无形的象征符号将区域内的人民联结起来，从而激发起民众对于区域一体化事务的热情，促进一体化进程。

其次，推进长三角文化一体化进程是塑造江南文化特色的重要契机。长三角地区的区域文化由四大亚文化组成，分别是浙江省的越文化、江苏省的吴文化、上海市的海派文化以及安徽省的徽派文化，这四种亚文化之间相互融合，彼此互为依存。吴越文化以内敛含蓄著称，长三角地区自先秦时期就归属吴越文化区，而上海的海派文化发源于海洋的同时也吸收了吴越文化的精髓，安徽徽派文化以“黄梅戏”著称于全国，悠扬婉转、沉稳大方，四种文化共同构成了江南文化的核心内涵。在长三角一体化的进程中，塑造江南文化品牌，提升江南文化在人民群众中的认同感与参与感，从而在文化角度实现区域粘合。

最后，推进长三角文化一体化进程是搭建文化交流共享平台、实现区域文化资源共享的重要战略。文化一体化意味着共享区域文化资源、文化人才、文化市场等。长三角地区文化一体化将进一步加快搭建区域文化交流共享平台，促进地区文化基础设施共享、文化企业跨区合作、文化人才跨区流动、文化产业共同发展，从整体上提升区域文化服务能力，丰富群众文化生活，增强区域文化竞争合力与文化发展活力。

长三角文化一体化发展现状

近年来，长三角地区经济上的频繁互动带动了文化方面的交流合作，长三角地区文化一体化发展取得了一些成就。同时，应该看到，由于体制差异、政策区别、行业无序竞争等因素，目前长江三角洲文化一体化建设还存在着许多问题。推动区域文化融合，需要首先客观认识区域文化一体化发展现状。

- 区域文化实力强盛，三省一市文化发展各有特色

长三角地区文化资源丰富，文化建设处在全国前列。在文化资源富集程度方面，长三角地区拥有极为丰富的历史文化资源和自然资源，如江南文化和徽派文化等文化资源，以乌镇风景区、黄山风景区为代表的自然旅游资源。在产业发展方面，2016年，长三角创意产业增加值达9534.16亿元，对国内外生产总值的贡献率超过了14%[28]，远超全国平均水平。同时，由于长三角三省一市文化资源以及经济发展状况的不同，各地文化在发展过程中呈现的特色与发展水平也所有区别。浙江省依靠民营经济发达的体制优势，吸引了多渠道的投资，带动了一大批文化企业的成长，在影视制作、文化旅游、网络文化等行业具有绝对的优势。上海市借助城市发展的独特优势，在文化产业领域全面发展，广告、会展、影视、演艺、娱乐、网络文化等领域全国领先。江苏省在充分巩固其在新闻出版、文旅游优势地位的同时，积极扶持新兴文化产业的发展壮大，江苏目前有苏州、常州、无锡等3个国家级动漫基地，为江苏省文化产业的发展注入了新的活力[29]。安徽省依靠丰富的旅游资源大力发展文化旅游业。总之，长三角地区文化资源丰富、文化氛围浓厚，各地文化发展格局特色，拥有巨大的发展潜力。

- 区域文化交流密切，文化一体化趋势明显

长三角一体化从经济一体化开始，正逐渐向全方位一体化发展。伴随着长三角一体化战略地位的日益提升以及一体化进程的深入，长三角文化一体化趋势逐渐明显，三省一市之间的文化交流与合作更加频繁与深入。在文化产业方面，长江三角洲国际文化产业博览会已经成功举办两届，为江浙沪皖文化企业的沟通交流以集中推介长三角文化整体形象做出了贡献。在出版印刷领域，通过签署一系列框架协议厘清了在行业监管、文化服务、产业发展等方面的问题，为一体化发展扫清了制度障碍。在公共文化领域，三省一市政府加强了跨区域的合作与沟通，以宣言、协议

等方式探索跨行政区域公共文化服务合作一体化新机制。在文艺创作领域组建了一系列文艺联盟搭建文艺资源共享与推广平台，如“长三角文艺发展联盟”等，促进了文艺资源的共享与文艺平台共建。

· 区域文化发展不平衡、不充分问题明显

由于地区资源禀赋、主导产业以及相关发展政策的不同，长三角三省一市文化发展成效不尽相同。在文化产业发展方面，江苏省和浙江省的文化企业数量更多，优质龙头企业数量优势明显，在长三角区域中居于领先地位。上海市受制于区域面积，文化企业数量不及苏、浙两省，但文化企业发展绩效明显更高，在沪文化企业的规模也更大。而安徽省文化产业与苏沪浙相比存在着较大的差距，有较大的提升空间。在公共文化建设方面，苏沪浙地区由于经济发展水平较高，因而，在公共文化供给方面较优于安徽省。以城市公共图书馆资源为例，2018 年，上海市人均拥有公共图书馆藏量为 3.26 册，居于长三角地区第一位，浙江省和江苏省分别以 1.5 册、1.16 册分居第 2、3 位，而安徽省人均拥有的公共图书馆数量仅为 0.46 册，远低于平均水平 [30]。

· 注重优化城市文化环境，产业发展重点从产业融合向产城融合转变 [31]

近年来，特色小镇的建设在全国风靡，引发了对文化产业与城镇化融合发展的关注。特色小镇概念本就缘起于浙江省的云栖小镇，旨在将文化产业的发展与现代化都市以及美丽乡村等概念结合。当前，长江三角洲各省市在城市建设的过程中都十分重视城市规划、园林设计等内容，亦加大了对历史街区、文化名镇的建设，旨在提升城市文化品位，丰富城市文化生活。根据住建部公布的两批特色小镇名单，长三角地区共有 69 个镇被评定为国家级特色小镇，占全国特色小镇总数的 17%。地方层面，长三角各地区各级政府通过出台关于促进、扶持特色小镇发展的政策文件，引导地方特色小镇持续发展。以浙江省为例，2016 年，浙江省政府工作报告明确提出“十三五”时期全省要培育建设高标准特色小镇 100 个以上，并在招商引资、土地供给等方面为特色小镇的建设提供政策引导。长三角地区依托丰富的文化资源、旅游资源，通过特色小镇的建设弘扬地区传统文化，促进产业发展与城市建设，文化产业产城融合已经成为长三角地区文化发展的共同趋势。

构建与比较：长三角地区16城城市文化生态比较

区域一体化往往是多维度、多领域的一体化。在长三角地区一体化发展的过程中，文化一体化成为新趋势。城市文化生态是城市文化的基础，为城市文化生产和城市文化生活创造发展环境。基于长三角地区城市文化生态发展现状和文化生态发展困境，从定量视角考察长三角地区文化发展状况尤为重要。

城市文化生态指标体系构建

2017年出版的《中国城市文化报告》将中国城市文化指标体系划分为城市文化生产、城市文化生活和城市文化生态3部分，提出了PLE理论模型[32]。为了进行城市之间的数据比较，本文在《中国城市文化报告》中提出的城市文化生态指标体系基础上构建长三角城市文化生态指标体系，从文化资源、文化环境和文化多样性3大维度，组成由13个三级指标构成的指标体系。

- 文化资源指标

文化资源是长三角城市文化发展的基础，也是城市文化生态的根本保障。文化资源是长三角地区城市厚重历史文化的浓缩，是城市居民共同的文化记忆，同时也是城市现代文化生产的重要源泉。一个城市所拥有的以及可以使用开发的文化资源的数量直接反映了该城市文化生态发展潜力的大小，丰富的文化资源为城市营造浓厚的文化氛围，有利于长三角城市文化生态的营造以及城市文化的进一步发展。长三角城市文化资源可分为自然历史资源、文化人才资源以及文化空间资源三类，在此基础上划分出7个三级指标。首先要考察城市自然历史资源，主要包括文物保护单位数量、国家A级以上景区数以及非物质文化遗产数；其次是文化人才资源，主要包括中国文联协会会员人数和工艺美术大师数指标；最后是消费性的文化空间资源，包括餐馆、酒吧、咖啡馆、茶馆数量和星级酒店数量等具体指标。

长三角城市文化生态指标体系

一级指标	二级指标	三级指标
文化生产（A1）	文化投入（B1）	一般公共预算文化体育与传媒支出（C1）
		地方财政文化体育与传媒支出占地方财政支出比重（C2）
		文化专项扶持基金年度规模（C3）（文化事业费（C3-1））
		文化类基金会数（C4）
	文化产出（B2）	文化及相关产业增加值（C5）
		文化及行相关产业增加值占 GDP 比重（C6）
		电影票房收入（C7）
		艺术表演团体演出收入（C8）
		旅游收入（C9）
		文化产品进出口总额（C10）
	文化生产主体（B3）	文化及相关产业法人单位数（万人）（C11）
		规模以上文化及相关产业企业数（C12）
		文化及相关产业从业人员（万人）（C13）
		出版机构数（含网络出版）（C14）
		书店数（C15）
		剧场数（C16）
		公共图书馆数（C17）
		博物馆数（C18）
		美术馆（画廊）数（C19）（美术馆数（C19-1））
		艺术品经营机构数（C20）
		电影院数（C21）
		电影银幕数（C22）
		艺术表演团体机构数（其中：民间剧团数量）(C23)
		艺术表演场馆数（C24）（国有艺术表演场馆数（C24-1））
		公共广播节目套数（C25）
		公共电视节目套数（C26）
		旅行社数（C27）
		动漫企业数（C28）
		娱乐场所数（C29）
		文化馆数（C30）
		文化类社会组织数（社团 + 基金会 + 民办非合计）（C31）
	文化产品与服务（B4）	电影院上映电影数（C32）
		出版物销售数（C33）
		电子出版物数（万张）（C34）
		艺术表演团体演出场次（万场次）（C35）
		群众文化机构提供文化服务次数（C36）
		国内国际体育赛事数（C37）
		会展数（C38）
		节庆数（C39）

- 文化环境指标

文化环境是城市发展过程中形成的，具有其特定的文化理念、价值观念、行为方式、风俗习惯、宗教信仰和人文自然遗址[33]。文化环境与文化生态联系密切但有所区别，文化环境是文化生态的外在表现，文化生态则是文化环境优化的内在动力。对于长三角城市文化环境的考察主要分为两个方面：经济环境、社会文化环境。城市经济状况是文化得以发展的前提和基础，用人均国内生产总值（下称“人均 GDP”）体现。城市只有在经济水平较高的前提下才能有足够的经济实力维护文化生态。此外，社会的文化环境同样会影响城市文化生态，人口素质较高的城市往往文化水平也高，这里主要考察教育环境，包括普通本专科在校生人数以及高等学校在校学生数占比等指标。

- 文化多样性指标

文化多样性体现了长三角城市文化吸引力的大小、文化种类的多少以及对不同文化的包容度，是衡量地区文化生态情况的重要指标。文化生态环境较好的城市往往能够包容更加多元的文化，为不同民族、不同地区、不同国家的文化提供交流的平台。具体指标包括非户籍人口占比、连续居住3个月以上的国外人口占比以及留学生数。

长三角地区16城城市文化生态比较

在构建长三角城市文化生态指标体系的基础上，通过对16个样本城市相关数据的比较分析，从整体上把脉长三角地区城市文化生态发展现状。

- 数据说明与描述

为了对长三角地区城市文化生态状况进行较为全面的了解，本文在长三角地区27个城市之中选择16个城市作为样本，选择标准如下：（1）江苏省、浙江省、安徽省各选择5个城市；（2）三省省会城市入选；（3）根据人口规模选择不同省份对标的地级市。入选城市分别是上海市、江苏省的南京市、苏州市、无锡市、常州市、扬州市、浙江省的杭州市、宁波市、绍兴市、嘉兴市、湖州市以及安徽省的合肥市、安庆市、芜湖市、宣城市、黄山市。

指标体系对应的数据主要来源于各市 2019 统计年鉴、统计公报、政府资讯以及权威媒体报道等渠道，如 2018 年上海市国民经济和社会发展统计公报、南京统计年鉴 2019、来华留学生简明统计 2018、江苏非物质文化遗产网、苏州市文化广电和旅游局网站等。省级数据用省内选择的城市数据之和或平均值代表，例如，用南京市、苏州市、无锡市、常州市、扬州市单项指标数量之和或平均值代表江苏省的数量情况。

· 区域维度比较

区域维度主要是从长三角地区三省一市的角度进行分析，考察的是江浙沪皖四个地区之间的城市文化生态差异，具体内容分为文化资源指标、文化环境指标、文化多样性指标三大方面。

· 长三角地区文化资源指标比较

从总体上来看，长三角三省一市历史悠久，风景优美，文化资源富集程度较高，为城市文化生态的发展提供了较好的基础。但省际之间的差距明显存在，苏浙地区资源程度最为相似，富集程度最高。上海市总体资源质量较高，发展水平好，但在数量上少于其他省区。安徽省一些具体指标表现出色，但总体上与苏浙沪地区相比仍存在较大的差距。

三省一市的历史文化资源数量呈现出了非常相似的趋势：苏浙地区资源量远高于皖沪地区，且苏浙、皖沪二地资源数量分别接近（见右页图）。一方面，江苏省文物保护单位数量、非物质文化遗产数量资源量最为丰富，浙江省排名第二但和江苏省的差距很小，说明江苏省和浙江省资源量相当，都拥有非常丰富的自然历史文化资源，为该省文化生态的建设打下了较好的基础。另一方面，值得注意的是安徽省的资源量远不及苏浙二省，甚至与直辖市上海市数量相当，与安徽省悠久的历史文化以及丰富的自然资源存在着较大的反差，可见安徽省在历史文化资源挖掘方面仍存在着较大空间。

旅游资源方面，三省一市资源量水平较为一致，安徽表现出

长三角三省一市历史文化资源状况对比

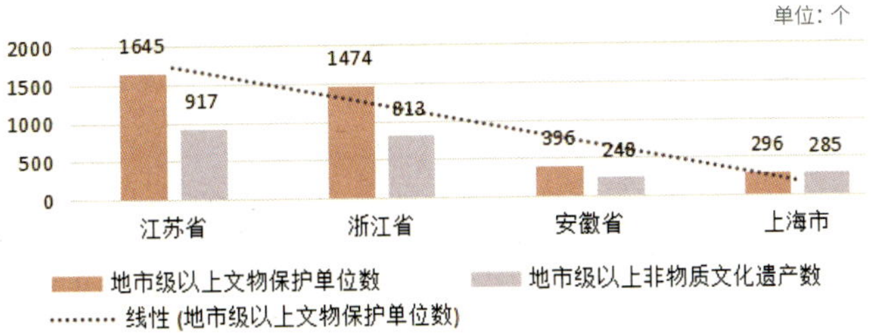

长三角三省一市旅游资源状况对比

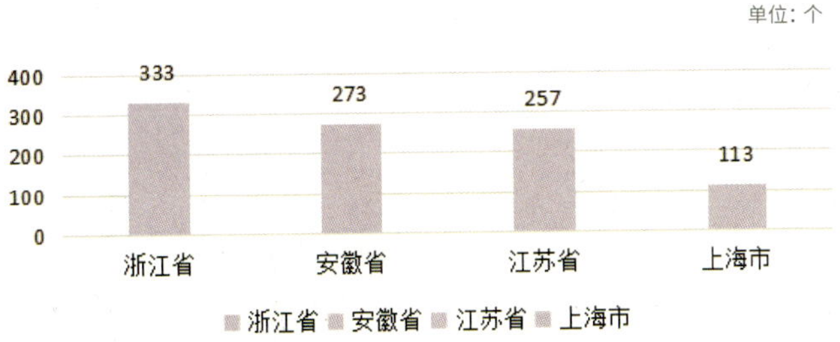

色。浙江省全省共拥有国家 A 级以上景区 333 个（见上图），在长三角地区位列第一，安徽省、江苏省的旅游资源也较为丰富，分别以 273 处、257 处景区数量位列第二、三；上海市全市 A 级以上景区数量为 113 处，相较于其他三省而言数量较少。与历史文化资源的少量相比，安徽省旅游资源富集程度更高，一定程度上弥补了历史文化资源与其他二省之间的差距，在优化城市文化生态的过程中可加强对旅游资源的利用与保护。浙江省凭借良好的生态环境以及悠久的历史汇集了大量的旅游资源，这是保持浙江省城市文化生态的重要因素。

文化人才资源方面，浙江省、江苏省在长三角地区中有较大的优势。凭借着地区丰厚的文化底蕴以及较为发达的文化产业，浙江省、江苏省吸引了较多的文化人才在此集聚，相关从业人员、艺术人才等的数量都表现出了明显的优势。以国家级工艺美术大师数量为例，江苏省、浙江省分别拥有 57 位、50 位国家级工艺美术大师，上海市以 20 位居于第三，安徽省仅有 6 位暂居最末（见下页图）。

从文化空间层面看，长三角地区咖啡馆、茶馆数量数量普遍较多，但安徽省和其他省市相比差距仍然存在（见下页图）。值得注意的是，上海市咖啡馆数量远超其他地区，居于第一，为文

长三角三省一市文化人才资源状况对比

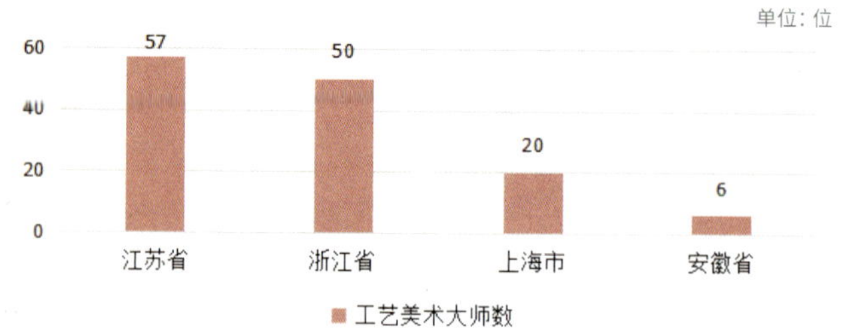

长三角三省一市酒吧、咖啡馆、茶馆、餐馆数量对比

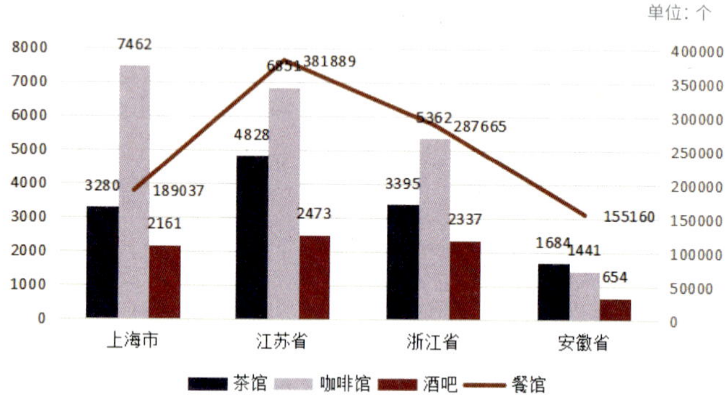

化交流提供了重要的空间。此外，餐馆数量在三省一市的文化空间中占比最大，各地区数量差距也较小。

- 长三角区域文化环境指标比较

经济的繁荣是文化发展的基础。长三角地区是我国经济最为活跃的地区之一，各城市人均 GDP 也远超全国平均水平。在三省一市中，上海市人均 GDP（见右页图）呈现最高值，在长三角地区经济发展中始终处于领跑地位，雄厚的经济实力将进一步加速上海文化建设，为文化产业发展提供良好的文化生态。江苏省、浙江省分别位居第二、三位，且两省在人均 GDP 方面的差距要小于上海市与江苏省之间的差距，可见江苏省、浙江省在经济上发展势头相似。2019 年，安徽省人均 GDP 为 58496 元，和长三角其他地区相比差距较大，其中与上海市的差距尤为明显，安徽省人均 GDP 仅为上海市的三分之一。在未来发展过程中，安徽省要抓住长江三角洲区域一体化战略这个历史机遇，借助良好的区位优势，积极融入区域经济一体化建设，努力提升经济实力，优化经济环境，从而为社会文化建设打下良好坚实的基础。

三省一市 2019 年人均 GDP

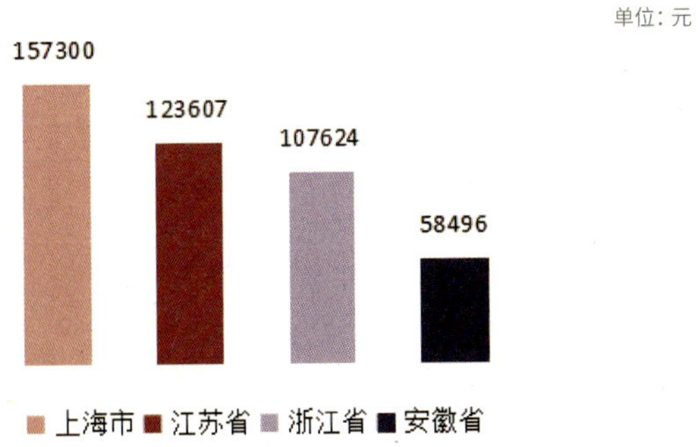

三省一市教育环境相关指标对比

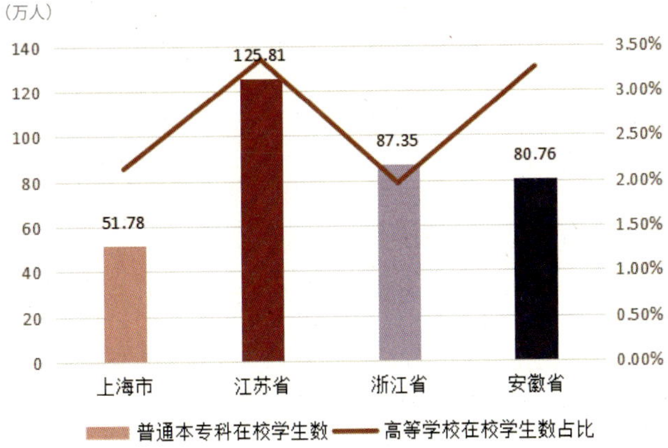

教育生态方面，江苏省高校在校学生人数最多，达到了125万人，学生占比也高，教育生态环境相对较好；浙江省在校学生数量为87万人，上海市则为51万人，两地相对于江苏省来说学生数量较少，学生占常住人口的比重相似，均在2%左右；安徽省高校在校生人数略小于浙江省（80万人），但由于人口基数等原因，学生占比超过了3%，达到了和江苏省一样的水平。江苏省内高校众多，汇集了大量全国乃至世界各地的学生，不同文化在此交融，因而江苏省教育生态环境更好，更有利于文化的发展繁荣。上海市虽然受地域环境等的限制，在学生数量上无法与其他省份比较，但是上海市众多双一流高校汇集了更多高素质的学者、学生，教育生态环境较好。浙江省在学生数量以及在校学生占比方面在三省一市并不突出，尤其是在校学生占比居于四地末尾。安徽省高等学校在校学生数占比与江苏省非常相近，高于上海市和浙江省，加速着城市文化的流动，为城市文化发展提供了高素质人才。

三省一市文化多样性相关指标对比

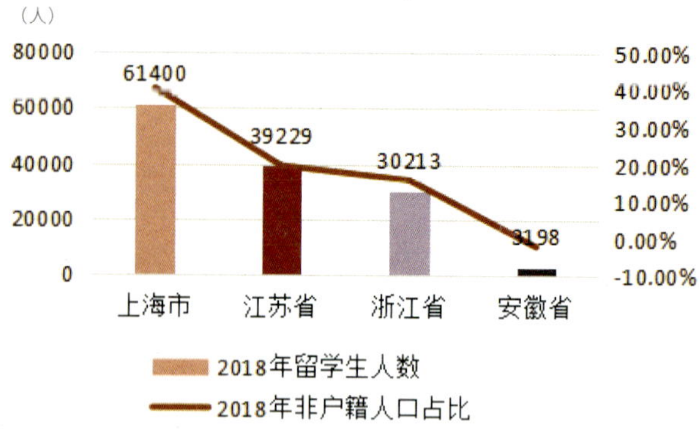

· 长三角区域文化多样性指标比较

上海市作为我国经济中心和对外交流的窗口，吸引了大量全国乃至世界各地的人才在上海工作、学习，文化多样性程度最高；安徽省受经济发展等的限制，存在人口流失现象，文化多样性程度最低。上海市依托城市区位环境优势以及高校科研资源，对外来人才的吸引能力最强，非户籍人口占比以及留学生数量分别为 40%、6 万人，居于长三角首位，世界各地文化在上海得到交流与融合，为城市文化发展增添了源源不断的活力。江苏省和浙江省的非户籍人口占比以及留学生数量则较为均衡，两地相差不大，分别有 19%、15% 的外来人口占比，以及 3.9 万、3 万的留学生数量，显示出两省在文化多样性方面差距不大，但和上海相比仍然居于劣势地位。值得注意的是，安徽省非户籍人口占比呈现负数（-2.09%），户籍人口数量远远小于常住人口数量，而留学生数量为 0.3 万人，在三省一市中居于最末，说明安徽省存在着较为严重的人才资源流失以及文化单一性问题，与长三角其他地区相比有较大的差距。

· 城市维度比较

为了对长三角地区不同规模城市的城市文化生态状况有一个更为细致的了解，根据各城市常住人口数量的不同，将 16 个城市划分为三个组别（如右页表），代表长三角地区三种不同的发展水平以及对应的文化生态环境。通过同一组别内的横向对比旨在发现同一省份不同城市之间、不同省份不同城市之间城市文化生态的区别与联系。

16城2018年常住人口数量及组别划分

组别	城市	2018年常住人口数量（万人）
第一梯队：人口规模最大组比较	上海市	2,423.78
	苏州市	1,072.17
	杭州市	980.60
	南京市	843.62
	宁波市	820.70
	合肥市	808.70
第二梯队：人口规模中等组比较	无锡市	657.45
	绍兴市	503.50
	常州市	472.90
	嘉兴市	472.60
	安庆市	469.10
第三梯队：人口规模最小组比较	扬州市	453.10
	芜湖市	374.80
	湖州市	302.70
	宣城市	264.80
	黄山市	140.70

- 第一梯队三大指标比较

在文化资源方面，该组各指标数据呈现出与人口规模相同的趋势：即上海市、苏州市文化资源更为丰富，杭州市、南京市次之，宁波市和合肥市文化资源相对更少；但自然历史资源状况稍显不同，杭州市、南京市在历史上曾为多个朝代的都城，历史文化底蕴深厚，因而在6个城市中自然历史资源最为丰富。

上海市、苏州市在6个城市中的文化资源状况最佳，其中文化人才资源、文化空间资源如星级酒店数、咖啡馆茶馆餐馆数、国家级工艺美术大师数等都处在前列，上海市咖啡馆的数量更是遥遥领先于其他城市，是其他城市的近3倍（见下页图）。上海市与苏州市人口规模庞大，城市的人均国民生产总值相对更高，因此能够吸引更多的文化人才，兴建更多的文化空间。两市在文化人才资源、文化空间资源方面的领先与城市的经济发展规模关系密切，间接证明了文化资源的富集程度并不是难以改变的，城市的经济优势从某种程度上可以促进城市文化资源的提升。作为浙江省、江苏省的省会城市，杭州市和南京市在一些

左　2018 国家级工艺美术大师人数

右　2018 星级酒店数

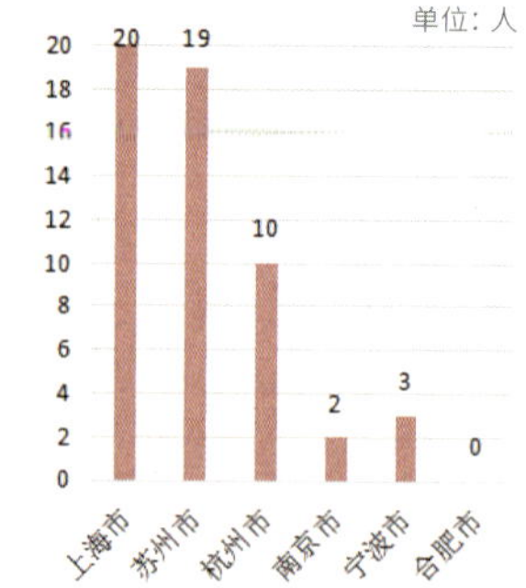

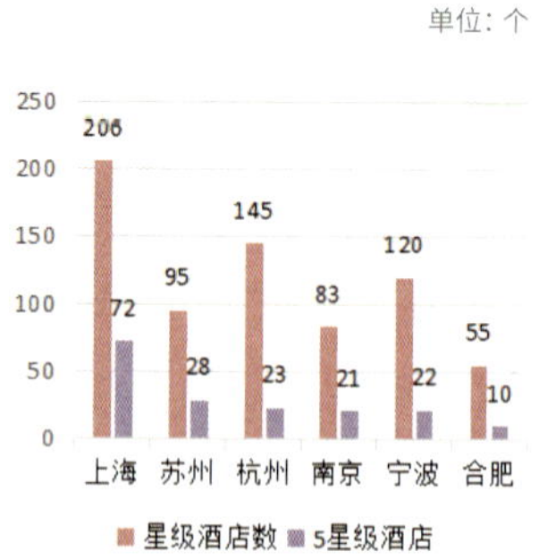

文化资源空间相关指标数据对比

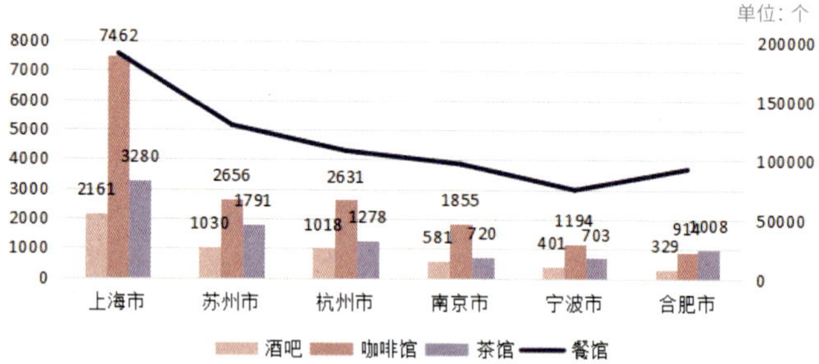

文化资源相关指标上略低于江苏省地级市苏州市，如国家级工艺美术大师数量、五星级酒店数量等。两个省会城市相比，杭州市在文化人才资源、文化空间资源方面都略高于南京市，比如杭州市共有 10 位国家级工艺美术大师，而南京市仅有 2 位，餐馆、咖啡馆等文化空间资源上杭州市也略高。总之，两个省会城市文化资源情况在本组城市中居于中间位次，杭州市整体情况要略高于南京市。长三角区域中另一个省会城市安徽省合肥市与浙江省宁波市排在本组较后位置，两市文化空间资源状况较为相似，而合肥市的文化人才资源、星级酒店数量都少于宁波市。宁波市在 GDP 总量以及人均 GDP 等经济指标方面上都远高于合肥市，同时身处长江三角洲核心区域，经济发展环境更优，文化人才更容易在此集聚，文化空间数量也更多，因而文化资源状况从总体上高于合肥市。

该组城市在自然资源指标方面显示出了不同城市的特色与亮点。南京市、杭州市的历史文化资源最为富集（见上图），杭州市的文物保护单位数量、非物质文化遗产数量优势明显，南京市更是以 516 个文物保护单数数量居于六大城市首位。相对于上海与苏州，南京市与杭州市在人口规模较少的情况下拥有更

自然历史资源相关指标数据对比

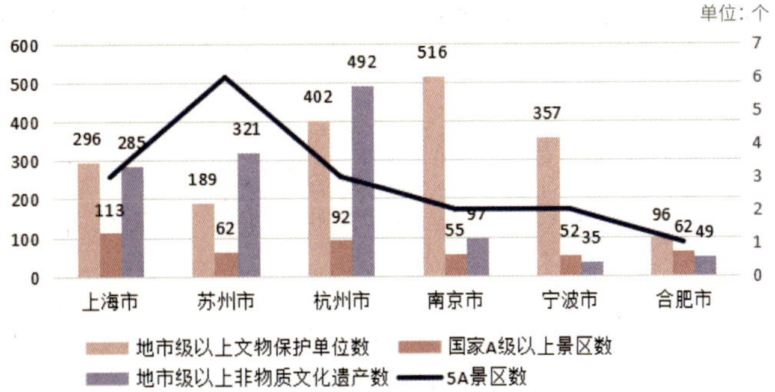

多的历史文化资源，这与两市厚重的历史文化底蕴是分不开的：南京曾是六朝古都，有大量历史文物遗留，历史资源丰富；杭州市的西湖风景区则是著名的旅游胜地，被誉为“人间天堂”，是自然风光与历史文化的结合。由此，可以推断出，南京市、杭州市在长三角城市中历史文化资源最为丰富。在未来的文发展中，两市应加强对历史文化资源的保护与利用，以可持续的开发方式维持两市城市文化生态的良性运转。此外，宁波市的文物保护单位数远远高于其他城市数量，可见宁波市历史文化资源基础良好，具有较大的开发潜力，宁波市在未来的文化发展中应重新复盘区域文化资源，有针对性的加强开发，丰富城市文化底蕴。合肥市作为六大城市中唯一一个安徽省的城市，历史文化资源较为缺乏，文物保护单位数量（96 个）、非物质文化遗产数量（49 个）与其他城市相比仍有较大的差距，如何在现有文化资源的基础上进行城市资源的优化组合以及整体提升以尽快追赶上长三角其他城市的步伐，是合肥市在城市文化生态建设方面应该主要思考的方向。

关于文化环境状况，六大城市在经济环境和教育环境方面呈现出了不同的特征：六大城市经济实力雄厚，经济环境差距不大；但在教育环境方面呈现出了较大的不同。从下页图可以看出，该组六大城市中有 5 个城市的人均国民生产总值都超过了 1 万元，其中苏州、杭州、南京 3 个城市的人均国民生产总值甚至超过了上海市。合肥市的人均国民生产总值虽暂时低于其他 5 个城市，但数据已经接近 1 万元，有望在未来几年的发展中实现新的突破。总体上看，得益于长三角经济一体化等因素的推动，

长三角六大城市 2018 年人均国民生产总值数据

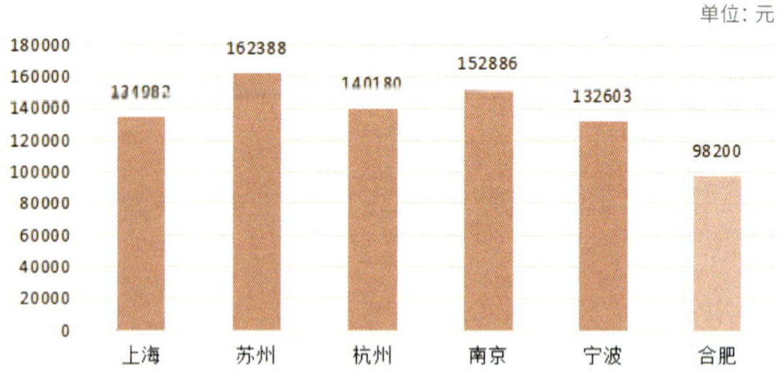

长三角六大城市教育生态相关指标数据

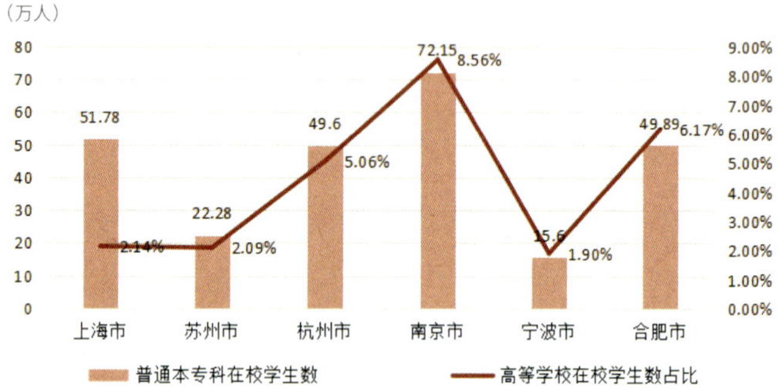

六大城市之间经济实力差距较小，在经济环境上差别不大。在教育环境方面，六大城市呈现不同特征（见上图）。南京市拥有最多的在校学生数量，同时高校在校生占比最高，宁波市的学生数量则最低。值得注意的是，上海市与合肥市在学生数量上较为相近，而学生占比却大为不同，合肥市高校学生数占比要远高于上海市，与合肥市常住人口数量较少有关。总的来看，在六大城市经济环境相差不大的情况下，南京市、上海市、合肥市的教育环境更为优越，从而进一步影响了城市文化生态的质量。

文化多样性方面，借助丰富的就业机会以及优厚的发展政策，浙江省、江苏省个城市以及上海市对于外来人口的吸引力较为显著，文化多样性更为丰富；合肥市受城市定位、相关政策等的影响，对于外来人口的吸引力较弱，城市文化则较为单一（见右页图）。上海市作为全国经济中心吸纳了大量外来人员，丰富了城市文化，因而，在留学生数量以及非户籍人口数量上均在六大城市中位居第一，非户籍人口占比更是以 40% 的高比例远超其他城市，体现出了上海市独有的文化生态特色。苏州市、宁波市虽然留学生数量较少，但是凭借着优厚的经济基础吸引了大量外来人员在此就业，非户籍人口占常住人口的比率也较高。杭

长三角六大城市文化多样性相关指标数据

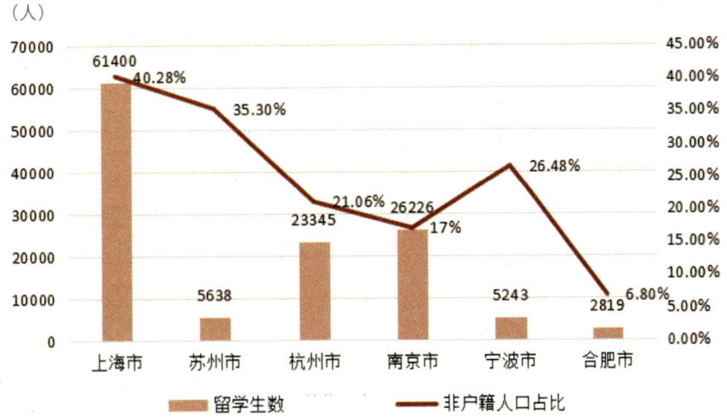

自然历史资源相关指标数据对比

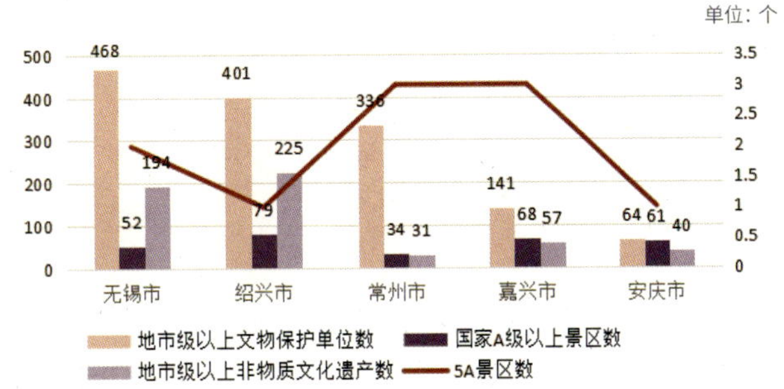

州市、南京市作为浙江省、江苏省的省会城市，教育资源丰富，因而留学生数量在六大城市中较高。然而，合肥市的留学生人数以及非户籍人口占比在六个城市中都不高，居于六大城市之末，文化种类较为单一。

- 第二梯队三大指标比较

首先，在文化资源指标方面，该组文化资源分布情况与城市人口规模较为一致，无锡市全面领先其他城市，嘉兴市、绍兴市在部分指标上同样突出，安徽省安庆市人口在本组中人口规模最小，文化资源相对较为匮乏。

在自然历史资源方面，无锡市文物保护单位数量超过了460个，在本组城市中数量最多，主要有三方面的原因：一是资源禀赋方面，无锡是吴文化的发祥地，城市历史悠久，积累了大量历史资源；二是城市特色方面，无锡市是近代工商业发展的重要城市，保留了大量工业遗产，凸显出了近代工商业发源地的城市特色；三是文物普查与保护方面，无锡市政府一方面注重对文物的

左　2018 国家级工艺美术大师人数

右　2018 星级酒店数

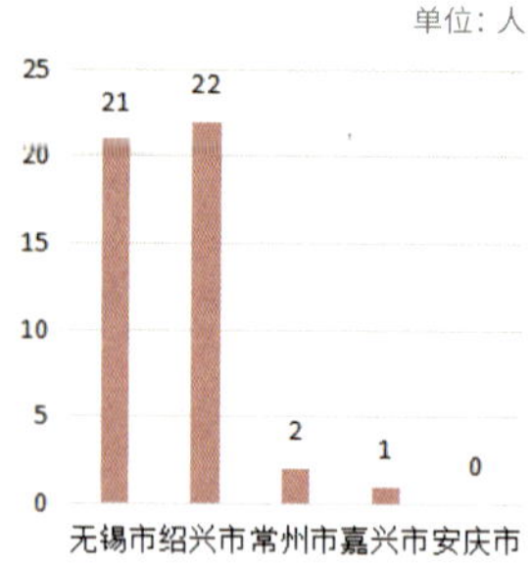

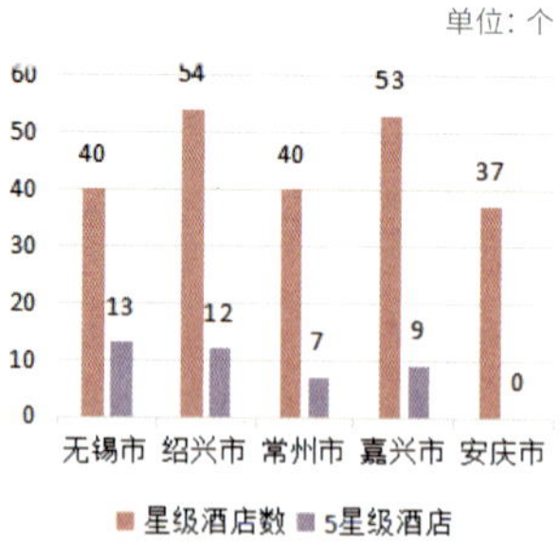

文化资源空间相关指标数据对比

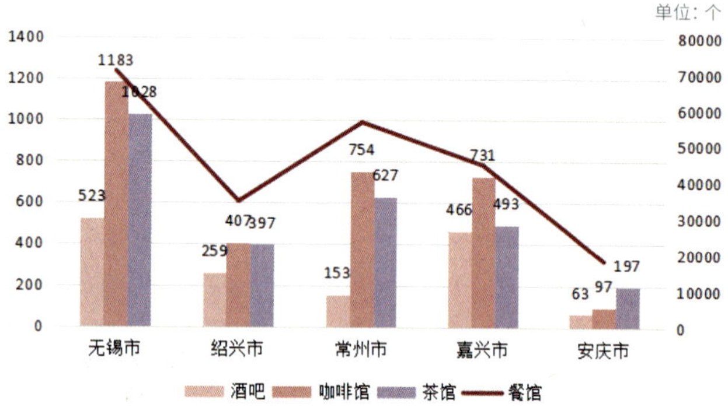

清查以及等级评估，另一方面通过体制创新联合社会各界力量参与文物保护，走在了长三角地区乃至全国的前列。绍兴市是越文化发祥的核心地带[34]，也是国务院首批公布的 24 个中国历史文化名城之一，丰富的民间文学以及地方戏曲资源使绍兴市拥有 225 项非物质文化遗产，居于本组首位。景区数量上，除绍兴市凭借丰富的资源最多的景区数量（79 个）以外，5 个城市中 A 级景区以及 5A 级景区资源数量较为平均。安庆市是 5 个城市中人口规模最小的城市，人均 GDP 在 16 个城市中也居于末尾，文化发展受到较大制约，其自然历史资源在五大城市之末。

文化人才资源指标情况与自然历史资源指标呈现类似趋势：无锡市、绍兴市远高于其他三个城市，拥有的国家级工艺大师数量是其他城市的 10 倍（见上图），可见无锡市、绍兴市丰厚的历史文化底蕴。此外，五大城市的星级酒店数量以及酒吧、咖啡馆等文化空间资源分布则较为均衡（见上图），未因人口规模下降而出现明显的下降，但通过比较无锡、安庆两个本组人口规模最大和最小的城市可以发现，两城市在文化空间资源方面仍然存在较大差距。从本组文化资源的比较可以看出，文化资源的丰富程度除了与本市固有的历史文化有关之外，还与本市的经济状况、人口规模有着较大的关系。无锡市和安庆市分别是 16 个城市 2018 年人均国民生产总值的最高位与最低位，在常住人口规模方面也相差近 200 万人，两市在文化人才资源、文化空间资源等方面的差距仍然很大。

文化生态层面主要由影响城市文化发展的经济生态、教育生态两项指标来评估，其中，经济生态是城市文化生态的基础，经济生态的优良度与城市各项支出直接相关，进一步影响城市教育生态的建设，经济生态是教育生态的保障性力量。本组五大城市除了安庆市人均国民生产总值较低之外，在经济生态、教育生态上都呈现较为均衡的状态。无锡市、绍兴市、常州市、嘉兴市的人均国民生产总值都超过了 1 万元，无锡市更是在 16 个城市的人均国民生产总值中排名第一。而安徽省的安庆市虽然人口规模与本组其他城市相差不大，但在经济总量上还存在着较大的差距，经济生态较差。本组五大城市在教育生态方面呈现出了较为均衡的状态，在校学生数量、在校学生占常住人口的比重都较为均衡，常州市在五大城市中领先但差距不大，安庆市虽然在学生数量、高校学生占比方面都暂时落后于其他城市，但是差距并不突出。

在文化多样性方面，常州市在五大城市中留学生人数最多，国际化程度相对较高，这与常州市积极融入“一带一路”倡议，加强与沿线国家的教育交流密切相关[35]；无锡市在本组城市中经济发展水平更高，城市人均 GDP 最高，在吸引外来人口方面具有很强的优势，非户籍人口占比达到了 24%，对外来人口的包容度更高。相较于其他指标，绍兴市在国际化程度、外来人口包容度方面稍显落后，可见绍兴市在文化多样性层面较为弱势。此外，安庆市是五大个城市中唯一一个非户籍人口占比为负数的城市，可见城市常住人口要远远小于户籍人口数量，城市人口流失较为严重，文化组成较为单一。

五大城市 2018 年人均国民生产总值数据

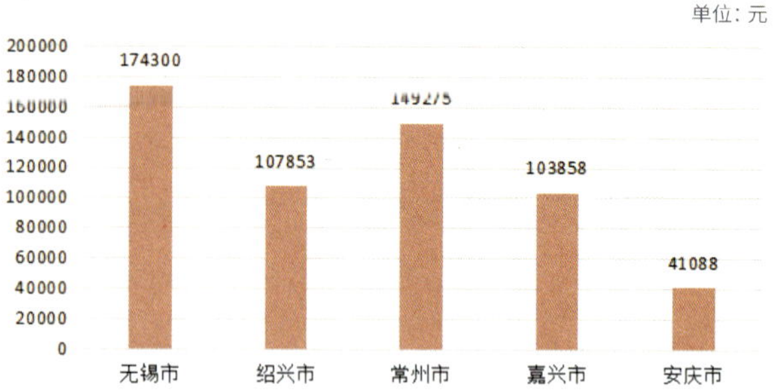

五大城市教育生态相关指标数据

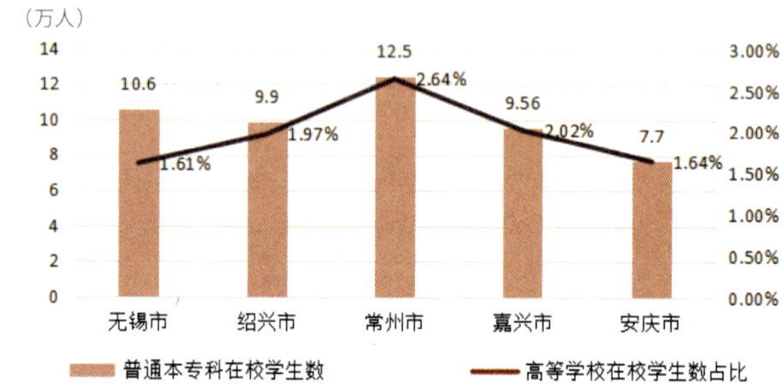

五大城市文化多样性相关指标数据

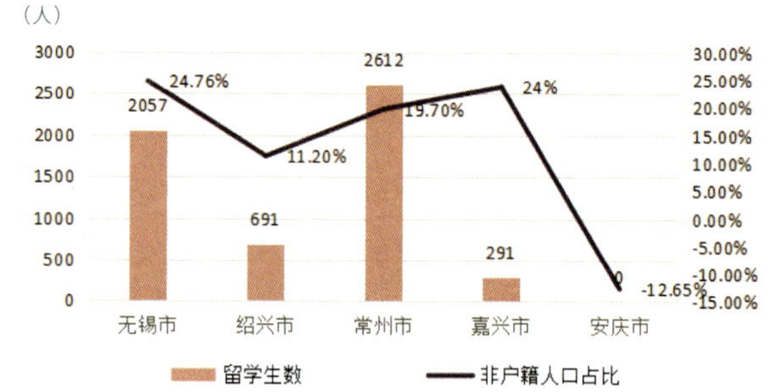

- 第三梯队三大指标比较

该组文化资源状况呈现了非常突出的特征：各城市自然资源状况较为平均，扬州市、湖州市、黄山市亮点突出。在自然历史资源方面，五大城市的文物保护单位数、A 级以上景区数量分布较为平均，而湖州市非物质文化遗产数量最高（见右页图）。值得注意的是，黄山市在 A 级以上景区数量并不突出的情况下拥有的 5A 级景区数量最多，分别是黄山风景区、黟县西递 - 宏村古村落、古徽州文化旅游区，可见其自然历史资源质量更高，符合黄山市旅游名城的定位与特色。

在文化人才资源方面，扬州市、湖州市两地以工艺美术闻名，如位列“文房四宝”之一的湖州湖笔，扬州漆器等，因此两地

自然历史资源相关指标数据对比

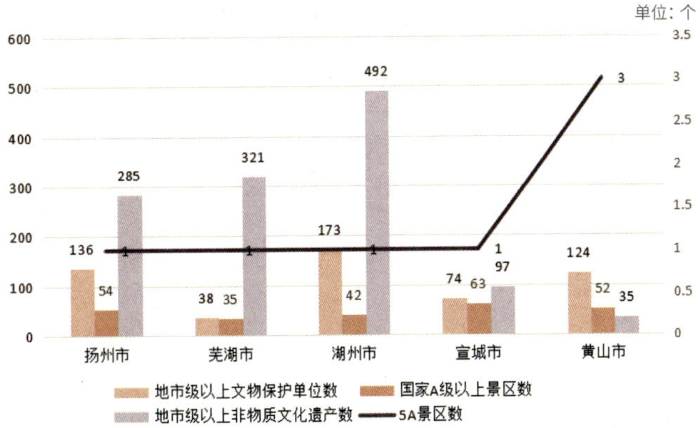

星级酒店数量指标及国家级工艺美术大师指标情况对比

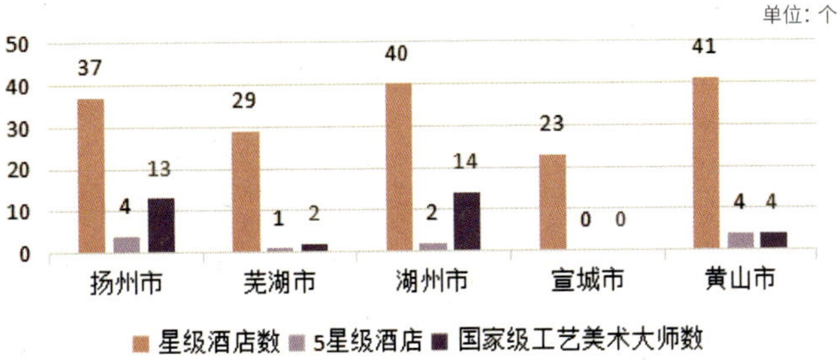

国家级工艺美术大师数量较多；宣城、黄山、芜湖等地数量分布则较为平均。关于文化空间资源，扬州市、湖州市茶馆、咖啡馆数量相对较多，尤其是扬州市的茶馆、餐馆数量都位列该组首位。扬州市在该组中人均 GDP 最高，经济发展更高，相对而言文化资源更加丰富，湖州市在自然历史资源、文化空间资源方面表现亮眼，而黄山市背靠本市优秀的自然风光以及悠久的徽州文化，在 5A 级景区数量、星级酒店数量等方面的资源都十分丰富。

文化环境层面，本组经济生态和教育生态指标呈现出不同的趋势。经济生态方面，五大城市中人均国民生产总值指标与城市人口规模呈正相关趋势（见下页图），扬州市是本组城市中唯一人均 GDP 超过万元的城市，经济生态最好。此外，芜湖、宣城、黄山都同属于安徽省，人均 GDP 水平大致相同。教育生态相关指标趋势与经济生态区别较大（见下页图），芜湖市经济生态在本组中间位次，是安徽省第二大城市，也是国务院批准的沿江重点开放城市，因而在政府政策、财政投入等方面具有一定的优势，所以高校学生数量以及占比较多，教育生态较好。综合对于经济生态、教育

文化资源空间相关指标数据对比

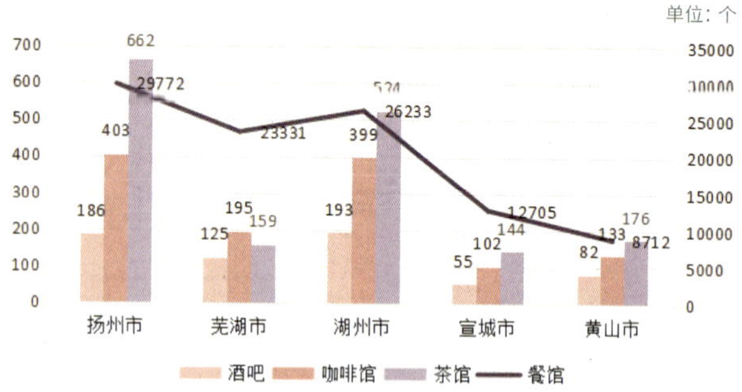

五大城市2018年人均国民生产总值数据

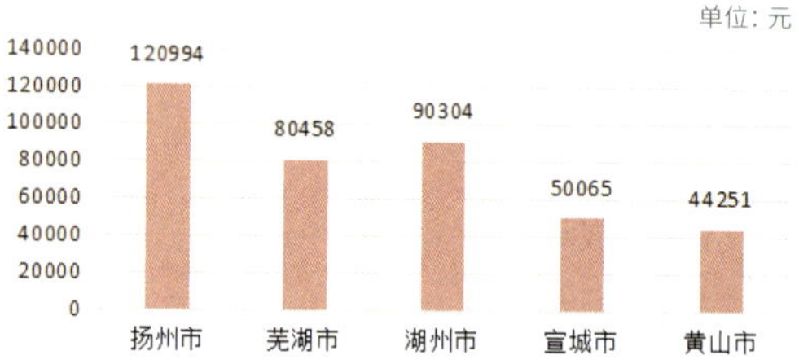

五大城市教育生态相关指标数据

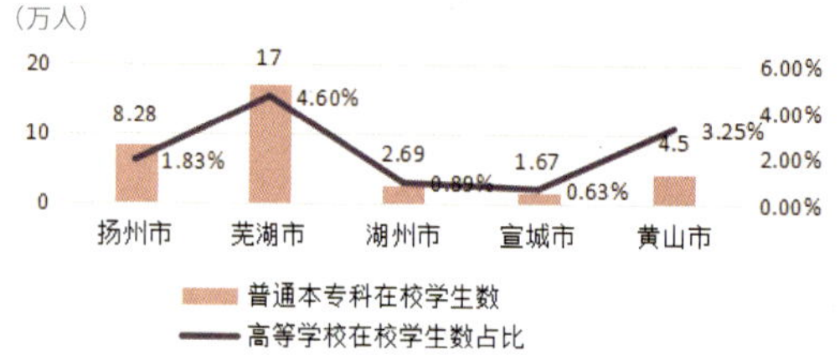

生态的分析发现，本组扬州市、芜湖市、黄山市文化环境优于湖州市、宣城市。

该组城市文化多样性情况出现了三个高峰点，分别是扬州市、湖州市和黄山市，和本组文化环境情况相似。扬州市留学生数量明显高于其他城市，而非户籍人口占比指标的高点出现在扬州市、湖州市、黄山市，呈现出了明显的“W”形（见右页图）。扬州市、湖州市均是所在省份中经济较为发达的知名城市，国际化水平较高，对于外来人口的吸引力强；黄山市旅游业发达，创造了大量的就业机会，因而非户籍人口占比较为突出。此外，芜湖市、宣城市的非户籍人口都出现负值，两大城市的留学生数量也相对较少，城市吸引力较弱。由此可以看出，扬州市、湖州市、黄山市的城市文化多样性较为突出，而芜湖市、宣城市的文化构成较为单一。

五大城市文化多样性相关指标数据

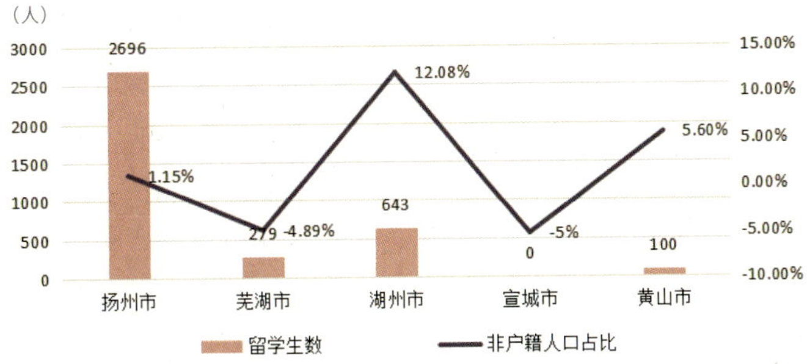

长三角一体化下城市文化生态面临的困境

从 16 个城市文化生态相关数据的比较中可以发现，长三角地区文化资源丰富，文化环境良好，文化类型多样，各城市的城市文化生态发展势头较好。同时也应注意到，各城市文化生态环境仍然存在着不同程度的问题，区域文化生态一体化发展仍然任重而道远。

- 文化资源维度：重点资源地区分布不均与资源不合理开发共存

16 个城市在文化资源维度存在着较为明显的资源分布不均问题。以文化人才资源指标为例，国家级工艺美术大师数量在区域层面以及城市层面的分布不均衡，安徽省工艺美术大师数量要远远少于浙江省、江苏省，甚至低于直辖市上海市；在城市层面，相似人口规模下苏州市国家级工艺美术大师数量远高于南京市、宁波市，湖州市工艺美术大师数量也是同人口规模城市芜湖市的数倍（见下表）。文化资源是城市文化生态建设的基础因素，是城市文化发展的内在动力。文化资源丰富的地区文化开发难度更低，城市提供的文化商品也更多，居民的文化消费选择就更多，城市文化生态就更好。反之，对于文化资源缺乏的城市

长三角相似人口规模城市工艺大师人数对比

城市	常驻人口数量（万人）	国家级工艺美术大师数量（人）
苏州市	1072.17	19
南京市	843.62	2
宁波市	820.2	3
湖州市	302.7	14
芜湖市	374.8	2

上海市、苏州市、宁波市自然历史资源状况对比

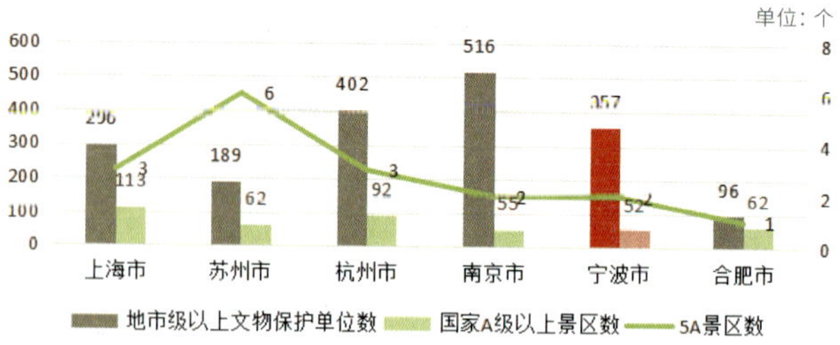

16 城普通本专科在校学生数

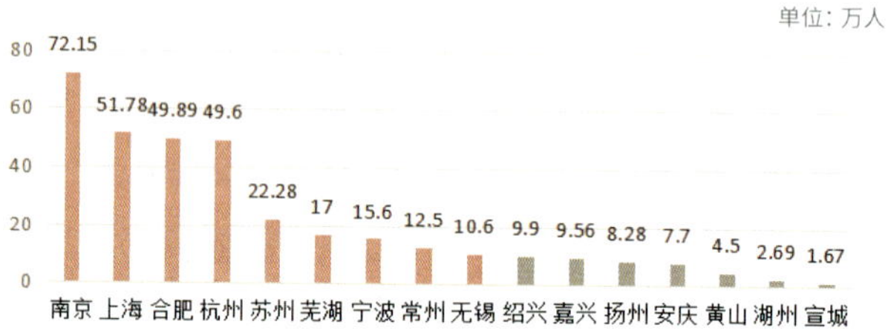

来说，城市发展缺乏必要的资源支撑，居民无法得到更丰富的文化参与，城市文化生态发展就相对缓慢。长三角地区或将出现明显“剪刀差”现象，大大影响长三角地区文化一体化进程。

忽视对城市文化资源的合理开发将会造成文化资源的浪费与闲置。尤其是对于文化资源不够丰富的城市来说，如何在城市现有资源的基础上对文化资源进行有效的提质优化，将是破解地区文化资源匮乏现状的重要方式。然而，长三角地区部分城市在自然历史资源丰厚的情况下忽略了对城市资源的合理开发，未有效释放文化资源的价值。以宁波市为例（见上图），宁波市文物保护单位数量达 357 个，远高于同组的上海市、苏州市，但是，从 A 级以上景区数量来看却只有 50 多处，低于上海市的 113 处以及苏州市的 62 处。文物保护单位的评定是对文物艺术价值、历史价值、科学价值等方面的肯定，这类资源通常具有较大的旅游价值和开发潜力。鉴于此，对历史资源丰富但旅游资源较为匮乏的城市来说，应以可持续的方式对自然历史资源进行合理的开发与保护，实现对文化资源的合理利用，这对优化城市文化生态建设而言具有重要意义。

- 文化环境维度：各城市教育生态发展不平衡现象依然存在

经济一体化是长三角区域一体化的先行策略，从 16 个城市

16 城非户籍人口占比

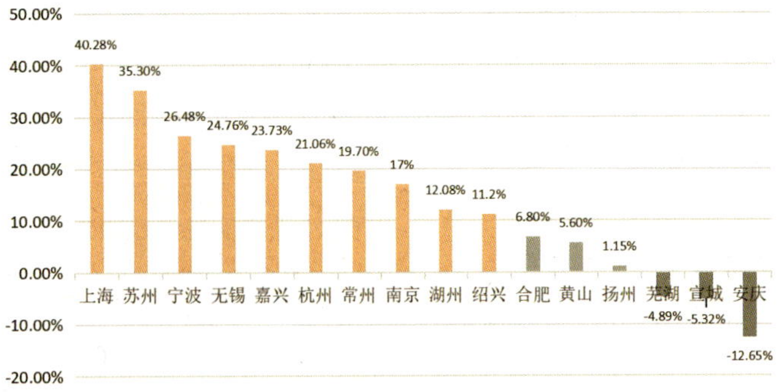

以及江浙沪皖四个区域的人均 GDP 情况看，各城市经济发展水平相当，经济环境类似，长三角经济一体化成效显著。然而，对比各城市高等学校在校生人数以及学生占比可以发现，不同城市之间，即使是在人口规模相似的城市之间，教育生态不平衡问题也较为突出。在 16 个城市中，近一半的城市在校学生数不足 10 万人，学生数量最低的城市安徽省宣城市仅有 1.67 万人，而在校学生数最多的江苏省南京市在校学生数超过了 70 万（见左页图）；在人口规模最小的第三梯队城市中，芜湖市和宣城市在高等学校在校生数量上也相差 15 万人。因此，通过对 16 个城市比较，可以看出城市教育规模差距较大，城市之间教育生态发展不平衡问题较为突出。教育是文化传承的重要手段，教育生态的不平衡势必会影响城市文化生态的发展，影响区域文化一体化的进程。

· 文化多样性维度：小规模城市人口流失带来文化单一性的问题突出

比照 16 个城市人均国民生产总值，可以发现，虽然长三角地区整体经济发展水平高，处在全国前列，但仍有部分城市经济环境较差，对外来人口的吸引力较弱。对比 16 个城市的非户籍人口占比数据发现，有 3 个城市的非户籍人口占比（芜湖市、宣城市、安庆市）出现负值（见上图），即城市的户籍人口数量小于常住人口数量，说明城市不仅对外来人口缺乏吸引力，同时，也无法留住本地人口，出现了人口流失严重化问题。此外，还有 3 个城市非户籍人口占比极低，不超过常住人口的 10%（合肥市、黄山市、安庆市）。需要指出的是，在6个非户籍人口数量较少的城市中，本次安徽省遴选的5个城市均在其中，可见安徽省在外来人口吸引力方面表现较差，进一步加剧了安徽省文化单一性问题。可见，长三角区域内部分小规模的城市对人口的吸引力不强，人口流失问题较为突出，导致外来文化无法进入和实现融合，本土文化渐趋单一，进而不利于城市文化生态的发展。

战略与路径：长三角城市文化生态优化的策略

长江三角洲一体化发展不是经济单维度的一体化发展，也不是部分城市的融合，而是经济、文化、社会等领域多维度的一体化，是区域内所有城市的共同发展。针对长三角地区城市文化生态发展不平衡的现状，区域内各城市需要从不同领域共同切入，促进长三角文化生态的优化升级。

文化资源方面：梳理区域资源，重构区域竞争合力

- 整合区域文化资源，重构文化资源竞争力

自然生态资源与历史文化资源是城市文化的根基，也是城市文化不断发展的内在动力。长三角地区有着悠久的文化历史与优美的自然生态环境，各城市在自然历史资源方面虽然有所差别，但从总体上看，地区文化资源基础较好，富集程度较高，有较大的发展空间。然而，通过梳理各城市文化资源现状可以发现，长三角地区文化资源开发不充分、不合理问题较为突出。区域文化一体化的实现亟需整合区域资源，重新梳理区域资源，重构文化资源竞争力，促进文化资源贫乏地区的资源富集程度的提升。资源整合意味着区域资源的挖掘与重整。长三角地区悠久的历史为城市积累了丰富的历史文化资源，对于长三角地区中自然历史文化资源较为缺乏的城市来说，重新梳理、复盘本区的自然历史资源，在现有资源基础上对资源重新排列组合，是丰富城市文化底蕴、提升城市文化内涵的重要环节。一方面，以城市中的文物保护单位、非物质文化遗产等历史文化资源为基础，发掘文化资源的历史价值与文化意义，对相似、相近文化资源进行重新整合排列，找到城市文化资源的亮点与特色，丰

富城市文化内涵。另一方面，文化重构意味着把握主线，推陈出新。在保持文化先进性的基础上，甄选文化内容，明确重构后的文化内容，对文化进行选择，科学判断文化传承性与城市现代诉求之间的关系，挖掘区域内文化资源潜力，从而为城市文化增添新的活力，从整体上增强区域文化的竞争力。

- 整合人才资源，加强长三角文化人才的培养与柔性流通

长三角地区历史悠久，经济发达，教育环境优越，拥有极为丰富的文化人才资源。然而，文化人才资源无法得到充分流动，被局限在某一省、市之内，无法最大化发挥文化人才对于推进地区先进文化建设、满足人民群众精神需求的作用，一定程度上造成人才资源的闲置与浪费。为此，长三角各地应加强人才资源整合与联动，促进文化人才资源在区域内的的合理流动。在人才市场方面，建立统一的文化人才市场，打破地区对文化人才的限制与禁锢，为文化人才创造公平竞争的人才环境。在人才培养方面，长三角地区各高等院校以及艺术院校应加强在文化人才培养上的交流合作，以上海戏剧学院、南京艺术学院、浙江传媒学院等重点艺术院校的教学实践为中心，通过短期学校交流、长期联合培养等方式，培养现代化复合型文化人才，提升区域内文化人才的教育培养水平。在人才引进方面，优化人才发展环境，通过建设高水平文化人才工程，柔性引进与直接引进并举，加大优秀文化人才储备力度，以文化人才的丰富度提升区域文化生态水平与文化竞争力。

- 促进文化信息共享，提升文化资源共享能力

综合运用现代科技手段，建立一个公开透明的长三角信息平台，促进区域内文化信息资源的实时共享与区域流动。综合运用互联网平台，充分发挥新媒体平台（如微信、微博、短视频、直播新媒体等）传播作用，建设长三角文化信息发布平台，用于发布区域文化信息、普及文化政策、更新区域文化市场动态，使区域文化企业和居民能够第一时间了解长三角区域内文化发展的一手信息，引导区域文化资源的流动。充分利用大数据、云计算等技术加强对网络平台数据的采集，快速、直观了解区域人民群

众的文化需求，有针对性的开展文化服务，提升政府科学决策能力与区域公共文化服务水平。加快对文化相关的大数据资源的挖掘、整合以及开发利用，加快文化数据资源适当、有序、合理向社会开放，带动区域文化资源大数据相关公益性、增值性开发与创造[36]。加快区域智慧城市建设，实现公共文化资源信息化管理，使区域内城市公共文化设施形成“物物联网”状态，提高文化资源管理运行效率。

文化环境方面：大力发展区域经济，营造和谐互通区域环境

- 大力发展区域经济，提升区域文化经济环境

在推进长三角文化协同发展进程中，经济一体化是基础与保障。长三角地区是我国最重要的城市群之一，2019 年区域 GDP 总量超过了 23.7 万亿元人民币，其中 6 个城市 GDP 总量超过了 1 万亿元，发展潜力巨大。与世界其他知名城市群相比，长三角地区在经济总量、产业规模等方面还有一定的差距，2017 年，长三角地区 GDP 总量仍低于美国、日本等国知名都市圈 GDP（见下图），长三角区域经济一体化水平要想赶超世界其他知名都市圈，仍然任重而道远。为了继续深化长三角经济一体化进程，要在上海“带头”发展的同时，重点补齐中小城市经济发展的“短板”，通过产业转移、区域合作等方式加快带动中小城市经济的更新迭代。在产业一体化发展中，苏沪浙皖要充分发挥自身比较优势，统筹谋划区域产业布局，加快区域产业分工合作，注重错位发展、梯度发展与合理布局。安徽省作为一个刚刚加入长三角地区的中

部分世界知名城市群 2017 年 GDP 对比

数据来源：根据国际货币基金组织发布数据整理得到。

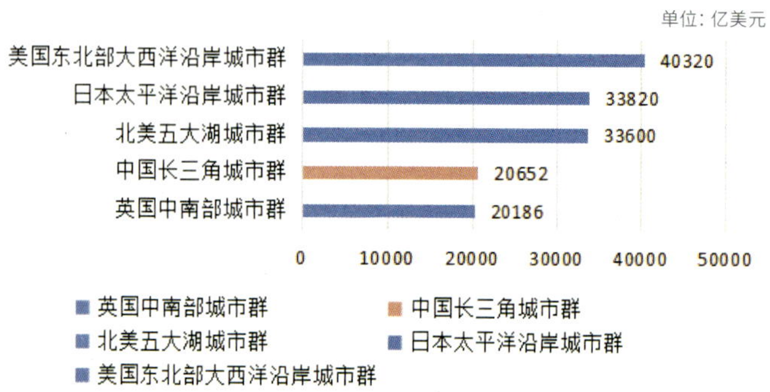

长三角区域 2018 年高等教育资源部分指标统计情况

地区	普通高校数（所）	普通高校在校本专科学生数（人）	普通高校在校研究生数（人）	“双一流”建设高校数（所）	ESI 前 1% 学科数（个）	国家重点实验室数（个）
上海	64	517,796	202,146	13	81	19
江苏	167	1,806,277	228,201	15	88	13
浙江	108	1,019,449	93,551	2	37	10
安徽	119	1,139,112	69,284	3	21	1
长三角	458	4,482,634	593,182	33	227	43
全国	2,663	28,310,348	2,703,411	137	745	152
长三角占全国比例	17.20%	15.83%	21.95%	24.08%	30.47%	28.29%

部省份，在产业发展水平、经济状况等方面与江浙沪地区还存在着较大的差异。安徽省要积极融入地区经济一体化的进程，找准在区域一体化发展中的位置，积极承接江浙沪地区中低端制造业转移的基础上引进高新技术产业，实施创新驱动发展战略，为自身经济发展提供动力，在提高互补性的过程中最大限度的发挥规模经济效应，促进本省以及长三角地区经济环境的优化升级。

- 优化文化教育生态，提升长三角社会文化水平

教育是文化传承发展的重要环节。优化教育生态环境，提升区域社会文化水平，是优化长三角地区文化生态的重要路径。长三角地区汇集了众多高校、科研机构，高效数量占全国数量的 17%，“双一流”建设高校数更是占全国的 24%。面对着丰富且优质的教育资源，政府要充分挖掘区域教育资源，通过鼓励名校联合、校际合作等方式促进教育资源在区域内的流动，提升区域整体教育环境。在教育参与机制方面，构建多元主体参与机制，合力推动区域教育水平提升。充分利用区域丰富的科研资源以及企业资源，积极鼓励学校、政府、企业、各社会团体、研究机构等不同主体的共同参与，共同解决区域一体化发展过程中的教育问题。在人才教育方面，加强长三角地区教育资源的流通与互动，鼓励通过建立分校、举办学生交流活动、开展校际交流等方式改善教育落后地区的教育生态，培养高素质人才。

文化多样性方面：包容外来文化，提升国际化水平

- 接纳外来文化，提升城市文化多样性水平

不同文化的融合与交流是助推文化变迁的重要原因，多样性的文化环境有利于促进本地区文化基因的改善与文化品位的提升。构成越复杂的文化产生的变化质量就越高，文化的发展潜力就越强。长三角地区城市化的过程也是外来文化进入的过程，面对着不同地区乃至不同文明的文化，我们要保持着开放的态度，尽可能多地接纳其他地区、国家的文化，为文化的交流融合创造一个良好的经济环境、社会文化环境。通过外来文化，丰富本地区文化内涵，不断提升本地区文化多样性水平，从而提高长三角地区文化活力，改善文化生态环境。

- 丰富城市文化内涵，培育文化创新氛围

伴随着外来文化的进入，城市文化生态呈现出动态的演变过程，本地文化在与外来文化的交流互动中得到改造与升级。鉴于此，长三角地区应积极为多样文化的交流创造一个良好的环境，利用高等学校、城市文化馆、城市艺术空间等空间场所，充分发挥互联网对于文化传播、创新的作用，搭建文化交流的线上、线下平台，在全社会范围内鼓励文化交流与文化创新，促进不同文化的相互影响和相互改造，让文化在交流中得到革新，逐渐达到文化融合、合二为一的效果。

- 树立文化自信，坚持以我为主、为我所用原则

吸收接纳外来文化并不意味着全盘接收、全盘吸纳。对于外来文化的涌入，要保持理性的头脑，一方面要坚持文化多样性的原则，更重要的是判断外来文化是否有违本地区文化前进的方向，防止外来文化取代地域文化从而导致文化趋同的可能。在吸收外来文化的过程中，要始终以坚守和壮大地区的地域文化为目标，坚持以我为主，为我所用的原则；同时更要引导居民树立文化自信，使居民发自内心地认同、热爱自己的地域文化，唤起对地域文化保护的自觉意识。

结语

长江三角洲的一体化不仅是经济一体化，也是全方位、多领域的一体化。在文化方面更要通过文化融合实现长三角地区文化协同发展。城市是文化生活的重要载体，承载着现代文化的发展与传承，城市文化生态的建设为城市文化的发展提供了必要的生存环境。通过对长三角 16 个城市的城市文化生态相关数据的收集、分析，对长三角地区城市文化生态发展现状有一个整体的了解。总体来看，长三角地区城镇化水平较高，文化建设居于领先，文化生态良好，无锡市、苏州市、上海市、南京市、杭州市等城市在其中扮演着“领头”作用；同时，部分人口规模较小的城市如湖州市、安庆市、芜湖市等地还存在着诸如文化人才资源短缺、人口流失、教育生态匮乏等问题，亟需在一体化的进程中通过改善区域经济环境，吸引文化人才等方式优化城市文化生态。实际上，长三角地区城市文化发展中面临最多的问题仍是地区发展的不平衡与不充分，包括文化资源的分布与城市环境的不同，这不仅体现在省际之间，也存在于省内不同人口规模、不同发展水平的城市之间，亟需从长三角不同城市文化生态的不同维度进行优化改善，对城市文化资源进行重新挖掘与重组，建立完善统一的市场体系，促进文化多样性发展。

参考文献

[1] 傅守祥 . 生态文明时代的城市文化生态保护与文脉接续 [J]. 深圳大学学报 (人文社会科学版),2010,27(04):93-98.

[2] 方乐 , 周介民 . 城市文化生态 : 文化差异性与文化多样性的统一 [J]. 湖南城市学院学报 ,2010,31(05):32-35.

[3] 王祎 . 文化生态变迁 : 一种跨文化传播理论建构的框架 [J]. 传媒观察 ,2018(06):64-71.

[4] 胡箫白 . 胜景品赏与地方记忆——明代南京的游冶活动及其所见城市文化生态 [J]. 南京大学学报 (哲学・人文科学・社会科学),2014,51(06):76-90+155-156.

[5] 刘欣 . 城市文化生态的协调与保护探析——以西安为例 [J]. 语文学刊 ,2014(21):67-68.

[6] 韩君 . 文化生态视角下潍坊手工艺类非物质文化遗产的传承与保护 [D]. 青岛 : 青岛理工大学 ,2019.

[7] 王硕 , 张贵 . 城市文化生态竞争力指标体系的构建——基于扎根理论 [J]. 河北工业大学学报 (社会科学版),2018,10(03):33-38.

[8] 黄昌勇 , 解学芳 . 中国城市文化指标体系的构建与实践 [J]. 学术月刊 ,2017,49(05):102-115.

[9] Adekola, O, G,Mitchell. The Niger Delta wetlands: threats to ecosystem services, their importance to dependent communities and possible management measures[J]. International Journal of Biodiversity Science, Ecosystem Services & Management 2011,7:50-68.

[10] Eicken, H, A. L. Lovecraft,and M. L. Druckenmiller. Sea-ice system services: a framework to help identify and meet information needs relevant for Arctic observing networks[J]. Arctic, 2015(62): 119-136.

[11] Dan Dai, Juanlin Fu, Chunrong Zhao. A Study on the Protection Strategy of Traditional Villages from the Perspective of Cultural Ecology—Take Wuhe Village, Julong Town, Yanting County, Mianyang City as an Example[J]. Open Journal of Social Sciences, 2019, 7(7):88-98.

[12] Jon Hawkes,The fourth Pillar of Sustainbility-Culture' s Essential Role in Public Planning, Melbourne:Cultural Development Network(Victoria),2001.

[13] McGrath, B: Intersecting disciplinary frameworks: the architecture and ecology of the city. [J]. ECOSYSTEM HEALTH AND SUSTAINABILITY, 2018, 4:148-159.

[14] 朱利安・斯图尔德 . 文化变迁论 [M]. 潘艳，陈洪波，译，贵州：贵州人民出版社，2013.

[15] 孙卫卫 . 文化生态——文化哲学研究的新视野——兼论当代中国文化生态及其培育 [J]. 江南社会学院学报 ,2004(01):59-61.

[16] 徐建 . 当代中国文化生态研究 [D]. 上海：华东师范大学 ,2008.

[17] 李大钊 . 东西文化的本质差异 [J]. 言说 ,1918:3.

[18] 冯友兰 . 新事论 [M]. 北京：商务印书馆，1940.

[19] 黄育馥 .20 世纪兴起的跨学科研究领域——文化生态学 [J]. 国外社会科学 ,1999(06):19-25.

[20] 邓先瑞 . 试论文化生态及其研究意义 [J]. 华中师范大学学报 (人文社会科学版),2003(01):93-97.

[21] 朱利安・斯图尔德 . 文化变迁论 [M]. 潘艳，陈洪波，译 . 贵州：贵州人民出版社，2013.

[22] 毛海莹 . 文化生态学视角下的海洋民俗传承与保护——以浙江宁波象山县石浦渔港为例 [J]. 文化遗产，2011(02):110-116.

[23] 张敬燕 . 现代城市文化生态的构建及其创新发展——基于文化生态理论视角的解读 [J]. 学习论坛 ,2016,32(08):69-72.

[24] 周膺，吴晶 . 城市文化生态学 [M]. 浙江：浙江工商大学出版社 ,2013:5.

[25] 万昆 . 城市文化生态学思想在旧城改造中的作用 [J]. 南方建筑 ,2004(06):91-93.

[26] United Nations Environment Program: Emissions Gap Report 2019 [R]. Geneva, Switzerland: United Nations Environment Program,2019.

[27] 斯密 . 国富论 [M]. 郭大力 , 王亚南 , 译 . 北京 : 商务印书馆 , 1972:1.

[28] 张妙枫 . 创意产业的影响因素对经济增长的相关研究 [D]. 吉林 : 吉林大学 ,2019.

[29] 吕方 . 经济文化一体化中的长三角区域文化产业 [J]. 南通大学学报 (社会科学版),2006(05):48-52.

[30] 国家统计局 . 中国统计年鉴 2019[J]. 北京 : 中国统计出版社 ,2019.

[31] 胡慧源：长三角文化产业发展现状、特点与趋势 [J]. 文化产业研究 .2019(1):194.

[32] 黄昌勇 , 等 . 中国城市文化报告 2017[M]. 上海 : 同济大学出版社 ,2017.

[33] 黄昌勇 , 解学芳 . 中国城市文化指标体系的构建与实践 [J]. 学术月刊 ,2017,49(05):102-115.

[34] 高利华 . 古老而鲜活的地域文化记忆——论绍兴的非物质文化遗产 [J]. 绍兴文理学院学报 (社科版),2008(06):24-29.

[35] 鲁婷婷 .“一带一路”战略背景下高职院校招收东南亚国家留学生策略探析——以常州科教城高职院校为例 [J]. 连云港职业技术学院学报 ,2016,29(02):83-86.

[36] 刘双 , 钱澄澄 .“互联网 +” 背景下基层文化信息资源共享平台构建研究 [J]. 图书馆学刊 ,2018,40(09):35-41.

文化案例

伴随着长三角一体化上升为国家战略的进程，长三角地区丰富的文化与艺术实践也在不断呈现。笔者特从三省一市范围内选择了 10 个较为典型、并各有创新价值的文化案例，进行梳理和分析。这些案例中，有把大数据与地区艺术业态建设进行整合的服务模式；也有把文化介入社会公共空间的转型等较为宏观的实践；更多的是把地方文化与消费的文化内容有机结合，并与特定的消费人群对接的文旅融合案例。文旅融合的产业实践依然在路上，需要更多的创新者与实践者努力与激情创造。这些案例也许能给目前正在思考和实践的决策者、执行者，提供些许有益的借鉴和启示。

文化馆高质量发展的“静安模式”

施福平　田敬杨

静安区文化馆创建于 1958 年，2015 年开始改建工程，2017 年改建完毕。改建后的新馆占地 5，446.6 平方米，总建筑面积约 1.68 万平方米 [1]。同年，静安区文化馆秉承开门办馆原则，开始了社会化运作管理的探索与实践，三年来，取得了令人瞩目的成效。其社会化运营管理不仅解决了文化馆编制、人才不足等问题，而且，有效解决了公共文化服务需求增多与文化馆直接提供产品不足等矛盾，在上海、全国探索和形成了具有示范引领效应的社会化运营管理的“静安模式”。

上海市静安区文化馆积极探索社会化运作管理的方法与实践，取得了令人瞩目的成效。首先，其坚持开门办馆理念，探索文化馆社会化运营“PPP 模式”，引进社会主体，突出市场对资源的配置作用。其次，文化馆致力于丰富活动形式，以增强市民的文化获得感，进一步盘活了资源，打造出了“光影车间 MADHAUS”这一“网红”公共文化空间。最后，静安区文化馆积极探索制度创新，分别建立 理事会机制、建立绩效评估机制、完善公众参与机制并健全内部治理机制，将自身定位由的“办文化”向“管文化”转变，促进了文化馆健康有序发展。

静安文化馆

坚持开门办馆理念，探索文化馆社会化运营“PPP模式”

目前，我国文化馆社会化运营管理主要采取政府购买服务方式。为贯彻落实中办、国办《关于加快构建现代公共文化服务体系的意见》[2]，静安区文化馆在坚持公益性原则下，秉持开门办馆理念，采取创新性举措，着力加快公共文化服务社会化进程，突出资源对市场配置的决定作用，进一步推进了文化馆的高质量发展。

精准选用“PPP 模式”

适应文化馆发展的时代要求，在文化馆的运营管理中，率先探索“PPP 模式”[3]，进一步拓展了文化馆发展路径。对社会化运营管理情况深入开展调研，聘请资深公共文化专家学者、市民代表、以及相关机构代表，就文化馆公共文化社会化运营管理项目广泛听取意见，制定了社会化运营管理计划和方案。召开主题研讨会，对社会化运营方式进行研讨论证。文化馆领导班子对社会化运营管理模式多次开会讨论研究，以需求为导向，以增强市民的文化获得感为目标，明确提出了社会化运营的原则与重点，最终确定选择“PPP 模式”进行社会化运营管理，形成一种优于政府或市场单独作用的文化馆管理体制与运行机制[4]。静安区文化馆只提供场地，不提供经费支持，社会化主体自主经营、自负盈亏。静安区文化馆主动承担政策风险，社会化主体保证利益回收，主动承担运营风险，保障了公共文化服务社会效益与经济效益的提升，实现了文化馆的多元化管理与高效率运营。

从优选择社会主体

着眼于文化馆发展的功能特点与内在规律，根据国家有关文化场馆社会化运营管理的要求，研究制定了程序公开的社会化运营管理招标规范。组建了文化馆社会化运营管理招标小组，并建立了相关的信息交流、工作例会、统筹协调等机制，通过公开招标的方式选择了与静安区文化馆功能定位相适应的上海兰馨影业有限公司*作为社会化运营管理主体，并在静安区文化与旅游局官网、“静安文旅”公众号上公开文化馆社会化运营管理招标的标准、内容、运作程序、招标结果等，保障了选择社会化运营主体管理流程的规范性和透明度。

充分体现公益属性

从秉持文化馆的公益性出发，既注重对社会化运营管理主体放权，又注重加强指导、跟进管理。坚持文化馆公益属性，主动放弃 736.6615 万元的租金收入，坚持为市民免费提供基本公共文化服务。联手兰馨影业，研究制定《静安区文化馆场地运行管理制度》，明确双方的责任边界，确保静安区文化馆始终保持公益性质。指导兰馨影业加强对各类群体需求信息的搜集，注重为市民提供喜闻乐见的公共文化服务，提升文化馆人气。明确要求兰馨影业 在经营项目、开展活动等方面按照文化服务项目收费必须低于市场价 30% ～ 70% 的原则提供服务，自 2017 年 6 月至 2019 年 9 月，电影放映、戏剧演出、手工课程、戏剧课程等公益票的公益产出价值为 789.36 万元；光影车间累计戏剧演出、手工课程、戏剧课程、公益电影、公益性文化艺术活动、

---

* 上海兰馨影业有限公司，前身是上海兰馨电影院，是上海市浦东新区所属经营性文化事业单位，受新区宣传部直接管理。2013 年由上海新文化集团股份有限公司与上海浦东文化传媒有限公司共同出资，改制为有限责任公司。公司以“小而美的文化空间运营品牌”为定位，专注影视、艺术、设计领域的跨界融合发展，以服务当下文青群体的消费诉求为主要理念，专注探索并满足他们的深层文化需求。2014 年 3 月公司旗下首个品牌“兰馨·悦立方 JOYHOUSE”正式对外营业，是一个以“电影”放映为主，同时拥有话剧演出、节目录制、匠人手工、电子竞技、创意办公、粉丝社群等多元文化功能的新空间。2016 年 10 月受静安文化馆委托打造公司另一文化品牌“光影车间 MADHAUS”，定位为专注“戏剧”文化艺术多维深度探索的文化复合空间，同时融合电影放映、艺术沙龙、戏剧文化活动、主题展览、咖啡书吧、文创产品、手工课程等多元文化内容，2017 年 6 月 16 日正式对外营业。

提供免费的图书阅览空间等公益项目合计投入 239.54 万元；戏剧演出、电影放映、剧场服务、人员延长服务时间等超额服务的项目价值测算合计 611 万元；此外，光影车间前期投入设备、工程装修等共计 311 万元；助力静安戏剧谷品牌打造，启动以沉浸式戏剧为主题的“光影车间沉浸式戏剧展演季”活动，总投入 15 万元。以上价值总计 1，965.9 万元，平均每年投入 786.36 万元，比评估租金高近 50 万元，有效盘活了文化空间的资源，提升了公共文化服务效能，实现了社会效益和经济效益的有机统一。

潜心丰富活动内涵，着力打造“网红”公共文化空间

静安区文化馆给予社会化运营主体充分自主权，有效地激发了兰馨影业的内在动力与外在压力，以增强市民的文化获得感为目的，进一步盘活了资源，2016 年 10 月，上海兰馨影业公司受静安文化馆委托打造另一文化品牌“光影车间 MADHAUS”该文化品牌，定位为专注“戏剧”文化艺术多维深度探索的文化复合空间，同时融合电影放映、艺术沙龙、戏剧文化活动、主题展览、咖啡书吧、文创产品、手工课程等多元文化内容，于 2017 年 6 月 16 日正式对外营业。

加强需求调研

兰馨影业聚焦“国际静安”定位，深入静安区广泛开展实地考察，运用官方网站、微博、微信互动等方式开展市民需求调查，并对调查结果进行统计分析。依托“静安戏剧谷”资源，着眼自身优势，根据静安区域内市民职业结构特色，打造以年轻白领为主要服务对象的特色文化项目“光影车间 MADHAUS”。专注“戏剧”文化艺术多维度探索的文化复合空间，同时融合电影放映、艺术沙龙、戏剧文化活动、主题展览、咖啡书吧、手工课程等多元文化内容，满足了市民的多样化文化需求。

光影车间外景及静剧场

精心设置主体项目

考虑到静安区市民需求，“光影车间 MADHAUS”的功能主要分为以下五个方面。

- “静剧场”

以戏剧演出为主，穿插院线电影、艺术电影、公益电影放映。戏剧方面，与中、法、韩等国际团队合作，打造出优秀国际化剧目并成功商演；投入资金引入高质量剧目，如王安忆编剧的《风萧萧》、法国里昂高等戏剧学院的经典剧目《海鸥》、第二届华语戏剧盛典“最佳年度小剧场剧目”《杏仁豆腐心》等；支持制作第十五届上海大学生戏剧节；电影放映类型分为院线同步电影，公益、艺术电影和戏曲放映三类。截至 2019 年年底，静剧场共计演出 319 场，平均年度演出 128 场，完成度 159%，累计公益赠票 7，335 张，平均票价 130 元，低于市场价 30%。平均上座率 80% 以上，吸引进 50，068 名观众。其中，话剧 197 场，儿童剧 95 场，音乐会 7 场、音乐剧 17 场，即兴演出 3 场。电影放映共计 2，461 场，远超过每年 200 场电影放映的要求，累计公益赠票 25，528 张。艺术电影放映每场均提供免费公益票，每周二上午固定免费公益电影，公益票均由馆方登记发放。

- 艺术咖啡书吧

定期举办读书会与剧读会，在研发书吧沉浸式戏剧的同时，打磨剧场商业剧目，形成了文本戏剧化、剧本围读深化至剧目演出的微生态链。2019 年，引进了上海国际电影节创投会、广电制协 WE 短片大赛交流营等高规格、高品质的影视文化活动，引起社会各界高度关注。截至 2019 年年底，“艺术咖啡吧”不定期开设公益性讲座与沙龙 117 场，平均每年度 54 场公益性戏剧文艺活动，完成度 255%，参与人数约 4，974 人次。

- 手工设计空间

下设皮具、木艺、油画、团扇、扎染、花艺、口红制作等十几个门类 DIY 课程，随到随学。成功服务了荷兰海关、上海国际电影节组委会、上海文广演艺集团、华山医院、华东医院、中国银行、上海市房地产科学研究院、上海浦东妇女发展指导中心、GAP、阿迪达斯等上百家企事业单位的团建活动。策划情人节、妇女节、国庆节、圣诞节等主题节日活动，服务工会会员、党支部党员、团支部团员、企业职工等，深受参与者喜爱。截至 2019 年年底，“手工设计空间”十几类手工课程共计开设 3，000 余次，收费低于市场价 30%，每周五开设全免费的公益体验课程，参与人数约 20，000 人次。

- 戏剧工作坊

定位服务对象为 3～45 岁不等的白领、儿童，分为白领戏剧工作坊与亲子戏剧工作坊。通过戏剧演艺技能培训课程，提升参与市民的语言与沟通表达能力、掌握理解和解决问题的技巧，培养鼓励创造性的思考能力以及同理心、自信心、观察力等，用艺术的力量积极影响参与市民。除常规课程之外，亲子绘本舞台剧观演活动深受年轻家庭喜爱。截至 2019 年年底，“戏剧工作坊”开设课程及排练 1，000 余次，参与人数约 6，000 人次。收费低于市场价 30%，每次活动开放 1～5 个免费名额，部分课程免费对市民开放，累计公益名额超过 600 个。

- 茶文化空间

针对 30～60 岁喜爱茶艺文化的中青年文艺群体，设置多门茶道文化主题课程，如茶道体验、茶艺表演、插花、古琴演奏、品茗观影等，构建出一个老少皆宜的传统文化体验空间。“茶文化空间”课程均为免费公益课程，两年来，有 6，000 多人次参与，获得了各年龄层市民的普遍认可。5 个项目极大地集聚了文化馆人气，截至 2019 年年底，“光影车间 MADHAUS”共安排演出 319 场，累计上座 7，335 人次，放映电影 187 场，累计观影 25，528 人次。开设课程 4，000 余次，参与人数约 26，000 人次。不定期开设公益性讲座与沙龙 117 场，参与人数约 4，974 人次。

潜心打造文化品牌

与大麦网共同策划的“2019 光影车间原创戏剧演出季”，口碑爆棚，场场爆满，在上海演出市场中成为了一个现象级事件。加入戏剧电影院线联盟，成为静安区戏曲放映专属影院；成为上海国际电影节纪录片单元唯一指定展映影院，场场满座，一票难求。部分市民参与创作、演出的剧目通过深化制作后成功进入剧场商演，其中《我特别喜欢你》入选静安区现代戏剧谷市民剧场单元和浦东新区文化发展基金会资助项目。打造完整的戏剧演出微生态链，先后孵化出了《再见，我的爱人》《别碰那把枪》《真实游戏》《布罗德曼第十区》等一系列优秀剧目。2017 年，《光影车间——文化艺术在老牌文化馆熠熠生辉》荣获上海市公共文化创新项目奖；2018 年，《光影车间上海影视艺术设计跨界服务平台》荣获上海市文创资金扶持，“光影车间 MADHAUS”品牌荣获 PMG 光影逐梦奖。

着力加强传播推广

通过“智文化”平台跨终端文化服务，精定位、精分类、精推送，为静安市民提供多层次、多样化、专业化、个性化的数字文化服务。据统计，截至 2019 年年底，“智文化”用户主动转发、分享静安区文化馆文化活动信息近 20 万次，留言数约 9,000 条。借助微博、抖音、小红书、大众点评等新型媒体平台，传播推广“光影车间 MADHAUS”文化品牌与各项活动，提升公共文化服务影响，开启群众文化活动新方式。在大众点评静安区榜单上，“静剧场”位于剧场 / 剧院评价排行榜第三；手工设计空间位于 DIY 手工坊评价排行榜第三；茶文化空间位于茶馆评价排行榜第二；艺术咖啡书吧位于咖啡厅环境榜第九，体现了“光影车间 MADHAUS”各项目的突出特色，反映了品牌活动在市民中的良好口碑。

加强制度创新，着力提升体系化的现代文化馆治理能力

静安区文化馆在社会化运营管理过程中，弱化了“办文化”，强化了“管文化”，建立、健全“四梁八柱”。联手兰馨影业，将社会化运营管理工作纳入了制度化轨道。

建立理事会机制

2019 年 7 月，审议通过了《静安区文化馆理事会章程》，召开了第一届上海市静安区文化馆理事会会议。理事会成员包括政府、高校、社会组织三方人员，形成政府宏观管理、文化馆独立运作、社会力量积极参与的运行机制。理事会积极发挥“智库”作用，广开渠道，吸引全社会力量参与公共文化建设。进一步协调好政府机

关、企事业单位、社会文艺团体与广大干部群众的关系，努力壮大静安公共文化服务力量。积极挖掘区域文化资源，着力打造“国际静安”特色文化品牌，提升静安区文化馆的品牌影响力。

建立绩效评估机制

建立由静安区文化馆、第三方专业机构及公共文化服务对象共同参与的社会化运营管理综合评估考核机制，着重加强市民对公共文化服务满意度的评价。建立《静安区文化馆对社会化运营培训项目评估标准及实施细则》，指标分为 3 级，包含培训开展情况、培训效果、公众满意度、社会影响力 4 个二级指标与培训计划、培训记录、知晓率、满意率等 12 个 3 级指标，由静安区文化馆、第三方专业机构及公共文化服务对象共同评价兰馨影业“光影车间 MADHAUS”品牌下各公开课程的绩效，并将评估结果向社会公开，为其他文化类社会化运营管理主体绩效考核提供了重要参考依据。

完善公众参与机制

2019 年年底，针对兰馨影业的运营成果，静安区文化馆联合第三方评价机构，对公众进行了满意度调查，发放调查问卷 300 份，调查结果显示公众对“光影车间 MADHAUS”整体满意度为 91.25%，其中“手工作坊”满意度排名第一为 94.67%，“艺术咖啡书吧”公益活动满意度排名第二为 93.67%，“静剧场”满意度排名第三为“91.17%”，“戏剧工坊”满意度排名第四为 89.83%，“茶文化空间”满意度排名第五为 87.5%。指导静安区 14 个街镇成立静安文化志愿者协会，形成文化志愿服务常态化，三年来，开展志愿服务活动 200 余次。举办美在静安“志”善“志”美——2019 静安区国际志愿者日主题活动暨“申城志愿心”志愿服务故事分享会。加强对社会文艺团体的业务指导，进一步壮大公共文化服务队伍。在网站平台与微信公众号上开辟了专门的信息反馈板块，开通了市民咨询、反馈、投诉热线，定期汇集、梳理信息，报送至文化馆领导与社会化运营主体兰馨影业，及时对接群众的文化需求，发现和解决在社会化运营管理中出现的问题。

建全内部治理机制

建立静安文化馆与兰馨影业双方参与的“联席会议机制”，用制度来解决社会化运营管理主体的商业运营与文化馆公益性使用可能引起的矛盾。明确规定每月举行一次联席会议，由静安区文化和旅游局牵头，交流工作近况，协调解决运营管理过程中出现的问题和矛盾。同时，还创新建立了信息交流共享机制、互动合作协调机制、重大活动联手机制、重大事项通报机制、重点工作跟踪督办机制。三年的实践证明，内部治理机制的建立，对规范社会化运营管理程序、形成社会化运营管理合力、提供社会化运营管理效能发挥了重要作用。

参考文献

[1] 静安区文化馆新馆“上线”[J]. 上海画报，2017（7）.

[2] 中国政府网，http://www.gov.cn/xinwen/2015-01/14/content_2804250.htm.

[3]《文化和旅游部 财政部关于在文化领域推广政府和社会资本合作模式的指导意见》http://www.gov.cn/xinwen/2018-11/24/content_5343003.htm.

[4] 李昶 . 基层公共文化领域 PPP 模式应用研究 [J]. 人文天下，2019（1）：15-21.

“一人一艺”：宁波全民艺术普及探索

纪云飞

全民艺术普及是近年来我国现代公共文化服务体系建设中的创新举措。2015 年 1 月，中共中央办公厅、国务院办公厅印发《关于加快构建现代公共文化服务体系的意见》，首次在国家公共文化服务体系的顶层设计中提出全民艺术普及的理念、思想与目标任务。2017 年 3 月 1 日开始施行的《中华人民共和国公共文化服务保障法》第二十七条规定："各级人民政府应当支持开展全民阅读、全民普法、全民健身、全民科普和艺术普及、优秀传统文化传承活动"，标志着全民艺术普及由政策要求上升为法律规定。中央两办意见和公共文化服务保障法的规定，推动全民艺术普及实践在全国迅速兴起。

党的十九大报告指出，新时代中国特色社会主义思想和基本方略的一个重要内涵，是坚持社会主义核心价值体系，坚定文化自信，推动社会主义文化繁荣兴盛。完善公共文化服务体系，深入实施文化惠民工程，丰富群众性文化活动，是新时代构建现代公共文化服务体系的重要任务。积极开展全民艺术普及，是公共文化服务适应新时代经济社会发展的必然要求，是党和国家对人民美好生活需求层次提升现状和特点的准确把握，是公共文化服务供给侧结构性改革的现实要求。全民艺术普及的实质，就是进一步顺应人民群众对美好生活的向往和追求，帮助和引导人民群众理解美、认识美、创造美。积极开展全民艺术普及，是丰富人民群众精神文化生活、传承优秀传统文化、弘扬社会主义核心价值观、提升全民族文化艺术素养的重要途径，全民艺术普及将赋予现代公共文化服务体系更丰富更深刻的时代内涵。

2015年以来，宁波市委市政府坚决贯彻落实党中央国务院战略部署，高度重视全民艺术普及工作。2016年12月，宁波市人民政府办公厅印发《关于“一人一艺”全民艺术普及工程建设的实施意见》（下文称《实施意见》），将“一人一艺”全民艺术普及的总体目标确定为：“争取到2020年，通过‘一人一艺’全民普及工程建设，吸引和带动广大人民群众学习艺术知识、鉴赏艺术成果、掌握艺术技能、观看艺术展演、组建艺术社团、开展艺术创作、参与艺术活动等，实现全市艺术普及人口综合参与率达80%以上，人民群众的文化素质和艺术素养得到明显提升，形成与宁波经济社会发展相适应、与人民群众精神文化需求相匹配的人文环境，建设高水平的全国‘全民艺术普及’示范区。”《实施意见》的发布，标志着宁波市已经完成了政府主导的“一人一艺”全民艺术普及工程的顶层设计和实施方案制定。此后四年多，宁波市全面落实《实施意见》，“一人一艺”全民艺术普及取得累累硕果，到2019年年底，根据第三方零点公司调查统计显示，宁波全民艺术普及综合参与率已经超过77%。

做法与成效

宁波作为国内最早响应并实践全民艺术普及的地区，率先构建全民艺术普及的组织架构、内容路径、工作机制等，形成了具有宁波特色的全民艺术普及服务体系。

确立政府主导的全民艺术普及组织架构

“一人一艺”全民艺术普及工程，是宁波市认真贯彻落实中办国办《关于加快构建现代公共文化服务体系的意见》，在全国范围内率先提出并实施的优化公共文化服务、完善公共文化服务体系的五大工程之一。为了顺利实施这项工程，宁波市制定了一整套具体实施方案。

一方面，是强有力的政策支持。2015 年 10 月，“一人一艺”全民艺术普及工程被列入《宁波市国民经济和社会发展第十三个五年规划纲要》民生实事重点工程；2016 年 8 月，宁波市政府召开“一人一艺”全民艺术普及工程启动大会；2016 年 10 月，市政府办公厅下发《关于“一人一艺”全民艺术普及工程建设的实施意见》。2017 年 2 月，宁波市委市政府将“一人一艺”列入宁波市繁荣文艺发展七大计划之一；2018 年，列入宁波市政府工作报告，其中明确要求建设全国“一人一艺”全民艺术普及先行区。

另一方面，是体系化的组织保障。宁波市政府协调建立了宁波市全民艺术普及联席会议制度，联合文化、教育、广电、工会、共青团、妇联、科协行 13 个政府部门，开展跨部门、跨行业、跨区域全作，全面推动全民艺术普及。宁波市文化馆设立全民艺术普及中心，负责制度设计、组织协调、评估等工作，县（市）区文化行政主管部门相应设立管理机构。各区（县）人民政府、文化行政主管部门先后制定全民艺术普及实施方案，全面启动，推动实现区（县、市）文化艺术资源与服务的共建共享、互联互通、城乡一体。同时，市县两级财政加大投入，基础设施、配套服务不断提升，人才培训、引进和扶持等相关政策保障不断加强，全市全民艺术普及有序推进。

明确“4+2”的全民艺术普及内容体系

“一人一艺”全民艺术普及工程是以人民群众的文化艺术需求为导向，创新性地提出了全民艺术知识普及、全民艺术欣赏普及、全民技术技能普及和全民艺术活动普及四个主要任务和中小学生艺术普及、特殊群体扶持两个专项任务，构建了宁波全民艺术普及“4+2”内容体系，奠定了我国全民艺术普及内容体系的框架和基础。

“全民艺术知识普及”通过慕课、讲座、出版物等，让市民更多地亲近艺术、了解艺术；“全民艺术欣赏普及”通过展示展演古今中外优秀、经典作品，提高市民艺术鉴赏的能力；"全民艺术艺术技能普及"通过大规模、多途径的艺术培训，让更多的市民学习掌握各类艺术技能；"全民艺术艺术活动普及"通过形式多样的活动，吸引更多的市民参与和展示。"中小学生普及专项"结合学校美育教育，为中小学生营造更多的校外展示和参与机会；"特殊群体普及专项"针对老年人、残疾人、贫困家庭等特殊群体，提供有针对性的艺术普及产品和服务。

"一人一艺"宁波全民艺术普及工程的总体目标是，到2020年，实现全市艺术普及人口综合参与率达到80%以上，即全市80%的人民群众每人至少能认知或掌握一个艺术门类。在《宁波市基本公共文化服务标准（2015—2020）》和《宁波市基本公共文化服务保障标准（2015—2020）》保障下，特别是在强调"全民"的"一人一艺"全民艺术普及的实施下，宁波人民将能够均等地享受到符合自己要求的菜单式公共文化服务。特别是文化资源向基层和农村倾斜，向弱势群体倾斜，将打通基层公共文化服务"最后一公里"，提升宁波公共文化服务的均等化水平。

打造多元化的全民艺术普及工作机制

宁波在推进"一人一艺"全民艺术普及工作的过程中坚持政府主导、多部门协作、专业机构支撑、全社会参与的工作机制。深化跨部门、跨行业、跨区域合作，推动全民艺术普及工程与宣传、文化、科技、教育、金融、商贸、旅游、体育、通信等领域的融合发展，鼓励和引导各种社会力量参与全民艺术普及，实现全市文化资源与服务的共建共享、互联互通。

- 发挥公共文化机构的骨干核心作用

文化馆、图书馆、美术馆、博物馆、老年大学、工人文化宫、青少年宫等公共文化机构是全民艺术普及骨干和实施主体，其中，各级文化馆发挥各级群众文化艺术服务体系的核心作用，组织、协调、带动各类文化资源、各种文化类社会组织和文化企业参与，开展全民艺术普及工作。学校、文化类企业、文化类社会组织或个人是艺术普及的另一实施主体，根据各自的行业领域和资源特色开展艺术普及工作。

左　启华·城门口艺术空间

右　潜龙社区“传承好家风，美好和谐家”一人一艺活动

- 建设社会联盟

“一人一艺”全民艺术普及，前所未有地扩大了全社会艺术培训需求总量，这为社会文化机构、艺术团体、群众文艺团队、社会培训机构和公民个人等社会力量提供了良好的政策环境和基础条件。政府为社会力量参与全民艺术普及工作提供场地、资金、政策扶持，采取奖励、补贴等激励措施，并采取政府购买服务的方式鼓励社会力量参与全民艺术普及工作，极大地调动了社会力量的积极性，带动了社会艺术培训和文化消费双发展，截至 2019 年年底，宁波市“一人一艺”社会联盟达到 151 家、空间联盟 36 余家、34 个艺术普及点和 2 大普及基地，仅宁波市本级举办各类公益培训活动累计 1.5 万课时，累计为市民服务 200 万人次。

- 建构联席会议制度

联合教育、广电、工会、共青团、妇联、科协等 13 个政府部门，建立宁波市全民艺术普及联席会议制度，研究实施全民艺术普及相关的制度和规范，妥善协调全民艺术普及实施中公共设施、人才资源等的综合利用，拟定全民艺术普及产品和服务的供给方式等，确保全市全民艺术普及的有序推进。

形成系统化的全民艺术普及标准体系

以标准化促均等化，是当前公共文化领域的发展趋势之一。“一人一艺”在全民艺术普及没有国家统一规范的情况下，积极填补空白，探索全民艺术普及的标准化建设。先后形成了宁波全民艺术普及多个规范性文件和地方标准，为宁波的“一人一艺”提供了强有力的理论支撑和实践路径，也为全国的全民艺术普

"一人一艺"全面艺术普及工程

及提供了遵循。主要包括:《宁波市引导社会力量参与全民艺术普及的实施办法》《宁波市艺术普及培训机构评级与扶持办法》《"一人一艺"社会联盟管理办法》《宁波市全民艺术普及社会联盟公约》《"一人一艺"全民艺术普及服务规范》《"一人一艺"考级评定标准》《宁波市"一人一艺"全民艺术普及"十进"活动项目方案》等。

其中,《"一人一艺"全民艺术普及服务规范》,主要明确了全民艺术普及工作的基本原则和总体要求,搭建了覆盖从国家、市级到基层的三层组织架构。该规范由宁波市质量技术监督局发布,是由地方行政行为上升到了地方标准的高度。在此规范中,对"全民艺术普及""一人一艺"等术语进行了界定,明确了基本原则和总体目标,积极倡导全市各区(县)联手合作推进全民艺术普及工作。考虑到各年龄层、各群体对公共文化服务需求的不同,《规范》针对不同群体分别制定了工作规范,并对宁波下辖的各个区(县)的公共文化服务供给提出了量化标准,如各区、县(市)每年开展残疾人专项文体活动不少于10场,各区、县(市)每年举办老年专项文体活动不少于12场等,以标准化促进宁波市公共文化服务标准化。

同时,宁波市以市民卡、文化艺术卡制度为基础,鼓励市民自主选择参与艺术普及的项目、渠道和方式,制定《宁波市群众文艺团队星级评定办法》和《宁波市艺术普及考级办法》,形成一整套面向群众文艺团队及市民个人艺术素养的评定和激励机制。

2016年12月,《宁波市"一人一艺"全民艺术普及指数研究报告》由第三方零点公司发布,报告指出截至2016年,宁波市全民艺术普及综合参与率为52.2%;2017年12月,"一人一艺"系统总结了近年来全民艺术普及的实践成果，出版国内首本全民艺术普及蓝皮书。《宁波“一人一艺”全民艺术普及发展报告（2017）》。2019 年 12 月，零点公司发布《宁波市“一人一艺”全民艺术普及指数研究报告》显示，宁波全民艺术普及综合参与率就已经超过 77%，距 2020 年年末设定的 80% 目标，仅差 3%。

建设“互联网 +”全民艺术普及数字服务平台

宁波市全民艺术普及的提出，正当中国互联网技术及其应用得到巨大发展。越来越多成熟互联网技术的集成运用，为宁波全民艺术普及提供了便利的数字化工具、方式和渠道。既提高了全民艺术普及的覆盖率和市民参与艺术普及的便捷度，也为宁波市全民艺术普及的实施提供了多重保障。

- 实现了国家公共文化云在宁波的率先落地

宁波依托“互联网 + 全民艺术普及”的服务理念，开发了集文艺培训、艺术鉴赏、文艺活动信息、文化场馆预约、在线学习、预约演出于一体的“一人一艺”云平台，并于 2017 年 6 月 2 日正式上线。该平台提供综合性、一站式数字服务，与 PC 端、微信端、数字化设备、APP 等多种终端无缝对接，集聚特色及优质数字资源库，快捷高效地满足市民艺术学习和欣赏需求，搭建了公共文化机构和社会联盟的数字化总分体系，实现国家海量资源宁波落地服务，为宁波市民提供便捷、高效、全面的数字文化服务。宁波市民可在“一人一艺”云平台上参与文艺培训和艺术鉴赏、获取文艺活动信息、实现文化场馆、演出和活动预约以及在线学习等，是全民艺术普及路径“多渠道”的具体实现载体。同时，依托中国文化网络电视平台，实现了文化共享工程《百姓大舞台》——“一人一艺”宁波市全民艺术普及工程直录播，如非遗走进生活·阿拉非遗汇、亚洲艺术节、宁波市音乐舞蹈节等，拓宽了全民艺术普及的宣传路径。

- 建成了“一站式”提供资源和服务的线上“文化超市”

“一人一艺”云平台是覆盖全宁波的数字文化综合服务网络平台，是“一人一艺”全民艺术普及工程的重要支撑，是依托“互

联网 + 公共文化”服务理念，以公益服务为主旨、百姓需求为导向、多方互动为特色，集管理、服务、产品供给、资源建设等为一体的综合性公共文化超市。平台上线一年多，据统计，上线至 2019 年年底，累计服务人次 1，000 万次，注册用户 40 余万，线上活动 1，000 多场、在线培训群众超过 150 万人次。通过自主开发全民艺术普及系列慕课，国家艺普资源宁波落地工作以及引入社会优质视频资源等，极大地丰富了优质资源供给，实现综合集成、高效利用、互联互通，确保市民足不出户便可随时随地学习艺术。云平台网站、微信公众号、官方 APP 三位一体的“一人一艺”数字化服务系统是一个集演出、展览、培训、讲座、赛事于一身，内容涵盖文化艺术、非遗传承、品位生活等各项内容，满足不同人群、不同年龄需求，既有“普及性”艺术传播，又有“专业性”艺术提升的综合性大型公共文化服务平台。在这个平台上，老百姓拥有更多选择权，让全民艺术普及从政府“端菜”变成百姓“点菜”，实现了全民艺术普及各种资源和数据的互联互通、综合集成和高效利用。

- 开发了全民艺术普及慕课系列化新资源类型

宁波自主研发制作并上线了大规模开放的艺术培训在线课程——“艺术名家慕课”（MOOC）作为新的艺术普及的资源类型，填补了公共文化领域慕课资源建设和应用的空白。至今已自行研发两大系列课程，共计 3，078 集，16，500 分钟，内容涵盖舞蹈、声乐、器乐、绘画等十大艺术门类。这些生动活泼、短小精悍的艺术培训视频通过宁波电视台、宁波地铁、微信平台等多渠道、多途径服务市民。在全民艺术普及不断与新的资源、新的媒体和新的网络环境相适应的过程中，也带动了文化馆思维方式、工作方式和服务方式的转型发展。2016 年 5 月，宁波市全民艺术普及数字化建设方案在文化部第二次全国数字文化馆试点评审中名列前茅。

搭建全民参与的全民艺术普及展示舞台

为建设具有宁波特色的“一人一艺”全民艺术普及工程，更好地满足人民群众的文化艺术需求，宁波市自实施以来，四年

市民广场上的国标舞展示

间，积极开展全民艺术普及各类品牌活动，掀起全民艺术普及的热潮，为百姓搭建展示艺术普及成果，展现艺术魅力的舞台，营造了浓厚的城市文化艺术氛围。如开展戏曲进校园、非遗进生活、歌声进家庭、舞蹈进商圈、名师进礼堂、讲座进社区、书画进客厅、书房进街区、展览进场站、慕课进手机，十种艺术“十进”系列，引领宁波市民拥抱艺术；实施 2016 年首届全民 K 歌大赛、2017 年首届全民朗读大赛、2018 年首届全民舞王大赛、全民摄影大赛、全民戏曲大赛等“全民”系列赛事，打造市民的艺术盛会；实施开展 2015 年至 2019 年度阿拉音乐节、阿拉非遗汇、亚洲艺术节等节庆活动，让市民能够随时接受艺术熏陶。戏曲曲艺大赛、青年歌手大赛、青年舞蹈大赛等专业赛事，让群众文化提档升级，将活动赛事层层推进，增强活动覆盖面，提高品牌知晓度。

探索文旅融合下的全民艺术普及乡村计划

2018 年 2 月，中共中央、国务院发布《关于实施乡村振兴战略的意见》；2018 年 5 月，宁波市委、市政府出台《全面实施乡村振兴战略三年行动计划》；2018 年 11 月，宁波市首个乡村文旅中心落户在象山县溪里方村。从中央文件到地方部署，宁波以“一人一艺”为抓手，由城市走向乡村，迅速制定行动计划，率先构建乡村文化振兴的内容体系，并涵盖乡村文旅中心、乡野艺术节、壹艺坊、文旅一日游、百场活动进文化礼堂等近 10 项内容。

乡村计划提出，是“一人一艺”普及计划由城市走向乡村的开

“一人一艺”舞蹈大赛及“一人一艺”全民 K 歌大赛

始，这是全民艺术普及广度的拓展和深度的推进，是提升农民文化艺术素养、提高公共文化服务覆盖面和适应性的有效举措，也是落实乡村振兴战略规划、促进乡村文化繁荣兴盛的实际行动，更是完善乡村公共文化服务体系、提升基层公共文化服务效能的创新实践。乡村计划的实施，在农村种下艺术基因，让农民群众逐步接触艺术知识、欣赏艺术经典、掌握艺术技能，提升农民群众的文化艺术素养，从根本上奠定新时代农民美好生活文化艺术享有的基础。同时，通过文化引领，完善乡村公共文化服务体系、提升基层公共文化服务效能的创新实践，以文化的向心力和凝聚力，解决乡村的空心化等突出问题。

总的来看，“一人一艺”以文化艺术融合乡村生活，探索文旅融合的发展模式，形成各级党委领导、各级政府负责、社会参与的体制机制，唤醒乡村沉睡的自然、人文资源，提升乡村形象、品质，塑造景美、情美、人更美的新时代农村新风貌，实现“村村有品牌，户户有特色”的繁荣现象。

思考与前瞻

宁波市“一人一艺”全民艺术普及工程服务于宁波经济社会建设发展。宁波市未来建成“更具集聚辐射能力的宁波都市区”，需要全民艺术普及带来的文化认同；宁波市未来建成“更高品质的民生幸福城市”，需要全民艺术普及为人们带来的艺术享受和精神愉悦；宁波市未来建成“特色鲜明的文化强市”，需要全民艺术普及带动的现代公共文化服务体系的完善；宁波市未来建成“全国生态文明先行示范区”，需要全民艺术普及所创造的新的增长极；宁波市未来全面建成高水平小康社会、增强市民幸福感和获得感，需要全民艺术普及对公众艺术修养的底层铺垫和深层引导。

加强新时代人民群众美好生活新需要研究

深入贯彻落实十九大精神和习近平新时代中国特色社会主义思想，牢牢把握社会主义先进文化前进方向，满足人民日益增长的精神文化需求，以提升市民的文化艺术素养为目标，坚持以人为本、服务群众，贴近实际、贴近生活、贴近群众，不断普及“一人一艺”，努力构建参与广泛、形式多样、活动经常、机制健全的全民艺术普及服务体系。未来，宁波市全民艺术普及工程建设，要走增质提效的道路，走内涵式发展之路。加强研究宁波市民对美好生活新期待的内容和要求，深入研究新期待在艺术普及方面的具体实现和途径。

继续推动文化馆（站）的转型发展

一、以全民艺术普及为核心，推动文化馆（站）从业人员在理念、思维方式方面的转型，明确新时代要求，提高认识，转变观念。二、根据全民艺术普及工作需要，合理调整文化馆（站）人员配置，强化技术支撑人员的配备，推进全体从业人员学习与利用新技术，适应新时代要求。三、根据全民艺术普及工作需要，自主设立文化馆（站）的内部机构和岗位设置。四、根据全民艺术普及工作需要，明确文化馆（站）经费使用重点领域和范围，拥有一定的资金统筹配置权，持续推进文化馆（站）转型发展。

继续深化全民艺术普及的数字化建设

一、依托国家文化云，解决艺术资源上下级单位之间、左右同级单位之间的互联互通，实现在地方上可以便捷利用国家各类数字艺术资源，在国家平台上可以及时展示地方艺术资源。二、继续丰富“文化超市”内容和产品，强调针对性、选择性，解决全民艺术普及的“可获得性”。三、对全民艺术普及的慕课资源进一步深入研发，以此为契机，改变文化馆（站）的工作方式、服务方式及人员结构。四、着力打造数字化、智能化全民艺术普及实体空间。在各级文化馆（站）、基层文化中心和文化广场、公园、老年活动室、少年宫、社区活动室、（长途、高铁）车站候车厅、广场（商场、购物中心）等公共场所打造艺术普及实体空间，配备艺术普及一体机、艺术普及资源宝、艺术普及户外机、艺术普及迷你唱吧、大数据系统以及远程视频系统等。艺术普及实体空间将有效实现艺术与传统娱乐手段相结合，利用线上线下的互动性，增强文化资源的趣味性、体验性和传播性，调动市民参与文化艺术普及的积极性。

加强全民艺术普及国际交流和合作

“国之交在于民相亲”，来自民间公众之间的交往是推进国家之间和平友好、城市之间持续交往的重要力量。宁波市“一人一艺”全民艺术普及工程，为宁波市广大市民和艺术爱好者搭建了提升艺术素养的平台，不仅丰富了精神文化生活，提高了国民综合素养，也向世人呈现了现代公共文化服务体系建设大背景下，开展国民艺术普及教育发展的宁波道路、宁波经验、宁波模式。2016 年，东亚文化之都建设，已经为宁波专业艺术院团走出国门提供很好的平台，后续的宁波文明之都建设、海上“一带一路”建设、与国际经贸地位相称的文化建设等，应当为宁波普通市民走出去创造大量机会，向世界各国展现全民艺术普及之后宁波市民的艺术素养、文明形象，不断巩固宁波市的国际地位。

公共文化建设的“铜陵样板”

陈 芳　周量航

铜陵是一座风光秀美、人文荟萃的宜居城市，是全国最小的地级市。万里长江穿境而过，“山水林田湖”俱全，是国家公共文化服务体系示范区，是长三角一体化发展的重要前沿阵地。铜陵市着眼于自身的定位与区位，以第三批国家公共文化服务体系示范区创建为契机，[1] 以问题需求效果为导向，以打响文化品牌为目标，以“四个一”项目落地、文采会机制创新、公共文化服务效能提升等为重点，不断深化公共文化服务机制改革，在长三角一体化合作、乡村文化振兴、群众获得感增强等方面发挥了全国性示范引领作用，形成了有目共睹的“铜陵现象”。近年来，铜陵市逐步完善公共文化服务圈，继续加大文化供给，实施公共文化设施网络等五大体系建设，将建设 200 个覆盖城乡的公益性全民阅读场所，形成“城市五分钟、农村十分钟”公共文化服务圈。博物馆、文化馆、图书馆和城市阅读点等在内的一批文化设施，实现各级公共文化场所免费开放；打造“铜都书巢”等群众文化活动品牌，并通过政府购买服务等方式激活公共文化机构和社会组织，面向基层开展流动服务[2]。

在创建公共文化国家示范区的背景下，铜陵市大力推进文旅融合下的公共文化建设。[3] 本文从以下四个方面论述了铜陵市推进公共文化建设的具体措施。第一，立足长三角一体化的国家战略，推动“四个一”项目，即“城市阅读一卡通、公共文化服务一网通、公共文化联展一站通、公共文化培训一体化”，并且签约落地实施。第二，以文旅融合促进乡村振兴为目标，充分挖掘丰富的本土文化，走出了一条铜陵乡村文化振兴之路。第三，举办 2019 长三角文化和旅游公共服务产品展览会，解决文化产品供需不对等、公共文化服务不精准问题。第四，以创建推动国家公共文化服务体系示范区为契机，打造公共文化服务特色品牌。

提升站位，以更大平台推动“四个一”项目

长三角一体化上升为国家战略后，铜陵市以打响文化品牌为目标，聚焦解决公共文化服务发展不平衡、不充分问题，创新平台，拓展路径，率先提出“城市阅读一卡通、公共文化服务一网通、公共文化联展一站通、公共文化培训一体化”构想，组织召开了第二届长三角国家公共文化服务体系示范区（项目）合作机制大会，会议上“四个一”项目正式签约落地。

“一张卡”实现跨区域阅读

借助会议平台，安徽省铜陵市图书馆、上海市长宁区图书馆、江苏省南京市金陵图书馆、浙江省嘉兴市图书馆、安徽省马鞍山市图书馆、安徽省池州市图书馆、安徽省安庆市图书馆等公共图书馆经友好协商，共同发起倡导实施城市阅读一卡通项目，组建一卡通工作小组，完善计算机及网络、射频识别技术、图书管理系统等设施，在长三角区域内实现图书文献的统一管理、统一流通、统一培训。这一项目将提升长三角地区文化和旅游公共服务合作水平，推动长三角地区公共文化区域联动共享，实现长三角地区公共图书馆资源的互联互通、共用共享。

“一张网”让资源共享百姓获益

为实现公共文旅资源的互联互通，促进供需精准对接，推动长三角地区公共文旅服务提档升级，在第二届长三角国家公共

文化服务体系示范区（项目）合作机制大会上发布了公共文化和旅游服务一网通项目“长三角文旅云”。通过该平台，形成“信息与资源汇聚、管理与服务融合、在场与在线联动、线上与线下互通”的公共文旅服务新模式。“长三角文旅云”总平台由长三角四十二个城市（区）子平台共同构成，是文旅活动、场馆、景点、数字资源的整合。主要功能是面向百姓提供一站式数字公共文化服务，并通过大数据分析，实现服务效能的统计分析，推动公共文化和旅游供需匹配。

一站通助力文化互动与交流

长三角公共文化联展一站通项目正式签约，标志着长三角城市馆际资源真正开始实现共享互通。为搭建长三角地区公共文化联展交流平台，浙江省嘉兴市文化馆、浙江省嘉兴美术馆、江苏省南通市文化馆、江苏省南通美术馆、安徽省马鞍山市文化馆、安徽省马鞍山美术馆、上海市浦东新区文化艺术指导中心、上海市浦东金桥美术馆共同发起搭建长三角公共文化联展一站通项目合作平台，并以“新时代美生活”为主题，举办了区域联展，展览四地美术、书法、摄影等视觉艺术作品，首展已于 2019 年 10 月份提前在嘉兴展出，此后，将依次在江苏省南通市、安徽省马鞍山市和上海市浦东新区进行巡展。区域文化联展打破了文艺作品展览地域性的封闭小“圈子”，有效推动了区域文化的交流和融合。

一体化培训让资源既“在场”又“在线”

文旅融合、区域共享的关键 在于人才的共享。长三角地区文化和旅游公共服务培训一体化建设协议签约达成，标志着在培训资源的合作共享、培训项目的交流互动、培训技术的协同创新、人才培训的区域研究框架下，长三角地区城市合作共享、交流互动形成了新的格局，整体提升了区域文化和旅游领域公共文化服务从业人员的专业素养与业务能力，更好地服务文化和旅游公共服务一体化建设。文化培训一体化建设让培训资源拥有“在场”与“在线”两个平台，突显特色、优势互补，整体提升文化和旅游公共服务培训能级。

聚焦赋能，以更多途径推动乡村文化振兴

铜陵市立足长远，以文旅融合促进乡村振兴为目标，充分挖掘丰富的本土文化，将文化元素尤其是公共文化服务植入乡村旅游项目、产业与设施的策划和建设之中，以扎实有效、推新升级的方式，走出了一条铜陵乡村文化振兴之路。

用艺术"提"

铜陵市自 2018 年起组织实施"中国铜陵田原艺术季"，以"艺术振兴乡村"为主题，在义安区犁桥村搭建艺术助力乡村振兴的平台，通过艺术家、建筑师包括时尚前卫文化人介入乡村的方式，打造艺术与文化介入乡村振兴和文旅融合的案例，戏剧、音乐、诗歌，公共艺术创作、网红建筑、精品民宿、公共艺术、装置与雕塑、迷你美术馆、稻舞台、稻剧场、荷塘图书馆等渐次呈现，并通过消费升级的引导以及艺术产生的价值和作用来提升乡村的文旅品质。

朝网络"借"

采取"活动 + 直播"的方式推广乡村旅行和特色文化。在田原艺术季项目实施以来，相继推出了"犁桥不插电"音乐节、雕塑作品集中展示、民宿改造体验、诗歌大赛、"幻音徽祠"沉浸式演出等特色活动，并采用短视频直播等宣传方式，保证活动不断线、宣传有热度，始终吸引外界关注。活动季期间，相关活动被人民日报、央视、新华社、凤凰网、中安在线等 15 家主流媒体及 22 家自媒体现场报道，并被广泛转载，相关信息的网络点击量达 4,000 余万次。2019 年上半年，犁桥的游客人次同比增长超过 200%，使该村逐渐成为铜陵乡村旅游的热门目的地。

中国铜陵田原艺术季

靠产品"生"

通过建筑设计改造和民俗文化开发，在犁桥村催生了新兴文化旅游资源，拉动了城乡消费。利用村内闲置民房，对外观、内饰进行艺术化改造，并赋予其功能性，变成可供游人居住休闲的民宿、咖啡馆。建成了全玻璃结构的球状民宿"星空泡泡屋"。村内出产的大米、蔬菜等农产品设计了艺术化标识。引入

了统一的运营团队，进行规范化管理。这些艺术化的建筑与改造后的民俗文化产品，突破了乡村旅游“吃饭、采摘、垂钓”的老三样模式，带动了乡村旅游业态新发展。

开拓创新，以更宽广度扩大文采会国内外影响

为着力解决文化产品供需不对等、公共文化服务不精准问题，铜陵市积极创新，举办 2019 长三角文化和旅游公共服务产品展览会。为深化长三角文化和旅游产品供给侧改革、丰富长三角文化旅游产品供给、加强长三角文化旅游交流合作，本次展会在上一届长三角文采会的基础上，形成了新的亮点。

丰富供给，集聚产业特色

本次文采会共设旅游目的地产品（旅游营地、旅游房车）、2019 长三角“最美旅游厕所”、长三角（长江经济带）国家公共文化服务体系示范区城市、文化旅游公共服务策划和决策咨询服务、公共文化内容生产和文化空间建设与运营、旅游装备等六大展区，面积 1 万余平方米。40 多个市（区）参加，317 家企业共设展位 400 多个，长三角地区众多文化旅游公共服务机构、公共文化产品生产企业、知名旅游服务企业、公共文化运营和设备开发单位、文创开发企业汇聚参展。本次展会累计网上平台用户访问量 42 万人次，意向成交项目 358 个，意向成交额 1.9 亿多元。

多方融合，促进智慧服务

为进一步提升文采会的影响力，增强文采会在互联网的宣传推广，本届文采会可以通过“铜陵文化云”，及时了解文采会的各项活动动态和资讯，浏览参展单位资料，观看精品展演、直播间访谈，并可参与扫码浏览、线上点赞等互动。此外，本届文采会得到了国家公共文化云的大力支持，国家公共文化云、全国公共文化和旅游产品交易平台设置了本届文采会专题栏目，并与“铜陵文化云”实现无缝对接、数据互通，通过互联网让本届文采会走向全国、“永不落幕”，建立了一个全方位、多层次、立体化的公共文化服务交易平台。

铜陵展示馆

开发品牌，以更高质量打造公共文化服务特色

作为长三角一体化前沿阵地，铜陵市始终突出文化引领，打造“文化强区”。铜陵市相继建成市博物馆、图书馆、文化馆新馆，改造大剧院 1 座，建设阅读点 54 个，新建县区文化馆图书馆 3 座，改造 3 座，新建大剧院 1 座，改扩建乡镇综合文化站 2 个，整合设置村、社区基层综合性文化服务中心 428 个。全市公共文化设施面貌焕然一新，新增面积达 12 万平方米，成功创建国家公共文化服务体系示范区。逐步完善“总馆 + 分馆”文化场馆体系建设，结合图书馆新馆、全民阅读点等，让市图书馆与乡镇（社区）分馆实行联网管理，保证城乡居民能够及时借阅到最新的书籍。该市建成国内首座集公共图书馆、高校图书馆和新华书店于一体的“三合一”图书服务综合体，[4] 除传统的图书借阅外，实行“你读书、我买单”的便民措施。

公共文化服务供给主体多元化

铜陵市大力构建“专业人才领军、基层干部统筹、群众队伍支撑、志愿者广泛参与”的文化队伍格局，实现服务供给主体的多元化。按照示范区标准，着力解决了文化中心编制、街道文化中心和社区（村）文化活动室人员的配备问题。在安徽省率先采用政府购买服务方式，安排公益性文化协会与基层结对帮带，根据考核情况对每个公益性文化协会每年给予 2 万元补助。实施业余文艺人才联系登记制度，登记业余文艺团体 208 个、文化志愿者 5，000 余人。开创性地提出“文化三员”制度，2015 年，全面推进文化辅导员工作，在城乡建立 55 个文化辅导员，登记辅导员 487 名。从 2016 年起，在全市 458 个村、社区实施文化管理员补贴制度。

公共文化服务对象精准化

铜陵市面对不同人群开展公共文化服务，提供差异化、精准化的文化服务，逐步形成“以需定供”的文化服务体系：整合城乡舞台体系，举办“社区文化活动月”“农村文艺调演”“铜都周末大舞台”等品牌活动，县区也有更接地气的“铜官乐大舞台”“枞阳之歌”文化旅游节等活动。在提供均等化服务的同时，着重向基层、特殊群体提供个性化的服务，如面向特殊人群而设的留守儿童画室、心目影院、“阅享宝贝”阅读成长计划等特色项目。图书馆打造“点读平台”，一举解决了图书供给不对称的矛盾；少儿绘画、播音、舞蹈等培训市场火爆，文化馆就在假期开设免费的培训班；图书馆、文化馆中心馆—总分馆体系的建立，以及工青妇等市直部门资源的整合，提高了场馆的利用率。

公共文化服务品牌化

铜陵市的公共文化活动基本形成了“一街乡一品牌、一社区一品牌”的总体框架。通过培育打造、评选认定、奖励扶持、宣传展示等措施，完成十类百个基层文化品牌的创建目标。对铜陵市公共文化设施、群众文艺团队、公益性文化活动、文化能人（名人）四类基层文化品牌开展了扶持培育工作，形成了“叫得响”的“铜陵品牌”。首创公共图书馆、高校图书馆、新华书店“三合一”的服务模式，打造出享誉全国的铜陵公共文化服务品牌。该市致力于书香铜都建设，打造立体式公共阅读服务体系，打通了图书服务“最后一公里”，形成了“十分钟阅读圈”。[5] 除了城市阅读点、“图书馆 +”行动、“阅享宝贝”阅读成长计划、“月读公社”等阅读服务建设之外，铜陵市图书馆打造了由全民共建、共管、共享的街区“迷你版”阅读空间——“铜都书巢”。“铜都书巢”在 2019 年国庆节后投入使用，占地面积 0.5 平方米左右，可容纳 30 ～ 150 册书；外观设计采用中式简约风

铜都书巢

格，智能使用。在“书巢”的后台系统可清晰地看见“书巢”操作人群的信息及换书人次统计。

公共文化服务模式创新化

在创建国家公共文化服务体系示范区过程中，铜陵市大力探索创新公共文化服务新模式，不断拓展公共文化服务空间，以多元供给格局实现公共文化服务社会化、均等化、品牌化，鼓励和引导社会力量参与 基层文化设施的管理，提升了公共文化服务效能；完善政府购买公共服务机制，满足了群众不断提升的文化需求；创新公共文化服务供给模式，打造了“图书馆+”、全民阅读点、心目影院等品牌项目，启动了“城市文化空间”“铜都周末大舞台”等创新项目建设。[6] 该市大力构建线上线下公共文化服务运行模式，构建文化信息资源共享工程、公共数字图书馆、电子阅览室、公益性文化单位网络服务平台等新型文化基础设施，并通过互联网终端对市民推送。铜陵市建设的“铜陵文化云”平台，集场馆资源介绍与预约、文化活动信息发布、惠民票务投放、数字资源共享等多功能一体，居民利用电脑、iPad、智能手机等设备“点菜”文化“大餐”，便捷地享受丰富的公共文化服务。

参考文献

[1] 铜陵创建公共文化服务示范区 [N]. 安徽日报 ,2015-08-22（02 版：江淮要闻）.

[2] 铜陵创建国家公共文化服务体系示范区的路径选择 [N]. 铜陵日报 ,2016-02-24（第 6 版：市情理论研究专版）.

[3] 王继红 . 构建统筹城乡发展公共文化服务体系对策分析——以安徽省铜陵市为例 [J]. 中国市场 ,2016（17）: 111-112.

[4] 徐常宁，刘锦山 . 城市图书馆发展模式研究 以铜陵市图书馆为例 [M]. 北京: 国家图书馆出版社 , 2016.

[5] 常河，马乐陵 . 安徽铜陵：“十分钟阅读圈”让阅读更便捷 [N]. 光明日报 ,2019-11-05（第 015 版 : 文化新闻）.

[6] 创新公共文化服务模式 激发公共文化发展活力 [N]. 铜陵日报 ,2017-06-16（第 5 版：新闻）.

戏曲百戏（昆山）盛典

叶 凤

为展现全国 348 个戏曲剧种的独特魅力，激发戏曲剧种活力和戏曲院团潜力，利用全国地方戏曲剧种普查成果，由文化和旅游部艺术司、江苏省文化和旅游厅共同主办的戏曲百戏（昆山）盛典，从 2018 年开始，用 3 年时间将全国现存所有戏曲剧种的经典剧目（折子戏）全部集中到昆山展演。2018 年、2019 年戏曲百戏（昆山）盛典圆满举办，取得了良好的社会影响力。活动引起了中国戏曲界、文化界、新闻界等社会各界的广泛关注和高度重视。百戏盛典充分展现了作为百戏之祖昆曲的发源地——昆山在中国戏曲文化的发展中独特的使命担当，也是中华戏曲文化生存状况的大阅兵、大排查、大梳理，必将对中国戏曲文化的发展产生深远的影响，具有划时代意义。

左　2019 年戏曲百戏（昆山）盛典开幕

右　2019 年 8 月，中国戏曲百戏博物馆奠基仪式在昆山举办

活动缘起：传统文化保护传承的担当

2015 年 7 月至 2017 年 6 月，文化部在全国范围内开展地方戏曲剧种普查，确认我国现存剧种 348 个，其中分布区域在 2 个省区市以上（含）的剧种 48 个，分布区域仅限 1 个省区市的剧种 300 个。348 个剧种中有像京剧、越剧、评剧、黄梅戏等广受观众喜爱的剧种，也有一些在区域范围内受到政府扶持关注而生存状况良好的剧种，更有很多艰难存活的地方小剧种。能否将这些剧种进行一次集中的展演呢？成为各级领导专家思考的重要课题。

另一方面，改革开放以来，作为“百戏之祖”昆曲的故乡，昆山经济发展取得了长足进步，连续十多年名列全国百强县之首。昆山历来高度重视文化建设，不断加大公共文化服务、传统文化保护等方面的工作力度，连续承办了七届中国昆剧艺术节开幕式；2015 年，成立了全国第八家专业昆剧团——昆山当代昆剧院；2018 年，昆山提出打造昆曲和顾炎武两张昆山城市文化金名片，有计划借助昆曲资源打造“百戏节”。

新的时代，昆山能否在传统文化的保护传承中有更多的担当和使命呢？昆山文化部门主动作为，积极谋划，对全国各类戏剧节庆活动进行了比对研究，最终与文化部艺术司对接后，双方一拍即合，经过短短两次面对面沟通和研讨，就迅速形成了活动比较清晰的定位：官方主办（不是民间活动）、国家层级（不是地方政府）、剧种展演（文化部戏剧剧种普查成果展示）、传统经典（强调主要是能代表各剧种的剧目展演）、3 年周期（用 3 年时间在昆山将 348 个剧种集中展演）。随后马上确定了戏曲百戏

（昆山）盛典活动的具体工作方案。2018 年 8 月 17 日，文化和旅游部艺术司发布《关于举办 2018 年戏曲百戏（昆山）盛典有关事项的通知》。由此，百戏盛典正式开始。

举办过程：从顶层设计到全程指导

百戏盛典活动的规模之大、头绪之多、任务之重是不言而喻的。2018 年的组织工作十分繁琐繁重。有前一年的经验，2019 年的百戏盛典整个工作都进一步提升。从活动酝酿开始，文化和旅游部、江苏省、苏州市各级主要领导高度重视，多次关心支持百戏盛典活动。文化和旅游部领导在活动举办、观众组织、新闻报道等方面主动过问，给予工作指导。各级领导从顶层设计、谋篇布局、前站会议、动员部署、沟通协调、宣传策划、专家研讨、参演证书、活动实施，每一个重要环节，全程指导活动开展。

昆山市委市政府把戏曲百戏（昆山）盛典列入市委市政府重点工作，全程关注活动进展，多次听取汇报，做出具体工作指示；从资金落实、开幕式、闭幕式等重要节点给予全力支持。专门成立了筹备工作领导小组，四套班子全体领导参加“百戏林”植树活动和盛典首演活动，班子成员轮流值班参加每场演出前的接受捐赠活动。昆山筹备工作组与各级领导、各省市自治区文化和旅游厅保持热线联络、紧密配合。各省剧目申报收集、组织专家审看节目、拟定参演作品名单、排定剧目演出日程、召开站前工作会议、新闻发布会、对接勘察展演场地等，各项工作有序稳步推进。昆山市文体广旅局专门成立了综合协调组、宣传物料组、演出对接组、观众组织组等四个工作小组，全局上下，全力以赴、全员发动，从各部门抽调工作人员、发动文化志愿者，建立专项微信群，保持工作的无缝即时多方高效对接。

百戏盛典：戏曲展演精彩纷呈

戏曲展演“百花园”群英荟萃

2018 年，百戏盛典组织全国 30 个省（区、市）120 个剧种、156 个剧目、133 个剧团、14 台大戏、31 台折子戏组合，共 78 场演出。2019 年，百戏盛典有全国 20 个省（区、市）112 个剧种的

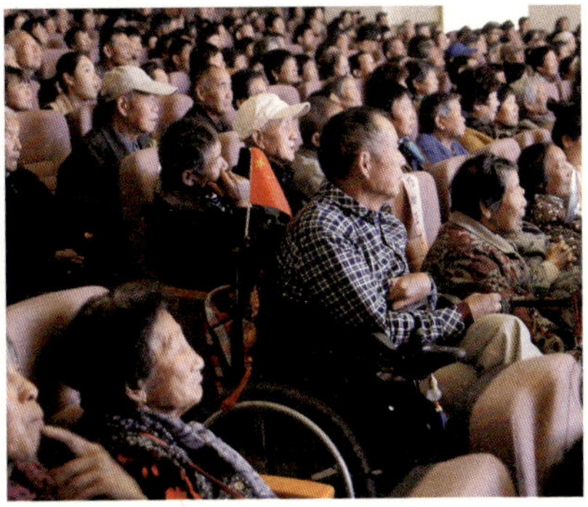

左　川剧《江姐》参演 2019 年戏曲百戏（昆山）盛典

右　丰富多彩的戏曲演出得到广大百姓热烈欢迎

118 个剧目轮番上演，演出大戏 14 台、21 场折子戏专场。参演剧目大部分均为该剧种的代表性经典作品，既有黄梅戏、秦腔、川剧等流传范围较广的剧种，也有扬剧、闽剧等极具地方特色的剧种，还有苗剧、安多藏戏、傣族章哈剧等少数民族戏曲剧种。百戏盛典的举办，不仅让广大观众同享中华戏曲百花园的芬芳，也让很多边远地区的少数民族剧种、只在某一地区流行的稀有剧种、只有民间剧团和班社维持的濒危剧种，首次来到百戏盛典这一全国性的舞台，与大剧种、大剧团共同亮相，呈现其独特魅力。

戏曲专家全面点评百戏盛典

活动期间，来自文化和旅游部、省文化和旅游厅的相关领导，全国知名戏曲专家学者近百人先后长期驻守昆山观摩演出，并多次召开专家研讨会。大家就戏曲的保护和在新时代的传承发展路径及未来蓝图展开交流探讨。专家学者对于昆山举办该活动给予高度评价，他们用“文化担当”“史无前例”“亘古未有”“里程碑意义”等词汇来形容戏曲百戏（昆山）盛典在中国戏曲文化史上的特殊地位和深远影响。专家们还围绕戏曲在新时代的传承发展路径及未来蓝图深入研讨，并表示此次活动对保护全国剧种，尤其是保护小剧种的生存和发展，具有重要意义。原山东省文化厅副厅长陈鹏两年期间一场不落看完了全部演出。在他看来，这是戏曲行业前所未有的一次盛况活动，一批经典之作的集中汇演，各民族的文化都在戏曲中展现出来，让观众充分感受到中国戏曲文化的博大精深。中国文艺评论家协会副主席毛时安认为，百戏盛典不仅是一次戏曲汇演，更是具有戏曲史、文化史意义的重要活动。中国艺术研究院戏曲研究所原副所长、研究员刘文峰表示，建设戏曲博物馆，收集全国戏曲资料，这是全国戏曲人多少年的心愿，如今，能在“百戏之祖”昆曲发源地的昆山实现，大家都非常激动。

宣传推广“重磅刷屏”浓墨重彩

百戏盛典加强与传统媒体深度合作，分阶段策划宣传热点。《人民日报》、《光明日报》、《解放日报》、《新京报》、《中国文化报》、央视戏曲频道、江苏卫视、东方卫视等媒体通过专栏、专版、评论等方式，持续宣传报道百戏盛典活动。其中，在“学习强国”、《新华日报》、《交汇点》多次播报。中央电视台新闻联播栏目播出联播快讯《2018 戏曲百戏（昆山）盛典开幕》；《人民日报》中央厨房——大江东报道《泪目！八百年未有盛况，数百老戏在昆山焕发生机》；《光明日报》刊发头版头条《保护戏曲的大计划正在实施》；《中国文化报》连续通版刊登专家评论文章。利用一通文化、今日头条等宣传平台，吸引更多戏迷和年轻人关注百戏盛典。全部演出由昆山市融媒体中心专业录制，经网易昆山平台、一通文化、戏缘 APP、梨园频道等多家平台参与直播，网络观看点击量共计 3，867 万人次，新浪微博累计阅读量超过 3.2 亿次，抖音播放量超过 1.3 亿次。

观众热情“追戏”享受文化盛宴

百戏盛典在观众组织上推行惠民票价，最低票价为每张 20 元，同步设计了单场票、大戏通票、折子戏通票和折子戏周票。通过活动吸引观众，先后组织了“大小梅花同追梦”“我陪爸妈看百戏”“网眼看百戏”“听乡音叙乡情”等四个主题活动，吸引不同的人群观看百戏、关注百戏。观众组成来源更广，各省（市、区）均安排了文化和旅游厅分管领导带队前来观摩。昆山组织道德模范、各级劳模、环卫工人、优秀党员等先进典型、一线劳动者到场观摩。“游昆山，看百戏”旅游线路吸引苏州和上海的游客来昆山观看百戏演出。在昆异地商会热烈响应，集中组织购票观看家乡戏。一对来自成都的老夫妻俩在昆山连续看戏 38

左　国家京剧院在戏曲百戏（昆山）盛典演出京剧《时迁探路》

右　昆剧《顾炎武》在2018年戏曲百戏（昆山）盛典开幕式演出

天，还游览江南古镇、品尝昆山美食。戏剧人物画家钱新明通过网络直播观看百戏盛典，创作了20多幅画，捐赠给中国戏曲百戏博物馆。

系列活动展现“大好昆山”魅力

百戏盛典展演期间，昆山创新开展“全国文化名家观摩百戏”“海峡两岸（昆山）青年文创设计大赛”“游昆山，看百戏”“昆曲故里研学行”“南腔北调‘抖’是戏——戏曲百戏（昆山）盛典官方抖音挑战赛”等特色活动，精心组织戏曲文创产品展销、青年志愿者服务等活动，为百戏盛典增添了创意、文明和活力。“全国文化名家观摩百戏”活动邀请了著名音乐学家、非遗保护专家田青和中国诗词大会评委、著名学者蒙曼观摩百戏。两位专家给予百戏盛典“了不起”的评价，分别作了“戏曲的昨天、今天、明天”“中国戏曲与中国文化”专题讲座，赢得了广大市民的点赞。“昆曲故里研学行”活动邀请了来自全国的400多名青年昆曲爱好者、戏曲在校生、热爱中国传统戏曲文化的青少年相聚昆山观戏旅游研学。

百戏盛典持续绽放精彩

2018年和2019年的百戏盛典已经圆满结束。文化和旅游部雒树刚部长3次对“百戏盛典”批示，并希望总结经验，深度开发，精心打造，将“百戏盛典”办出权威、办出特色、办出品牌。2020年计划升格百戏盛典活动，由文化和旅游部、江苏省人民政府主办活动，有116个剧种，18场大戏、演出，更加有序组织

锣鼓杂戏《铜雀台》在戏曲百戏（昆山）盛典演出

参演院团来昆山演出，努力实现参演剧种“一个都不能少”。在延续 2019 年相关活动的基础上，进一步提升和丰富活动内涵，举办戏曲百戏（非遗）文创展示周、百戏盛典港澳台文化周、戏曲百戏进校园、“戏曲百戏百人百画”作品征集展览、“昆曲故里看百戏”研学活动、“看百戏，游江苏”主题活动，建设戏曲百戏博物馆、百戏林公园等，隆重举办戏曲晚会，发布后三年工作计划，更好地激发各省市区的剧种剧团的参演积极性，精心策划一系列能够展示传统戏曲艺术特色的活动，如行当展示、戏曲技艺“绝活”“绝技”展示。用文旅、文创等新元素扩大百戏盛典影响力。拓展媒体宣传的广度和深度，以“戏曲特色”与“城市品质”提升美誉度，推动昆山成为中国戏曲文化展演、交流、研究的“圣地”。

“百戏盛典”对文化城市文化发展的启示

举办戏曲百戏（昆山）盛典，从一开始只是个听起来还有点疯狂的想法，后来在昆山成了现实。这是一项功在当代、利在千秋的重大文化工程，是传统戏曲在昆山的一次集中亮相，更是中华优秀传统文化在当代传承发展的一次重要机遇。

四川省折子戏专场演出川北灯戏《秀才买缸》

百戏盛典彰显了文化盛世的文化自信

习近平总书记强调要立足中华优秀传统文化，培育和弘扬社会主义核心价值观。中国特色社会主义文化，源自于中华民族五千多年文明历史所孕育的中华优秀传统文化，溶铸于党领导人民在革命、建设、改革中创造的革命文化和社会主义先进文化，植根于中国特色社会主义伟大实践。以京剧、昆曲和众多优秀地方戏为代表的中国戏曲，是中华优秀传统文化的瑰宝，大家以其独特的艺术魅力，在中华民族漫长的历史长河中绽放着耀眼光辉。举办百戏盛典既是当代中国戏曲艺术之盛事，也是中国戏曲史上前所未有之盛事，是贯彻落实习近平总书记关于弘扬中华优秀传统文化系列重要指示精神的实事，是文化艺术界坚定文化自信，践行文化自觉的生动体现。改革开放 40 多年，社会主义现代化建设进入新时代，为百戏盛典的举办创造了得天独厚的条件，显示了文化盛世的文化自信和文化自觉。

百戏盛典凸显了中国戏曲文化之美

中国戏曲是保存中华民族悠久传统文化最纯粹、最完整的艺术门类。一方水土养一方人。生长在不同地域的人养成了不同的外貌特征、个性气质、语言腔调和生活习俗，源起于这种不

上　西调《归唐》在戏曲百戏（昆山）盛典演出

下　扬剧《百岁挂帅》在戏曲百戏（昆山）盛典精彩演出

同，又孕育了一方文化，形成了今天多剧种并存的生存状态。来自不同地域的剧种拿出了自己的经典好戏汇聚昆山演出，既有大家较为熟知的经典传统大戏，又有具有浓郁地域特色和生活气息的小戏，还有紧贴时代脉搏的新编现代戏，剧目丰富，精彩纷呈。百戏盛典让人更加直观也更加深刻地感受到中华戏曲文化的内容丰富和博大精深，真正有“万紫千红梨园春”的美好体验。这些剧种在历史、流布、生存等各个方面呈现出差异性和地域性，自觉追求剧种特色，努力彰显自身艺术个性，从语言、音乐、表演程式、角色行当、绝技绝活乃至美学追求方面，都尽力凸显了自己的与众不同，在传承中华优秀传统文化、表达民族情感、传递民族精神、丰富人民精神生活等方面做出了重要贡献，尤其是展现中华优秀传统文化和道德规范、展现演员独特技艺的传统戏，经过长时间的舞台积累，历久弥新，受到观众的热烈欢迎。

百戏盛典促进了戏曲文化传承发展

戏曲百戏（昆山）盛典是全国戏曲普查数据的体现、说明和现实呈现。百戏盛典为新时代中国戏曲的传承发展构筑起一个可供学习认知、发现比较和研究推进的绝佳平台。当前最迫切需要传承和保护的，应该是各剧种传统的、规范的、经典的演出剧目、表演技艺和编演形式等本体艺术。从剧种保护的角度来说，百戏盛典将不同形态、不同发展状况的剧种无差别、不分类地集中展演，无疑使得更多人关注并重视中国戏曲剧种的多样性和丰富性，也有利于认识不同剧种的质性，从而有针对性地进行分类保护。大剧种流传广、表现力强、艺术积累深厚、与时俱进，有着很强的艺术生命力；小剧种或是濒临消失的剧种，危机感强、流传面窄，有的甚至已经没有专业戏班，只能在民间艰难存活。当代地方戏需要保存和抢救，更需要创新和发展以及艺术竞争和市场选择。累积传承、守正创新，正是戏曲艺术最重要的基本规律。进一步促使当下的戏曲工作者必须充分认识戏曲艺术累积传承的规律，放下身段，敬畏并学习传统，老老实实传承好前人的成就，在此基础上的创新创造才会有美好的未来。

百戏盛典展现了昆山城市的使命担当

昆山是昆山腔的发源地，“昆山雅集”也是历史上曾盛行一时的文艺雅事。在古老的中华戏曲大家庭里，昆曲有着“百戏之祖”的美誉。昆山在新时代不仅在全国县域经济发展中提供重要的“昆山之路”，也在文化发展中呈现独特的“昆山力量”。新时代的昆山以长远眼光和文化担当，自觉肩负起百戏盛典的历史重任，直接调动了全国戏曲工作者传承和发展中华戏曲的积极性和创造性。戏曲专家陈鹏指出，昆山举办百戏盛典，有资格、有实力、有担当、有热情、有创造、有口碑、有未来。当“昆曲剧种发源地”与“百戏盛典创办地”这两个具有特殊意义的概念历史性地融合为一体时，已经不是两个项目的简单相加，而是有了共振的效果。其并驾齐驱的动力和相映生辉的光彩会为未来昆山的整体发展和城市文明带来源源不断的生机。昆山应该看到这个意义，抓住这个机遇，创造更加灿烂的明天。昆山建设戏曲百戏博物馆，以 348 个剧种的立体资料作为种子，每个剧种都有自己丰厚独特的历史。348 个剧种对应的是全国 10，278 个剧团，以剧种为纽带，进行充分的拓展与连接，由点到线、由线到面，定会根深叶茂、源远流长。

汇中国百戏，展戏曲新颜。百戏盛典无疑是中国戏曲的盛事、幸事。昆山因承办百戏盛典活动，更加领略到戏曲这一优秀传统艺术的魅力，认识到保护非物质文化遗产的重要意义，以及通过文化活动提升城市美誉度和文化影响力的积极作用。“戏曲百戏盛典举办地”也将成为昆山一张亮丽的新名片。这个舞台展示了具有当代价值、世界意义的传统文化精髓，增强了我们的民族自信，对于大力传承戏曲文化、弘扬传统美德、传播主流价值、维系民族精神、满足人民的精神生活需要、繁荣社会主义文艺事业必将产生深远的影响。

世界演艺第一是怎样炼成的

杨 欢

2020 年，由宋城演艺打造的中国史无前例的第一个演艺王国在杭州震撼亮相，这里有 20 多个剧院、25，000 多个座位、30 多台演出，《宋城千古情》《大地震》《花想容》《山海经》《风笛之恋》《维京海盗》《喀秋莎》《堂吉诃德》《库克船长》《上甘岭》《映山红》、《全息秀》《VR 秀》涵盖了实景演出、室内演出、沉浸式演出、科技秀等演艺形态及儿童剧、怀旧剧、亲子剧、国潮剧等演出内容，满足不同游客群体的观赏需求。台台大秀，一天看不完，成为中国文化新地标，为中国打造世界演艺之都献上开山之笔。

以此为起点，宋城演艺在全国快速推出上海、西安、西塘、佛山、珠海等多个全新演艺王国，实现了从“一台剧目、一个公园、一张门票”到“一个集群、一个产业、一个平台”的蜕变，扎根杭州，面向全国，冲出国门，开启了一个演艺王朝的全新征程。

左 宋城演艺王国

右 宋城千古情

亩产论英雄，世界演艺第一创造行业奇迹

宋城演艺是中国文旅融合的鼻祖。从 1996 年在杭州建设中国第一个“宋文化”主题公园，到开创“主题公园 + 文化演艺”的经营模式，再到品牌输出、连锁扩张，打造世界演艺平台，宋城演艺依靠的，正是对时代需求的敏锐嗅觉、适度超前的市场预判，以及对自身产品的精心打磨。

大型歌舞《宋城千古情》自 1997 年公演至今，已演出 27,000 场、观众 8,000 万人次，单日演出达到 18 场，是世界上演出场次最多、观众人数最多的剧场演出；杭州宋城一个景区年收入 8.6 亿元，年纳税 2 亿元，折合每亩年收入 1,500 万元，每亩年纳税 350 万元，每亩年净利润 800 万元，毛利率 81%，每年带动杭州 100 亿元相关产业发展，延长游客在杭州平均逗留时间 0.3 天，20 多年间为杭州带动了上千亿元相关产业发展，创造了世界旅游景区“亩产论英雄”的奇迹。

杭州是宋城演艺最初起步的地方，完美呈现了一个景区与一座城市如何气质交融、相互映照。宋城已经成为了杭州精神的一部分，这不仅是说地理空间上的，也不仅是文脉层面的，更重要的是，在身先士卒的改革创新与集约型高质量发展的探索上，宋城与素来“敢为人先”的浙江人一样，是勇敢的先行者与成功的实践者。

从杭州发端，宋城演艺许多新的理念探索和升级项目走向全国，《三亚千古情》《丽江千古情》《九寨千古情》《桂林千古情》《张家界千古情》等项目开业当年均实现大幅盈利，迅速成为当地文化地标。“千古情”系列演艺作品一年演出达 8,000 场，观众 3,500 多万名，以绝对的票房占据行业 67% 的市场份额 [1]，目前，宋城演艺旗下已经拥有 74 个各类型剧院、17.5 万个座位，超过世界两大戏剧中心伦敦西区和美国百老汇全部座位数总和，创造了世界演艺市场的五个“第一”：剧院数第一、座位数第一、年演出场次第一、年观众人次第一、年演出利润第一 [2]。截至 2019 年年底，宋城演艺营业收入自 2007 年以来复合增长率 29.19%，归母净利润复合增长率 32.70%。

党的十九大报告指出，我国社会主要矛盾已经转化为人民日

上　三亚千古情

下　西安千古情

益增长的美好生活需要和不平衡不充分的发展之间的矛盾。必须在推动高质量发展的基础上进一步繁荣发展社会主义文化，提供更加丰富优质的精神文化食粮，以更好满足人民日益增长的美好精神文化生活需要,以高质量文化和旅游供给增强人民群众的获得感、幸福感。

宋城演艺抓住文化主题苦炼内功、不断拓展，走出一条文旅深度融合的新路子,历史故事现代展示,异国故事中国表达，充分显示了中国的文化自信，迸发出无限能量，更有效全面地回应对接人民对美好生活的向往。这种对文化的虔诚、对创新的坚持、对中国梦的执着追求，是宋城演艺经营业绩持续突破的重要保障。

用文化演绎，用品质铸就，用口碑传播，用业绩说话，“宋城出品，必属精品”，宋城演艺的品牌获得了社会的广泛认可，成为中国演艺第一股、全球主题公园集团十强企业，连续十届获得“全国文化企业三十强”称号，成为了名副其实的世界演艺第一。

可以说，产品的顶层设计，是宋城立于不败之地的根本；优秀的中国文化，是养育宋城的肥沃土壤；中华民族的伟大复兴，为宋城的发展和繁荣提供了浩瀚的星辰大海。

聚合消费，打造史无前例的“演艺王国”

文化是民族的血脉，是人民的精神家园。文化自信是更基本、更深层、更持久的力量。当前文旅产业的竞争已经从比资源禀赋、比资金实力、比规模体量，进化到比内容 IP、比运营模式、比全产业整合能力的阶段。

2019 年 8 月，国务院办公厅印发《关于进一步激发文化和旅游消费潜力的意见》，提出大力发展夜间文旅经济，促进文化、旅游与现代技术相互融合等主要任务，这是文化、旅游消费领域的第一个“国字号”专项推进措施，也是《关于完善促进消费体制机制进一步激发居民消费潜力的若干意见》中提出的服务消费领域七大市场中第一个出台的具体政策举措，站在构建文旅消费新生态的高度，从需求和供给两侧发力，补足文化产业、旅游业的产业链闭环，真正推动文旅消费成为国民消费的主力军，使文化产业、旅游业真正登上经济发展“主战场”。

2020 年 3 月，国家发改委等二十三部门联合印发《关于促进消费扩容提质加快形成强大国内市场的实施意见》，重点推进文旅休闲消费提质升级，丰富特色文化旅游产品，构建文旅多产业多领域融合互通的休闲消费体系，建设文化产业和旅游产业融合发展示范区。推动重点城市加快文化休闲街区、剧场群、文化娱乐场所群等建设，发展集合多种业态的消费集聚区。

对文旅行业来说，这是一个个全新的提法，是文化旅游消费升级的新趋势。当业界还在讨论这些文件的意义与导向时，宋城演艺早已在欣然践行这些新要求，用超前的理念打造一个个演艺王国了。为行业探路，为政策和声，正是“龙头企业”的价值所在。

宋城演艺的每一步都精准地踩在时代的鼓点上。全新亮相的“宋城演艺王国”就是在城市打造文旅消费的集聚区，融汇古今、贯穿东西，将更为丰富、多元、优质的演出与人才汇聚在一个平台，打造出鲜明的城市文化地标。通俗地说，宋城打造的是中国版的“百老汇”、世界的演艺之都，带动所在区域文旅产业升级，成为中国文化新地标、世界艺术的朝圣之地。

长三角地区是我国经济发展最活跃、开放程度最高、创新

左　上海千古情

右　上海宋城演艺王国

能力最强的区域之一，在国家现代化建设大局和全方位开放格局中具有举足轻重的战略地位。在长江三角洲区域一体化发展已经上升为国家战略的大背景下，宋城演艺勇当排头兵，抓住历史机遇，发挥创新优势，在杭州、上海、西塘三地连续推出三个演艺王国，打造沉浸式、多元化、世界性的演艺平台，为区域经济的转型升级进行文化赋能，提升区域软实力，完善创意和服务产业价值链，成为长三角最具文化影响力和带动力的强劲活跃增长极。

宋城演艺王国既有3000座室内标准剧院，也有大型半露天剧场，七八百座的中剧场、一两百座的小剧场，有悬浮剧院、悬崖剧院、森林剧院、水上剧院、实景剧院、全息剧院、VR剧院、走动式剧院、旋转式剧院、餐饮剧院等各种剧院形态，大到演唱会，小到实验话剧，都能在演艺王国找到合适的场地。在演出剧目方面，除了宋城演艺自主打造的驻场演出外，还引进国内外多台经典剧目、街头表演，涵盖话剧、歌剧、舞剧、音乐剧、戏曲、杂技、行为艺术等各类表演形式，举行各种国际专业及跨界跨领域的大型活动，并推出宋城狂欢节、演艺节、音乐节等多个具有国际水准和国际影响力的主题活动，细分市场，考虑老中青幼各个游客年龄层的喜好，做到“寒暑皆宜，晴雨皆宜，老少皆宜”，打造出令人耳目一新的城市文化休闲目的地。

显然，宋城演艺瞄准的不仅是演出的文化效益，更是打通演艺产业链，以带动所在城市及区域的文旅产业升级，打造一个百老汇式的演艺产业平台，深度整合演艺产业的经济效益与社会效益。演艺王国成型后，演出内容将极大丰富，游客在 1 天内很难看完所有演出。为满足游客需要，宋城推出 2 天或 3 天的联票，鼓励游客进一步延长消费时间。而游客停留时间一旦增加 1～2 天，所能带动的相关消费在现有基础上成倍增长，在所在区域形成更大的产业规模，从而产生更大的平台效应。

“宋城，让生活有戏！”这是一个史无前例的愿景和宏大梦想。目前在中国，似乎只有宋城才能担得起这个梦想，也只有在宋城演艺这样的规模实力与盈利能力下，才有可能整合庞大的演艺产业链，做规模化的世界级演艺平台。

文化是一个国家、一个民族的灵魂。文化兴国运兴，文化强民族强。没有高度的文化自信，没有文化的繁荣兴盛，就没有中华民族的伟大复兴。

时代击鼓其镗，宋城踏歌而行。走近世界舞台中央的中国，需要中国文旅企业有所作为，展现演艺之中国，点亮演艺之世界。这其中宋城的担当必不可少。未来，一个个宋城演艺王国将在世界各地崛起，凝聚文化力量，传递文化自信。作为中国本土文化品牌的“宋城演艺”必将成为世界现象级企业，在人类演艺史上留下浓墨重彩的惊艳篇章。

参考文献

[1] 道略文旅产业研究院：中国旅游演艺市场 20 年盘点、2018 年演艺市场报告。

[2] 中央电视台《焦点访谈》。

文旅产业发展的黄山模式

章德辉

黄山旅游发展股份有限公司（以下简称“公司”）成立于1996年11月18日，是一家既发A股又发B股的旅游上市公司，被誉为“中国第一只完整意义的旅游概念股”（代码：600054），业务范围涵盖了景区开发管理、酒店、索道、旅行社、徽菜、智慧旅游、文创产品等旅游服务领域。

公司依托拥有三项世界级桂冠的黄山风景区旅游资源，通过开展旅游服务标准建设，导入卓越绩效管理模式，坚持传统业务横向拓展，壮大企业规模；坚持新型业务纵向挖掘，丰富产业链条，成长为拥有23家企业，资产规模50亿元余元，具有较强竞争力和影响力的旅游类上市公司。荣获省级以上荣誉百余项，是中国旅游集团20强、安徽省旅游龙头、景区运营管理的典范。

围绕“吃、住、行、游、购、娱”旅游六要素，不断健全旅游服务标准化体系，提供旅游（景点）服务、饭店、索道、旅行社、旅游产品等旅游服务。结合旅游服务企业的特点，确立了“敬人敬业、创优创新”的核心价值观。随着旅游业综合功能和战略地位的凸显，各地旅游业发展不断加快，行业之间的竞争更加激烈。黄山旅游通过近三十年的发展，自身综合实力和市场竞争力都得到加强，与省内九华山等竞争对手相比，各项业务均处于主导地位，是全省旅游龙头；与峨眉山旅游等全国同类旅游上市企业相比，自身营业规模和盈利水平都处于领先水平。

历史黄山旅游

黄山旅游发展

黄山，以“奇松、怪石、云海、温泉”闻名于世，有“五岳归来不看山、黄山归来不看岳”之赞誉。黄山开发建设历史悠久，大致开始于唐宋，一直延续到20世纪早期。1979年7月，邓小平同志视察黄山，做出了“要有点雄心壮志，把黄山的牌子打出去”的重要指示，从此揭开了黄山旅游发展的新篇章，迎来了黄山旅游发展的第一次高潮；2001年，江泽民同志又亲临黄山视察，扬起了新世纪黄山腾飞的时代风帆，掀起了黄山旅游发展的第二次高潮。黄山风景区自1979年正式开放以来，游客由1979年的104，292人次增加到2019年的350余万人次，40多年来，年均增长率高达9.3%，黄山旅游公司资产已近50亿元，营业收入、实现利润、上缴税收均有不同幅度提升。通过旅游发展，黄山风景区已成蜚声中外的旅游胜地，是中华民族锦绣河山中的瑰宝和杰出代表。

黄山管理沿革

民国期间，黄山先后设有黄山建设委员会驻山办事处和黄山管理局等机构。1949年4月27日，黄山解放，皖南行署派员接管黄山，成立黄山管理处（科级建制）。1952年10月，管理处升为县处级建制。文革期间，“黄山管理处革命委员会”曾一度代替黄山管理处行使职权。1979年10月，黄山管理处升格为黄山管理局（厅级），属省直事业单位。1983年12月，国务院批准设立县级黄山市，撤销太平县建制。当时，县级黄山市与黄山管理局两块牌子一套人马，其重要人事任免须报黄山管理局同意。1986年6月，黄山管理局受省和徽州地区双重领导，业务上以省为主，黄山市由徽州地区代管；黄山管理局、徽州地区和县级黄山市三方领导实行交叉任职。1988年12月，撤销黄山管理局，黄山管理局原内部机构、直属单位及人员编制划归黄山风景区管理委员会管理和领导，级别、待遇不变；黄山风景区管理委员会在黄山市人民政府领导下工作。

1989年4月，省人大常委会通过《黄山风景名胜区管理条例》。《条例》规定：管委会主任由市长兼任，管委会在黄山市人民政府的领导下，主持风景区的管理工作。至此，以法律形式明确了黄山风景区管理体制。黄山管委会实行事业单位，企业管理。根据省、市政府的授权，黄山管委会行使相应的行政执法权和国有资产经营权；在资源保护、规划建设等方面接受建设部及省、市建设部门的指导和监督。

黄山经营变革

随着旅游经济发展和改革推进，黄山传统的企业经营模式发生重大变化。1989 年 2 月，撤销旅游处，成立安徽省黄山旅游发展总公司。1995 年 12 月，省体改委批复同意黄山旅游发展总公司改制，以其所属优良资产和优质企业筹建旅游上市公司，1996 年 11 月，黄山旅游发展股份有限公司成立（以下简称“股份公司”），并向社会公开发行股票。1999 年 6 月，由黄山旅游发展总公司发起组建了黄山旅游集团。随着 1996 年股份公司的成功创立，景区国有资产所有权与部分经营权适当剥离的实践，使黄山各项事业步入全新的发展阶段，并产生了积极而深远的影响。一方面，黄山管委会集中精力抓资源保护、管理和执法，使风景区的综合管理水平不断上台阶，先后荣获了诸多国家级荣誉称号。另一方面，股份公司的创立，打破了沿袭多年一贯制的计划经济管理模式，引进了先进的管理经验，现代企业制度的建立，既促进了黄山的经营管理和旅游发展，又推进了黄山世界文化遗产和周边地区的文物保护和管理工作。如对程大位珠算博物馆、齐云山、花山谜窟等省内外 10 多个景点和景区进行了委托管理或收购。股份公司收入增加，实际上是对世界遗产地保护增加了投入。目前，黄山旅游集团拥有黄山股份公司 39.69% 的股权，取得控股地位。

黄山的保护开发

经过多年的努力，黄山风景区的保护与管理受到了社会各界的好评和肯定。

⑴ 1992 年，被建设部授予“全国先进风景名胜区称号。

⑵ 1994 年获“管理成就奖”。

⑶ 1993年、1995年、1997年，先后被建设部授予国家级“卫生山”“安全山”和“文明山”称号。

⑷ 1998年，被中国教科文组织全国委员会授予“世界遗产保护先进单位”称号；被联合国教科文组织中国委员会、国家文物局、国家建设部评为“世界遗产保护管理先进单位”。

⑸ 1998年，被中央文明办、建设部、国家旅游局授予“全国文明风景旅游区示范点”称号。

⑹ 1999年11月，获联合国教科文组织颁发的“梅利娜·迈尔库里世界文化景观保护与管理国际荣誉奖”（全世界三家，亚洲仅黄山一家）。

⑺ 2000年12月，通过国家旅游局“AAAA”级旅游景区（点）质量等级评定，同年被建设部授予“全国风景名胜区先进单位”。

⑻ 2001年12月，被国土资源部正式命名为“国家地质公园”。

⑼ 2004年2月，以总分第一的成绩被联合国教科文组织命名为“世界地质公园”。联合国世界遗产委员会评价：黄山是一个杰出的风景区，是一个管理很好的世界遗产地，一个有大量游客到一个复杂景区的优秀管理示范。

⑽ 2006年1月，被中央文明办、建设部、国家旅游局评为“全国文明风景旅游区”。

现代黄山旅游

文化黄山

史志记载，自唐以来，随着人们游览黄山，吟咏黄山，歌颂黄山，建设黄山，为后人留下了丰富的文化遗产，主要包括宗教文化、建筑文化、名人活动及文学艺术等。黄山风景区不仅有珍贵的自然遗产，更有丰富的、高品位的文化遗产。由于黄山的自然遗产突出，往往容易将文化遗产掩盖，甚至埋没。因此，对文化遗产进行深层次的保护、研究、发掘和展示，意义重大。近年来，黄山旅游不断尝试文旅融合，将丰富、厚重的黄山文化进行挖掘和提炼，与美丽的黄山风光深度融合，让游客在观赏黄山自然美景的同时，听说生动的历史故事，感受厚重的黄山文化；2019 年，黄山旅游为更好地向游客讲好黄山故事，通过梳理、挖掘、整理，开发了三大主题，5 条特色文化旅游产品线路，其中“魅力黄山、红色之旅”主题线路特色，是通过游历山水间、追寻“志士足迹”，吟诵“壮丽诗篇”、激荡爱国情；线路将 10 余处文化遗产节点或景点串联，可让游客重温“黄山谈话”、抒发凌云壮志，加深红色记忆，如观瀑楼是 1979 年邓小平视察黄山时的下榻之所，在此发表了重要的“黄山谈话”，开启了中国旅游业的发展大幕。可以说黄山的观瀑楼，就是中国旅游业的“瓦窑堡”。如“经典黄山、遗产之旅”主题，设计了 A、B 条产品线路，主题线路特色为“欣赏中国精彩山水最美画卷、领略中国色彩斑斓多元文化”，线路中既有黄山古寺庙遗址：玉屏楼（文殊院）、光明顶（大悲道场）、云谷寺（掷钵禅院）和慈光阁（明神宗赐名“护国慈光寺”），又有全国重点文物保护单位—黄山古道代表的百步云梯，还有现代桥梁建筑之花—步仙桥。如“文化黄山、艺术之旅”主题线路更是将黄山书画、诗歌和游记完全融入到旅游产品线路，为您开启黄山的艺术之旅。

- 案例一：玉屏楼宾馆——打造文化主题酒店

玉屏楼宾馆位于迎客松旁，此处是有着 400 多年历史的黄山文殊院遗址之上，周边名峰、奇松簇拥，有着独特的风光优势、人文优势。近年来，宾馆积极进行酒店转型升级，由传统观光接待型酒店逐渐向文化主题度假型酒店转型，持续宣传好独有的黄山风光 IP，讲好玉屏景区人文故事，助力宾馆新发展。

⑴ 景观平台引流。2019 年，建成了云端休闲景观平台，并购置了音乐设备、休闲桌椅等，对其进行了一系列的细化布置。精心设计的盆景搭配、绿植装点，让原本就自成一景的休闲平台更加美轮美奂。住店客人来此观景，如置身仙境。通过抖音、微信等媒体，进行网络宣传，宾馆打造的网红休闲景观平台已初显成效。目前，宣传休闲平台的抖音作品中，最火爆的视频已有 200 余万浏览量、4.8 万点赞量，转发量达 5，000+，吸引了大量“粉丝”前来慕名打卡，品牌影响力已现雏形。

上　黄山飞来石，汪根华摄

中　黄山迎客松，张永富摄

下　黄山西海大峡谷游步道，园林开发摄

黄山玉屏楼网红阳台，毕俊摄

⑵ **文化长廊提质。**为进一步发挥自身文化资源优势，原先破旧、漏水的 40 米走廊历经 3 个月，蜕变为承载着玉屏四百年人文的文化长廊。普门建文殊、霞客游玉屏、小平登黄山、五胜五绝等黄山人文精髓在长廊中一一呈现，玉屏宴、迎宾宴、文殊宴三大宴席，禅意、研学、摄影、探幽、养生、美食六大产品，文殊、霞客、风光、人文、迎客五大文化等宾馆特色文化产品让人细细品味。

⑶ **文化效益。**通过对黄山自然和人文资源进行深入的挖掘、整理和开发利用，融入到宾馆产品和服务当中，让游客在不断体验、感受和认知不同文化的过程中传播文化，推动了黄山风景区文化交流，扩大文化影响力，增强文化软实力；提升了宾馆产品的生命力、吸引力和竞争力，促进了文化与效益的转化；丰富了游客的旅游体验，推进了黄山旅游供给侧改革，探索了黄山旅游休闲度假新模式。

· 案例二：黄山雲亼山宿，书写品质新篇章

2019 年盛夏 7 月，散花坞畔、狮子峰下北海·雲亼精品山宿产品正式面世，填补了黄山风景区特色旅居产品的空白，亦成为

黄山旅游加大供给侧改革，实现山上酒店差异化错位发展的新名片。北海·雲亼精品山宿前身为曙光木屋，是北海宾馆的组成部分。北海宾馆有着 60 年悠久历史，历年来接待了邓小平、江泽民、胡锦涛等多位党和国家领导人，安南等国外政要及社会名流，成为名副其实的“黄山国宾馆”。作为北海宾馆组成的一分子，雲亼的前身——曙光木屋由经济床、三星标客房组成，略显尴尬的存在，隔音效果不尽人意，阴雨天室内阴冷潮湿，木质结构有防火隐患。如何在不改变原貌的基础上进行保护性修缮，如何进行改造提升优化住宿条件？如何创新地探索黄山旅游品质改革发展新模式？不破坏环境，不扩大面积，不改变风格，成为了雲亼改造的“三不”原则。提升游客居住品质，谋求山上酒店产品转型升级、差异化发展，成为了雲亼改造的最终目标。

2017 年 9 月，历经多方考量、数次易稿、多次专题会议研讨，最终确定建筑仍沿依循原有木竹结构：外表用竹装饰，质朴质感，室内装潢是实木结构，简洁舒适，内部采用德胜洋楼的美式建筑结构，解决山上建筑隔音、防潮、保温难题。为了更好地学习特色管理理念和服务理念，员工们赴杭州安缦法云、乌镇阿丽拉、屯溪山水间三家业内知名酒店从零开始学习；熬夜练习插花、茶艺等基本服务技能；为了买到与山宿风格相搭的餐具和摆件，跑遍杭州、景德镇、黟县各个市场“海淘”……

改造后的雲亼打造环境友好型酒店，将建筑与自然和谐融为一体，同时，兼具西方建造理念和东方美学设计，在黄山景区内，这是独有的一处，既是黄山景区游客汇集处，又隐藏在松林掩映之间，13 间客房有机布局，错落有致，曲径通幽，可坐看日出日落、云卷云舒，可聆听松涛阵阵、鸟鸣声声，把身心完全交付给大自然。琴棋书画诗酒茶，旅行是诗意地栖居中的一段时光，雲亼不再单纯满足住宿需求，而是立足景区优质资源，围绕市场需求，因地制宜打造多种旅居产品，提供文化艺术类如茶艺、禅修、国学，悠然体验类如观景、探幽、摄影，康体养生类如美食、太极、养生类产品，为宾客提供高品质、多维度的文化服务体验。山宿也由此成为了掩映在黄山蓝天白云、青山绿水之中的一道亮丽新景观。

黄山雲乆山宿，周跃东摄

环保黄山

随着游客接待量持续增长，景区旅游发展与资源环境保护、生物多样性保护的矛盾日渐凸显。为将黄山景区建成“美丽中国的名片、华东地区重要的生态屏障”，实现“国家与民族的圣地、生态与环境保护的重地”的宏伟目标。绿色、低碳的生产和生活方式广泛推行，资源利用效率和环境质量进一步提高，单位经营收入能耗、主要污染物排放持续下降，是黄山旅游发展中正面临着的、迫切需要解决的问题。

一、牢固树立生态文明理念。在发展中始终坚持“保护第一”“尊重自然、顺应自然、保护自然”的观念，保护好黄山青山绿水、厚重文化、优质生态，促进景区绿色发展，确保资源永续利用。

二、引入先进的管理体系。公司严格遵循《黄山风景区总体规划》《黄山风景名胜区管理条例》，开展“ISO14000 国家示范区”和“低碳试验区”建设，建立了环境管理体系，不断完善各项环境保护企业标准和作业指导书，按照 PDCA 循环和不断创新生态管理举措，提升企业环境保护意识和水平。

三、开展系列有效环保举措。

⑴ 推进节能减排。倡导低碳旅游、绿色消费，建设净菜加工中心，减少宾馆一次性用品消费。实施清洁能源改造，推进山上酒店油改电工作，推广使用太阳能、空气源热泵等节能设备。

⑵ 治理生活污水。实施污水治理提升工程和旅游公厕改

造提升工程，整合、升级污水处理设施，改造污水站 1 座、新建或改建旅游厕所 5 座。优化污水处理技术与工艺，确保设施正常运行、达标排放。

⑶　治理固废垃圾。推进生活垃圾中转系统建设，建成西海、天海垃圾处理站，谋划建设北海、老道口垃圾处理站；全面推广餐厨垃圾无害化处理，全面实施固体垃圾下山。

- 案例一：创新举措，保护生态环境

公司每年直接投入 1，000 多万元，用于对景区内环境卫生整治和污水处理，做到了垃圾的“日产日清”和污水达标排放。先后投资逾 5，500 万元，在景区外围建成了洗涤中心、采购配送中心、垃圾处理站和生活基地，并创新性的采取全山净菜上山，垃圾下山、大宗洗涤用品全部挑下山处理、取消宾馆“六小件”、禁止方便面和瓶装啤酒进山等手段，有效地减少了资源浪费，净化了景区的环境，景区内所属酒店全部荣获全国“金叶级绿色旅游饭店”称号。公司还先后对天都峰、始信峰等精华景区实施关闭轮休制度，保护其植被资源和生态环境，成效非常显著。在 ISO14000 国家示范区创建过程中，这些举措，得到了国家环保部领导、专家的高度评价和充分肯定。“了不起，了不起，正因为有他们辛勤的劳动，黄山才能这么干净，这么美丽。”这是联合国前秘书长安南一行考察黄山时，对环卫工人的称赞。

积极开展并参与垃圾下山活动，白云宾馆摄

· 案例二：统一“六小件”采购

酒店“六小件”用品在酒店用品中属客房必配用品，每天都要消耗，消耗量很大。黄山旅游下属 10 家星级酒店，其中有 6 家四星级酒店地处黄山景区内，长期以来，酒店使用的“六小件”用品不仅占用了一定的经营成本，而且大量使用的“六小件”及其包装物也是客房生活垃圾的主要组成部分，如若处理不慎或丢弃在外还要污染环境，给景区环境管理工作带来一定的影响。2015 年年初，为积极探索山岳型景区环保工作，推进绿色发展，经充分调研，并借鉴国外高星级酒店环保经营经验，公司尝试将“六小件”用品收费与房价分离，实行有偿供应，鼓励游客自带洗漱用品，这样以来，相对可以减少一定的使用量，既减少垃圾排放量，保护黄山生态环境，又能节约酒店经营成本，发挥经济效益。2015 年 8 月下旬，公司通过公开招标方式对酒店“六小件”实行了集中采购，制定了统一的“六小件”标准，不仅有规范了公司形象识别标志，强化了品牌宣传，而且通过引导顾客提升绿色消费理念，推进黄山环保工作，还降低了酒店的经营成本，产生了一定的经济效益。

狮林摄影主题酒店，姚育青摄

品质黄山

黄山旅游始终以顾客为中心，围绕公司旅游主营业务的“吃住行游购娱”六个环节，不断创新旅游产品和业态，最大程度满足顾客的需求。在过程管理中引入“价值链分析方法”，建立质量分析与改进模型，充分倾听顾客的声音，将其作为输入因素，以利改进供给端产品和服务，保障服务品质，提升顾客体验。一、不断健全旅游服务标准化体系，建立并实施了景点服务、索道服务、饭店服务、旅行社服务四个大类近7000项企业标准，规范各旅游企业的服务行为，以PDCA的质量管理循环持续提升服务质量。二、不断创新旅游产品，满足顾客对旅游产品的差异化、个性化和特色化需求。如打造狮林大酒店为“摄影文化主题酒店”，通过开辟展区、景区最佳摄影位置选择、提供十大特色配套摄影服务，将其打造成摄影爱好者来黄山景区摄影和创作的乐园，满足广大摄影者的个性化需求。三、不断培育新型业态，提升旅游体验感。通过各种手段识别市场消费趋势、挖掘顾客消费需求，不断创新或培育新业态，让旅游休闲化、度假化或生活化，提升顾客体验度和幸福指数。

- 案例一：不断提升游步道建设水平，主编国家游步道建设标准

公司总结了多年来的景区管理经验，制订了游步道建设标准，游步道的建设体现“安全性、舒适性、观赏性、生态性、科普性”的设计思路，确保道路设施融入自然，做到“藏而不露，露则生辉”。以此为理念，近年来公司先后建成的西海大峡谷、莲花峰循环道、云谷索道上站游道，充分结合地形条件因地制宜开发，建成后的游道线型曲直并举，隐现结合，成了黄山奇妙风光的点缀，受到了中外游客的一致赞赏。目前黄山旅游已有多项标准成为省级标准、行业标准或国家标准。

- 案例二：黄山风景区自由行旅游产品线路设计

因黄山风景区游览区域范围广、景点多、道路分叉多、旅游线路复杂，游客对景区信息掌握不全，导致自由行游客无法合理选择旅游景点和线路，使其游览体验感欠缺。针对自由行游

客上述疼点，我公司深入分析，这既是需求端对旅游市场细分识别问题，也是供给端对黄山风景区旅游产品的提供和定位问题，更是对黄山风景区传统旅游产品转型升级和与市场客户精准匹配难题。2019 年，黄山旅游通过电商平台数据、各种网络攻略、景区真实数据、行业大数据、专业人士访谈和问卷调查等方式，按照需求图谱、客群年龄和兴趣分布对游客群进行画像，通过旅游信息需求、景观偏好和黄山印象等对游客游前行为画像，通过网络舆情、满意度调查和出行人群对游后体验评价；通过客群画像，自由行客群结构主要是亲子、家庭、情侣或朋友。通过上述客群画像，精确识别市场顾客需求，对当前黄山旅游产品进行分析，发现具体存在节点梳理不清楚、线路设计不明和服务提升不够等缺陷。根据游客画像，按照产品花费时间、出行动机、旅游目的地等维度将黄山风景区每个节点进行划分，设计出 10 大主题、23 条旅游产品线路，分别是“乐学黄山，亲子之旅”“温情黄山，孝亲之旅”“浪漫黄山甜蜜之旅”“醉美黄山，精品之旅”“全景黄山，行摄之旅”等十大主题线路。

和谐黄山

黄山旅游在企业发展过程中，在为股东创造效益的同时，最大程度地满足顾客、员工、合作伙伴和社会等利益相关方的要求，只有携手各方、共同努力，才能挖掘各方最大潜力，实现整体效益最优。公司应用“价值链分析方法”和“过程分析方法”确定关键支持过程，充分倾听顾客、供应商、合作伙伴和协作者的声音，不断兼顾各方利益，做到和谐发展。

⑴ 员工维度。为实现公司的发展战略和目标，公司秉承“没有满意员工就没有满意顾客”理念，加强公司人力资源的建设，强化对员工人文关怀，建立了人力资源规划、薪酬激励、培训、绩效考核等几大系统，为员工职业发展提供了空间，有效地促进了公司与员工的共同发展。公司积极倡导主人翁精神，加强内部沟通，提高沟通效率，改善沟通效果，积极听取员工意见和建议，让其参与到公司的建设和发展中来。公司建立了较完备的培训管理体系，为培育提升公司核心竞争力提供了重要的人力保

障和智力支持。公司严格执行《劳动法》《职业病防治法》等法律法规，不断改善员工工作环境和生活条件。公司定期收集、分析、确定影响员工权益、满意度和积极性的关键因素。

⑵ **顾客维度。**公司始终尊崇“敬人、敬业、创优、创新”的核心价值观，按照“讲诚信、促发展”的要求，不断完善服务评价体系，按照 PDCA 的质量管理模式，定期开展服务评价，多渠道通过不同方式倾听顾客声音，搜集顾客对公司各价值过程实施有效性及服务效率方面评价，分析问题原因，寻找改进方向。特别是通过游客投诉、满意度调查、OTA 电商评价、服务质量评价等方式，改进服务质量，提升顾客满意度。

⑶ **相关方维度。**公司本着“优势互补、真诚合作、相互促进、务求实效”的原则，在品牌推广、市场拓展、人才教育等方面与主要相关方保持了紧密的合作关系。受黄山带动，旅游业已成为黄山市名副其实的支柱产业，黄山旅游从长远发展的角度谋求合作共赢，全面拓展以黄山旅游为目标，以黄山为目的地的市场开发，在市场宣传、客源开发、旅游大通道共建、项目及资本市场合作等方面加强合作，从而实现合作共赢。

- 案例一：公司员工宿舍提升工程

2019 年 11 月，公司以“主题教育实践活动”为契机，一次性计划投入 3，000 万元系统改善和提升公司山上员工住宿条件，通过腾出 10 余间客房改造成员工宿舍，并推出 2 家宾馆尝试“山上工作、山下住宿”新模式，提升人均住宿面积、改善员工住宿体验。近几年，还在员工工作餐餐标提升、员工上下山通行便利（进出黄山的门票、索道票凭身份证“一卡通”）和提升员工福利待遇方面进行系统提升，从而增强员工满意度。

- 案例二：产业带动周边发展

一直以来黄山旅游作为地方龙头企业，在项目建设、旅游营销、品牌建设及产业经济方面起到龙头带动作用，支撑地方经济发展，促进当地居民就业。黄山市有 80% 的人口在农村，农民办旅游和乡村旅游的兴起，使旅游业在调整农村产业结构和社会主义新农村建设上发挥出了巨大的作用，如今全市有 14 多

上　开展新员工培训，提升员工满意度，黄山旅游摄

中　开展志愿服务，提升游客满意度，云谷索道摄

下　排云楼宾馆改造后的员工宿舍，排云楼宾馆摄

万农民成了旅游人，即全市每 10 个农业人口中，就有 1.1 个在从事旅游或相关产业，黄山周边五镇一场均是旅游发展直接收益者。黄山旅游的资本运作，引发了投资“乘数效应”。黄山旅游上市以来，已在市内投资逾 30 亿元，黄山旅游的投资给黄山市地方经济带来几百亿元的投资乘数效应。

秦淮样板：文化根脉与产业动能

何素玉　李路娣　郭梅君

文化根脉，是城市的基因、灵魂和特质所在，是城市文化力塑造的核心和关键，对城市的旅游、商贸、创意、服务等产业具有很强的拉动作用。

南京是首批国家历史文化名城和全国重点风景旅游城市。作为四大古都之一，南京有近 2，500 年的建城史和近 500 年的建都史，历史底蕴深厚，名胜古迹众多；拥有世界文化遗产明孝陵、人类非物质文化遗产“云锦织造”“金陵刻经”“南京剪纸”“金陵古琴”，以及世界上规模最大、保存原真性最好的古代城垣南京明城墙等。2019 年，南京被授予联合国教科文组织“创意城市网络·文学之都”，成为南京又一张“文化名片”。

南京正在建设具有全球影响力的创新名城，重点打造综合性科学中心和科技产业创新中心“两个中心”，多措并举激发创新潜力活力动力。“生根计划”精准对接全球创新资源，构建合作渠道，以国际视野谋划和推动创新，实现更大力度“走出去”、更高水平“引进来”。南京与全球 230 多个国家和地区建立了经贸联系，与五大洲 47 个国家的 81 座城市建立了友城关系。

南京也是长三角城市群中的特大城市，是中国第 11 座 GDP 超万亿元的城市。在长三角城市群科技创新驱动力城市排名中，南京综合得分位居第二、仅次于上海。作为长三角辐射带动中西部地区发展重要门户城市，南京抢抓长三角一体化发展的重要机遇，正在加快推进都市圈发展，着手建设一批跨界区域共建共享项目，着力提升南京城市首位度，共建以上海为龙头的产业创新大平台，积极推动原始创新、技术创新和产业创新，致力于共同打造长三角科技创新共同体。

古今交融，最美在秦淮。秦淮自古便有“江南锦绣之邦、金陵风雅之薮”之美誉，如今，则是“特而精、最南京、最文化”的风雅之地。秦淮，积淀着深厚文化底蕴。近几年，秦淮从自身资源禀赋出发，推动优秀传统文化创造性转化、创新性发展，从恢复历史文化的形态、业态、文态、生态出发，全方位塑造最有影响、最有价值的核心吸引物，打造具有创新活力、发展潜力的创意产业，培育特色鲜明、便于传播的代表性品牌，梳理影响力大、感染力强的经典故事线，让城市可品读、可触碰、可感知、可体验，从平面走向立体。

2019 年 9 月，作为首批国家级全域旅游示范区，秦淮区走出了一条文化引领、文旅融合、城景一体、主客共享的城市型全域旅游发展新路径，为长三角都市群发展文旅产业提供了文商旅融合发展的“秦淮样板”与城市有机更新的“南京模式”。

建设核心吸引物，打造世界认同的文化地标

旅游地的吸引力是旅游发展的关键因素，旅游地吸引力包含两个方面，一是旅游资源吸引功能，吸引力越大，旅游地生命周期越长；二是旅游资源的效益功能，旅游资源的经济、社会、生态效益越高，旅游业越发达，旅游地生命周期越长。目前，全球排名前三的旅游目的地分别为巴黎、伦敦、罗马，3 个城市的历史文化遗迹举世闻名，世界认同感强，是城市独一无二的核心吸引物。

秦淮是南京的城市起源地，江南佛教的起源地，南京近现代工业起源地，具备城市核心吸引物的资源禀赋。区域内有各级文物 132 处，其中，明城墙、朝天宫等 12 处为国家级文物，占全市的 21%，历史上地位显著。南京大学和斯坦福大学曾经有一个大数据的研究，南京自古以来最具有知名度和影响力的第一是秦淮河，第二是明城墙。同时，秦淮还有中国古代最大的科举考场“江南贡院”、被誉为“中世纪建筑七大奇观”的金陵大报恩寺塔，中国民族工业先驱“金陵制造局”，唐代著名诗人

李白《登金陵凤凰台》诗中的凤凰台遗址等，这些遗址，声名远播、世界认同度很高。

基于这样的资源禀赋，秦淮区把江南贡院、大报恩寺、十里秦淮、老城南等具有历史根脉味道的代表性地标挖掘出来，以历史文化活态传承和创新性转化为核心，沿明城墙、秦淮河“一城一河”，建设了科举博物馆、大报恩寺遗址公园、十里秦淮河水上游线、老门东、小西湖、芥子园、愚园、熙南里等文化项目。这些项目，在尊重历史的基础上，最大程度保护历史原貌，还原城市的街巷肌理，“唤醒”了原汁原味的城市记忆，增加秦淮文化的“世界认同感”。

2012年12月，启动建设的南京中国科举博物馆，依托江南贡院遗址和号舍、碑刻等科举遗存建设。江南贡院曾是中国古代最大的科举考场，鼎盛期可接纳20，644名考生同时考试，其规模之大、占地之广居中国各省贡院之冠，创中国古代科举考场之最。新建的南京中国科举博物馆总面积2.2万平方米，建筑风格、内部展陈充分吸纳了江南贡院的历史精髓和文脉，1，300平方米的墨池、130米的环形通道、鱼鳞一般的瓦片外墙，用书简堆砌而成的内墙，充分展现了存续1，300年之久、有着“中国古代第五大发明”之称的科举制度在制度层面对世界的贡献，是第一个集中国科举文化的展示中心、科举文物的保护中心及科举制度的研究中心为一体的、全国最大的科举专题类博物馆，已成为南京一张城市文化名片，来南京必游之地。科举博物馆自2017年1月28日开馆以来，已接待游客420万人。2019年接待游客152万，增幅21.52%，收入4，245.84万元，增幅44.29%。2018年5·18国际博物馆日，博物馆主题展《文明的阶梯—科举文化专题展》荣获第十五届（2017年度）全国博物馆十大陈列展览精品推进精品奖第二名，“全国最受欢迎博物馆”TOP10。以科举文化为主线策划推出的“状元大讲堂”举办32期，余秋雨、单霁翔、安来顺、刘海峰、贺云翱等名家先后来讲堂授课。2019年，“联合国21世纪奖”两次获得者何勇博士的“何勇国际交流工作室”落户南京中国科举博物馆。

地标性文化项目的建设，让秦淮成为展示南京独特魅力的形象窗口，区域内景点夫子庙、明城墙、老门东、大报恩寺、朝天宫入选南京 10 大历史文化地标，老门东、大报恩寺、科举博物馆、愚园上榜南京 10 大新锐文化地标。大量游客前来秦淮休闲、体验和观光，2019 年全区接待游客数 6，702 万人次，在高位上实现 23.6% 的增幅，旅游总收入 672 亿元，增幅 13%。

历史资源转换为产业动能，打造与城市气质契合的产业体系

秦淮，自古便是繁华之地，著名“南都繁会图”生动记述了历史上南京老城南的繁华热闹景象。挖掘文化根脉，除了让城市风貌在形态上得以延续，更重要是让城市充满活力和竞争力。把历史资源转换为产业动能，打造与城市气质契合的产业体系，才能让历史资源转化为可持续发展的“永动机”。

破解激活资源文旅融合的“秦淮密码”——四个一、三业打通、四级联动、五位一体。秦淮结合自身优势，将历史资源作为一个大项目整体规划，一个大景区统一管理、一个大园区联动运营、一个大平台综合保障，坚持“文化旅游 +”的发展方向，通过国家级创建带动，推动文化产业、文化事业、旅游业“三业打通”，国家省市区“四级联动”，政产学研经“五位一体”，让传统历史文化资源通过创意创新，有效转化为现代产业成果。秦淮区连续五年获南京市文化发展绩效考核一等奖，连续二年文化产业核心指标列江苏省高质量考核第 2 名。2019 年，秦淮更是在全省 33 个城区的比较中，以全省最小的面积拔得全省高质量考核的头筹。

以规划推动重点聚焦

秦淮区邀请南京大学国家文化产业研究中心编制《南京秦淮特色产业园发展规划》，将 7.3 平方公里、总建筑面积近 200 万平方米的老城南板块，作为一个没有边界的“大园区”统一规划，按照城区、园区、景区、社区“四区合一”的模式，打造了“一核一轴六片区”，形成了以夫子庙为核，秦淮河、明城墙风光带为轴线，以晨光 1865 创意产业园为龙头，老城南门东门西、南

京国家领军人才创业园、熙南里、朝天宫、广电越界文化产业园等子园为主体的产业发展格局。南京秦淮特色文化产业园创成江苏省唯一一个国家级文化产业试验园区，在 2015 年国务院发展研究中心东方文化与城市发展研究所、湖北日报传媒集团《支点》杂志社联合发布的“中国文化发展指数”竞争力排名中，位列“中国文化产业园区 100 强”第 4 名。

2018 年，秦淮区邀请中国传媒大学文化产业研究院编制《秦淮区文化产业提升规划研究报告》，对秦淮的旅游景区、历史街区、文化园区、商务楼宇等进行顶层设计、优化提升。秦淮先后出台了《关于促进文化创意和设计服务与相关产业融合发展的实施意见》《关于积极创建国家级文化产业示范园区推动秦淮文化产业发展的若干意见》《关于推动文商旅融合发展，创建“国家文化产业和旅游产业融合发展示范区”的实施意见》等文件，细化年度项目、任务和目标，推进产业整体提质增效。

以错位实现特色发展

在规划的基础上聚焦重点，秦淮正在构建起“A 级景区休闲体验 +、产业园区创意科技 +、历史街区文旅商 +、商务楼宇数字内容 +”的产业发展体系。

- 旅游景区

夫子庙、中华门外、十里秦淮河等旅游景区以科举文化体验、儒学文化研学游、十里秦淮水上游等为重点，形成“城河一体、水岸互动”的环状文化旅游休闲产业带，受到市民游客欢迎。夫子庙核心景区 2019 年游客接待量 5，066.97 万人次，增幅达 36%，呈现出“淡季不淡、旺季更旺”的发展态势，携程、驴妈妈等专业网站推荐的南京排名前十的景点，秦淮达 4 ～ 5 个。

- 历史街区

门东、门西、南捕厅、太平南路等历史文化街区的策略是重点围绕夜间经济，聚焦老字号、博物馆、精品酒店、美食、特色文创店等业态发展，形成了文旅商深度融合发展格局，成为市民游客网红打卡地。目前南京有 11 条省历史文化街区，南捕厅、朝天宫、夫子庙、荷花塘、三条营和金陵机器制造局等6条在秦淮区。2018年，老门东入选江苏首批老字号集聚街区。

- 创意园区

秦淮区抢抓老企业转型升级的机遇，推进未来有前景的新业态的发展，利用晨光集团、南京第二机床厂、南京工艺装备厂等国有集团企业搬迁改造时机，通过政府入股、资源对接、项目合作等形式，建设晨光1865创意产业园、南京国家领军人才创业园、广电·越界产业园、无为创意产业园等在省市有示范引领作用的现代文化创意园区，重点发展创意设计、数字传媒等业态，做大做强文创产业。秦淮在推进城市有机更新的同时，培育了1个国家级、2个省级、7个市级文创园区，即：国家级晨光1865科技企业孵化器，南京晨光1865创意产业园、南京国家领军人才创业园2个省级文化产业示范基地、重点园区，以及白下高新技术产业园、南京广电越界创意产业园、南京报业文化创意园、江苏网络文学谷、朝天宫古玩城、无为文化创意产业园、悦动·新门西体育文化产业园7个市级文化产业园区。

2019年，晨光1865创意产业园入驻企业290余家，税收突破4亿元，先后被授予国家动画产业基地、国家级双创基地、全国重点文化保护单位、江苏省文化产业示范基地、省级重点文化产业园、省级科技企业孵化器等称号。南京国家领军人才创业园入驻企业166家，税收突破5，000万元。先后被授予中国科协海智计划江苏（南京）文化创业基地、省级重点文化产业园、省市工业设计示范园、江苏省小型微型企业创业创新示范基地等称号。广电·越界产业园由南京广电集团、上海锦和商业联合打造，总面积6万平米，2016年1月，正式开园，重点聚焦新媒体和文娱产业，目前入驻企业100余家，2019年获评第四届中国城市十大更新案例。无为文创园2010年启动建设，总面积2万平方米，已入驻零距离广告、二更视频等一批品牌企业，2019年，税收突破2，000万元。

- 商务楼宇

通过与中央商城、南京新百等老字号国企合作，收购老旧楼宇、引进锦创等品牌运营机构，秦淮区重新对夫子庙、新街口商圈商务楼宇进行产业定位和提档升级，重点推进数字内容、文化金融、文创孵化等新业态发展，积极打造数字内容产业集聚区。目前，秦淮区税收亿元楼宇达 17 栋。哔哩哔哩江苏总部、腾讯企鹅新媒体学院等国内一批代表性数字内容企业入驻秦淮。

以创建带动品质提升

秦淮将创建作为释放历史资源活力的战略选择，让“黄金资源产生黄金效益”，通过一系列创建行动，有效推动经济转型升级、提升城市功能品质、增进民生福祉，带动区域文化旅游与经济发展的品质提升。基于创建推进历史资源转化的整体战略，秦淮区先后推进国家级文化产业示范园区、国家全域旅游示范区、全国文化休闲旅游中心、国家文化金融合作试验区等创建工作。2019 年，秦淮开始启动国家文化产业和旅游产业融合发展示范区、文化旅游夜间消费集聚区、夫子庙高品质步行街和旅游标准化示范区创建。2019 年，秦淮入选国家首批全域旅游示范区，因而打造全国示范可推广的“城市型全域旅游样板”成为秦淮的创建重点。先期创建已初见成效，秦淮被评为国家首批全域旅游示范区、国家 5A 级旅游景区、国家文化产业试验园区、全国城市中央休闲区、江苏省文化金融合作试验区、两岸文创产业合作实验示范基地等。

以平台推进跨界融合

按照文化 + 创意、文化 + 科技、文化 + 金融、文化 + 旅游融合发展思路，秦淮区引进国家和省市级资源型平台机构，支持重点项目建设、文化产业发展。先后引进总规模 1，000 亿元的江苏大运河文旅基金、腾讯文创基地、江苏国家版权贸易中心、江苏省文化创意成果展示中心、江苏省文交所、南京创意设计中心等一批省市级平台企业。通过平台资源培育了永银文化、长江都市、朗辉光电等具有国际竞争力的设计企业，引进了卞留念、高晓松等文化艺术领军人才。秦淮成立了区级文化产业联盟，先后承办了中国工业设计周暨首届江苏工业设计周、首届江苏文化创意设计大赛、南京设计周等重要赛事，构建了“孵化空间、公共平台、服务体系、扶持政策、品牌活动”为一体的创意创新产业体系。

打造独特标识，塑造特色鲜明的城市气质

物质形态、产业业态，让历史根脉有了硬件支撑，但城市标识需要独特的文化标签和品牌支撑。秦淮有非遗项目93项，其中国家级以上项目占全市的55%；拥有非遗传承人245名，涵盖了传统技艺、民风民俗、民间文学、文化空间等多个类别，被文化部三次命名为“中国民间文化艺术之乡”，是名副其实的文化大区和“非遗”重镇。秦淮按照“越是民族的越是世界的”发展思路，深度挖掘品牌价值，推动秦淮灯会、秦淮画舫等传统品牌“老酒新酿”，秦淮礼物、夜泊秦淮等“新锐网红”流量变现，打造区域独特的文化标签。

擦亮金字招牌，让老品牌焕发新活力

对具有资源转化价值的秦淮灯会、秦淮画舫、秦淮小吃等优秀传统品牌，秦淮进行全方位培育和打造，让老品牌焕发新活力。

- 秦淮灯会

秦淮灯会有1,700多年的历史，2006年正式入选首批国家级非物质文化遗产代表性项目名录，有“天下第一灯会”和“秦淮灯彩甲天下”之美誉。秦淮坚持将灯会与旅游、与产业、与科技、与文娱相融合，自1986年恢复举办以来，已连续举办34届。多次与台湾、上海、西安、韩城、大丰等城市合作举办“苏台灯会”“双城灯会”“三城灯会”；多次远赴欧美、非洲、亚洲的50多个国家的知名城市交流办展，并与荷兰的埃因霍温、加拿大的蒙特利尔等多座城市建立了长期合作关系；对接王者荣耀等国内顶级IP，为秦淮灯会赋能数字科技力量，带动春节期间景区游客量、消费额不断“井喷”。近三年，秦淮灯会与各类项目合作额突破5,000万元。2019年，秦淮灯会游客消费直接影响23.6亿元，对南京市春节期间经济贡献达10%以上，入选国家首批非遗与旅游融合十大创新案例之首。

· 秦淮画舫

十里秦淮是内秦淮河最精华的部分，从东水关到中华门，古时商贾云集、人文荟萃、儒学鼎盛，游船画舫穿行而过、桨声灯影构成了古江南的繁华，有十里珠帘之称。2010 年以来，秦淮区实施秦淮河全域旅游治理，打造“秦淮水系流域花园”，推出“水清、岸绿、景美”目标“升级版”，让“水持续清、岸长久绿、景更加美”。“秦淮画舫”十里秦淮河水上游览线，吸引大量市民游客前来体验。2019 年，“秦淮画舫”共接待游客近 200 万人，50 多条游船全年收入达 1.38 亿元，增幅达 27.02%，运营公司纳入主板上市公司板块。

· 秦淮小吃

秦淮小吃源于六朝，明清时开始有名，吴敬梓在他的《儒林外史》中就有这样一段描写：“传杯换盏，吃到午后，杜慎卿叫取点心来，便是猪油饺饵、鸭子肉包烧卖、鹅油酥、软香糕，每样一盘拿上来。”字里行间，可见当年秦淮小吃的景象。秦淮以夫子庙、老门东为核心，打造了以秦淮小吃城、秦淮人家、奇芳阁、永和园等为代表的夫子庙秦淮小吃群，和以蒋有记、黄勤记等老字号品牌为代表的门东秦淮小吃街，建造秦淮小吃博物馆，开发以“秦淮八绝”为代表的小吃产品，形成了独具秦淮传统特色的饮食集中地，前来品尝的国内外游客络绎不绝、赞不绝口。

培育新锐品牌，加快提升文化旅游消费水平

结合文旅项目建设、文旅产业发展，培育和打造秦淮礼物、夜泊秦淮、转角·遇见等新锐品牌，加快提升文化旅游消费水平。

· 秦淮礼物

“秦淮礼物”是结合秦淮特有的科举文化、秦淮灯彩、秦淮八艳、秦淮风光等主题，开发的文创产品系列，目前上架销售产品数量有 10，000 多款，最为热销是状元郎系列。目前，夫子庙、老门东“秦淮礼物”3 家旗舰店和专卖店节假日期间常常人气爆棚，带有浓浓秦淮文化特色的文创产品被越来越多的国内外游客“装进口袋”，带到世界各地，刷新了“秦淮印象”。近三年，“秦淮礼物”销售额年均增幅 20% 以上，多件作品获国家特色旅游产品创意设计赛大奖，秦淮礼物店入选南京首批特色文旅商店名单。

- 夜泊秦淮

“烟笼寒水月笼沙，夜泊秦淮近酒家”，唐代诗人杜牧的《泊秦淮》写出了秦淮的浪漫与神秘，让人无限神往。秦淮区以水为魂、以文为脉，与君亭、颐和等国内品牌酒店合作，沿秦淮河，打造了以“夜泊秦淮”为品牌的大戏院、芥子园、隐逸水街、秦淮书舍、花迹等系列文化主题酒店，让游客在秦淮慢下来、停下来、住下来，感受“风雅秦淮”。“夜泊秦淮”系列主题酒店自开业以来入驻率已攀升到 90% 以上，深藏于南京老门东的花迹酒店被评为中国最美主题酒店，南都会、隐南等精品酒店火爆期预订期至少要提前 1 个月以上，节假日期间更是“一房难求”。

- 转角·遇见

转角·遇见是通过“秦淮微更新”工程，活化利用区域内有历史底蕴、有人文特色的街头转角，在全区策划打造的 100 个集书吧、创意产品、文化空间为一体的转角·遇见文化休闲空间。转角·遇见以产业思维谋划，与各种机构合作，定期举办特色活动，将散落四处的文化资源、历史遗存串起来、亮出来、活起来，把秦淮的特色基因、文化味道嵌入到全域布局中，创新了文化资源的有效利用形式。转角·遇见文化休闲驿站项目获得 2018 年全市宣传思想文化工作创新奖。

讲好秦淮故事，构建良好的文化生态

故事，是一个城市吸引力所在，它能让冰冷的建筑形态有感情、有温度、从骨子里散发出魅力。秦淮，是历史人文荟萃地。有《乌衣巷》《登金陵凤凰台》《桨声灯影》等耳熟能详的诗词歌赋 3，000 余首，有李渔、吴敬梓等文学大家，是文化的富矿与宝藏。自 2018 年以来，“秦淮”被视作为一个大 IP 来塑造、作为艺术品来看待，用“1+4”故事线（1 即一城一河，4 即科举、非遗、报恩、郑和），让秦淮文化的丰富内容、当代价值、世界意义得以展示。

向世界讲好秦淮故事的总体策略就是打造由一个“风雅秦淮”大 IP 串联的 N 个子 IP，让历史说话，让文物说话。

讲好“秦淮故事”

以“秦淮故事”等为主题，深入挖掘每个历史建筑和历史人物背后的故事，系统梳理老城发展基因，艺术展现历史发展轨迹，让整个区域成为一张铺陈开来的历史画卷和活的历史地图。瞄准 IP 开发，2018 年 7 月起，省市区校联手打造江苏网络文学谷（省委宣传部授牌，省作协、市委宣传部、秦淮区政府、中国传媒大学、三江学院等联动建设），不到两年时间，引进知名作家 23 位，网文相关企业 24 家，集聚全省 60% 的网文平台，贡献全省 60% 的网文产出；创作《秦淮故事》系列小说，《歌鹿鸣》与《长干里》2 部作品正在影视转化，《长干里》《全科医生》2 部作品获新中国成立 70 周年主题网络文学作品奖，多部原创作品在扬子江网络文学原创作品大赛中获重要奖项。秦淮故事还包括《秦淮故事》画册、《秦淮区历史文化资源图录》等图书，以及与央视合作的大型纪实纪录片《秦淮河》，该片 2019 年已在央视重要频道黄金时段播出。此外，秦淮还联动市属单位，推出以话剧《风雨秦淮》、实景演出《报恩盛典》、越剧《桃花扇》为代表的大型舞台剧和实景演出，设计制作了《秦淮概览》等一批创意新颖、制作精美的外宣产品。

制造“现象传播”

通过与与网易、新浪、腾讯等网络平台合作，借助文交会、名城会、科技部北京中意创新合作周、长三角旅游发展论坛等展会舞台，秦淮大力宣传推介秦淮故事，打造“现象级”的“网红”，世界知名城市“南京周”也成为面向世界讲好秦淮故事的一个平台。此外，秦淮还策划组织了一组形式多样的“现象传播”，比如，连续 3 年举办“万人看秦淮”活动，每年 15，000 多市民游客、全国知名作家、外国留学生、驻华外交官等参与其中。与现代快报合作的“门东快闪”活动，点击量突破 2 亿人次。精心策划的“唐伯虎穿越到科举博物馆、邂逅美丽爱情”的故事，点击量突破1亿人次，网友评论：被惊艳到了、男版步步惊心。秦淮区成立了由中国传媒大学文化产业管理学院院长范周等国内知名专家组建的文化艺术研究院，策划“桨声灯影”网络文学论坛、南京创新周大咖故事荟等活动，邀请国内外顶尖大咖参与秦淮热点话题讨论，利用粉丝效应，有效引爆秦淮流量。2019年9月，与新华报业传媒集团联办的“我们的节日——我在秦淮品诗赏月”大型活动，李立宏、张一清等文化名家汇聚，线上线下传播量超过3亿次，让“最美赏月地”夫子庙秦淮河风光带，成为了中秋小长假热度最高的网红文旅IP。

打造“秦淮有戏”

打造“秦淮有戏”演艺品牌，立体讲述最南京的秦淮故事。秦淮区沿明城墙、秦淮河“一城一河”，整体梳理、改造和规划近30个有故事的优质空间，集中建设秦淮河畔小剧场群、太平南路演艺街区，把沉淀在2,500年的故事挖掘提炼展示出来，用创意、艺术、科技的表达方式，沉浸式、体验式、代入式的演绎形式，立体讲述最南京的秦淮故事。截至2020年春，秦淮已建成的小剧场空间“德云社”常常一票难买，一座难求；夜瞻园、芥子园等小剧场开演以来，市场反响良好；十里秦淮河沿线演出，大量游客驻足观看。同时，长干里、摇滚六朝、戏院里等一批融灯光、VR、投影等科技手段的沉浸式演出正在策划，未来秦淮的故事性将越来越强。

结语

全域旅游再出发。秦淮区在“风雅秦淮”大IP串联下，用“1+4”故事线，打造夜泊秦淮、秦淮礼物、秦淮故事、转角·遇见、最美书店等系列子IP，把特色基因、文化味道嵌入全域布局；打造江苏网络文学谷、“桨声灯影”网络文学、大咖故事荟等系列论坛活动成为“现象级”产品。“夜享秦淮”板块的“戏院里”街区项目，将打造首个沉浸式文旅商电影主题街区。“秦淮有戏”将整体打造30个小剧场空间的都市演艺集群。

产业发展再突破。展望未来，秦淮确立了新的目标一创建

“国家文化产业和旅游产业融合发展示范区”，在文旅布局上再突破，实现新街口和夫子庙两大商圈提档升级、融合共生；以“城市记忆”为串联，推动以中华门为核心的国际文化旅游目的地建设取得实质性进展；加快南部新城中国第二历史档案馆、中芬文化交流中心、故宫南迁文物博物馆等重大文旅项目建设，联动老城新区。同时，点亮秦淮夜间经济带，让“夜宴秦淮”“夜游秦淮”“夜购秦淮”“夜娱秦淮”“夜宿秦淮”成为现象级夜生活的优质选择，成为秦淮大 IP 的软实力。

秦淮在不到 50 平方公里的小小螺蛳壳里做出了大道场，以工匠精神，用绣花功夫，塑造了秦淮腔调，绣出了“特而精，最南京”的城市名片，走出了一条独具特色的老城保护更新之路，以占全市 0.75% 的面积，贡献出全市 8.1% 的 GDP 产出、全市 25% 的旅游产出，拔得全省高质量考核头筹，实现了历史文化保护传承与经济社会发展“共赢”。

风雅秦淮，值得期待。

如何缔造恐龙文化帝国

许晓音

2019 年 9 月，一座 23，000 平方米的侏罗纪实景体验基地——恐龙基因研究中心在常州中华恐龙园横空出世，30 多棵形态各异的参天古树和 23 种远古奇花异草高低错落密植，组成了一个浑然天成的原始侏罗纪雨林场景。利用仿真技术复活的剑龙、三角龙、马门溪龙等 10 余种恐龙和史前蜈蚣、飞蛾、蜻蜓等巨型昆虫会突然出现在人们面前。逼真的场景氛围、酷炫的科技特效、跌宕起伏的冒险经历，让游客瞬间穿越到恐龙生活的神秘雨林，让中华恐龙园又一次刷爆了朋友圈。

作为恐龙园文旅集团历时三年打造的具有自主知识产权的新一代沉浸式体验项目，恐龙基因研究中心以神秘恐龙孵化基地为主题，车行探险为主要体验形式，用一条完整故事线贯穿于环境、剧情和娱乐项目之间，结合步行观览、真人表演与大型动感剧场，全景式还原侏罗纪世界。特别设置的国内首个步行科普研学路线，通过野外生存、昆虫课堂、恐龙课堂让游客化身探险家，为家长和孩子创造一段难忘的快乐时光，让游客在恐龙园留下一段值得铭记的回忆。该项目一经推出，就吸引了来自全国各地的游客，排队体验络绎不绝，在各大平台的好评和点赞数不胜数。

白天的中华恐龙园还是一片神秘的侏罗纪世界，而当夜色降临，中华恐龙园又披上了另一层魔幻色彩，每年 10 月的夜晚都是属于“艾琳世界”游客的尽情狂欢。

近万名搞怪“装扮者”陆续登场，其中不乏有“鬼”友联盟组团搞怪，有“贪玩”家长在孩子身上尽情发挥造出的“最萌小僵尸”，也有一家老小全体出动组成的“吸血鬼家族”，还有从电影、动漫中走出的各类惊奇狂野海盗、官服僵尸、无头女巫角色……每年，游客都会自发装扮各种新奇创意的造型，贯穿古今中西，或惊悚诡谲、或惊艳夺目，成为每年中华恐龙园原创 IP“艾琳世界”活动季中最独特靓丽的一道风景。从组织活动吸引游客参与，到全民自发沉浸体验，中华恐龙园通过延续了近 20 年夜公园品牌的不断沉淀和创新，吸引了来自长三角甚至全国的游客参与，打造了真正属于全民共嗨的狂欢盛宴。

中华恐龙园地处的常州，以工业制造闻名。相对于周边丰厚的自然、人文旅游资源，常州显得不那么“出众”，然而，这里却诞生了中国做得最成功的恐龙文化产业。由此，常州也从沪宁旅

上　中华恐龙园航拍

下　恐龙基因研究中心车行体验

上　中华恐龙园花车巡游

中　侏罗纪水世界夜狂欢

下　艾琳世界游客搞怪扮装

游热线上的冷点城市一跃成为江苏旅游经济指标排名第四的城市，成为华东地区著名的旅游目的地。恐龙的裂变为“龙城”常州赋予了崭新的内涵，而这一切的原点，要从 20 年前一枚恐龙蛋的孵化、破壳开始说起。

从《侏罗纪公园》到恐龙文化帝国

1996 年，第四届世界地质大会召开，世界各国的地质博物馆向东道主（原中国地质矿产部）赠送了一批珍贵的远古动植物化石。为了保护和展示这些珍品，地矿部准备建设一个全新的中华恐龙馆，并提出了建馆的三不原则，即不建在北京，因为首都文化旅游资源过于密集；不建综合馆，以减少日常运行成本；不走机关事业化老路，走企业化发展道路。

恐龙是一个集神秘性、历史性和科普性于一身、经久不衰的 IP，能够给人天马行空的想象力，而 1993 年斯皮尔伯格导演的电影作品《侏罗纪公园》，更是让恐龙这一主题风靡全球。

正是抓住这样一个契机，经过激烈的竞争，这个全新的恐龙博物馆最终落户江苏常州。原本的高速公路取土坑变身大额投资建设的恐龙博物馆，引发了不少争议，很多人不看好。在克服了工期紧、人手少、难度高及经验匮乏等重重困难后，中华恐龙园在 2000 年 9 月 20 日如期开园。

建成的中华恐龙馆很快成为了常州市的新地标，3 个高昂的恐龙头窃窃私语，向人们讲述着来自远古时代的恐龙故事，也欢迎来自四面八方的游客。那一年，中华恐龙园在短短 3 个多月里接待游客近 30 万人次，在国内旅游业界产生了极大的轰动。

恐龙园文旅集团董事局主席、首席执行官沈波表示：“让游客来中华恐龙园不仅是看几块恐龙骨架，而是要延伸到文化、娱乐的环节上，为公众提供综合娱乐服务的旅游业”。

在中华恐龙馆设计建设之初，经营团队就希望打破传统博物馆的运营思路，告别单一的玻璃橱窗陈列展示方式，模拟恐龙生存的环境，并在科普的基础上注入互动体验元素。不满足于门票经济的常州中华恐龙园以此为核心，由此开创了“科普 + 游乐”的独特模式。

中华恐龙馆巨型山东龙化石

历经 20 年，如今的中华恐龙园，每一个独特打造的项目区域都为游客带来惊喜不断的恐龙主题游乐体验，全年常变常新的文化活动为游客创造无与伦比的情景式娱乐氛围；追求卓越的智慧旅游和优质服务为游客打造细致入微的人性化体验环境；种类繁多、生动有趣的各类恐龙形象文创商品成为游客长相随的亲密伙伴。同时，中华恐龙园结合恐龙文化核心竞争力，进一步探索传播方式的创新实践，打造恐龙爱好者联盟、直播云游中华恐龙园等新产品和体验形式，向广大网友传递各类生动有趣的恐龙知识，恐龙文化变得不再陌生和遥远。

20 年来，中华恐龙园已为近 6,000 多万名游客带去属于侏罗纪的欢乐记忆，成为游客心中不变的恐龙品牌。据全球主题公园权威机构 AECOME 统计，中华恐龙园 2018 年全年接待游客量位于亚洲区第 13 位，国内第 6 位，年游客增长率位居亚洲第一。中华恐龙园用创意实现了产业增长方式由资源驱动向市场驱动的转变，开启中国文化旅游转型的全新时代，并带动城市文化旅游异军突起成为“常州现象”。常州因此被誉为中国版“奥兰多”，成为近悦远来的文旅休闲明星城市。

左　恐龙宝贝动漫形象

右　《疯狂恐龙人》剧照

以恐龙文化打造专属 IP 实现产业突围

沿着“科普 + 游乐”的独特发展路径，点亮了恐龙文化的创新与裂变。早在 2007 年，恐龙园文旅集团就以前瞻性的眼光确定了打造原创自主 IP 的发展道路，“可宝”“暴宝”“旦宝”“飞天宝”4 款恐龙形象诞生，并走进观众视野，衍生出的 5 部《恐龙宝贝》系列动画片在央视少儿频道热播创下同期收视高峰，以恐龙宝贝为原型开发的多种衍生产品也受到市场欢迎。与此同时，恐龙园还陆续打造了《米多龙》《小龙甜品工坊》等系列动画电影和电视。

2014 年，以《恐龙宝贝》等原创动画片为原型的常州中华恐龙园第五期“梦幻庄园”建成开放，将动画片中的人物和场景真实还原，奶油、朋克风格的建筑造型，让小朋友仿佛置身动画世界，成为最爱和心头好。“梦幻庄园”为游客打造了可触及、可感知、可体验的三位一体实景区域，也成为国内旅游业界首个将动画实景搬到线下的经典案例。

同年，和常州中华恐龙园共同成长的恐龙园演艺团队创作了原创爆笑主题打击秀《疯狂恐龙人》，该剧将恐龙文化和激情四射的打击乐、震撼人心的中国功夫、时尚潮流的现代舞、精彩绝伦的特技完美融合，在舞台上掀起一次又一次的高潮；诙谐幽默的恶搞，跌宕起伏的情节，让观众在爆笑与感动之间感受与众不同的舞台魅力，并荣获“打击乐海外邀请作品亚洲区大奖”等一系列国内外奖项。

舞台之外，恐龙人的故事还在中华恐龙园成为真实的的场景体验。常州中华恐龙园六期——根据《疯狂恐龙人》原创 IP

打造的同名区域全新落成开放。该区域将设备、场景与 IP 紧密结合，从整体布局规划到立面涂鸦、游乐项目的设计，全都围绕“疯狂恐龙人”IP。该区域始终贯穿“疯狂恐龙人”潮流玩酷、品味时尚，同时又敢于挑战极限的精神，进一步诠释了中华恐龙园全心营造的主题氛围及世界观。项目不仅给游客带来全新体验的空间，更为业界呈现出主题公园区域开发的一个全新理念：去糖果色、去嘉年华、去塑山塑石、去重型包装，让 IP 落地转化，让产品的时尚和酷乐来得更纯粹。

从形象到内容，再到落地体验，形成衍生产品的模式，正是恐龙园文旅集团独家的文化产业链模式发展秘诀。恐龙品牌在不断积累 IP 知名度，IP 也在源源不断衍生出产品，完整落地形成实景体验。恐龙园文旅集团在重视游客体验上永不止步的态度和精神，正如沈波所说：“文化 + 科技 = 体验，IP+ 科技 = 独一无二的体验。”这种全景化的沉浸娱乐体验，将成为未来中国文化文旅体验发展趋势。

从制定行业标准到实现产业裂变

中国主题公园业界一直缺乏行业服务标准，依托于常州中华恐龙园的开发和成功运营，恐龙园文旅集团积极参与并制定了中国首部主题公园国家标准《主题公园服务规范》，从主题场景、服务提供、安全与应急、投诉处理与满意度测评等方面对主题公园提出了规范性要求，并对游客中心、售票检票、游乐项目、主题文化展示、文艺演出、购物餐饮、游览交通、寄存停车、卫生环境、网络信息 10 大类服务内容进行了详细规定。从标准的执行者到规范的制定者，中华恐龙园在完成了自身角色转型的同时也进一步确立了在国内旅游业界的主导地位。

此外，恐龙园文旅集团不断总结 20 年来的成功开发和运营经验，创造性地提炼出“5+3 发展模式”“球豆开发理论”和“24H12M80Y”等一系列理论，为行业发展提供基础支撑。从定标准到创模式，恐龙园文旅集团诠释了中国创意文化产业的发展模式和典范。

早在企业创立初期，恐龙园文旅集团便确立了“致力于振兴民族文化旅游产业、打造高品质文化旅游产品，成就一流的文化旅游产业投资运营商和服务供应商”的发展目标。2014 年，恐龙园文旅集团正式迈上了由“单一的主题公园运营商”向“文化旅游投资运营商和整体解决方案供应商”的转型之路，依托自身在文化旅游领域形成的品牌、团队、标准和模式优势，全面实施“投资 + 服务”创新业务战略，并进一步围绕主题公园、城市客厅、田园综合体、生态闲养度假区等不同类型产品，提供投资、设计、建设、管理、授权等多元服务，

为此，恐龙园文旅集团陆续成立了旅游管理、规划设计、文化科技、模块文旅、酒店发展、演艺策划、文旅培训、景区运营等一系列专业化公司，裂变成拥有多家子公司和机构的产业集群企业，带动文旅产业链上下游集中发力。

目前，带有恐龙文化基因的各类项目已在上海、重庆、天津、昆明、兰州、郑州、西安、宿迁、宜昌、恩施、宁波、徐州、南通、盐城等地实施深度合作逾百项。凭借出色的运营能力和文化产业综合实力，2019 年，恐龙园文旅集团入选了中宣部“中国文化企业 30 强”提名，成为行业标杆。

模块理论引领生活方式新变革

2015 年，主题公园已经面临红海，一边是本土主题公园竞争激烈，一边是国际文旅产业巨头进入所带来的格局之变，同时，其他领域的跨界者不断涌入……传统的“旅游 + 地产”主题公园发展模式，已经不能适应新形势的发展。恐龙园文旅集团根据主题公园“极大化”和“极小化”发展趋势，提出了“文旅产品模块理论”，将旗下产品按大、中、小模块进行金字塔模型分割：以都市主题旅游度假区和生态闲养度假区为代表性的大模块，以城市客厅和田园综合体为代表性的中模块，以及以家庭娱乐中心为代表的小模块。

恐龙园文旅集团依托在主题公园极大化方面已有的成功经验，通过多年运营主题公园的模式、经验结合现实的市场需求以及产业发展的格局，挖掘打造出不同类型的模块文旅产品，在市场中找到了全新的蓝海。

上　恐龙人俱乐部真人 CS

下　恐龙人俱乐部酒店洞穴亲子房

从提出理论到产品落地，恐龙园文旅集团仅用了一年时间。2016 年，首个小模块文旅产品——恐龙人俱乐部横空出世，集社交娱乐、主题餐饮、时尚休闲等多种业态于一体。相较于传统体验产品，恐龙人俱乐部具备投入少、规模小、易复制的特定，可根据市场的需求，从各种社交、娱乐、体验元素中萃取、拆分成独立的产品模块，进行灵活组合，以满足不同年龄层的休闲娱乐需求。在“形象、内容、体验、衍生”的主题 IP 产业链上，引领当下娱乐潮的新概念、新时尚、新体验、新生活。

同年，以恐龙人俱乐部酒店为代表的新型主题酒店登陆市场，酒店内互动式恐龙展厅——D 先生的私人恐龙博物馆、侏罗纪丛林庭院为游客打造了沉浸式的体验氛围，霸王龙洞穴、翼龙巢穴、考古帐篷、航海探险家、原始部落、恐龙蛋胶囊公寓等各大主题房型，以逼真的造景、触手可及的文化感知备受游客好评。恐龙人俱乐部酒店在与常州中华恐龙园景区打通的同时，增加游客旅游目的地游历过程含金量，有效形成“主题度假 + 主题酒店”的“景 + 宿”核心体验闭环，给游客带来全链条、全方位的主题旅游体验。

如今，以恐龙人俱乐部为代表的小模块文旅产品已陆续在上海、杭州等地迅速复制拓张，恐龙文化正在从一个娱乐品牌演变为一种生活方式，走近每个人身边。

去年初夏，一场特殊的巡游在中华恐龙园里吸引了不少游客驻足。来自全国的小朋友穿着由纸盒制作的恐龙服装，组成一个可爱呆萌的小恐龙巡游方阵。纸盒恐龙被涂鸦上五颜六色的图画，那是孩子们心中对世界和恐龙美好的想象。其中一个来自湖北的小朋友告诉我们：“我很喜欢恐龙，我想和他们做朋友。”

静安现代戏剧谷大数据洞察

上海数据交易中心

戏剧等艺术形式是城市独一无二的印记，城市也因戏剧变得更有魅力。而当城市遇上戏剧文化，如何通过大数据分析两者之间的“碰撞”与“交流”，揭开戏剧的面纱？本文以 2019 年上海·静安现代戏剧谷为样本，通过中外媒体资讯、网络舆情、客流表现综合评估戏剧谷的影响力，结合线上及线下消费等多维度数据进行分析，从而全方位研究剧院剧场、观演人群、特色活动并分析差异与共性，为下一届静安戏剧谷提出建议的同时，也能够为戏剧的良性发展提供思考与建议。

静安现代戏剧谷概况

2019 静安 · 现代戏剧谷简介

作为首批上海文化产业区中唯一的音乐、演出娱乐类的产业园区，静安区政府紧紧抓住此机遇和平台，将现代戏剧谷建设作为创新中心城区商业商务发展模式的重要抓手加以推进。2019 年的上海·静安现代戏剧谷依托丰富的历史人文底蕴、发达的商业商务经济、集聚的戏剧文化资源、优越的核心产业区位等优势，成为了上海一张亮丽的文化品牌。

本届戏剧谷以“戏剧温暖城市”为主题，由“名剧展演”“市民剧场”“壹戏剧大赏”三个主要环节构成，携手国内外戏剧大师，联动公共文化资源，为上海市民带来一场始于戏剧，不止于生活的文化盛宴。“名剧展演”政府惠民补贴，6 个场剧场 6 个

	2018年静安戏剧谷	2019年静安戏剧谷
历时	19个日夜 2018.5.5-5.23	17个日夜 2019.04.26-05.12
场次	6个剧场 17部36场戏	6个剧场 19部56场戏
国际大戏	7部 中外合作3部	11部（来自俄罗斯、希腊、荷兰、拉脱维亚、以色列、挪威、日本、立陶宛、英国等11个国家的艺术团队）
首演剧目	6部作品全国首演 14部作品上海首演	5部作品（80%）全国首演 100%剧目为上海首演
票价	180-580元	100-500元

2018年戏剧谷数据

√ 94.33%平均出票率。

√ 3.1万人次观演。

√ 1200余位中外观众出席开幕活动。

2019年戏剧谷数据

√ 总座位数：4,218个。

√ 演出期间所在商圈全天24小时客流总计273,940人，较非演出时段客流增幅21.8%。

√ 戏剧节期间人均周边商圈消费数98元，较去年增长37元。

静安现代戏剧谷首演率提高、票价更亲民

系列，来自是1个国家19部中外项目；“市民剧场”不止在剧场系列活动、城市空间戏剧表演、市民戏剧经验、国际高峰论坛、最美文艺路线；“壹戏剧大赏”优化了评奖机制，提升了专业口碑，全面着力为上海打造亚洲演艺之都作出静安贡献。

静安现代戏剧谷 2018 vs 2019：首演率提高、票价更亲民

6大系列，11个国家，19部中外佳作，56场精彩演出，首演剧目比例达100%，近50,000人次走进剧院观看演出，七大户外场所、日均客流19,194人/天，数据的背后展现了2019年现代戏剧谷以更丰富的内容，更友好的价格为观演者谋取更大的福利。

大数据洞察

网络舆情

自戏剧谷开办以来，活动的宣布、演出及落幕均在全网掀起热议的浪潮。戏剧节期间，最高全网舆情量超平日20余倍，且多次带动全网热搜度，引发网友对“剧目、作品”等主题的关注，同时引发多个垂直类媒体、地方媒体及微博大V的转发与热评。颁奖典礼上12项大奖的揭晓也成为网络舆情的高光时刻，共有60余部作品参与评奖，最终有21部作品入围2019壹戏剧大赏提名名单，角逐今年的10项常设奖项。2019年静安现代戏剧谷以前所未有的名剧展演规模、市民参与数量、惠民力度及

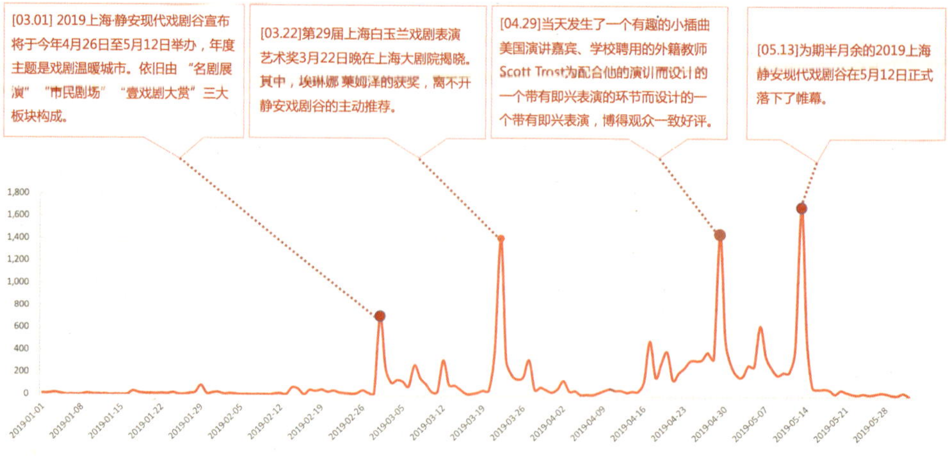

全网舆情时间段：
2019.01.01—2019.06.01

丰富多彩的城市系列活动，为上海献上了为期 17 天的世界戏剧盛宴。

传播方式

从媒体渠道统计来看，2019 年的戏剧谷主要通过“新浪微博”以及“新华网”进行舆情的传播，且“剧院、作品、导演”等词汇被多次提及。媒体方面，2019 年，现代戏剧谷主要活跃于“微博、客户端、微信”及相关新闻网站（搜狐新闻、东方头条等）。

其次，新媒体也是今年获取戏剧谷活动相关信息的主要方式，表现在微博大 V 频繁参与现代戏剧谷的宣传活动。例如垂直类媒体中，有看看新闻（粉丝量：1,051 万）、聚有戏（粉丝量：28 万）、大麦戏剧（粉丝量：11 万）、上海戏剧学院微博（粉丝量：8 万）；网络意见领袖中，有上海发布（粉丝量：685 万）、东广新闻台（粉丝量：95 万）、上海静安（粉丝量：41 万）、龚子祺 Russell（粉丝量：38 万）。从渠道端统计来看，相较于 2018 年，传播方式更多样化。不仅有传统媒体，自媒体、KOL、新媒体（微信、微博、抖音）也成为了人们获取戏剧谷活动相关信息的最主要方式。

演出剧院

为了从数据角度客观的反应剧院情况，报告建立“剧院综合实力”评价体系，从剧院的“便利度、剧院属性、白领密度、居民

No.1 美琪大戏院—3.66分

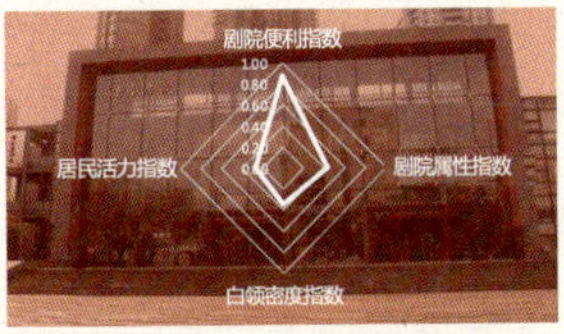

No.2 上戏实验剧院—1.92分

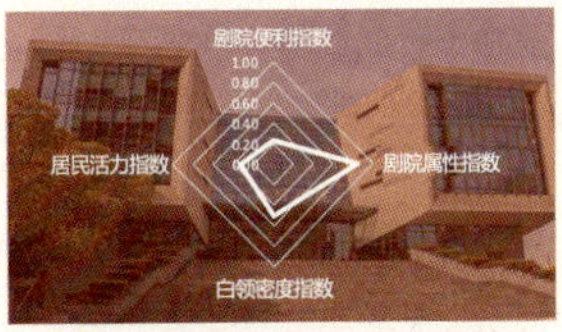

No.3 大宁剧院—1.67分

No.4 马兰花剧场—1.66分

No.5 上戏端钧剧场—1.63分

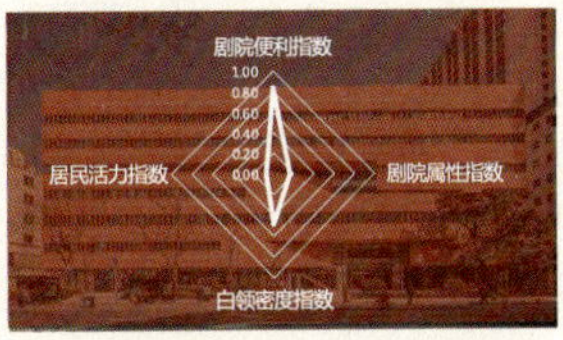

No.6 静安区文化馆静剧场—1.55分

静安各剧院综合实力得分排名

活力”四个角度给各剧院打分并计算总得分，分析各剧院的综合实力。

从大数据分析来看，各剧院各有特色：除美琪大戏院外，其余场所的白领密度及居民密度较低,吸引上班族及本地居民的力度稍弱；除大宁剧院外，各大剧院场所均地处交通极为便利的静安中心商圈；娱乐配套设施（休闲娱乐、丽人、购物、美食）均较为充足,从带动商圈消费力及扩大影响力方面可弥补上述不足。

根据上述评价体系，我们计算出各剧院综合实力排名如下：美琪 > 上戏实验 > 大宁剧院 > 马兰花 > 上戏端钧 > 静安区文化馆静剧场。下文是对各项指标的逐一阐述。

- 剧院便利指数

该指数考察剧院自身的便利情况，以剧院为中心，考察其交通便利度——1 公里内地铁线路个数;消费便利度——1 公里内休闲、美食、购物、丽人店铺总数，用这两个因素的综合得分衡量剧院的便利性。 综合来看，美琪大剧院地处中心腹地，得天独厚的地理位置使得剧院周边的购物娱乐等配套设施资源较多。上戏剧院和马兰花剧场紧随其后，文化静剧场便利度相对较弱。

- 剧院属性

该指数利用剧院全年的演出票均价、剧院座位、剧目场次考察剧院自身的属性及竞争力。从单项指标来看，美琪大戏院单项得分最高，其座位数在六家剧院中最多（1，261 个），演出票价及演出场次也明显多于其他场馆。而静安区文化馆静剧场受场地大小限制，其座位数最少（196 个），且票价最为亲民。

- 白领密度 & 居民活力

该指标通过剧院周边 1 公里的商务楼宇及产业园区的个数监测白领指数，监测剧院周边的居民活力。该项得分越高，代表剧院周边被辐射的小区范围及数量更多，可以吸引更多的市民前来观演。“美琪大戏院”周边白领密度最高，“大宁剧院”周边的园区个数最多，其余剧场的写字楼及园区个数表现较相似。其中，“美琪大戏院”以 81 个小区，16，923 户居民拔得头筹，而受居民总数的影响，“马兰花剧场”的得分表现最低。

观演人群

针对目标人群，通过大数据进行多维度分析，也可以精准定位受众人群的人群画像。对于戏剧节期间参演人群的研究，本部分着重分析了各剧院的人群画像，从剧院观演人群的“年龄、学历、经济实力、消费意愿、观演人群来源地、观演偏好 / 丰富度”6 个指标，分别进行标准化并打分，计算各剧院的观演者综合指数。

根据人群画像结果，各项指标下的剧院参演人群也风格迥异。

(1) 从年龄分布来看，除“大宁剧院”及“马兰花剧场”的年龄分布较成熟（31 ～ 40 岁）外，其余剧场的人群较为年轻（24 ～ 30 岁），因马兰花剧场的 3 部剧均为儿童剧，一定程度上吸引了有儿童的家庭。

(2) 就学历角度而言，观演者学历均中等偏上，其中“大宁剧院”及“上戏实验剧院”的学历水平较全网偏高。关于经济实力状况，“马兰花剧场” 观演者的经济实力较高；“大宁剧院”的经济实力相对较弱。

(3) 消费意愿方面，“上戏实验剧院”观众的消费意愿最强；较其他场馆而言，“静安文化馆静剧场”经济实力弱，但消费意愿较强。

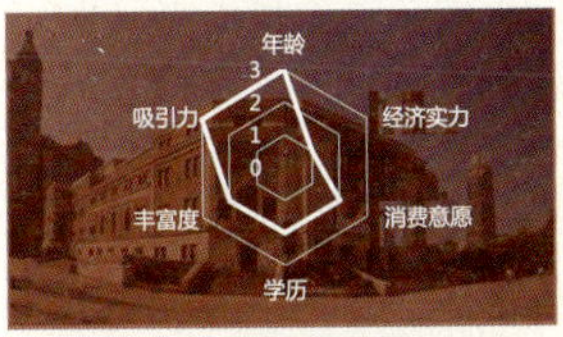

No.1 马兰花剧场—13分

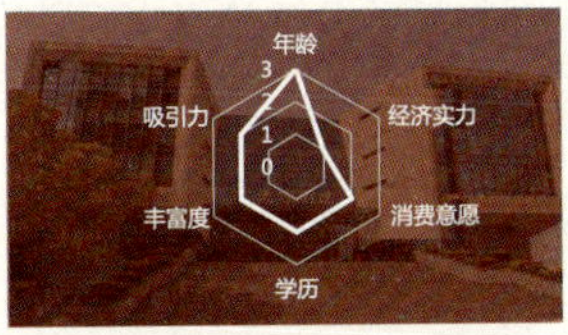

No.2 大宁剧院—12分

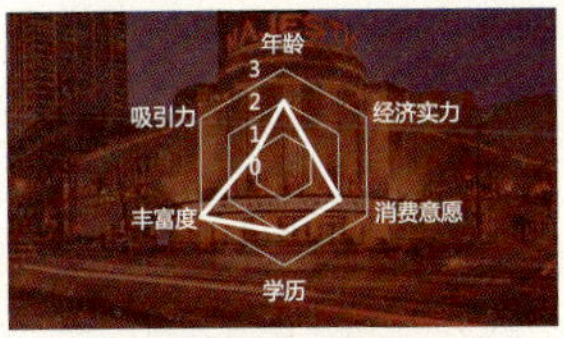

No.3 美琪大戏院—11分

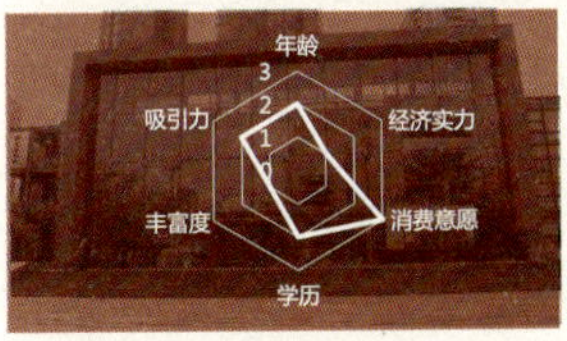

No.4 上戏实验剧院—11分

No.5 上戏端钧剧场—10分

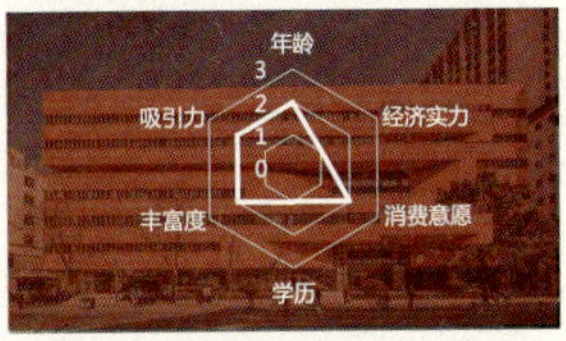

No.6 静安区文化馆静剧场—10分

静安各剧院观演者总分排名及分项得分对比

(4) 各剧场人群均较关注“古装、家庭”类电视节目；且分布在上戏的两个剧院观看电视的丰富度较为单一。

(5) 就客源分布而言，“马兰花、大宁及静剧场”三大场馆吸引的客源较为丰富，除江浙地带及东南沿海区域外，也有部分来自内陆省份的游客；“美琪大剧院、上戏实验剧院、端钧剧场”三大场馆客源集中于江浙地区及东南沿海地带。

- 马兰花剧场画像概况

基础画像角度，马兰花剧场的主要用户为 24～40 岁已婚女性，且硕士学历较多；客源分布来看，该场馆客源除周边地区外，还有部分来自香港及南京的游客。

APP 偏好方面，偏爱大众点评、百度网盘、饿了么，商务白领居多，爱用 QQ 音乐。

消费意愿方面，具有较强的消费意愿和热情，追求品质化生活，投资理念也相对冒险。日常观看电视的国家分布较丰富，爱好观看科幻、警匪及冒险类电影或电视节目。

- 大宁剧场画像概况

基础属性层面，大宁剧场的用户为 31～40 岁人群，且学历较高，主要来自江浙沪一带；兴趣爱好方面，爱旅游、爱美食、爱小众音乐，生活较有丰富度。品质生活方面，具有较高的消费热情和稳健的投资理念，追求有品质的生活。观影兴趣方面，爱好观看神话及搞笑类电视节目，偏爱剧情及奇幻类电影。

· 美琪大剧院画像概况

从个人属性来看，美琪大剧院的主要用户为 24 ～ 30 岁人群，且硕士学历占比较大；除周边地区外，仍有部分舟山游客。APP 选择上，偏爱大众点评、携程旅行、饿了么，商务白领居多，爱用 QQ 音乐等。理财理念方面，具有中等偏上的消费热情和较为保守的投资理念。对于观看电影（视）的国家分布较丰富，爱好观看悬疑类、军事类及传记类电影 / 视节目。

· 上戏实验剧院画像概况

人群特征方面，上戏实验剧院的主要用户为 24 ～ 30 岁已婚男性，学历较高；

客源分布层面，该场馆客源除周边地区外，来自安徽、汕尾市的游客占据一定比例。APP 偏好上，偏爱知乎、大众点评、携程，爱用网易云音乐等小众音乐 APP。

电视节目爱好观看军事类题材电视；偏爱来自韩国、英国的“传记”类电影。

· 上戏端钧剧场画像概况

人群特征方面，上戏端钧剧场的主要用户为 24 ～ 30 岁已婚男性，学历中等偏上；客源分布层面，该场馆客源除周边地区外，来自安徽的游客占据一定比例。

APP 偏好上，偏爱网易云音乐、百度网盘、饿了么、知乎等 APP，爱用 QQ 音乐。

消费偏好方面，消费意愿中等偏上，且偏爱 P2P 理财。

观看电视（影）的国家分布及类型较简单，爱好观看喜剧类电影或电视节目。

· 静安区文化馆静剧场画像概况

静安区文化馆静剧场的用户在各年龄层均有分布，主要用户为 24 ～ 30 岁人群，且学历中等偏上，除周边地区外，仍有部分来自舟山、汕尾的旅游人群。

偏爱大众点评、携程旅行、办公软件及外卖 APP，商务白领居多。具有较高的消费热情和较为冒险的投资理念。观影方面爱好观看悬疑及搞笑类电视节目，偏爱悬疑及纪录片类电影。

综合而言，不同的剧院吸引到的观演人群也有不同。马兰花剧场的群众得分表现最高，静安区文化馆静剧场的得分表现相对低。参演剧目均为“儿童剧”的马兰花剧场的观演者综合得分最高，吸引较多来自外省甚至大陆以外的游客；因在排片上安排了来源地较为丰富的剧目，故美琪大剧院观演的丰富度最高；而身处校园内部的上戏实验剧院及端钧剧场的观演者有着较为相似的受众人群，故各项得分较为相像。

特色活动效果分析

与此同时，为了配合戏剧谷增强戏剧效果，且让市民有更充足的音乐享受时间，由上海市静安区文化和旅游局主办，JZMusic 承办的 2019 浓情静安·爵士春天音乐节，于 4 月 29 日—5 月 2 日举办了 3 场高水准的世界级“大师殿堂”室内音乐会和上百位来自各国的音乐家献上的街头表演，让市民在街头、公园、商圈、剧院都能邂逅美妙旋律，打造“最经典，最惠民”的上海文化品牌。爵士音乐节带动客流效应明显，演出期间七大户外场所日均客流 19，194 人 / 天；较非演出时段相比，客流平均增长 1，834 人 / 天，其中“静安嘉里中心”和“兴业太古汇”的客流表现最好。受音乐节热度影响，各场所在演出期间客流均有明显提升，演出首日客流表现最好。

总体来看，该户外音乐节的引流效果显著，吸引了大波路过的市民驻足观看并参与，但不同的主题也反映出不同的客流趋势。“爵士舞台”主题中，演出所在时段的客流是当日客流的最高峰，5 月 1 日的客流集中在 16:00—17:00 期间，5 月 2 日的客流集中在 17:00—18:00 期间。

各场所“爵士街头”演出时段（15:00—16:00）的客流均略高于其余时段，说明演出带动人气和客流的效果较为明显。受到上下班高峰期及午休时段影响，“爵士摇摆”在 4 月 30 日的客流有三个小高峰；演出当日（5 月 1 日）的客流呈现出集聚效应，且在下午 16:00—17:00 期间达至高峰。“爵士大师殿堂”参演的

2019 浓情静安·爵士春天音乐节演出场所及客流趋势

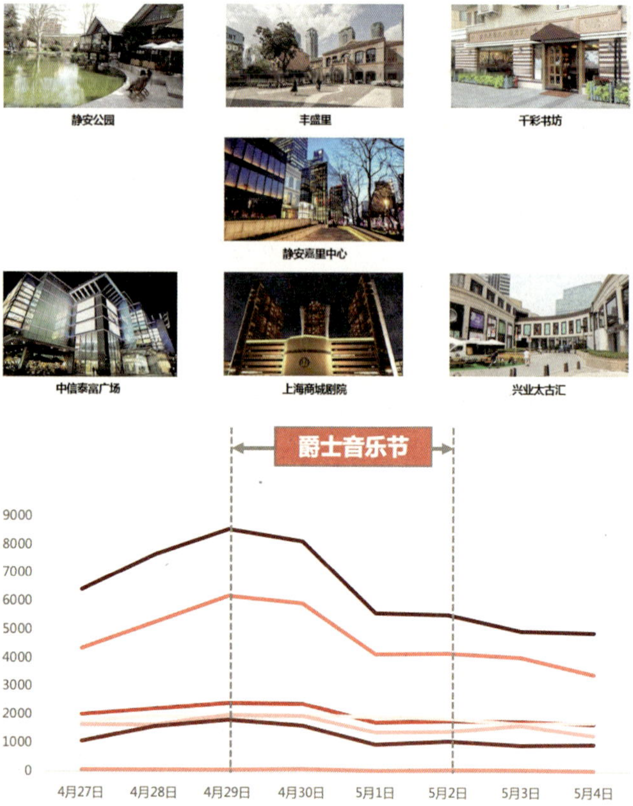

三日中，4 月 30 日（爵士乐队）的客流表现最好，演出最后一的的客流效果最弱。

建议与展望

通过对网络舆情、媒体传播方式及媒介、演出剧院及观演人群的分析、特色活动分析等五个方面进行数据分析，我们可以为下一届戏剧谷的开展提供些许建议。

剧院选择

可保留现有剧院，或增加居民、白领密集区域附近的剧院，增加场馆吸引大众观影的能力。

宣传渠道

总体而言，观演人群大多为来自新一线及上海周边城市的

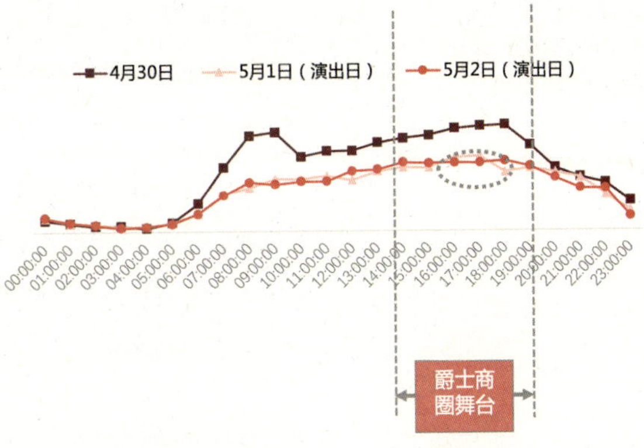

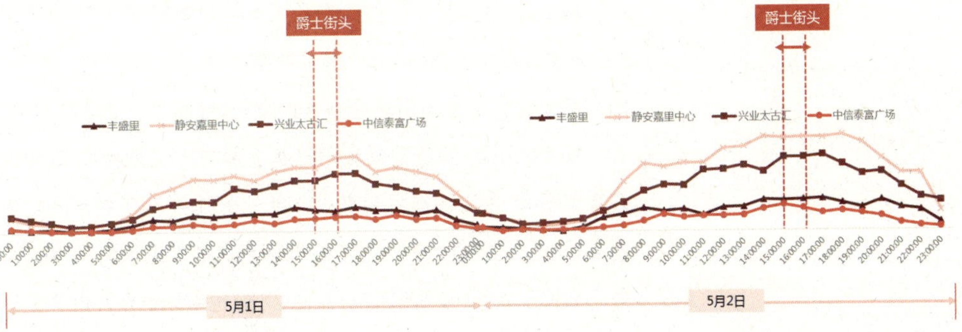

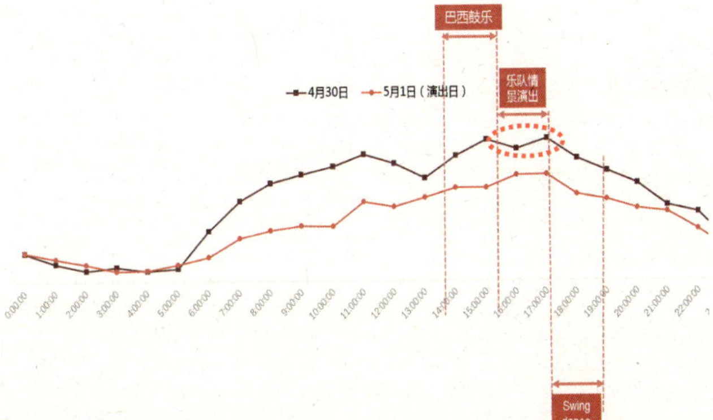

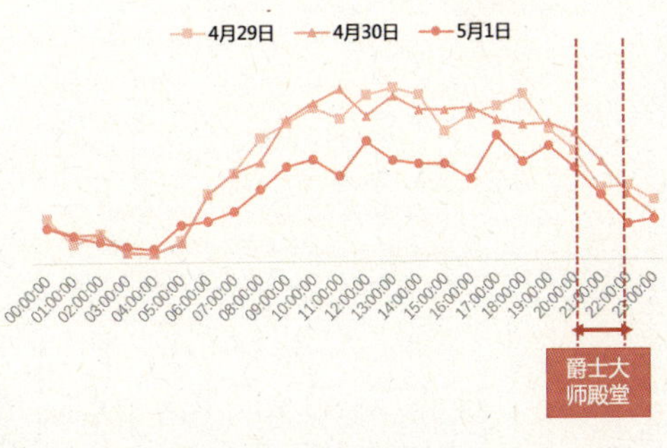

2019 浓情静安 · 爵士春天音乐节演出舞台 24 小时客流趋势对比（由上至下分别为：爵士舞台、爵士街头、爵士摇摆、爵士大师殿堂）

高知年轻人群，以及有家庭的 31 ～ 40 岁的年轻父母，其消费意愿较强，可是戏剧节的重点目标人群。因此，在宣传 APP 方面，除常用的 APP（微信、支付宝、淘宝、QQ）以外，还可以考虑“大众点评、携程、饿了么、网易云音乐、知乎”等媒介；在宣传方面，主推微博宣传，并结合微博重点 KOL，如：垂直类戏剧媒体，上海当地媒体及售票官微以及自媒体、直播等多元化形式进行推广及宣传。

户外活动配合

爵士、摇滚等音乐形式的受众人群更为年轻化，且消费意愿强，注重个性化消费；时间上选择假期期间，地域方面重点商圈附近商圈会给音乐节带来更多客流及影响力。

综上，上海·静安现代戏剧谷携手国内外戏剧大师，联动公共文化资源，为上海市民带来一场始于戏剧，不至于生活的文化盛宴，为全面着力为上海打造亚洲演艺之都做出很大的静安贡献。戏剧与城市的关系正在日益密切，这也带动更多人思考如何提升城市的文化底蕴、艺术潜质，让戏剧艺术不断滋润城市，做到更好地“互联、互融”。

长三角文化协同的大数据洞察

第一财经·新一线城市研究所

无论是地域范畴，还是文化角度，长三角三省一市正在加速凝结成为一个新的共同体。由各地文化相关政府部门牵头，江浙沪皖三省一市在文化产业、公共文化服务、文化旅游融合、文化执法、文明共建、学术研究等各个领域，基本都已建立各种形式的公共服务平台和联动机制，为后续文化共同体建设提供较为坚实的顶层设计。此外，在政府的积极引导下，各种社会力量和文化行业也都以各种形式参与其中，政府、社会和企业三方力量建立了良好的互动关系。并且三省一市通过文化产品的跨区域供给，实现了在文艺精品生产、公共文化产品的供给、公共文化机构的资源共享、文化内涵的学术研究等方面精准发力，全面合作，协同发展，为文化共同体的内容生产提供源头活水。

结合当前长三角城市在文化领域的诸多协同合作发展趋势，本文将利用大数据手段，对区域内已经表现出的几个文化产业协同发展案例进行分析。

大规模高频次的人口流动为长三角的文化交流奠定基础

长三角地区城市之间的人口流动的主要特征为：大规模、高频次、交往路径多样。当前针对人口流动的大数据监测手段中，通信运营商的手机信令数据在样本采集与覆盖上较为全面，因而本文采用了联通智慧足迹的手机信令数据来反映长三角地区的人口流动。

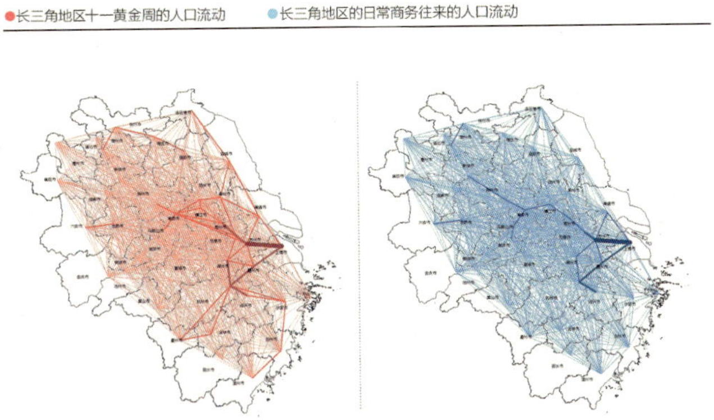

长三角城市之间的人口流动

注：黄金周数据统计时间为 2018 年 10 月 1 日至 7 日；日常人口流动统计时间为 2018 年 12 月 3 日至 9 日。

数据来源：联通智慧足迹。

数据样本显示，长三角地区几乎所有城市之间都存在着人口的频繁流动。

详细的人流动动数据显示，长三角范围内 41 个地级市之间日常的人口流动中，上海、杭州、南京、苏州、无锡、合肥、绍兴、嘉兴等主要一线与新一线城市之间的商务往来人口规模较为突出。而在“十一黄金周”等旅游旺季，除了大城市之间的人口流动，温州、台州、衢州、湖州、扬州、镇江、连云港、盐城、南通、滁州、马鞍山等中等规模的、旅游资源丰富的城市也与周边城市产生了明显的大规模人口流动，41 城之间的往来方向更多，强度也更高。

从长三角城市间人口流动的数据中不难看出，随着长三角区域一体化深入推进，城市之间的交通连结更为紧密，面向短途游客的文旅资源得到充分开掘，区域内的特色旅游城市在旅游旺季能明显的吸引周边城市游客。考虑到短途游、周边游等长三角区域内典型旅游模式的频次高、深度深、需求多元等特征，可以一定程度上从人口流动数据中得到长三角城市间的文旅产业联动性强，且已形成互为依托与补充的结论。

长三角地区旅游资源禀赋优势明确，民宿行业多元发展

长三角旅游资源极其丰富，且不同城市的资源禀赋存在明显的差异性，相应地带来了文化发展定位与文化特色的不同。

长三角地区城市的民宿房源价格区间

数据来源：第一财经·新一线城市研究所根据途家网数据整理。

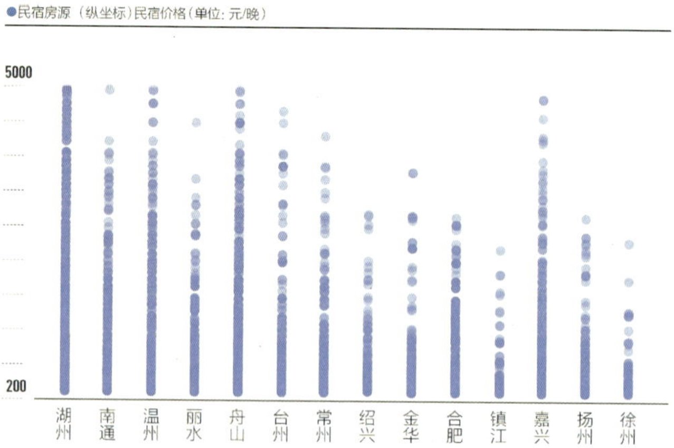

其中，长三角拥有优质自然生态资源，历史文化资源的城市，文旅产业优势明显。江苏的南京、苏州、无锡和常州 4 座地级市的国家 5A 级景区数量均在 3 家以上；浙江的杭州、嘉兴，安徽省的黄山的 5A 景区均达到 3 家，在旅游产值、入境游客人次等方面均有突出表现。

民宿是近年在文化旅游领域快速兴起并发展壮大的一种业态。近年民宿发展的新一波浪潮中，位于长三角范围内的浙江湖州莫干山是一个重要的节点和策源地，通过改造乡村房屋，提供类似精品酒店服务的方式，民宿成为短途游、家庭游旅客更愿意选择的住宿方式，也形成了较高的价格竞争力。

莫干山之外，长三角地区得益于便利的交通条件和近年周边游的快速发展，在整体上也形成了较为繁荣的民宿市场。尤其是一线和新一线城市周边的中等规模城市，发展出了多个体量庞大、地域特色明显、结合当地文旅资源的民宿市场。

第一财经·新一线城市研究所监控了长三角地区多个城市的民宿价格数据发现，从类型来看，长三角民宿市场已经出现分异，部分城市形成了典型的中高端市场，民宿主打价位聚集在 1，000 元 / 晚以上，如湖州、舟山、嘉兴等；另一些民宿市场发育较晚的城市，主力价格仍局限在 500 元 / 晚以内。

在民宿行业，区域市场内出现层次分异，意味着行业市场的相对成熟。当前长三角地区内的民宿市场分化主要出现在大城市周边的旅游城市，不同价格级别的城市提供了不同层次的民

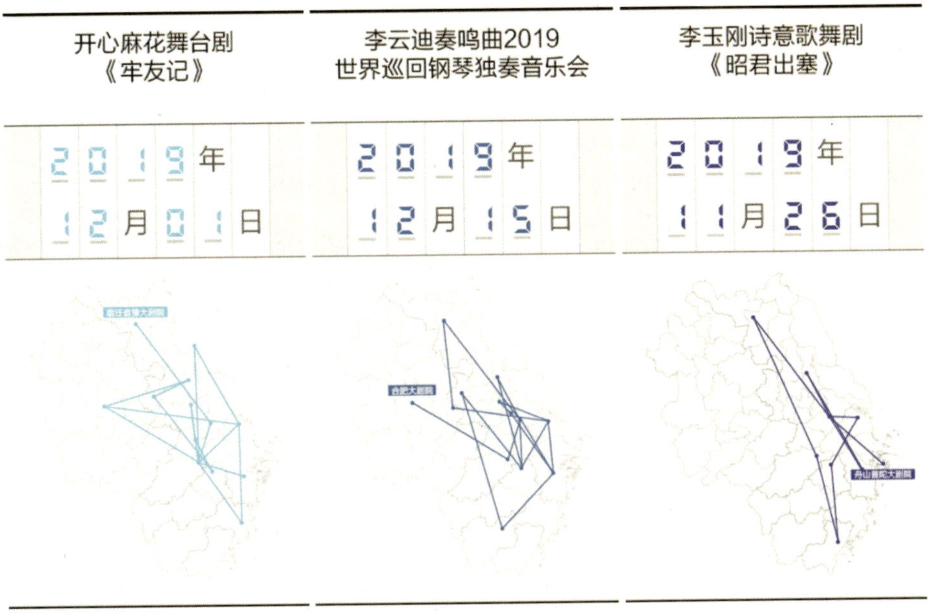

长三角地区巡回演出剧目案例

数据来源：第一财经·新一线城市研究所根据大麦网数据整理。

宿服务，形成了多元的市场。同时，那些能够将民宿价格做到更高，提供更精致的住宿服务的城市，也可以形成自己的特色旅游资源和文旅产业，将进一步吸引更多优质游客的到来。这成为长三角地区文化旅游多元化发展的一个标志。

长三角演艺市场充分连结，巡回演出项目渐成风尚

长三角雄厚的经济基础与发达的文化产业为长三角文化共同体的形成奠定了基础。长三角文化交流和文化联动的加快，以及区域一体化进程的加速推进，有力提升了城市居民的文化生活品位和文化参与度。

从演艺产业来看，演艺行业在长三角城市的巡演已经成为常态，有不少剧目 / 音乐会等巡演城市超过 10 个，很多巡演到县级城市，当地新建的演出场馆也为此提供了良好的硬件基础。长三角发达的交通条件也为高频次的巡演提供了条件，不少巡演在长三角地区的巡演节奏尤其紧凑。

如开心麻花的舞台剧《牢友记》在 2019 年共计在 13 座长三角城市的 21 个场馆进行了 49 场巡回演出，其中上海演出 27 场，杭州演出 5 场，南京、苏州和合肥分别演出 3 场，在宁波、绍

兴、湖州、台州、常州、盐城、泰州、宿迁各演出 1 场。其中，宁波场在慈溪大剧院上演，台州场在黄岩文体中心上演，苏州的二场分别在张家港、常熟和昆山的剧院上演，这些都是深入县级城市的巡演案例。

“李云迪奏鸣曲 2019 世界巡回钢琴独奏音乐会”在长三角 13 城的 18 场演出，和李玉刚的舞台剧《昭君出塞》在 9 城的 14 场演出中，也同样关注了苏州的张家港、常熟、昆山，宁波慈溪等县级市场。

区域内巡演的增加和增密充分说明了长三角区域内的演艺市场已经形成了充分的连结；而巡演中表现出的演出市场下沉在中国其他区域市场还不多见，这意味着通过更广泛和高频次的文化交流，长三角的演艺市场获得了更深更广的发展空间。

长三角城市的夜间文化生活丰富，分型多样

从 2019 年开始，北京、上海、广州、天津、南京、成都、西安等城市多部门联合，相继出台政策发展夜间经济，上海甚至设立了“夜间区长”统筹夜间经济发展。夜晚灵感涌现，是最具创意的时刻，夜生活在带动经济的同时也能促进区域的创意产业。

第一财经·新一线城市研究所统计了各城市的夜间景点、展演、赛事等数据，从夜游空间和夜间活动上综合考量城市的夜游丰富程度，推出了城市夜游指数。其中，夜游景点数量统计了携程收录的景点开放时间数据，筛选出每个城市 19 点后仍开放的景点；夜间演出计算了晚上 18 点之后开始的大型演出场次数；酒吧及 Livehouse、夜间展览数量则分别计算了城市中相应夜间营业或开放的场所空间的数量；夜间电影则计算了晚上 21 点之后开场的电影场次数。

从长三角城市的夜游指数各维度的得分来看，41 城的居民夜间文化生活更趋于丰富化。根据指标，长三角的 41 座城市可以划分为均衡型、娱乐型、游览型三种类型。

均衡型城市多为头部城市，包含上海、南京、杭州、苏州、宁波等一线和新一线城市，在夜游经济各方面的发展都有较为不错的表现；娱乐型城市的夜间酒吧和电影通常都更为活跃。游

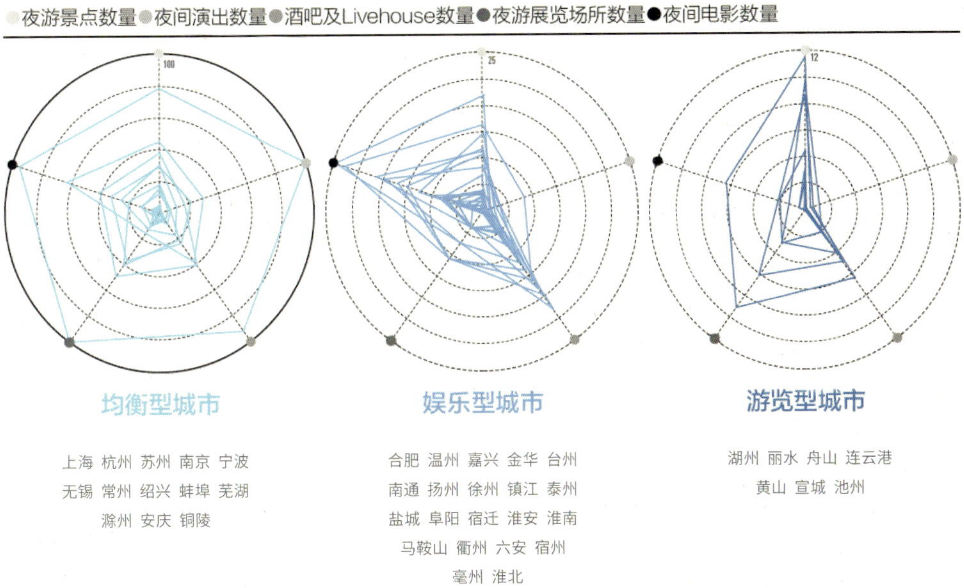

长三角地区 41 城的夜游指数分型

数据来源：第一财经·新一线城市研究所。

览型城市则多为特色旅游城市，这些城市或许规模不大，但夜间景点开放度高，甚至有一些夜间的展览场所开放。

长三角文化投资水平与产业发展和营商环境正相关

长三角不同城市的文化投资水平与文化产业流入资金的规模化与类型的多元化息息相关,塑造了不同城市的营商环境与文化产业发展水平的差异。

从文化及相关产业的增加值看,长三角不同城市的文化产业发达程度不一,当前可以划分为四大梯队。第一梯队是上海(2081亿元)、杭州(1，580 亿元)，均突破千亿元大观；第二梯队是苏州、南京、宁波、无锡、常州、合肥，文化及相关产业增加值介于千亿元以下以及 300 亿元以上；第三梯队是扬州、绍兴、芜湖、潮州，均在百亿元以上；第四梯队的嘉兴、安庆、宣城、黄山的文化及相关产业增加值尚未实现百亿元，发展与上升空间大。

而结合长三角文化产业流入资金指标来看，2017 年至 2019 年 9 月，长三角地区文化产业各渠道合计流入资金达 2，682.37 亿元，全国占比高达 27.85%。其中，上海、江苏、浙江、安徽分别流入资金 1，182.44 亿元、550.19 亿元、782.84 亿元、166.91

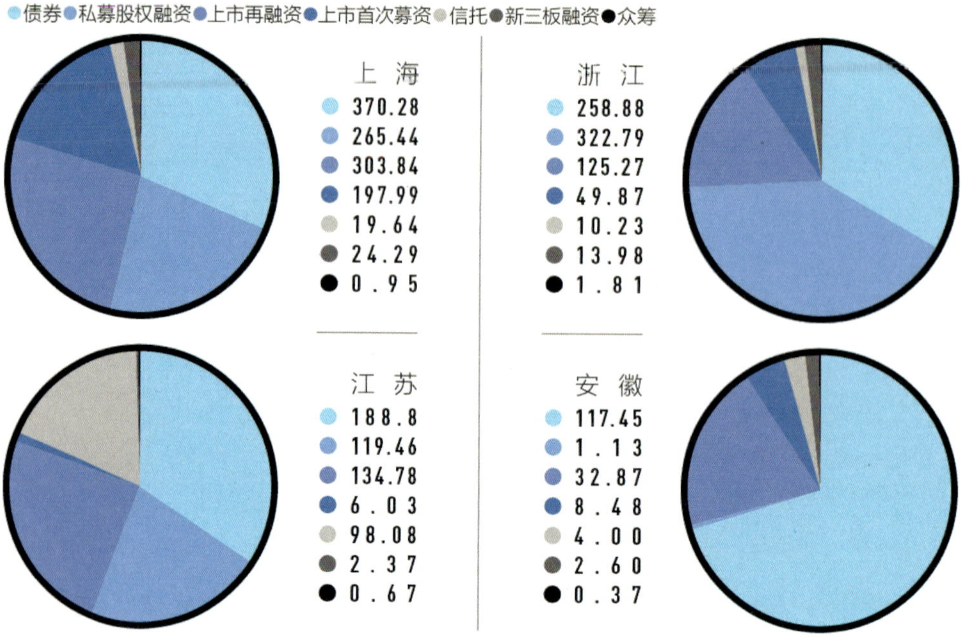

长三角文化产业流入资金结构

数据来源：新元智库。

亿元。

从结构上看，债券和私募股权融资是长三角文化产业最常用的融资渠道。从省市差异看，上海的文化上市企业较多，江苏更依赖信托渠道，浙江依赖私募股权投资渠道，安徽则以债券发行为主。

从当前能够掌握的数据及案例分析来看，长三角地区的文化发展与文化协同正在经历一个快速变革的时期。

区域内原本就存在较为相近的文化认同，加之人口的流动和各类经济文化要素的交换，为整个长三角地区的文化发展一体化提供了良好的基础背景。得益于整个地区丰富的文化与旅游资源，长三角地区的文化产业发展优势明确，且在当前的新形势下形成了自己独特的发展路径，市场化程度高，市民文化生活满足度高，在部分领域引领全国风气之先，同时也在区域内形成了一些分化，使得整个市场呈现出良好的多元发展态势。从本文分析的旅游、夜游、演出、文化金融等领域的案例来看，长三角文化一体化的发展势头良好，也已能为外界提供一定的借鉴参考。

一年多来，长三角文化共同体的建设取得显著成效，着力于

“一体化”和“高质量”，一体化更多的是在基础设施的高效便利、治理结构和治理能力的现代化、公平有序的市场准入机制以及有序竞争环境。相信通过更进一步的区域文化价值认同梳理，加强对文化及文化产业发展规律在深层次上形成共通的理解与认同，聚焦治理能力的高质量培育，通过文化创新创造、文化+的融合发展以及文化贸易升级等诸多手段，在长三角一体化发展的宏大背景下，长三角的文化一体化发展也能绘制自己的新画卷。

附录一
中国城市文化发展大事记 2017—2019

陈晓西　邱霞

2017 年

1 月 1 日	由欧洲大众国际文化交流协会携手广东省珠海市声乐艺术协会举办的珠海 2017 年中德新年音乐会在珠海举办。
1 月 1 日至 3 日	由北京丝路文化发展协会与内蒙古巴彦淖尔市乌拉特后旗政府共同举办的“一带一路”——乌拉特后旗骆驼文化国际研讨会”在乌拉特后旗举办。
1 月 1 日至 18 日	云南省首届昆明戏剧节分别在昆明莲花池庭院剧场、南强街庭院剧场、昆明老街马家大院庭院剧场、翠湖莲花禅院和南屏步行街同时举行。
1 月 4 日至 11 日	由国家旅游局、黑龙江省政府和哈尔滨市政府共同主办，以“冰雪之冠上的明珠哈尔滨”为主题的第 33 届中国・哈尔滨国际冰雪节举办。
1 月 6 日	浙江省美术馆馆藏精品展在浙江美术馆开幕。举办全省美术馆藏品的联合展览，在浙江尚属首次。
1 月 6 日	中国传统工艺（剪纸）大赛成果展在上海朵云轩艺术中心拉开帷幕。
1 月 6 日至 15 日	“墨舞齐鲁风”中国画年度展——山东省首届山水画学术大展在山东美术馆举办。
1 月 7 日	“相约民歌湖畔・共眷天下民歌”2017 大型民歌专场演出活动在广西南宁启动，南宁市民畅享视听大餐。
1 月 8 日	江苏省无锡市美术家协会以“重彩国画忆丝路”为主题，在无锡市举办了中国（无锡）首届重彩文化艺术交流会。
1 月 9 日至 2 月 28 日	由甘肃省酒泉市、敦煌市政府和甘肃电投联合打造的首届敦煌文博冰雪节在甘肃敦煌举办。
1 月 14 日	2017 年春城文化节在云南昆明启动。
1 月 14 日至 2 月 25 日	“2016 中国美术家协会水彩画艺术委员会年度提名展”在广东省莞城美术馆举行。
1 月 19 日	中国金鸡百花电影节第二届国际微电影展映盛典活动在陕西西安举行。
1 月 20 日	第四届南京市文化产业“金梧桐奖”颁奖仪式在江苏南京举行。
1 月 20 日至 2 月 20 日	“美丽河北・走进太行”河北美术作品展在河北美术馆展出。
1 月 21 日	2017 中国・韩城”一带一路”国际灯光艺术节在陕西韩城开幕。
1 月 22 日	2017 中・美・澳校园国际艺术节邀请赛在北京开幕，这是中澳建交 45 周年庆典活动之一。

2月11日	宁夏“新春乐”第十三届全区社火大赛暨元宵节主场巡演活动在银川市人民广场启动。
2月12日	“油画·烟台”烟台油画学会迎春年展在山东烟台美术博物馆开幕。
2月15日	2017第二届“五维源杯”苏州太湖·小人国设计大赛正式启动。
2月16日	第45届香港艺术节开幕式在香港文化中心举行。本届艺术节为时1个月，主题为“此时此地”。
2月18日	由陕西省文化厅、西安曲江新区管理委员会、西安美术馆主办的“城墙之外：2017西安当代艺术展”在西安美术馆开展。
2月18日至21日	江苏省张家港市文化馆、博物馆、少年儿童图书馆、图书馆理事会成立大会先后召开，标志着张家港市在江苏省县域率先实现公共文化事业单位理事会制度改革全覆盖。
2月22日	由中国版权保护中心主办，以“尊重原创·融合创新”为主题的2017CPCC（中国版权保护中心）中国版权服务年会在北京举行。
2月23日	联合国教科文组织亚太地区非物质文化遗产国际培训中心在北京召开管理委员会第六次会议。
2月23日	由韩国漫画映像振兴院主办、韩国文化产业振兴院和驻华韩国文化院协办的“北京新潮流韩国网络漫画国际交流会”在北京举办。
2月25日	“百汇地杯”第五届河南省博物馆文化产品创意设计大赛——陶瓷主题设计大赛，在河南博物院正式启动。
2月26日	由文化部艺术司支持，中国国家画院、江苏省文化厅主办的第五届全国画院美术作品展览在江苏省美术馆开幕。
2月27日至28日	中国文联第十届全国委员会第二次会议在北京举行。
2月27日至3月31日	全国舞台艺术优秀剧目展演在北京举办，18台剧目演出37场。
2月28日至3月13日	由云南省中华文化促进会、昆明市博物馆、昆明市文化馆联合主办的”一带一路”剪纸艺术展在昆明市博物馆举办。
3月1日	由中国国家博物馆和大英博物馆共同举办的“大英博物馆100件文物中的世界史”展览在北京中国国家博物馆开幕。
3月1日	伴随着《公共文化服务保障法》的正式施行，由北京市东城区第一文化馆建设打造的北京市首家数字文化馆正式上线。

2017 年

3 月 7 日	2017 年东莞市全民艺术普及行动计划正式发布，并向社会公开招募活动项目“合伙人”。
3 月 8 日至 12 日	湖南省第 17 届文物国际博览会在湖南省文物总店举行。
3 月 8 日至 5 月 4 日	由天津博物馆和西安博物院共同主办的“丝路起点·环肥燕瘦——汉唐长安她生活”展览在天津博物馆举办。
3 月 16 日	由宁波市文联、浙江画院主办，宁波画院承办的“第 22 届浙江全省画院作品联展”在宁波画院开幕。
3 月 18 日、19 日	“全民艺术普及·文化惠民”2017 春之声合唱音乐会在广西壮族自治区南宁市举行。
3 月 19 日	2017 首届“戏韵·中国”主题雕塑大赛启动仪式在江苏省南京市举行。
3 月 22 日	广东省江门市“邑起阅读大联盟”启动仪式在江门市五邑图书馆举行。
3 月 26 日	陕西省艺术研究院揭牌仪式在陕西省美术博物馆举行。
3 月 27 日	丁酉年黄帝故里拜祖大典“老家河南”文化周启动仪式暨优秀书法美术作品展开幕式在河南省美术馆举行。
3 月 28 日	全国第四届草书展系列活动在永州开幕。全国第四届草书展系列活动包括全国草书名家邀请展、首届怀素草书学术论坛等。
3 月 28 日	由中国电影家协会、河南省郑州市委宣传部和郑州市文联主办的第三届“根亲中国”微电影大赛颁奖典礼暨华夏文明传承与影视创作高峰论坛在河南艺术中心举行。
3 月 29 日	江西省 2016—2017 年重大主题美术创作工程作品展在南昌开展。
3 月 30 日	第四届全国省、自治区、直辖市、较大城市文化（群艺）馆馆长联席会议暨中国文化馆协会一届五次常务理事会在吉林省长春市召开。
3 月 31 日	安徽省宣布举办全国首届黄梅戏青少年嘉年华，并于 6 月初在安徽合肥进行展演。
3 月 31 日	安徽省第四届动漫大赛颁奖仪式在合肥安徽大剧院举行。
3 月 31 日	由沈阳市艺术研究所、沈阳评剧研究中心、沈阳演艺集团等主办的首届盛京戏曲论坛在辽宁沈阳举行。

4月1日—6月30日	由天津市文化广播影视局联合天津北方演艺集团共同主办的天津市 2017 年名家经典惠民演出季举办。
4月8日	第五届中华优秀戏曲文化艺术节在湖北武汉开幕。
4月8日	2017 上海艺术商圈正式启动，合作商业企业授牌仪式同期举行。
4月8日	第 24 届北京大学生电影节在京开幕，并于 5 月 26 日晚闭幕并揭晓各奖项。本届电影节共有 34 部影片入围，由电影学者和大学生组成的评委共同从中评选出各大奖项。
4月10日	第 35 届中国洛阳牡丹文化节在河南省洛阳市体育中心广场举行。
4月12日	“京华流彩，海峡传情”2017 年北京市文联第十七届京味文化之旅活动拉开帷幕。
4月14日—16日	第三届青岛・东亚版权创意精品展示交易会在青岛国际会展中心举行。
4月14日至18日	第七届中国画节・第十届中国（潍坊）文化艺术展示交易会・2017 中国青年实验艺术展在潍坊鲁台会展中心举办。
4月16日至4月23日	由国家新闻出版广电总局、北京市政府主办的第七届北京国际电影节在北京举办。北京 30 家影院展映 500 部左右、1000 多场中外佳片。
4月16日至5月20日	一年一度的上海民营院团展演活动举办。
4月18日	2017 第五届中国童话节在深圳启动。本届童话节由赛事转变为汇演，并拓展活动领域。
4月19日	2017 东亚文化之都・中国长沙活动年开幕式暨文艺演出在湖南长沙人民会堂举行。
4月19日至21日	文化部 2017 年全国文化产业工作会议暨全国文化产业工作培训班在江苏苏州举办。
4月20日	中国专业音乐院校原创音乐发展联盟正式在四川成都成立。
4月20日	“共筑中国梦・逐梦路上”贵阳市第四届微电影大赛正式启动。
4月21日	由中国国家图书馆、大英图书馆联合举办的“从莎士比亚到福尔摩斯：大英图书馆的珍宝”展在北京开幕。
4月21日	以“打造优秀剧目剧本，助推民营院团发展”为主题的上海民营演艺论坛在上海举行。

2017 年

4 月 21 日至 23 日	第六届中国苏州文化创意设计产业交易博览会在苏州举行。
4 月 21 日至 7 月	由浙江温州市委宣传部、市文化广电新闻出版局主办的“书香温州”全民读书节活动举办。
4 月 22 日	第七届“书香泉城”全民阅读节活动在济南市图书馆启动。
4 月 23 日	郑州市在郑州图书馆启动了第十四届绿城读书节。
4 月 24 日	东莞市文化馆 2017 年音乐舞蹈季的重头戏——东莞市第二届群众音乐舞蹈花会在东莞市民艺术中心星剧场拉开帷幕。
4 月 24 日	由中国演出行业协会主办的 2017 全国剧场大会在安徽合肥举办。
4 月 26 日至 5 月 1 日	由国家新闻出版广电总局、浙江省人民政府主办的第十三届中国国际动漫节在浙江省杭州市举办。
4 月 27 日	2017 上饶文化创意产业博览会在江西上饶举行。
4 月 27 日至 5 月 31 日	由文化部、国家新闻出版广电总局、北京市人民政府主办的第十七届“相约北京”艺术节将在北京上演。
4 月 27 日至 5 月 17 日	第 34 届上海之春国际音乐节举办。音乐节推出了 37 台音乐舞蹈演出、3 项节中节、1 项论坛、1 项征集活动和 4 项艺术教学成果展示周。
4 月 28 日至 5 月 1 日	广东省第四届少儿舞蹈大赛将在广州市友谊剧院举行。
4 月 28 日至 5 月 3 日	第十一届三国文化旅游周活动将在许昌举办。
4 月 28 日至 6 月 26 日	第十三届中国（深圳）文博会艺术节举办，是深圳文博会的重要组成部分。
5 月 5 日至 7 日	由中国乐器协会、上海国展展览中心有限公司共同举办的 2017 北京音乐生活展在北京展览馆举行。
5 月 5 日至 7 日	“一带一路”音乐教育联盟成立大会暨音乐学术研讨与展演在中央音乐学院举行。
5 月 11 日至 15 日	第十三届中国（深圳）国际文化产业博览交易会在深圳举办。
5 月 11 日至 29 日	由文化部、江苏省人民政府和南京市人民政府主办的第八届中国京剧艺术节在南京举办。
5 月 17 日	为期两天的第 25 届亚洲及大洋洲地区国家图书馆馆长会议在北京中国国家图书馆开幕。

5月18日	2017年“5·18国际博物馆日”中国主会场活动在北京首都博物馆开幕。
5月19日	广州市“听见花开”草地音乐会在海珠湖畔举行，揭开了“羊城之夏”2017广州市民文化节的大幕。
5月20日至7月6日	2017东莞文化四季之非遗季举办，活动以“非遗走进城市生活”为主题。
5月21日至27日	由中央音乐学院主办的第十五届北京现代音乐节在京举办。
5月26日	2017年文字文化创意产品设计大赛颁奖典礼在河南安阳中国文字博物馆举行。
5月25日至6月3日	由爱丁堡前沿剧展策展团队策划的“表演艺术新天地”艺术节在上海举行。
5月30日	第二届中国—中东欧国家文化创意产业论坛暨第十一届国际服务贸易论坛在北京国家会议中心举办。
5月31日至6月3日	第27届全国图书交易博览会在河北省廊坊市举行，书博会主题为“文化燕赵，书香中国”。
6月1日	2017国家大剧院国际戏剧季大幕开启，本届国际戏剧季持续至9月9日。
6月3日	2017丝绸之路国际博览会暨丝绸之路经济带国际合作论坛在陕西西安开幕。
6月7日7至月31日	由北京市演出有限责任公司、天桥艺术中心共同主办的2017首届老舍国际戏剧节亮相首都舞台。
6月8日	吉林省第四届市民文化节拉开大幕。
6月9日	2017青海文化旅游节开幕式及文艺演出在西宁青海大剧院举行。
6月10日	2017国际文化产业高峰论坛在北京举行。
6月10日	第六届中国成都国际非物质文化遗产节暨2017年文化和自然遗产日文化部主场活动在四川成都国际拉开帷幕。
6月10日	由中国电视艺术家协会等联合主办的第五届亚洲微电影艺术节暨亚洲微电影“金海棠奖”评奖活动在北京举行启动仪式。
6月15日至19日	由中国商务部、俄罗斯经济发展部等主办的第四届中俄博览会在黑龙江哈尔滨举办。
6月16日	中国创新设计文化展暨2017中国（青岛）工艺美术博览在青岛国际会展中

2017 年

	心举行，首次在全国工美行业展会倡导“版权推动创新”的理念。
6 月 16 日	2017 秦皇岛市第四届群众文化艺术节在河北秦皇岛市文化广场群众大舞台拉开帷幕。
6 月 16 日至 18 日	2017 北京国际旅游博览会在北京国家会议中心举办，为国内外旅游业界搭建了优质的交流和交易平台。
6 月 18 日至 7 月 5 日	第十五届中国戏剧节将在宁夏回族自治区银川市举行。全国 27 个艺术团体和单位的 22 个剧种 27 台剧目将集中亮相。
6 月 19 日	由湖南省文化厅主办的湖南第三届非物质文化遗产摄影大展在益阳市启动。
6 月 22 日	第八届中俄文化大集在黑龙江省黑河市隆重启幕。
6 月 22 日	由深圳美术馆、深圳市摄影家协会主办的深圳国际摄影大展平行展之“双城姿态——深港 50—80 年代纪实摄影展”在深圳美术馆开幕。
6 月 22 日	“首届深圳国际摄影大展”在深圳会展中心开幕。
6 月 23 日至 27 日	2017 中国成都·金砖国家电影节在四川成都举办。
6 月 26 日	由浙江杭州文化广播电视集团主办，杭州爱乐乐团、杭州大剧院承办的 2017 杭州（国际）音乐节将开幕。
6 月 27 日	由黑龙江省文化厅主办的首届中俄文化节在黑龙江省东宁市举办。
7 月 6 日	第二届金砖国家文化部长会议在天津举行。
7 月 6 日	由文化部与上海市政府联合主办的第十三届中国国际动漫游戏博览会在上海世博展览馆开幕。
7 月 7 日至 8 月 20 日	由中国儿童艺术剧院主办的第七届中国儿童戏剧节举办。本届戏剧节以“点亮童心，塑造未来—共筑中国梦”为主题，历时 45 天。
7 月 13 日	“心血浇灌的碎片——毕加索亲制银盘·陶器展”在北京中华世纪坛开展，由此也拉开了 2017 国家文化艺术月“西班牙文化月”的帷幕。
7 月 13 日至 16 日	以“阅读开启美好人生”为主题的第七届江苏书展在苏州国际博览中心举行。
7 月 17 日	第五届北京惠民文化消费季在北京首都博物馆拉开大幕。
7 月 17 日	第七届内蒙古自治区乌兰牧骑艺术节开幕。

7月18日	由北京雷动天下现代舞团、香港城市当代舞蹈团和北京天桥艺术中心联合主办的2017北京舞蹈双周在北京开幕。
7月20日	由北京市文化局主办的2017第六届“动漫北京”在全国农业展览馆启幕。
7月21日	广州艺术节“青年戏剧培养计划”正式启动，全国首个以剧院为依托、针对舞台表演艺术的孵化器“D艺空间”也在广州大剧院亮灯使用。
7月21日	“互联网+中华文明”文博创意产业联盟暨“丝绸之路”国际文创交流基地揭牌仪式在西安举办。
8月4日	由文化部艺术司、河南省委宣传部等主办的第四届中国豫剧节在郑州河南艺术中心大剧院开幕。
8月5日	2017第二届哈尔滨中俄文化艺术交流周开幕式在黑龙江省哈尔滨大剧院开幕。
8月6日至12日	由中国儿童歌舞学会主办、花儿红（北京）文化艺术发展公司等单位承办的“童心汇”首届中华传统文化少儿展演周活动在北京举办。
8月10日	由北京市文联主办的第五届北京文学艺术品展示会在北京全国农业展览馆开启。
8月10日至14日	2017南国书香节暨羊城书展在中国进出口商品交易展览馆举行。
8月10日至14日	2017中国（广东）民间工艺博览会暨第十届广东省民间工艺精品展在广州琶洲中国进出口商品交易会展馆开展。
8月11日至13日	2017中国（中山）国际游戏游艺博览交易会在中山市博览中心及分会场广东游戏游艺文化产业城举办。
8月11日	第四届（2017）北京国际女性戏剧节在北京A33剧场开幕。
8月11日至13日	第十届中国（中山）国际游戏游艺博览交易会在中山博览中心及分会场广东游戏游艺文化产业城举行。
8月12日	由中国对外文化交流协会和中国对外文化集团公司共同主办第十届中国国际青年艺术周在北京启幕。艺术周以北京为主会场，分会场包括上海、广州、济南等全国12座城市
8月12日至13日	由中国文化娱乐行业协会主办的山东游戏动漫博览会在泰安市举行。
8月12日至9月10日	第四届中国大学生粉画作品展在江苏苏州金鸡湖畔的明·美术馆开幕。

2017 年

8 月 15 日	“2017 上海书展——上海国际文学周”在黄浦江畔揭幕。2017 上海书展于 8 月 16 日至 8 月 22 日在上海举办。
8 月 15 日	浙江省第五届“群星”视觉艺术大展系列活动——优秀摄影作品展在温州市文化馆开展。
8 月 15 日	由黑龙江省文化厅主办、黑龙江省博物馆承办的黑龙江省首届博物馆文化创意产品设计大赛在哈尔滨市启动。
8 月 17 日	第九届河南省少儿文化艺术展演在河南省文化馆开幕，展演持续至 8 月 30 日。
8 月 18 日	由中国儿童艺术剧院、中国儿童戏剧研究会举办的 2017 国际儿童戏剧合作与发展论坛在北京故宫博物院开幕。
8 月 18 日	首届山西艺术节在太原山西大剧院精彩开幕。
8 月 20 日	第七届兰州黄河文化旅游节在“黄河之都”兰州开幕。
8 月 22 日至 24 日	第九届海峡两岸暨港澳地区艺术论坛在黑龙江哈尔滨举行。
8 月 24 日	第三届山西文博会在太原开幕。本届山西文博会以“文化三晋·开放山西”为主题，突出专业化、国际化、品牌化。
8 月 24 日	由文化部、国家新闻出版广电总局等联合主办，沈阳市人民政府承办的第七届东北文化产业博览交易会在沈阳市开幕。
8 月 25 日	由四川省文化厅指导，四川省歌舞剧院等单位共同发起的“锦绣四川·好戏连台”四川省优秀剧目展演暨 2017 当代艺术演出季在四川歌舞大剧院启幕。
8 月 25 日	由山东省委宣传部、省文联联合举办的第十届山东国际大众艺术节在济南启幕，活动持续至 9 月 29 日。
8 月 28 日	第十四届中国·内蒙古草原文化节内蒙古乌兰恰特剧院开幕。本届草原文化节共推出草原文化主题论坛、优秀剧目展演、电影展映等 11 项活动，涉及戏剧、舞蹈、诗歌、影视等 10 多个艺术门类。
8 月 29 日至 9 月 3 日	“爱上晋中”·2017 年手工技艺博览会在山西省晋中市晋商文化会展中心举办。
8 月 31 日	以“一带一路”·文化相通”为主题的第七届东北亚国际书画摄影展在吉林长春东北亚艺术中心开幕。

9月6日	由中国美术馆主办、吉林省长春市人民政府支持的首届全国雕塑艺术大展在位于北京的中国美术馆开幕。
9月6日到8日	第十四届中国常州国际动漫艺术周在常州举行。本届艺术周以"数字创意+"为主题。10个重大项目在本届艺术周上签约。
9月7日	第四届今日丝绸之路国际美术邀请展在陕西省美术博物馆开幕。
9月7日	由文化部、陕西省人民政府联合主办的第四届丝绸之路国际艺术节在陕西西安广电大剧院开幕。
9月8日	第三届精彩江苏艺术展演月开幕，同时还举办了丰富多彩的文化艺术活动。
9月11日	第十二届中国—东盟文化论坛在广西南宁举行。
9月11日至13日	由文化部、国家新闻出版广电总局、北京市人民政府共同主办，北京市贸促会承办的第十二届中国北京国际文化创意产业博览会在北京举办。
9月12日	由中俄两国文化部共同主办的2017俄罗斯文化节开幕式音乐会在广州大剧院举行。
9月12日至17日	由文化部、中国作家协会和湖北省人民政府主办的第五届中国诗歌节在湖北省宜昌市举办。
9月13日	由辽宁省委宣传部、省文化厅、省新闻出版广电局共同主办的辽宁省第十届艺术节隆重开幕。
9月14日	2017年北京（国际）文创产品交易会在北京开幕。
9月15日至18日	"2017艺术深圳"在深圳会展中心举办，60家专业画廊的上千件当代艺术精品参与展出。
9月15日至17日	2017首届江苏（南京）版权贸易博览会在南京举办。此次版博会以"创新·保护·共享"为主题。
9月13至17日	第26届中国金鸡百花电影节在内蒙古呼和浩特举办。电影节期间，有84部中外电影展映，近百位中外电影人出席，第31届中国电影金鸡奖也将揭晓并颁奖。
9月17日至24日	第二届深圳（国际）科技影视周在深圳举办，作为其重要板块内容的"科学文化展"同期举行。
9月19日	由浙江省文化厅主办，中国丝绸博物馆承办的"丝绸与传统：中东欧与中国当代丝绸艺术展"在中国丝绸博物馆开幕。

2017 年

9 月 19 日	“合作・共赢”“一带一路”国际版画邀请展在第二届丝绸之路（敦煌）国际文化博览会主场馆敦煌国际会展中心开幕。
9 月 20 日至 22 日	第四届 2017 中国（上海）自由贸易试验区文化授权交易会在上海自贸区举办。
9 月 20 日	第二届丝绸之路（敦煌）国际文化博览会在甘肃敦煌开幕。
9 月 20 日至 21 日	以推动各国文化遗产保护传承工作及古代文明的国际交流与合作为主旨的“太和・世界古代文明保护论坛”在故宫博物院举行。
9 月 21 日	由文化部主办的“永远的辉煌”第十九届中国老年合唱节在湖南省株洲市开幕。
9 月 21 日	由文化部与北京市政府主办的 2017 北京国际设计周在中华世纪坛举行开幕式。
9 月 21 日	第九届浙江・中国非遗博览会在浙江杭州白马湖国际会展中心开幕。
9 月 22 日	由文化部和陕西省政府主办、西安市政府承办的 2017 欧亚经济论坛文化分会在西安举行。
9 月 22 日至 24 日	音乐全产业链博览会在成都举行，来自国内外的 300 余家音乐（演艺）设施设备顶尖企业推出精彩展览。
9 月 22 日至 24 日	第七届天津滨海国际文化创意展交会在天津未来科技城举办。
9 月 22 日至 27 日	由中华文化联谊会指导、福建省文化厅等主办的“匠心・意蕴——2017 台湾文创周”在福州举办。
9 月 23 日至 10 月 23 日	第十五届亚洲艺术节在宁波举办。本届艺术节以“海丝古港，亚洲新梦”为主题。
9 月 25 日	自贡市第十六届文化艺术节日前在自贡市川剧艺术中心开幕。
9 月 27 日	由文化部、教育部、国家旅游局和山东省人民政府主办的 2017 中国（曲阜）国际孔子文化节在山东省曲阜市开幕。
9 月 28 日	第十六届中国吴桥国际杂技艺术节在河北石家庄开幕。国内外顶尖杂技艺术家将相聚河北，同庆杂技节创办 30 周年。
10 月 4 日	由重庆广播电视集团（总台）主办的 2017 第九届中国西部动漫文化节在重庆悦来国博中心落幕。

10月8日至29日	北京国际音乐节迎来20周年。
10月10日	上海话剧艺术中心的演员们在广东演艺中心大剧院演出了英国经典喜剧《糊涂戏班》，拉开了2017广东国际戏剧展的帷幕。
10月12日	由江苏省文化厅和无锡市政府共同主办的第七届中国（无锡）国际文化艺术产业博览交易会在无锡太湖国际博览中心举行。
10月13日至17日	第二届长江非物质文化遗产大展在湖北武汉举行。
10月20日至11月19日	由文化部主办、上海市人民政府承办的第十九届上海国际艺术节举办。艺术节期间，上海及长三角地区举行400余项中外艺术交流展演活动，生动诠释“艺术的盛会，人民大众的节日”的办节宗旨。
10月20日至22日	来自中国、德国、意大利、加拿大等国的200余家单位携最新文物探测、修复、保护装备，亮相在山东济南举行的2017国际文物保护装备博览会。
10月21日至11月17日	由深圳市群众文化学会、深圳市雅星文化传播有限公司、深圳市新节拍艺术团主办的第五届深圳钢琴音乐节举办。
10月27日	第六届北京大学生戏剧节在北京中央戏剧学院实验剧场开幕。
10月28日至29日	由湖北省新闻出版广电局指导、湖北省出版物发行业协会等单位主办的第16届华中图书交易会在武汉国际会展中心举行。
10月30日	第六届贵州省少数民族文艺会演在贵阳拉开帷幕。本届会演以“凝聚力量走新路，携手同步奔小康”为主题，参演剧目共12台，演出25场。
11月3日	由内蒙古党委宣传部、内蒙古文化厅、内蒙古文联、呼和浩特市人民政府主办的2017第三届中国西部国际艺术双年展在内蒙古美术馆新馆开幕。
11月9日至11日	第九届中国国际影视动漫版权保护和贸易博览会在广东省东莞市举行。
11月10日至13日	第四届成都创意设计周在成都世纪城新国际会展中心举办，以“汇聚文创动能 发展天府文化”为主题。
11月10日至15日	文化部、福建省人民政府在福建省晋江市举办全国曲艺、木偶剧、皮影戏优秀剧（节）目展演。
11月11日至12日	以“一带一路”：城市发展新空间，文化发展新动力”为主题的世界城市文化上海论坛（2017）在上海举办。
11月14日	第十三届广东省艺术节在广州友谊剧院拉开帷幕，作为本届艺术节重要板

2017 年

块之一的全省优秀美术作品展于 11 月 16 日开展。

11 月 19 日	由中国传媒大学广告学院、海南省旅游发展委员会、海南省琼海市政府共同主办的 2017 第二届博鳌国际旅游传播论坛在琼海市举办。
11 月 20 日至 27 日	第十一届中国音乐金钟奖在广州举行，来自全国各地 255 名选手在广州展开 43 场角逐。
11 月 21 日	第十六届西安国际音乐节在陕西西安音乐厅拉开帷幕。15 个国家和地区的 670 多位艺术家在音乐节期间为观众呈现 34 场演出、20 场大师课及众多室外音乐活动。
11 月 22 日至 26 日	第八届眉山东坡文化节暨首届四川音乐周在四川省眉山市举行。本届活动以“世界的苏东坡”和“音乐连接世界”为主题。
11 月 23 日至 12 月 3 日	“新时代 · 新气象”第三届湖北地方戏曲艺术节在湖北武汉举办。
11 月 24 日	由银川市文化新闻出版广电局主办，银川艺术剧院有限公司、宁夏哇呜文化科技发展有限公司承办第二届中国 · 银川国际青年戏剧节在宁夏银川开幕。
11 月 26 日	由国家新闻出版广电总局电影局主办的第三届中国电影新力量论坛在浙江杭州举办。
11 月 28 日	由国家新闻出版广电总局、福建省人民政府、陕西省人民政府主办的第四届丝绸之路国际电影节在福建省福州市开幕
11 月 29 日至 30 日	由中国文艺评论家协会、陕西省委宣传部、西北大学主办，中国文艺评论（西北大学）基地承办的第二届中国文艺长安论坛在陕西西安举行，议题为“中华文化传统与当代艺术语言创新”。
12 月 1 日	由中共黑龙江省委宣传部、省财政厅、省文化厅等 12 家单位共同主办的第八届黑龙江之冬国际文化艺术节在哈尔滨启幕。
12 月 8 日	以“科技——让公共文化服务零距离”为主题的 2017 中国（深圳）文化科技周启动仪式暨中国文化科技创新发展论坛在深圳会展中心开幕。
12 月 10 日	由文化部、福建省人民政府联合主办的第三届海上丝绸之路国际艺术节在福建省泉州市开幕。
12 月 10 日	由广州市文化广电新闻出版局主办、广州市文化馆承办的“羊城之夏”2017 广州市民文化节闭幕式暨颁奖晚会在广东演艺中心举行。

12 月 12 日	2017 广州文化产业交易会在广州大剧院开幕。
12 月 12 日至 13 日	由中国动漫集团有限公司、湖北省武汉市委宣传部和武汉市文化局共同主办的 2017 中国网络文化产业年会在湖北武汉举行。
12 月 14 日至 15 日	以“新时代文化中心的金融担当”为主题的 2017 北京文创产业投融资年会暨文化金融合作峰会在北京召开。
12 月 16 日	由文化部、江苏省人民政府主办，文化部艺术司、江苏省文化厅承办的第三届中国歌剧节在南京拉开帷幕。剧节期间，共有来自全国各地的 23 台优秀剧目参演。
12 月 16 日	由长沙市政府、湖南广播电视台、湖南省博物馆主办的“2017 艺术长沙”双年展在长沙美术馆开幕。
12 月 18 日	《重温经典·筑梦祖国》大型朗诵会暨首届全球华语朗诵大赛、第四届“曹灿杯”青少年朗诵大赛启动仪式在人民大会堂举行。
12 月 21 日	由陕西省委宣传部、陕西省文联、陕西省教育厅、共青团陕西省委、陕西省戏剧家协会主办的陕西省第六届校园艺术节在西安落下帷幕。
12 月 29 日	陕西省文化产业工作推进会在西安召开，会议上命名 7 个园区为首批陕西省文化产业示范园区，同时命名 33 个园区和文化公司为第六批文化产业示范基地。
12 月 29 日	由福建省文化厅、教育厅、文联、总工会联合主办的第十三届福建音乐舞蹈节优秀节目汇报演出暨 2018 年迎新文艺晚会上演。

2018 年

1 月 4 日	由福建省文化厅、省教育厅、省文联、省总工会联合主办的第十三届福建音乐舞蹈节决赛在福州展开。
1 月 4 日至 5 日	由中国杂技家协会、北京市文联、天津市文联、河北省文联共同主办的“传统与传承——第二届京津冀杂技节目展演”在北京举办。
1 月 5 日	由文化部、黑龙江省政府等指导，黑龙江省哈尔滨市政府主办的第 34 届中国·哈尔滨国际冰雪节暨 2018“东亚文化之都”哈尔滨活动年在哈尔滨开幕。
1 月 10 日	由中华文化促进会、凤凰卫视主办，华侨城文化集团、深圳龙岗区文化产业发展办公室承办的 2017 中华文化人物颁授典礼在深圳龙岗区举行。
1 月 12 日	由哈尔滨市政府和哈尔滨音乐学院共同主办的哈尔滨音乐比赛在哈尔滨音乐厅正式启幕。
1 月 24 日	由文化部文化产业司指导，中央文化管理干部学院主办的文化产业创业创意人才扶持计划作品展系列活动在北京开幕。
2 月 1 日起	《湖北省文物安全管理办法》开始实施。这是全国首部专门针对文物安全的省级规章。
2 月 5 日	2018 云上市民文化节在上海宣布启动，将采用线上线下联动办节的新模式。
3 月 1 日至 3 日	2018 中国·德宏景颇族国际目瑙纵歌节暨首届”一带一路”国际微纪录片德宏影展在云南德宏举办。
3 月 9 日	以“梅花荟聚戏码头”为主题的群星演唱会在武汉剧院上演，正式拉开了第六届中华优秀戏曲文化艺术节的帷幕。
3 月 16 日	由深圳市福田区委宣传部、区公共文体发展中心主办的第二届“当代戏剧双年展”在深圳拉开序幕。
3 月 22 日至 25 日	2018南京书展暨春季馆藏图书全国展销会在江苏南京国际展览中心举办，全国 500 多家出版社的 7.6 万类 33.5 万册新书参展。
3 月 23 日	2018 深圳“一带一路”国际音乐季开幕音乐会在深圳音乐厅拉开帷幕。音乐季以“连接中外、沟通世界”为主题，持续举办至 4 月 29 日。
3 月 30 日至 4 月 1 日	2018 西安丝绸之路国际旅游博览会在陕西西安举办。
3 月 30 日至 4 月 1 日	第 25 届长沙图书交易会暨书香长沙·全民阅读活动在湖南省展览馆举办。

4 月 14 日至 5 月 6 日	由北京师范大学主办的第二十五届北京大学生电影节在北京开幕。
4 月 10 日	由北京市委宣传部、北京市文化局主办，首都图书馆及北京各区图书馆、少年儿童图书馆承办的“阅读北京——2018 年度首都市民阅读系列文化活动”在首都图书馆正式启动。
4 月 11 日	以“创意草原 · 筑梦未来”为主题的内蒙古自治区首届文化旅游创意设计大赛在北京启动。
4 月 13 日	国家大剧院原创歌剧《这里的黎明静悄悄》迎来了第四轮演出，也由此拉开了国家大剧院歌剧节 · 2018 的序幕。
4 月 15 日到 22 日	由北京市人民政府、中央广播电视总台主办的第八届北京国际电影节在北京雁栖湖国际会展中心举行。电影节包括主竞赛单元“天坛奖”评奖、开幕式、北京展映、北京策划 · 主题论坛、电影市场、电影嘉年华、闭幕式暨颁奖典礼七大主体活动。
4 月 19 日	2018 全球旅游目的地营销峰会暨世界文化旅游大会在陕西西安启动。
4 月 23 日	第八届书香中国 · 北京阅读季启动活动暨“4 · 23 世界读书日”全城尚读活动在北京举办。
4 月 27 日至 5 月 31 日	由文化和旅游部、国家广播电视总局、北京市人民政府联合主办，中国对外文化集团公司、北京市文化局承办的“相约北京”艺术节在北京举办。此次艺术节以推动“一带一路”沿线及相关国家之间的文化交流为主题。
4 月 27 日至 30 日	由文化和旅游部、浙江省人民政府、中国国际贸易促进委员会共同主办的第 13 届中国（义乌）文化产品交易会在浙江金华义乌市举行。
4 月 29 日至 5 月 1 日	2018 年中国—东盟博览会动漫游戏展在广西南宁举办，来自 18 个国家的动漫游戏企业和相关机构参加展会。
5 月 4 日	2018 上海城市草坪音乐会举办。《走进春天里——庆祝改革开放四十周年暨 2018 上海城市草坪音乐会》开幕演出拉开了 2018 上海城市草坪音乐会的序幕。
5 月 5 日	由中国电影制片人协会、中国电影评论学会等联合主办的第六届中国微电影大典启动仪式在河北石家庄河北美术学院举行。
5 月 5 日	2018“上海 · 静安现代戏剧谷”拉开帷幕。活动以国际化的视野、海纳百川的胸怀，集中呈现戏剧舞台上的经典与精品。

2018 年

5 月 10 至 14 日	由中宣部、文化和旅游部、商务部、国家广播电视总局、中国国际贸易促进委员会、广东省人民政府和深圳市人民政府联合主办的第十四届中国（深圳）国际文化产业博览交易会在深圳举办。
5 月 11 日	第三届丝绸之路国际博览会暨中国东西部合作与投资贸易洽谈会在陕西西安拉开帷幕。
5 月 19 日至 6 月 19 日	由江苏省苏州工业园区管理委员会主办的“2018 第四届苏州・金鸡湖双年展”举办。
5 月 23 日至 6 月 10 日	第五届中国民间艺术产业示范展在浙江杭州举行。
5 月 25 日至 28 日	第十届中国国际旅游商品博览会日前在浙江义乌国际博览中心举办。展会以“旅游新品・智行天下”为主题。
5 月 27 日	上海少年儿童图书馆内人头攒动，家长和孩子们大手牵小手，共同迎接 2018 上海童话节开幕。
5 月 31 日	由中国国际文化交流中心、中国商业联合会、丝绸之路国际总商会、陕西商业联合会、土耳其华商总会等共同主办的“一带一路”文・商万里行之“我的家乡在陕西”国际交流活动在陕西省西安市启动。
6 月 1 日至 2 日	“多彩非遗 美好生活——江西省非物质文化遗产展示活动”在位于南昌市的江西省美术馆举办。
6 月 8 日	2018 年文化和自然遗产日非遗主场活动——全国非遗曲艺周在天津中华剧院开幕。
6 月 8 日	“2018 表演艺术新天地”艺术节在上海揭幕。在艺术节期间，游客可以欣赏到超过 200 场中外优秀演出。
6 月 9 日	由国家文物局、广州市人民政府主办的 2018 年“文化和自然遗产日”主场城市活动在广东省广州市举行。
6 月 11 日	由中国文化和旅游部、四川省人民政府主办，成都市人民政府、四川省文化厅承办的第二届“中国—中东欧国家艺术合作论坛”在四川成都开幕。
6 月 11 日	2018 年上海国际电影电视节。为期五天的第 24 届上海电视节先期举行，由国家广播电视总局、中央广播电视总台和上海市人民政府主办。 第 21 届上海国际电影节举办日期为 16 日至 25 日，由国家电影局指导，中央广播电视总台和上海市人民政府主办。

6月13日至17日	上合组织国家电影节在青岛举办。电影节由国家电影局、山东省人民政府主办，青岛市人民政府承办。来自中国、印度，哈萨克斯坦，俄罗斯等上合组织8个成员国和4个观察国的约60部影片参与活动。
6月14日	由北京市海淀区文化委员会主办的第八届中关村国际青年艺术季拉开帷幕。本届艺术季以“青春接力奋斗”为主题。
6月15日至6月18日	第十四届中国（长春）国际动漫艺术博览会于在长春国际会展中心举办。本届动漫博览会，由精品动漫赛事、优秀原创动画推广、科技互动体验、动漫展览交易、动漫相关体验活动五个板块构成，共计20余项活动。
6月18日	由中国民间文艺家协会、杭州西湖博览会组委会办公室、中国民间艺术产业示范基地和杭州市上城区人民政府共同主办的第五届中国民间艺术产业示范展在浙江杭州举行。
6月21日	由世界文化名城论坛组委会与成都市政府联合主办的“2018世界文化名城论坛·天府论坛”在四川成都开幕。
6月22日	为期4天的2018东北亚文化产业博览会在吉林长春国际会展中心开幕。本届文博会以传承、交流、合作、发展为主题，旨在以文化展览为纽带，增进东北亚国家文化交流、推动文化产业合作。
6月22日	第二届深圳国际摄影大展开幕式在深圳会展中心举行。
6月23日	2018青岛国际VR影像周在山东省青岛市开幕。
6月26日	由湖南省委宣传部、省文化厅共同主办，湖南省动漫游戏协会承办的2018第四届湖湘动漫月在长沙启动。
6月28日	第九届中俄文化大集在黑龙江省黑河市启幕。
6月28日	由中国儿童艺术剧院带来的儿童剧《罐头小人》拉开了首届青岛儿童戏剧节大幕。
6月30日	由北京市文联、共青团北京市委员会、中国国家话剧院主办，北京戏剧家协会和北京青年戏剧工作者协会承办的第十一届北京国际青年戏剧节在恭王府博物馆开幕。
7月1日至2日	以“激发城市多元创新活力”为主题的2018世界剧院运营及发展高层论坛在上海大剧院举行。

2018 年

7 月 2 日至 4 日	第十四届中国国际动漫游戏博览会专业板块活动在上海举办。此次博览会于 7 月 5 日在上海世博展览馆正式开幕，由文化和旅游部、上海市人民政府主办，上海市文化广播影视管理局、（上海）国家动漫游戏产业振兴基地、上海广播电视台、上海文化广播影视集团有限公司联合承办。
7 月 11 日	由云南省昆明市人民政府主办，晋宁区委、区政府承办，以“传承精神、扬帆启航”为主题的 2018 昆明郑和文化旅游节在昆明开幕。
7 月 13 日	2018 中国童书博览会在北京展览馆开幕。本届博览会以“让中国的孩子读最好的童书，让世界的孩子读中国最好的童书”为主题。
7 月 14 日	第八届中国儿童戏剧节在北京中国儿童剧场开幕。本届戏剧节以“点亮五洲童心，塑造美好未来”为主题，历时 43 天，包括优秀剧目展演、艺术研讨和丰富的戏剧活动。
7 月 19 日	第十四届中国国际合唱节暨国际合唱联盟合唱教育大会在北京开幕。活动由文化和旅游部外联局、国际合唱联盟、中国对外文化集团公司、北京市教育委员会、北京市西城区人民政府和中国合唱协会共同主办。
7 月 19 日至 23 日	以“深圳动漫 · 节日盛典”为主题的第十届深圳动漫节在深圳会展中心举办。本届动漫节由深圳广播电影电视集团主办。
7 月 22 日	第六届德国威斯巴登国际钢琴比赛亚太赛区总决赛在山东青岛即墨经济开发区博兰斯勒（青岛）大剧院启动。该活动也标志着 2018 中国乐都（青岛）国际音乐节正式拉开帷幕。
7 月 29 日	第十届广西戏剧展演在桂林市开幕。本届戏剧展演分为小戏小品展演、大型剧目展演两个阶段，小戏小品展演于 7 月 29 日至 8 月 3 日在桂林举办，大型剧目展演于 8 月 20 日至 9 月 22 日在南宁举办。
8 月 5 日	藏羌彝文化产业走廊 · 第二届彝族文化产业博览会在贵州省六盘水市开幕。来自陕、甘、青、藏、川、滇、黔、桂、渝 9 省区市的嘉宾欢聚一堂，共商藏羌彝文化产业走廊区域联动、产业发展。
8 月 6 日	由文化和旅游部、黑龙江省哈尔滨市政府主办的第三十四届中国 · 哈尔滨之夏音乐会的开幕演出在哈尔滨大剧院举行。本届哈尔滨之夏音乐会活动分为四大板块、8 个大项、50 个小项，20 余个国内外演出团体参加演出。
8 月 8 日	第十五届中国 · 内蒙古草原文化节在呼和浩特拉开帷幕。
8 月 13 日	2018 广州乞巧文化节在广东省演艺中心开幕。本届广州乞巧文化节为期 6

天，共举办“代代乞巧传芳华”赛巧会、“七夕”大型女子成年及笄礼、赶巧集、乞巧文化摄影展等多项活动。

8月18日	由中国文化传媒集团、广东省深圳市委宣传部、国际投资促进会、“一带一路”文化发展论坛组委会共同发起的2018“一带一路”文化发展论坛暨粤港澳大湾区文化合作高峰论坛在深圳举行。
8月23日至8月26日	2018第六届深圳国际IP授权及卡通衍生品展览会在广东深圳举行。
8月26日	第十六届珠峰文化旅游节在西藏日喀则开幕。文化旅游节以“拥抱新时代·幸福日喀则”为主题。
8月28日	2018西安国际儿童戏剧展演正式拉开帷幕。来自15个国家和地区的29部优秀儿童剧目在为期3个月的时间里，把戏剧之美和关怀之爱奉献给广大少年儿童。
9月1日至8日	第十四届中国长春电影节在吉林长春举办。电影节以“聚集中国电影新生代、培育中国电影新力量”为宗旨，以“新时代·新摇篮·新力量”为主题。
9月4日至10日	由中国演出行业协会、北京演出行业协会联合举办的2018中国（北京）演艺博览会亮相北京展览馆，来自国内外的上千家演艺机构、数千名从业人员齐聚北京，共商发展大计。
9月7日	由文化和旅游部、陕西省人民政府共同主办，陕西省文化厅承办的第五届丝绸之路国际艺术节在西安开幕。
9月7日至12日	第六届中国—东盟（南宁）戏剧周在南宁举行。来自中国和新加坡、马来西亚等东盟十国的26个优秀艺术院团汇聚南宁，集中演出40部精品剧目。
9月10日	由北京市文联主办、北京戏剧家协会承办的2018北京喜剧周在北京剧院开幕。活动以“喜剧就是力量”为主题，围绕中国传统喜剧元素、国外经典喜剧作品、青年原创喜剧力量，集结诸多喜剧创作团队和创作人才。
9月11日	第13届中国—东盟文化论坛在广西壮族自治区南宁市举行。
9月11日至10月20日	由山东省文化厅主办的第十一届山东文化艺术节在济南、滨州等地举办。本届山东文化艺术节设有舞台艺术展演、美术展览展示、群众文化活动、非遗展陈互动等多个主题的活动。
9月13日	由文化和旅游部、山东省人民政府主办的第五届中国非物质文化遗产博览会在济南拉开帷幕。

2018 年

9 月 13 日	由中共西安市委宣传部、西安市文化广电新闻出版局、西安曲江新区管理委员会担任指导单位，由陕西大剧院、西安音乐厅承办的首届西安国际舞蹈节正式拉开帷幕。
9 月 15 日	2018 年上海旅游节开幕。25 个国家和地区的 25 辆主题花车、37 个表演团队在旅游节开幕大巡游上以精彩纷呈的演出展现各自的风土民情。
9 月 15 日	由河南省郑州市文广新局等单位主办的第十六届全国民间读书年会在郑州召开，来自全国各地的知名学者、藏书家、出版人等 80 余人参会。
9 月 15 日	2018 宁波当代艺术节暨当代艺术展正式在宁波美术馆启幕。此次艺术以“文化复兴城市，艺术点亮生活”为主题，为期三个月，分 2018 宁波现代舞季、2018 中国（宁波）海丝国际戏剧节、宁波市首届校园音乐节、2018 宁波当代艺术展四大板块。
9 月 17 日	由吉林省政府主办，吉林省民委、省文化厅等部门承办的吉林省第二届少数民族文艺会演开幕文艺晚会在吉林市人民大剧院举行。本届会演持续至 9 月 21 日。
9 月 17 日至 19 日	由江苏省人民政府主办的第十五届中国常州国际动漫艺术周在江苏常州举办。本届常州动漫艺术周以“数字引领未来”为主题。
9 月 21 日	2018 广西文化创意产品设计大赛正式启动。大赛以“创意点亮生活，彰显八桂风采”为主题，由广西壮族自治区文化厅、自治区教育厅等联合主办。
9 月 21 日至 23 日	第五届影像上海艺术博览会在上海展览中心举办。来自不同国家和地区的 55 家画廊参展，参展画廊带来了逾百位艺术家的众多作品。
9 月 22 日	由文化和旅游部、北京市人民政府共同主办，以“致敬生活”为主题的 2018 北京国际设计周在北京中华世纪坛拉开了帷幕。
9 月 22 日	首届中原文化旅游产业博览会暨 2018 洛阳河洛文化旅游节在河南省洛阳市开幕。活动为期 3 天，1000 余家文化旅游企业参展。
9 月 23 日	由北京国际设计周组委会、国际设计联合会、世界设计周城市网络联盟共同主办的 2018 北京设计论坛开放论坛在北京中华世纪坛举行。
9 月 26 日	2018 中国（曲阜）国际孔子文化节暨第五届尼山世界文明论坛在山东曲阜开幕。
9 月 27 日	由文化和旅游部、安徽省人民政府共同主办的第八届中国（安庆）黄梅戏艺术节在安徽安庆开幕。

9月27日	第三届丝绸之路（敦煌）国际文化博览会在敦煌国际会展中心开幕。本届文博会以“展现丝路风采、促进人文交流、让世界更加和谐美好”为主题。
9月27日	为期两天的 2018 年中国文化馆年会在四川省成都市开幕。本届年会以“增强基层文化馆（站）活力，提升公共文化服务效能”为主题，设置 2 场工作论坛和 4 场主题论坛。
9月27日至29日	由福建省文化厅、福建省旅发委指导，福建省南平市委、市政府主办的南平市第二届旅游发展大会举办。本届大会以“绿色南平、福地邵武”为主题。
9月28日	2018 年汤显祖戏剧节暨国际戏剧交流月活动在江西抚州开幕。活动包括中外戏剧展演、全国采茶戏汇演、汤显祖戏剧奖·优秀小戏小品曲艺大展等。
9月29日持续至10月27日	2018 紫金文化艺术节举办。艺术节突显“紫金”品牌，秉承“艺术的盛会、人民的节日”这一主题。
10月8日	由国家电影局指导，陕西省人民政府、福建省人民政府联合主办的第五届丝绸之路国际电影节在西安开幕。本届电影节以“新时代·新丝路·新视界”为主题，设置了电影展映、电影论坛、电影评审、全民电影嘉年华等 7 个主题单元。
10月9日至10日	由西安市人民政府、陕西省旅游发展委员会、携程集团主办的 2018 世界文化旅游大会峰会在陕西西安举行。
10月10日至13日	由中国乐器协会、上海国展展览中心有限公司、法兰克福展览（香港）有限公司共同主办的 2018 中国（上海）国际乐器展览会在上海举办。
10月11日至29日	第六届湖南艺术节在湖南株洲举行。艺术节以“艺术的盛会，人民的节日”为主题。
10月11日至13日	2018 动漫产业走出去合作论坛在江苏南京举办。本次论坛经文化和旅游部批准，由江宁经济技术开发区、江宁区委宣传部、中国动漫集团联合主办，江苏华声国际文化有限公司承办。
10月11日至15日	第七届山东文化产业博览交易会在济南国际会展中心举办。本届文博会以“新时代、新动能、新创意、新发展”为主题，主场馆设立文化改革发展、港澳台及国际、文化科技、产业融合等 9 个展区。
10月11日至15日	第八届中国（无锡）国际文化艺术产业博览交易会在江苏无锡举办。本届无锡文博会由江苏省文化厅、无锡市政府共同主办，以“提升文化标识度，激发文化新动能”为主题。

2018 年

10 月 12 日	由文化和旅游部、浙江省人民政府主办的第四届中国越剧艺术节在浙江省绍兴市开幕。
10 月 12 日至 14 日	由中国文联、湖南省政府、中国电视艺术家协会主办的第十二届中国金鹰电视艺术节在湖南长沙举办。
10 月 12 日至 26 日	第 21 届北京国际音乐节举行。为期 23 天时间里，上演 21 场演出，同时举办 13 场公益活动，包括公益儿童音乐会、大师班、工作坊和歌剧讲座赏析等活动。
10 月 13 日	由文化和旅游部、江苏省人民政府共同主办的第七届中国昆剧艺术节在江苏省昆山市开幕。
10 月 16 日至 25 日	由中国曲艺家协会、江苏省文联联合主办，中国曲协苏州评弹艺术专业委员会、苏州市文广新局、苏州市文联共同承办的第七届中国苏州评弹艺术节在江苏苏州举行。
10 月 17 日至 18 日	以“剧院国际合作与共赢——国际视野下大型剧院的剧目制作与运营管理”为主题的第二届保利国际剧院论坛会议在河南文化艺术中心大剧院举办。
10 月 18 日	太湖世界文化论坛第五届年会在北京开幕。年会以“文化对话：构建人类命运共同体”为主题。
10 月 19 日	第三届湖北艺术节暨庆祝改革开放40周年优秀作品展演在武汉拉开帷幕。
10 月 19 日至 11 月 22 日	由文化和旅游部主办、上海市人民政府承办的第二十届中国上海国际艺术节举办。本届艺术节以“艺术的盛会，人民大众的节日”为宗旨，来自 63 个国家和我国诸多地区的万余名艺术工作者齐聚上海，开展各类文化活动 350 余项，惠及观众达 500 多万人次。
10 月 23 日至 25 日	2018 中国数字创意与技术博览会在北京举办。本届博览会以“数字科技赋能文旅融合”为主题。
10 月 23 日至 27 日	由四川省文化厅、四川省民族宗教事务委员会、宜宾市人民政府主办，四川省文化馆、宜宾市文化广电新闻出版局、宜宾市民族宗教事务局共同承办的四川省第八届少数民族艺术节将在宜宾市举行。
10 月 24 日	由浙江省义乌市委宣传部、市文化广电新闻出版局主办的第 27 届义乌市文化艺术节在义乌开幕。
10 月 25 日至 28 日	第十三届中国北京国际文化创意产业博览会在北京举办。博览会以“引领文化产业高质量发展，助推全国文化中心建设”为主题。

10 月 26 日	由文化和旅游部、广西壮族自治区人民政府共同主办的 2018 中国—东盟博览会旅游展在广西桂林开幕。由联合国世界旅游组织、亚太旅游协会共同主办的第 12 届旅游趋势与展望国际论坛同期举办。
10 月 26 日	由文化和旅游部艺术司、江苏省文化和旅游厅主办的 2018 年戏曲百戏（昆山）盛典在江苏昆山开幕。
10 月 31 日	第十八届南京文化艺术节在江苏南京开幕。本届南京文化艺术节以“唱响改革情，舞动新时代”为主题，持续至 11 月 30 日。
11 月 2 日至 5 日	第十一届海峡两岸（厦门）文化产业博览交易会在福建厦门举行。
11 月 8 日	为期 25 天的第七届福建艺术节在福建福州拉开帷幕。本届艺术节由福建省政府主办，以“相约七艺节、放歌新福建”为主题。
11 月 8 日	由中国国际贸易促进委员会北京市分会主办、北京古玩城有限公司承办的“2018 北京・中国文物国际博览会”在北京保利国际会展中心拉开帷幕。本届博览会以“讲好中国故事，弘扬文化遗产”为主题。
11 月 16 日至 18 日	由文化和旅游部、中国民用航空局、上海市人民政府共同主办的 2018 中国国际旅游交易会在上海举行。
11 月 17 日	由中国文化和旅游部与欧盟内部市场、工业、创业和中小企业总司联合主办，陕西省文化和旅游厅承办的 2018“中国—欧盟旅游年”闭幕式在陕西省西安市举行。
11 月 23 日	以“博物馆——新时代•新征程”为主题的第八届中国博物馆及相关产品与技术博览会在福建省福州市开幕。
11 月 24 日至 25 日	首届丝绸之路国际博物馆联盟大会在福建福州举办，来自 21 个国家的 30 多所文博机构代表借此平台深化未来合作，签署展览合作框架协议，共同推动“一带一路”沿线国家博物馆合作形成新局面。
11 月 26 日	由中国文联、湖南省政府主办，湖南省文化和旅游厅等承办的第五届中国（湘潭）齐白石国际文化艺术节在湖南省湘潭市开幕。
11 月 29 日至 12 月 2 日	由中国对外文化集团公司主办的第二届丝绸之路国际剧院联盟年会在广东省广州市举办。
11 月 30 日	由文化和旅游部、福建省人民政府联合举办的第四届“海上丝绸之路”（福州）国际旅游节在福建福州启动。

2018 年

11 月 29 日至 12 月 2 日	由上海、江苏、浙江、安徽三省一市党委宣传部联合主办的首届长三角国际文化产业博览会在上海展览中心举办。本次博览会共为期 4 天，聚焦服务国家文化发展战略和世界级城市群建设战略，探索提升长三角城市群的文化软实力、经济创新力和产业竞争力。
12 月 7 日至 8 日	2018IP 创新与城市发展大会在上海举行。文化企业代表、专家学者等齐聚一堂，共同探索“文化 + 科技”发展趋势下的城市发展与更新。
12 月 13 日	2018 年第七届大学生艺术博览会（广州）在广东广州琶洲南丰国际会展中心开幕。本届博览会共有来自国内外 100 所院校的 561 位青年艺术家参加。
12 月 15 日至 16 日	2018 中国网络文化产业年会在北京举办，该活动由中国动漫集团、北京市文化和旅游局联合主办，中漫风尚（北京）文化传播有限公司承办。
12 月 17 日	以“文化产业升级换代”为主题的 2018 峰火文创大会在广州开幕。大会为期 3 天，以“文化产业升级换代”为主题。
12 月 20 日	由湖南省文化和旅游厅指导、湖南省动漫游戏协会主办的数字文化创意创新创业大赛在长沙启动。大赛以“智汇潇湘，共享未来”为主题。

2019 年

1 月 6 日	由北京国资公司和北投集团联合主办的首届"相约 2022"冰雪文化节在北京奥林匹克公园正式启动。
1 月 4 日	由中国艺术教育促进会与哈尔滨太阳岛国际雪雕艺术博览会组委会联合主办的第六届"冬之韵"全国大学生雪雕比赛在哈尔滨拉开帷幕。
1 月 5 日	第 35 届中国·哈尔滨国际冰雪节在黑龙江哈尔滨拉开帷幕。冰雪节期间，哈尔滨市开展冰雪旅游、冰雪文化、冰雪时尚、冰雪经贸、冰雪体育五大类百余项活动。
1 月 5 日至 6 日	第十六届中国文化产业新年论坛在北京大学举行，论坛以"新征程：文化自信与融合创新"为主题。
1 月 7 日至 9 日	香港国际授权展在香港会议展览中心举行。文化和旅游部组织来自京、沪、浙、皖、赣、鲁、湘、粤、贵、渝、川、陕、宁共 13 个省区市的 117 家文化机构和企业组成中国内地馆参展。
1 月 8 日	由重庆市文化和旅游发展委员会、重庆市教育委员会指导，重庆中国三峡博物馆主办的"渝情渝礼"文化创意设计大赛在重庆启动。
1 月 8 日	2018 洲际旅游小姐全球总决赛暨颁奖晚会在江苏南京举行。来自俄罗斯、巴西、印度等 40 个国家和地区的佳丽参加大赛角逐。
1 月 8 日	由河南省文物局、河南省美术家协会、河南省博物馆学会、河南博物院共同主办的第六届河南省博物馆文化产品创意设计大赛（邀请赛）在河南博物院正式启动。
1 月 9 日	第二届华语戏剧盛典颁奖晚会在广州增城 1978 电影小镇举办。
1 月 9 日至 13 日	由中国国际文化传播中心和陕西省西安市人民政府主办、中国国际文化传播中心陕西联络部承办的第三届"一带一路"国际时尚周在西安举办。
1 月 11 日	第三届中国设计大展及公共艺术专题展在广东省深圳市开幕。
1 月 20 日	中国音乐金钟奖签约仪式在四川成都举行。中国音乐家协会代表与成都市政府代表达成框架性协议，双方将合作举办第 12 届至 14 届中国音乐金钟奖。
2 月 22 日至 24 日	由湖南省文化和旅游厅、省文物局主办的第 21 届湖南文物国际博览会在长沙举行，海内外 3000 多名参展商、5 万多名收藏爱好者参加，参展商品近 20 万件，总成交额达 3.7 亿元。

2019 年

2 月 26 日	首届自贡彩灯国际博览会在自贡彩灯公园开幕，本届博览会的主题为“自贡彩灯・光耀世界”。
3 月 1 日	以“传承中华文明，画个中国给世界”为主题的中国数字文创设计大赛在北京启动。
3 月 8 日	“中国——老挝旅游年”系列活动锦绣丝路文化艺术节在云南昆明举办。活动由云南城投集团紫云青鸟・云南文化创意博览园与老挝驻昆总领事馆联合举办。
3 月 27 日	2019“东亚文化之都”中国西安活动年开幕式在陕西西安举行。
3 月 19 日	2019—2020 年上海市及长三角地区公共文化和旅游产品采购大会在上海世贸展馆举行。此次采购大会首次实现了跨区域举办、市区联手、长三角地区联动，首次实现了公共文化和旅游产品联合参展，首次实现了公共文化产品和服务全产业链集中展示。
4 月 1 日	由山西省文化和旅游厅主办的首届山西省文化旅游创意产品设计大赛在太原开赛，赛事持续至 8 月 15 日。
4 月 3 日	2019・中国（国际）纪录片论坛在京开幕。来自全球 15 个国家的知名纪录片专家学者、导演、制作机构代表、节展和媒体负责人等出席。
4 月 7 日	由北京师范大学主办、北京师范大学艺术与传媒学院承办的第 26 届北京大学生电影节在北京开幕。
4 月 9 日至 10 日	由中国图书馆学会主办，中国图书馆学会阅读推广委员会、太原市图书馆、太原市图书馆学会承办的第十三届全民阅读论坛在山西太原举办。来自全国各级各类图书馆代表，以及科幻作家刘慈欣等 400 余人参加论坛。
4 月 10 日	由中国国家文物局、河南省政府主办，中国文化遗产研究院、河南省文物局、洛阳市政府承办的第二届中国—中东欧国家文化遗产论坛在洛阳开幕。
4 月 11 日	主题为“丝绸之路国家博物馆的功能与使命”的全球博物馆馆长论坛在中国国家博物馆开幕。
4 月 13 日	高原文化产业和旅游产业发展高峰论坛在青海省西宁市举办。论坛以“绿色・融合・协作・发展”为主题，旨在为推动区域文化产业和旅游产业高质量发展寻找路径。
4 月 13 日至 20 日	第九届北京国际电影节在北京举办。本届电影节主题设为“家・国”，并围绕这一主题展开系列活动，通过隽永纷繁的光影，为祖国 70 华诞献礼。

4月14日	由中国国家电影局、俄罗斯联邦文化部主办，Kinofest 俄罗斯电影节公司、聚影汇(北京)影视文化有限公司承办的 2019 年俄罗斯电影节在北京开幕。
4月16日	大运河文化产业和旅游产业投资联盟在江苏省南京市成立。成立大会上，首批 30 多家成员单位通过了《大运河文化产业和旅游产业投资联盟倡议书》。
4月18日	由北京市文化创意产业促进中心主办的“歌华有线杯”2019 北京文化创意大赛在北京天坛启动。本届大赛力求实现以京津冀为核心，以大运河文化带为轴线，以冰雪文化创意为亮点，辐射带动全国文创产业发展。
4月19日至21日	由福建省文化和旅游厅、福建省厦门市人民政府联合主办的第十五届海峡旅游博览会在福建厦门举办，第五届中国（厦门）国际休闲旅游博览会同期举行。来自 47 个国家和地区的文旅机构参展。
4月19日至22日	第八届中国苏州文化创意设计产业交易博览会在江苏苏州举行。本届苏州创博会以“品质苏州·美好生活”为主题,吸引了近 20 个国家和地区的 600 余家创意设计企业参展。
4月20日	由山东省潍坊市委宣传部、潍坊市文化和旅游局、潍坊市海洋发展和渔业局、潍坊滨海开发区管委会主办的第三届中国潍坊滨海国际艺术双年展在山东省潍坊市开幕。
4月21日	中国西部演艺院线首届会员代表大会暨 2019—2020 中国西部演艺项目交易会在四川成都举办，吸引了国内上海、深圳、天津等城市和美国的 55 个参展单位。
4月25日至5月25日	第十九届“相约北京”艺术节举办。来自 25 个国家和地区的 35 个优秀艺术团体、近 600 位中外艺术家在 1 个月的时间里带来音乐、戏剧、舞蹈、展览、节中节、艺术教育等近 50 场的丰富活动。
4月25日	2019 山东（威海）精品旅游高峰论坛在山东省威海市举行。论坛以“文旅融合与海洋旅游”为主题。
4月26日	第七届澳门国际旅游（产业）博览会在澳门开幕。本次展会集聚了来自 53 个国家和地区的 452 家企业和单位。
4月27日	由陕西省文化和旅游厅主办，陕西省西安市文化和旅游局、陕西省艺术馆承办，西安市群众艺术馆、陕西省合唱协会协办的“壮丽 70 年，畅想新时代”2019 陕西省群众文化节启动仪式在西安音乐学院举行。

2019 年

4 月 27 日至 30 日	由文化和旅游部、中国国际贸易促进委员会、浙江省人民政府主办的第 14 届中国义乌文化产品交易博览会和由文化和旅游部、浙江省人民政府主办的第 11 届中国国际旅游商品博览会将在浙江省义乌市同期拉开帷幕。
4 月 28 日	2019 年中国北京世界园艺博览会开幕。国家主席习近平发表题为《共谋绿色生活，共建美丽家园》的重要讲话，强调顺应自然、保护生态的绿色发展昭示着未来。
4 月 30 日	福建省龙岩市首届文化产业和旅游产业发展大会举办。开幕式上，35 个文化产业和旅游产业项目集中签约，总投资超过 150 亿元。
4 月 30 日至 5 月 3 日	第十四届艺术北京博览会在北京全国农业展览馆开幕。博览会遴选了 20 个国家 190 个参展机构，进一步升级了规模和样态。
4 月 30 日至 5 月 5 日	第十五届中国国际动漫节在浙江省杭州市白马湖动漫广场举行。本届动漫节秉承“动漫盛会 · 人民节日”的办节宗旨，以“办好第十五届动漫节，喜迎新中国成立 70 周年”为主题。
5 月 7 日至 11 日	第三届“中国浙江·全国曲艺传承发展论坛及观摩交流展演”暨“中国浙江（义乌）· 全国曲艺小书（鼓书琴书）传承发展论坛及观摩交流展演”在浙江义乌举行。
5 月 11 日至 13 日	以“守正道、创新局、出精品”为主题的第二届中国网络文学周在浙江杭州举办。
5 月 16 日	亚洲文化旅游展在北京开幕。展会以“交流互鉴与共融发展”为主题，中国、日本、韩国、印度、越南、老挝、柬埔寨等 30 多个国家和地区参展。
5 月 16 日至 20 日	第十五届中国（深圳）国际文化产业博览交易会在深圳举办。第十五届文博会共有 2312 个政府组团、企业和机构参展，全国 31 个省、区、市及港澳台地区全部参展，并邀请了全球 50 个国家和地区的 132 家文化企业和机构参展。
5 月 18 日	由山西省文化和旅游厅主办的“美丽乡村”山西省大学生微电影暨平面摄影作品大赛在山西省太原市启动。
5 月 16 日至 6 月 9 日	2019“表演艺术新天地”艺术节在上海举办。来自 10 个国家的 18 部作品在本次艺术节期间进行首演。
5 月 19 日	第十一届中国中部投资贸易博览会文旅融合发展论坛在江西省南昌市举行。本次论坛以“文旅融合引领中部地区高质量发展”为主题。

5月19日至25日 由中华人民共和国教育部、文化和旅游部支持，中央音乐学院主办的2019北京现代音乐节在北京举行。

5月20日至6月2日 由文化和旅游部、上海市政府主办，以“逐梦新时代——向国庆献礼，向人民汇报”为主题的第十二届中国艺术节在上海举办。本届艺术节举办优秀舞台艺术展演，优秀美术、书法篆刻、摄影作品展览，演艺及文创产品博览会，第十六届文华奖评奖、第十八届群星奖评奖，以及系列文化惠民活动等内容。其中，文创产品第一次纳入到中国艺术节的框架中，进一步丰富了艺术节的内涵。

5月24日 2019青海数字文旅高峰论坛在青海省西宁市召开。论坛以“建设数字文旅·守护大美青海·共建国家公园”为主题。

5月27日 作为“情系齐鲁——两岸文化和旅游联谊行”活动的重要组成部分，首届海峡两岸文化和旅游交流大会在济南举办。

5月28日 以“创意赋能城市”为主题的2019南京创意设计周在江苏省南京市拉开帷幕。为期7天的创意设计周以“文化创意+科技”的形式呈现，探索创意与产业、创意与生活的融合。

5月29日 2019年中国国际服务贸易交易会的文化板块分会场——第十四届中国北京国际文化创意产业博览会开幕式暨中国文化产业发展论坛在北京举行。

5月31日 第四届重庆非物质文化遗产暨老字号博览会在重庆市荣昌区夏布小镇开幕，来自全市各区县的210余个非遗项目和老字号进行了集中展示。

5月31日至8月5日 第九届广州艺术节·戏剧2019在广州举办。在持续两个月的展演期间，共有48台105场国内外优秀演出在广州市内12家剧场上演。

6月10日至24日 2019年上海国际电影电视节在上海举办。此次影视节将以“世界影视，中国主场，上海气质”为特色，欢迎世界各国的影视人前来交流合作，满足人民大众对影视文化的美好需求。

6月11日 由江苏省委宣传部、省文化和旅游厅等单位主办，江苏省文投集团执行的2019第六届“紫金奖”文化创意设计大赛在江苏南京启动。

6月23日 内蒙古自治区文化和旅游厅、乌兰察布市人民政府主办的“万里茶道”文化旅游博览会在乌兰察布市会展中心开幕。

6月24日 由广东省政府、文化和旅游部、香港特别行政区政府、澳门特别行政区政府共同主办的“湾区花正开——首届粤港澳大湾区文化艺术节”在广东广州开幕。

2019 年

6 月 25 日	由文化和旅游部、浙江省政府联合主办，国务院港澳事务办公室支持的 2019 年“艺海流金·诗画浙江”内地与港澳文化和旅游界交流活动在浙江省杭州市开幕。
6 月 30 日	第三届“锦绣潇湘”湖南文化旅游创新创意大赛在长沙正式启动。此次大赛旨在聚焦“红”“古”“绿”的望城文化旅游底色，进行文化旅游“新形象”“新产品”“新业态”3 个板块的创作。
7 月 4 日	第十五届中国国际动漫游戏博览会（CCG EXPO 2019）在上海开幕。本届博览会首次推出“国产动漫主题日”、科幻论坛、电子竞技嘉年华等活动，进一步探索动漫游戏展会的升级版。
7 月 5 日	2019 中国—东盟博览会文化展和动漫游戏展在广西南宁国际会展中心开幕。展览集中展示中国和东盟各国在非物质文化遗产、文化创意、工艺美术、影视动漫、新闻出版、书画艺术、文化旅游、文化金融、文化科技等多个领域的成果。
7 月 10 日	由中国文化馆协会、山东省烟台市政府主办，文化和旅游部全国公共文化发展中心、山东省文化和旅游厅协办，烟台市文化和旅游局承办的 2019 中国文化馆年会在烟台开幕。
7 月 12 日至 14 日	由河北省文化和旅游厅主办，北京市文化和旅游局、天津市文化和旅游局等协办，河北省艺术中心等单位承办的第二届国际动漫游戏产业博览会暨“动漫河北”在河北正定国际会展中心举办。美国暴雪、美国华纳、法国育碧、腾讯动漫等 200 余家国内外大中型动漫游戏企业和 IP 机构参展交流。
7 月 14 日	以“文旅融合，品牌赋能”为主题的 2019 第七届中国（安徽）旅游品牌节在安徽合肥开幕。
7 月 16 日	由四川省人民政府主办的第二届四川艺术节在成都开幕。这是四川省最高水平的综合性文化艺术活动，每 4 年举办一届。此次艺术节于 7 月至 10 月在成都、乐山、内江等地举办。
7 月 17 日	由文化和旅游部、广西壮族自治区人民政府主办的第十届全国杂技展演在广西南宁启幕。
7 月 20 日、21 日	2019 年中国—东盟国际少儿文化艺术节系列活动之中国—东盟之星颁奖典礼暨优秀节目展演在广西南宁举行。
7 月 21 日	由中央宣传部电影卫星频道节目制作中心、大同市人民政府、成龙国际集团主办的第五届成龙国际动作电影周在山西省大同市开幕。

7月23日	由江西省委宣传部、江西省文化和旅游厅共同主办的第七届江西艺术节在江西南昌开幕。
7月24日	以深度整合城市文创资源、聚集创意设计专业人才为导向，以“创意焕新城市”为主题的西安文化创意设计大赛在西安启动。北京、西安、深圳、成都、杭州、厦门六城文创协会代表联合启动文创产业六城联动工作。
7月30日	第四届丝绸之路（敦煌）国际文化博览会和第九届敦煌行·丝绸之路国际旅游节在甘肃省甘南藏族自治州合作市启幕，并于8月31日在敦煌市闭幕。
8月2日	首届青岛海洋国际音乐季开幕音乐会在山东青岛大剧院音乐厅举办。音乐会以“青岛之约”为主题。
7月31日至8月4日	2019北京文创产品交易会在北京时尚广场举办，300多家文创企业、8万件产品集中亮相，以优惠价给北京市民文化消费带来更多选择。
8月10日	由北京市人民政府外事办公室主办的“欢动北京”第八届国际青少年文化艺术交流周在京开幕。参加本届国际青少年文化艺术交流周的青少年来自阿富汗、澳大利亚、阿塞拜疆、秘鲁、德国、俄罗斯、韩国、缅甸、斯里兰卡、泰国、土库曼斯坦、印度、越南、中国共14个国家的艺术团。
8月13日	由清华大学美术学院、光明网、中国科技新闻学会主办的2019国际文创设计大赛暨周六福珠宝设计大奖赛颁奖典礼在深圳举行。
8月16日	为期5天的2019南国书香节暨羊城书展在广东省广州市中国进出口商品交易会展馆开幕。2019年是《广东省全民阅读促进条例》实施后举办的首届南国书香节，实现了全省地级市全覆盖，除在广州设主会场外，全省其余20个地市均设分会场。
8月16日	由黑龙江省委宣传部、省文化和旅游厅、省商务厅等11家单位联合主办的第十四届黑龙江国际文化产业博览会在哈尔滨启幕。来自俄罗斯、韩国、巴基斯坦等10多个国家及国内20多个省市的展商参加展会。
8月23日	由中国文联、内蒙古自治区人民政府主办，以“增进世界文明交流互鉴;弘扬‘一带一路’精神;促进中外民心相通，推动人类命运共同体建设”为主题的第11届中国国际民间艺术节在内蒙古呼和浩特市开幕。
8月24日	首届中国苏州江南文化艺术·国际旅游节拉开帷幕。本次江南文化艺术·国际旅游节由苏州市政府、江苏省文化和旅游厅主办，紧紧围绕庆祝新中国成立70周年主题，以“艺术的盛会、人民的节日”为宗旨。

2019 年

8 月 26 日	由重庆、四川、陕西等西部省区市相关部门和中国新闻出版研究院共同发起的西部数字内容产业联盟在重庆成立。
8 月 30 日	以“多彩世界与共同命运”为主题的 2019 第八届中国北京国际美术双年展在北京中国美术馆开幕。本届北京美术双年展由中国文联、北京市政府、中国美协主办，共展出 113 个国家 595 位艺术家的 640 件作品。
8 月 30 日至 9 月 2 日	由广西壮族自治区工业和信息化厅、文化和旅游厅、二轻联社联合主办，广西工艺美术协会协办庆祝中华人民共和国成立 70 周年・2019 广西工艺美术作品旅游工艺品暨大师精品展览在广西南宁开幕。
9 月 5 日	由文化和旅游部、北京市人民政府联合主办，以“产业策动”为主题的 2019 北京国际设计周在北京中华世纪坛开幕。
9 月 5 日	以“茶，品味高品质生活”为主题的第二十六届上海国际茶文化旅游节在上海展览中心开幕。
9 月 6 日	2019 中国（曲阜）国际孔子文化节开幕式暨孔子博物馆开馆仪式在山东曲阜举行。
9 月 6 日	2019 中国旅游产业博览会在天津梅江会展中心开幕。
9 月 6 日	由文化和旅游部非物质文化遗产司、艺术司，山东省文化和旅游厅，山东省济南市人民政府联合主办的 2019 全国非遗曲艺周在山东济南开幕。
9 月 6 日	由中国国际漫画节组委会主办、广州漫友文化科技发展有限公司承办的第十二届中国国际漫画节开幕式暨第十六届中国动漫金龙奖颁奖大会在广州举行，会上特别发布了“致敬新中国动漫‘70 年 70 人’”名单。
9 月 7 日至 21 日	第六届丝绸之路国际艺术节在西安举办。本届艺术节聚焦“丝路核心、中华文化、国际元素”三大主题。
9 月 14 日	由文化和旅游部、陕西省人民政府主办，陕西省文化和旅游厅、陕西省商务厅等单位承办的第六届丝绸之路国际艺术节西安数字互动娱乐文化周在西安曲江国际会展中心开幕。
9 月 17 日	由天津市文化和旅游局、天津市文联、天津市红桥区政府主办的第十届天津相声节在天津开幕。
9 月 19 日	第八届山东文化产业博览交易会在山东国际会展中心启幕。第八届山东文博会以“壮丽七十年，盛世文博汇”为主题，设置国际标准展位 5000 余个，参展厂商达 2701 家。

9月19日	由世界旅游联盟主办的“2019世界旅游联盟湘湖对话”活动在浙江省杭州市启幕。
9月19日	由山西省委宣传部，山西省文化和旅游厅，太原市委、市政府联合主办的第二届山西艺术节在太原市山西大剧院开幕。
9月20日	作为第十六届中国—东盟博览会系列高层论坛之一，第十四届中国—东盟文化论坛在广西南宁开幕。
9月28日	第六届全国画院美术作品展在湖南美术馆开幕，展览由中国国家画院和湖南省文学艺术界联合会主办，中国国家画院艺术交流部、中国国家画院美术馆、湖南省画院、湖南美术馆、湖南省美术家协会承办，以“美丽中国”为主题。
10月4日至28日	第二十二届北京国际音乐节在北京举办。此次北京国际音乐节将以“新古典，乐无界”为主题。
10月6日	由山东省青岛市人民政府、山东省文化和旅游厅指导，青岛市文化和旅游局、西海岸新区管理委员会、世界旅游小姐年度冠军总决赛组委会联合主办的“时尚青岛·点靓世界”2019世界旅游小姐全球总决赛在青岛市西海岸新区举行。
10月9日	由中国美术家协会、湖北省文学艺术界联合会、湖北省武汉市委宣传部等主办的第七届世界军人运动会全国美术作品展在湖北武汉美术馆开幕。
10月9日	由山西省委宣传部、山西省文化和旅游厅主办，山西文旅集团承办的2019数字文旅融合创新发展大会（山西）在山西太原举行。大会围绕“智享文旅·数聚未来”主题，共设置六大板块，涵盖了“文旅+”“产业+”“科技+”“非遗+”“文创+”五大方向和议题。
10月12日至20日	第五届上海街头艺术节举办。来自全国各地乃至世界各国的街头艺人齐聚浦江两岸，在静安、长宁、徐汇等8个城区的30多个表演点，为市民和游客献上了近百场精彩纷呈的表演。
10月14日至15日	第八届世界旅游经济论坛在澳门举行，近2000名嘉宾出席了论坛主要活动。
10月14日至16日	第四届河北省旅游产业发展大会在石家庄举办。本次大会以“传承红色基因，创新绿色发展”为主题。
10月15日	2019中国世界遗产旅游推广联盟大会在山西省大同市成功召开。来自文化和旅游部以及各省市文化和旅游部门负责人、中外旅游学者专家、中国世界遗产旅游推广联盟代表等200余人参加会议。

2019 年

10 月 15 日至 16 日	2019 宁夏文化旅游产业项目对接大会在银川举办。本次大会以“文旅融合谱新篇，合作共赢谋发展”为主题，旨在遴选宁夏优质文旅资源项目，搭建文旅资源、产品与区外资本需求对接合作平台，推动宁夏文化和旅游产业提质增效。
10 月 17 日到 22 日	第七届中国成都国际非物质文化遗产节在成都举办。此次非遗节举办包括非遗国际论坛、国际非遗博览园等四个板块活动，重点展现“非遗 + 扶贫”的路径探索和实践成果。
10 月 17 日	2019 上海城市空间艺术季系列联合展在上海虹庙艺术中心开幕。该系列联合展由中国文化传媒集团、上海城市公共空间设计促进中心支持，上海虹庙艺术中心主办。
10 月 17 日至 20 日	第九届桂林国际山水文化旅游节举行。本届旅游节以“新融合、新体验、新活力”为主题，突出文化和旅游融合体验、游客和市民互动、文化创意和非遗传承。
10 月 18 日至 11 月 17 日	由文化和旅游部主办、上海市人民政府承办的第 21 届中国上海国际艺术节在上海举行。本届中国上海国际艺术节期间，共有来自 65 个国家和国内 27 个省市自治区及港澳台地区的 15，000 余名艺术工作者汇聚申城，举办各类活动 350 多项，线上线下共惠及 560 多万人次观众。
10 月 18 日至 20 日	由文化和旅游部、广西壮族自治区政府共同主办的 2019 中国—东盟博览会旅游展在桂林举办。
10 月 19 日	由江西省人民政府、湖南省人民政府共同主办的 2019 红色旅游博览会暨中国红色旅游推广联盟年会在江西瑞金举行。
10 月 20 日至 22 日	由国家版权局支持、国家版权交易中心联盟主办，北京国际版权交易中心承办的 2019 中国・北京国际版权授权大会在北京举办。本次大会吸引了美国电影协会、韩国文化产业振兴院、中国文化产业基金、中国民族文化艺术基金会等 300 多家境内外单位和机构参加。
10 月 25 日至 27 日	以“发展文创产业，助力脱贫攻坚”为主题的 2019 中国（贵州）国际民族民间工艺品・文化产品博览会在贵阳举办。本届博览会紧紧围绕庆祝新中国成立 70 周年和决战脱贫攻坚主题，结合贵州民族特色文化和文化旅游行业发展实际，通过赛事、展览和配套活动集中展示了贵州文化旅游产业发展的新气象。
10 月 26 日至 11 月 12 日	第十六届中国戏剧节在福建省福州举办。本届戏剧节以“追梦新时代 经典共传承”为主题。

10 月 26 日	由湖南省文化改革发展领导小组办公室、省文化和旅游厅、省文物局等单位主办的 2019 湖南（金秋）文物博览会在长沙开幕。
10 月 27 日	2019 国际山地旅游联盟年会在贵州省贵阳市开幕。本届年会以“携手构筑可持续山地旅游命运共同体”为主题。
10 月 29 日至 31 日	第二届江南文脉论坛在江苏无锡举行。本次论坛以“文脉传承与长三角一体化发展”为主题。
11 月 1 日至 4 日	由中共中央台办、文化和旅游部、国家广播电视总局和福建省政府联合主办的第十二届海峡两岸（厦门）文化产业博览交易会在厦门举办。本届海峡两岸文博会展位面积达 7.5 万平方米，展位共 3512 个，其中台湾展位 898 个。
11 月 1 日至 7 日	由文化和旅游部、四川省政府主办的第五届中国西部交响乐周在成都举行。本届西部交响乐周集合了四川交响乐团、陕西交响乐团等 12 个西部交响乐团，还邀请了天津交响乐团、青岛交响乐团进行交流演出。
11 月 6 日至 8 日	以“促进创意与资本对接，推动中国动漫产业健康发展”为主题的南京（国际）动漫创投大会举办。大会围绕“创投”做文章，遵循专业、务实、高效的办会原则，设计了现场提案、一对一洽谈、闭门商务路演、高峰论坛、金陵“漫”话等一系列活动环节。
11 月 8 日至 10 日	2019 山东国际文物保护装备博览会在日照国际博览中心举办，来自国内外的 50 多家文博装备企业、数百位文博领域专家学者参加。本届博览会展会面积 1.53 万平方米，展位 319 个。
11 月 13 日	福建省厦门市召开全市文化旅游会展产业发展大会，发布一系列文旅配套政策，提出重点发力三大目标任务，把厦门建设成为新时代文化旅游会展名城，打造高素质、高颜值的现代化国际化城市。
11 月 14 日至 17 日	由北京市文化和旅游局主办的 2019 第八届“动漫北京”在北京农业展览馆举办。本届“动漫北京”结合北京特色文化旅游资源，坚持以文促旅、以旅彰文、和合共生的理念，设置了动漫 IP 与衍生品推广工程、动漫游戏互动体验展、高端主题论坛活动、2019 金翼奖及双创大赛评选、动漫游戏嘉年华五大主题板块。
11 月 19 日至 23 日	第 28 届中国金鸡百花电影节在厦门举办。
11 月 20 日至 21 日	广西壮族自治区党委、自治区政府在桂林召开 2019 年广西文化旅游发展大会。

2019 年

11 月 20 日至 21 日	由上海合作组织秘书处、中国艺术研究院、中国俄罗斯东欧中亚学会、山西省文化和旅游厅联合主办的“上海合作组织：迈向命运共同体”暨 2019“一带一路”文化艺术交流合作国际学术研讨会在山西省太原市举办。
11 月 21 日至 24 日	以“建设长三角文化产业共同体”为主题的第二届长三角国际文化产业博览会在上海国家会展中心举办，逾 870 家海内外文创领域相关机构和企业参加此次博览会。
11 月 22 日	由文化和旅游部、福建省政府主办的第四届海上丝绸之路国际艺术节在福建泉州开幕。
11 月 22 日、23 日	第三届丝绸之路国际剧院联盟年会在福建泉州大剧院举办。来自 32 个国家和地区的 44 家海外企业、机构以及丝绸之路国际剧院联盟中方成员单位代表齐聚泉州，共谋发展。
11 月 22 日	2019 年（第二十届）海南国际旅游岛欢乐节在海南海口开幕。本届欢乐节包括开幕式在内的 17 项主要活动一直持续至 12 月 31 日并推出节庆会展、文艺演艺、体育赛事等 200 余项丰富多彩的活动。
11 月 22 日	2019 两广城市文化和旅游合作联席会议在广东省惠州市举行。来自粤桂两省区文化和旅游厅、地市及企业的相关负责人，香港旅游事务署、香港旅游发展局和澳门旅游局的代表，以及专家学者齐聚一堂，共商粤桂文旅发展新规划。
11 月 25 日	由中国文学艺术界联合会指导，中国电影家协会、武汉市人民政府联合主办的第十四届华语青年电影周在武汉启幕。
11 月 26 日至 27 日	第七届中国新兴媒体产业融合发展大会在山东济南举办。本届大会由新华通讯社、济南市人民政府主办，以“5G 时代，万物为媒”为主题，聚焦人工智能、大数据、5G 产业与技术等。
11 月 29 日	在文化和旅游部产业发展司的支持下，由中国动漫集团主办、国家动漫创意研发中心泉州分中心和泉州市动漫产业协会联合承办的文化产业和旅游产业融合发展主题展在福建泉州举办。
11 月 29 日	2019 世界马文化论坛在内蒙古呼和浩特开幕。本届论坛由中国马业协会、内蒙古自治区党委宣传部、内蒙古自治区文化和旅游厅、呼和浩特市人民政府共同主办，来自法国、英国、俄罗斯等 30 多个国家马术行业的代表在为期 3 天的论坛上进行了交流碰撞。

12 月 1 日	由国家电影局指导，中央广播电视总台与海南省政府共同主办的第二届海南岛国际电影节在三亚开幕。本届电影节包括开幕式、竞赛单元“金椰奖”评奖、电影展映、创投会等主题活动。
12 月 5 日至 10 日	第四届山西文化产业博览交易会在山西太原举办。本届文博会以“深度融合、创新发展”为主题，以“媒体深度融合、文化旅游融合、文化科技融合”为主线。
12 月 6 日至 8 日	由湖北省文化和旅游厅与中国文化传媒集团共同举办的 2019 长江文化旅游博览会在湖北武汉举行。
12 月 7 日	由中国文化传媒集团、中共深圳市委宣传部、民革广东省委员会、国际投资促进会等联合主办的 2019“一带一路”文旅发展论坛暨粤港澳大湾区文旅融合论坛在深圳举办。
12 月 17 日至 18 日	第九届书香中国·北京阅读季阅读盛典在北京举办，40 家文创机构及读书会、58 家出版单位、247 家公共阅读空间，100 家媒体代表和大中小学校及其他省市代表近千人参加活动。
12 月 19 日	2019 中国（深圳）文化科技周，在深圳市会展中心启幕。本届文化科技周以“文化科技在文旅融合中的探索和应用”为主题，大力传播、推广文旅新科技，并结合当前新经济、新文旅的发展需求，着力推动文旅科技的创新融合发展。
12 月 19 日	第五届中国网络文化产业年会在北京举行。本届年会以“融合·变革”为主题，来自政府部门、知名企业的代表与业界专家学者等围绕网络文化产业创新发展和网络赋能文旅融合两大话题，共同交流探讨“互联网 + 文旅融合”的未来。
12 月 23 日	乌鲁木齐第十七届丝绸之路冰雪风情节开幕。
12 月 26 日至 27 日	以“融合驱动创新，传播赋能升级”为主题的第七届中国旅游产业发展年会在海南三亚举办。

附录二

“2019 长三角城市文化发展论坛”简介

谋划文化城市群协同发展 2019 长三角城市文化发展论坛

来源　《光明日报》《人民网》《新民晚报》

2019 年 11 月 22 日，由上海戏剧学院主办的 2019 长三角城市文化发展论坛在沪举办。此次论坛为长三角地区三省一市党委宣传部主办的第二届长三角国际文化产业博览会的系列论坛之一，也是上海戏剧学院承办的上海高校智库项目 2019 年度计划项目。

作为我国最具活力、开放度最高、创新能力最强的区域，长三角地区以占全国 1/26 的地域面积，创造了占全国近 1/4 的经济总量。长江三角洲区域一体化发展战略的提出将进一步推动长三角地区区域一体化发展进程，为长三角城市文化发展注入强劲动力。本次会议围绕“城市、文化、品牌——长三角城市产业发展”主题展开，探讨新时代、新理念下长三角城市高质量发展的新模式与新动向。

论坛开幕式上，上海戏剧学院院长黄昌勇发布《中国城市文化报告 2018—2019》（长三角卷）的研究报告。上海戏剧学院与上海数据交易中心共建的城市文化数据研究中心也在会上揭牌，双方将以共建文化大数据平台为契机，有力推进产学研深度融合。论坛邀请主旨演讲嘉宾有国家大剧院首任院长、北京市文联主席陈平、民建中央副主席、上海市政协副主席周汉民、上海交通大学城市科学研究院院长刘士林教授等。下午的两场圆桌论坛，长三角地区的专家代表汇聚一堂，讨论主旨分别为“长三角区域文化差异、互补与共生”和“长三角文旅产业融合发展的路径与方法”，诸位专家就中国城市文化报告课题展开面向未来的城市图景，共同挖掘长三角城市发展的新价值与新机遇。

长三角雄厚的经济实力为区域文化建设提供了坚实的物质基础，持续支持区域文化实现更高水平的重建和复兴；集聚着世界一流文化人才和团队的长三角，在文化发展理念特别是在开放发展和国际化上，同样抱有高度的视野和优势；江南文化是长三角共同的传统文化资源，也是一个在中国乃至世界文化体系中均拥有良好口碑和无穷魅力的传统文化，重建江南文化不仅有利于解决长三角内部的文化冲突和矛盾，也有利于在中国和世界建设一个传统文化复兴示范区。

与会专家认为，长三角城市群的目标是到 2020 年建成世界级城市群，以品质优雅的江南文化为文化资源，建立高品质的长三角城市文化品牌，引导长三角真正发展成为一个“命运共同体”，坚持世界眼光和国际标准，成为具有在全球具有影响力的文化城市群，共同推进长三角一体化高质量发展，使长三角城市文化发展成为我国改革开放的新标杆。（《光明日报》全媒体记者颜维琦）

附录三
作者介绍

主编团队介绍

主编

黄昌勇，男，河南潢川人，现任上海戏剧学院院长，教授、博士生导师。国家文化和旅游研究基地主任、上海高校智库—全球城市（上海）文化协同创新中心主任，《艺术管理》杂志主编，教育部高等学校艺术学理论类专业教学指导委员会副主任委员，上海市政协委员，上海市人民政府决策咨询特聘专家。

Chief Editor: Huang Changyong, male, a native of Huangchuan, Henan Province, is currently President, Professor and Doctoral Supervisor of Shanghai Theatre Academy. He is Director of National Culture and Tourism Research Base, Director of Shanghai University Think Tank—Global City (Shanghai) Cultural Collaborative Innovation Center, Chief Editor of *Art Management* Magazine, Vice Chairman of Art Theory Teaching Steering Committee of Colleges and Universities of Ministry of Education of the People' s Republic of China, a member of Shanghai CPPCC, and a special expert of decision-making consultation of Shanghai Municipal People' s Government.

常务副主编

解学芳，女，山东青岛人，同济大学人文学院文化产业系教授、博士生导师，国家社科基金重大项目首席专家，教育部青年长江学者。艺术与创意产业研究所所长，美国杜克大学访问学者。上海市曙光学者，上海市浦江人才。主要从事文化产业管理、网络文化产业研究，发表学术论文百余篇，出版著作（编著）6 部，主持国家级课题 3 项（其中国家社科基金重大项目 1 项），省部级 8 项。

Executive Vice Editor: Xie Xuefang, female, a native of Qingdao, Shandong Province, is Professor of Art and Cultural Industry Department and Director of Art and Creative Industry Institute of Tongji University, Changjiang Scholar Program of China (Young Scholar), and Visiting Scholar of Duke University, USA. She is also Executive Deputy Director-general of China-US Exchange Association of Chinese Scholars in North Carolina. She was selected as Shanghai Shuguang Scholar and Shanghai Pujiang Talent. She is mainly engaged in cultural industry management and network culture industry research and has published more than 100 journal articles and 6 monographs(including compilations), and she presided 3 research projects in national level funded by National Nature Science Foundation and National Social Science Fund (one of them was funded by National Social Science Fund of China), including 8 projects of provincial or ministerial level.

副主编

汤奇峰，男，北京航空航天大学 EMBA，上海数据交易中心有限公司 CEO，上海晶赞融宣科技有限公司创始人兼董事长，大数据流通与交易技术国家工程实验室理事会理事长，正高级工程师，中欧数字经济专家组中方专家，上海领军人才。

Tang Qifeng,male, EMBA of Beihang University, the CEO of Shanghai Data Exchange Corporation, Founder and Chairman of Zamplus Technology Co., Ltd., the Chairman of the Board of Directors of National Engineering Laboratory for Big Data Distribution and Exchange Technologies, the Senior Engineer of Artificial Intelligence, Chinese Expert of China-Europe Digital Economy Expert Group, Leading Talent of Shanghai.

副主编

王国伟，男，江苏常州人，生于上海；同济大学教授、博士生导师；上海交大城市文化传播中心首席专家；上海戏剧学院兼职教授；大连市文化顾问；著名出版人；中国图书评论学会理事。主要从事文化与艺术产业管理、城市与空间、艺术与传播的研究和实践；主要著作有《城市化的权力傲慢》《城市微空间的死与生》《我经历的 22 个出版事件》《图书评论 30 家》《从维也纳到爱丁堡》等。所发表论文和评论，因不少观点和论述具有前沿性和创新价值，被广泛引用。

Deputy Editor in Chief: Wang Guowei, a native of Changzhou, Jiangsu Province, and born in Shanghai, is Professor and Doctoral Supervisor of Tongji University, Chief Expert of Urban Cultural Communication Center of Shanghai Jiao Tong University, Part-time Professor of Shanghai Theatre Academy, Cultural Consultant of Dalian, a famous publisher, and Director of China Book Review Society. He is mainly engaged in the research and practice of culture and art industry management, city and space, art and communication. His main works are *Power Pride of Urbanization*, *Death and Life of Urban Micro Space*, *22 Publishing Events I Experienced*, *30 Book Reviews*, and *From Vienna to Edinburgh*. The published papers and comments have been widely cited because of their cutting-edge and innovative value.

副主编

郑崇选，男，河南延津人。上海社会科学院文学研究所研究员，公共文化研究室主任，《上海文化发展报告》执行主编，徐汇区政协委员。出版专著《媒介转型与当代中国文化形态的变迁》《都市文化研究的多重视域》《国际文化大都市的多元内涵》等多部，独立承担完成国家及省部级课题多项。

Deputy Editor: Zheng Chongxuan, male, a native of Yanjin, Henan Province. He is a researcher in the Literature Research Institute of Shanghai Academy of Social Sciences, Director of the Public Culture Research Office, Executive Editor in Chief of *Shanghai Cultural Development Report*, and a member of the CPPCC Xuhui District. He has published several monographs, such as *Media Transformation and the Change of Contemporary Chinese Cultural Form*, *Multiple Perspectives of Urban Cultural Studies*, and *Multiple Connotations of International Cultural Metropolis*. He has independently undertaken a number of projects in national, provincial and ministerial level.

撰稿作者介绍

陈平，男，高级工商管理硕士，原北京市政协副主席，国家大剧院首任党委书记、院长，现任北京市文联第九届理事会主席，上海戏剧学院中国剧院发展研究中心主任，文化和旅游部“十三五”时期文化改革发展规划专家委员会委员。2007 年担任国家大剧院院长，创建了国家大剧院运营管理模式及艺术生产体系。2012 年荣获“影响中国年度文化人物”；2014 年荣获“中国文化管理年度十大人物”；2015 年荣获法国总统授予的“法兰西共和国荣誉军团军官勋章”；2016 年荣获意大利总统授予的“五星指挥官勋章”；2016 年在莫斯科获俄罗斯总统普京亲自授予的“俄罗斯友谊勋章”等。出版个人专著《网格化城市管理新模式》《剧院运营管理——国家大剧院模式构建》等。

Chen Ping, male, Executive Master of Business Administration, former Vice Chairman of Beijing Municipal Committee of Chinese People’ s Political Consultative Conference, first Secretary of the Party Committee and President of the National Grand Theater, Chairman of the ninth Council of Beijing Literary and Art Association, Director of China Theatre Development Research Center of Shanghai Theatre Academy, and a member of the Expert Committee on Cultural Reform and Development Planning during the 13th Five Year Plan Period of the Ministry of Culture and Tourism. In 2007, he served as the President of the National Grand Theater, and established the operation and management mode and art production system of the National Grand Theater. In 2012, he was awarded “Cultural Figure of the Year Influencing China”. In 2014, he was awarded “Top Ten Figures of the Year in Chinese Cultural Management”. In 2015, he was awarded "French Republic Honorary Legion Officer Medal" by French President. In 2016, he was awarded "Five-star Commander Medal" by Italian President. In 2016, he was awarded "Russian Friendship Medal" by Russian President Vladimir Putin in Moscow. He published his monographs: *New Mode of Grid City Management* and *Theater Operation and Management: Construction of National Grand Theater Mode.*

陈芳，女，湖北宜昌人；原三峡大学图书馆信息服务部主任，研究方向为信息分析与咨询，先后主持和参与"高校知识产权信息服务体系建设研究"、"大学图书馆成效评估研究"、"宜昌特色新型智库体系建设研究"等各级研究课题 20 多项，在《情报科学》、《图书馆工作与研究》、《现代情报》等核心专业期刊公开发表论文 12 篇。现为上海格物文化发展研究院研究顾问，负责或参与文旅部、长三角及各省市政府公共文化研究项目近 20 项。

Chen Fang, female, a native of Yichang, Hubei Province, former Director of the Information Service Department of Library of China Three Gorges University, whose research direction is information analysis and consultation, has successively presided over and participated in more than 20 research topics at all levels, such as research on the construction of intellectual property information service system in colleges and universities, research on the effectiveness evaluation of university libraries, research on the construction of new think tank system with Yichang characteristics. She has published 12 papers in core professional journals such as *Library Work and Study*, *Journal of Modern Information* and so on. She is now a research consultant of Shanghai Gewu Culture Development Research Institute, taking responsibility or participating in nearly 20 public culture research projects of the Ministry of Culture and Tourism, Yangtze River Delta and provincial and municipal governments.

陈晓西，四川内江人，现从事文创项目管理工作。曾任职于上海市文化创意产业公共信息服务平台、华山创学院等机构，兼任华创俱乐部文创分会秘书长。主要研究领域为文化创意产业、城市文化、创新创业服务与实践（文创类）。

Chen Xiaoxi, born in Neijiang, Sichuan Province, is now engaged in cultural and creative project management. She previously worked at the Public Information Service Platform for Cultural and Creative Industries in Shanghai and Huashan Multiversity, and concurrently served as the Secretary-General of Cultural and Creative Chapter at HCClub. She focuses on cultural and creative industries, urban culture as well as service and practice related to innovation and entrepreneurship.

陈思函，女，河南人，同济大学人文学院研究生，研究方向为艺术与文化产业，“文化上市公司”微信公众号轮值主编。近年参与国家社科基金项目和教育部课题等多项课题。

Chen Sihan, female, a native of Henan Province, is a postgraduate student in School of Humanities, Tongji University. Her research direction is art and cultural industry. She serves as the rotating editor of the WeChat public account of “CulturalCompanies”. In recent years, she has participated in many projects such as projects of National Social Science Fund of China and Ministry of Education.

符湘林，男，湖南人，上海格物文化发展研究院院长，上海新艺联副主席，国家文化和旅游公共服务专家委员会委员，毕业于同济大学管理工程专业和上海交通大学工商管理专业，MBA，2005年美国威斯康辛大学访问学者，长期在基层一线政府部门工作，后担任上海市文广局公共文化处副处长，在公共文化建设方面有丰富的从业经验，主持推动了上海市公共文化工作的社会化专业化发展、文化上海云建设等。2017 年年初辞职创办上海格物文化发展研究院，以第三方专业智库角度推进公共文化创新发展，承担了文旅部多个公共文化相关项目研究、打响上海文化品牌工作创新案例评估发布等工作，广受各级领导部门好评。

Fu Xianglin, male, a native of Hunan Province, is President of Shanghai Gewu Culture Development Research Institute, Vice Chairman of Shanghai New Arts Association, a member of National Committee of Experts on Culture and Tourism Public Service. He was graduated from Tongji University, majored in management engineering, and from Shanghai Jiao Tong University, majored in business administration. In 2005, he was a visiting scholar at University of Wisconsin in the United States. After the long-time work in the grass-roots and front-line government departments, he served as Deputy Director of the Public Culture Department of Shanghai Municipal Administration of Culture and Broadcasting. With rich experience in public cultural construction, he presided over and promoted the social and professional development of public cultural work in Shanghai and the construction of “Culture Cloud platform of Shanghai”. In early 2017, he resigned and founded Shanghai Gewu Culture Development Research Institute to promote the innovation and development of public culture from the perspective of a third-party professional think tank. He has undertaken the research on several public culture-related projects of the Ministry of Culture and Tourism, and launched the evaluation and issue of innovation cases of Shanghai Cultural Brand Work, which has been widely praised by leading departments at all levels.

耿倪帅，女，上海人，同济大学人文学院研究生。“世界四大湾区数字媒体产业竞争力研究报告”课题组团队成员。“文化上市公司”微信公众号轮值主编。主要研究方向：艺术与文化产业。在核心期刊发表《注意力经济时代网红营销模式的发展》等论文，参与撰写文旅部课题《中国对外文化贸易年度报告（2020）》区域报告，参与国家社科基金重大项目和教育部课题等多项课题。

Geng Nishuai, female, a native of Shanghai, postgraduate student of the School of Humanities in Tongji University. She is also a member of the research team of “Research on the competitiveness of digital media industry in the world’ s four bay areas”. She serves as the Rotating Editor of the WeChat public account of “CulturalCompanies”. Her research interest is culture industry and art. She published journal papers such as *Development of Internet Celebrity Marketing Model in the Attention Economy Era* in core journals. She participated in writing the annual Report of *China’ s Cultural Trade with Foreign Countries (2020)*, a project of the Ministry of Culture and Tourism. She has participated in a number of projects including the major project of the National Social Science Fund and the project of the Ministry of Education.

郭梅君，女，出生于上海，现旅居加拿大；产业经济学博士、学者型文化企业家、世界城市文化论坛顾问；英国利物浦大学研究员、上海交大主题公园研究所专家，奥塔哥大学 DBA 博士生导师。现为加拿大魔方文化公司 CEO、中英合资智酷文创公司合伙人、南京秦淮文旅产业联盟顾问。此前曾任国家文化科技创新服务联盟轮值主席、华山创学院院长、上海戏剧学院艺术管理主任。主要从事文化旅游、创意经济、艺术管理、国际产业合作的研究与实践；主要著作有《创意转型》、译作《创意改变中国》等，擅长将文化科技融合的产业资源、商业模式和人才战略融入到文旅目的地与城市发展中。

Guo Meijun, female, a native of Shanghai, now lives in Canada. She is Doctor of Industrial Economics, a scholar- type cultural entrepreneur, Consultant of World Urban Culture Forum; Researcher of University of Liverpool, Expert of Theme Park Research Institute, Shanghai Jiao Tong University , and Doctoral Supervisor of University of Otago. She is CEO of the Canadian company Cube Culture Inc., Partner of Sino British joint Venture Zhiku Cultural and Creative Company, and Consultant of Nanjing Qinhuai Cultural and Tourism Industry Alliance. Previously, she was Rotating Chairman of National Culture, Science and Technology Innovation Service Alliance, President of Huashan Multiversity, and Art Management Director of Shanghai Theatre Academy. She is mainly engaged in the research and practice of cultural tourism, creative economy, art management and international industrial cooperation. Her main works are *Creative Transformation* and

Creativity Changing China, etc., and she is good at integrating the industrial resources, business model and talent strategy of cultural and technological integration into the development of cultural and tourism destinations and cities.

何建华，男，江苏南通人，复旦大学文学博士。上海社会科学院研究员、原副院长；上海文化研究中心首席专家；中国浦东干部学院兼职教授；上海影视技术学会理事长；上海作家协会会员；曾任上海市新闻工作者协会副主席、上海市第十一届政协委员。主要研究领域为时事政治、文化与传播、经济社会发展等；个人著作有《社会大换乘》《大地的警醒》《深圳河告诉世界》《新城建设——上海城市重大工程建设实录》等；在中央及省市级新媒体发表大量学术时评文章，因视角独到、观点鲜明获广泛传播。

He Jianhua, male, a native of Nantong, Jiangsu Province, is Doctor of Literature in Fudan University. He is Researcher and former Vice President of Shanghai Academy of Social Sciences, Chief Expert of Shanghai Cultural Research Center, Part-time Professor of China Executive Leadership Academy Pudong, Chairman of Shanghai Film and Television Technology Association, a member of Shanghai Writers Association, Vice Chairman of Shanghai Journalists Association and a member of the 11th CPPCC Shanghai Municipal Committee. His main research fields are current affairs, politics, culture and communication, economic and social development, etc. His personal works include *Social Transfer, The Warning of the Earth*, *Shenzhen River Tells the World*, *New City Construction — the record of major urban projects in Shanghai*, etc. He has published a large number of academic review articles in the central and provincial new media, which have been widely spread due to their unique perspectives and distinct views.

何素玉，女，江苏东台人，南京大学哲学系毕业，现任中共南京市秦淮区委常委、宣传部长。长期分管秦淮文化旅游工作，先后牵头负责全国首个开放式 AAAAA 级旅游景区、国家首批全域旅游示范区、江苏首个国家级文化产业试验园区等创建，夫子庙秦淮风光带管理条例制定，第 21 届至 34 届秦淮灯会策划运作，以及中国南京科举博物馆、十里秦淮风光带、江苏网络文学谷等重大文旅项目建设，其中，中国南京科举博物馆《文明的阶梯——科举文化专题展》荣获第十五届全国博物馆十大陈列展览精品奖。

He Suyu, female, a native of Dongtai, Jiangsu Province, was graduated from Philosophy Department of Nanjing University. She is now a member of Standing Committee of the CPC Nanjing Qinhuai District Committee and Director of Publicity. She has been in charge of Qinhuai cultural tourism for a long time. She has taken the lead in the establishment of the first open AAAAA tourist attraction, the first batch of national tourism demonstration areas, the first national cultural industry experimental Park in Jiangsu, the formulation of regulations on the management of Qinhuai Scenic Belt in Confucius Temple, the planning and operation of the 21st to 34th Qinhuai Lantern Festival, as well as the construction of major cultural tourism projects such as Nanjing Imperial Examination Museum of China, the Qinhuai Scenic Belt and Jiangsu Network Literature Valley, among which *The Ladder of Civilization — special exhibition of imperial examination culture* of *Nanjing Imperial Examination Museum* was awarded the 15th Top Ten Exhibition Quality Award of National Museum.

纪云飞，男，浙江象山人；宁波市文化馆党总支书记、馆长；中国文化馆常务理事，宁波市群文学会会长。主要从事文化与旅游方面的研究和实践；曾获评团中央“全国青年文化名人”、浙江省旅游工作先进个人；宁波市旅游工作先进个人；象山县十大优秀青年；象山县优秀共产党员等称号。

Ji Yunfei, male, a native of Xiangshan, Zhejiang Province. He is the Secretary and Director of the General Party Branch of Ningbo Cultural Center; Executive Director of China Cultural Center and President of Ningbo Society of Mass Culture. He is mainly engaged in the research and practice of culture and tourism; he has been awarded the titles of “National Youth Cultural Celebrity” of the Central Committee of the Youth League, Advanced Individual of Tourism Work in Zhejiang Province, Advanced Individual of Ningbo Tourism work, Top Ten Outstanding Youth of Xiangshan County, and Excellent Communist Party Member of Xiangshan County.

李路娣，女，江苏南京人，现任南京市秦淮区文化和旅游局（体育局）副局长，负责秦淮文化旅游和体育产业以及非物质文化遗产工作，先后参与门东历史文化街区、晨光 1865 创意产业园、国家领军人才创业园、江苏网络文学谷等项目建设，国家全域旅游示范区、国家级文化产业试验园区等创建工作，2018—2020 年连续三年参与秦淮灯会亮灯仪式策划，先后撰写《秦淮区文旅产业发展报告》《秦淮区全域旅游产业运行情况》等调研报告，为区域文旅产业发展提供了一定数据和案例支撑。

Li Ludi, female, a native of Nanjing, Jiangsu Province, is currently the Deputy Director of Nanjing Qinhuai District Bureau of Culture and Tourism (Sports Bureau). She is responsible for Qinhuai cultural tourism, sports industry and intangible cultural heritage. She has successively participated in the construction of Mendong Historical and Cultural

Block, Chenguang 1865 Creative Industry Park, National Leading Talent Entrepreneurship Park, Jiangsu Network Literature Valley and other projects, as well as National Tourism Demonstration Area and National Tourism Demonstration Area From 2018 to 2020, she participated in the planning of the Lighting Ceremony of Qinhuai Lantern Festival for three consecutive years, and successively wrote research reports such as *the Development Report of Cultural and Tourism Industry in Qinhuai District* and *The Operation of Tourism Industry in Qinhuai District*, which provided certain data and case support for the development of regional cultural and tourism industry.

李磊，男，浙江宁波人，生于上海；一级美术师职称，上海市政协委员，上海市美术家协会副主席。兼任中国美术家协会实验艺术委员会副主任、中国博物馆协会美术馆专业委员会副主任、同济大学客座教授、上海大学上海美术学院客座教授、上海视觉艺术学院客座教授、新加坡南洋理工大学华人馆客座教授。曾任中华艺术宫（上海美术馆）执行馆长、上海油画雕塑院执行副院长。李磊主要从事中国抽象艺术创作和研究，力求将中国文化的核心理念与国际上成熟的抽象艺术语言相结合，走出一条中国的抽象艺术之路。

Li Lei, male, from Ningbo, Zhejiang Province, a native of Shanghai, has the title of First-class Artist, member of Shanghai CPPCC, Vice Chairman of Shanghai Artists Association. He is also Deputy Director of Experimental Art Committee of China Artists Association, Deputy Director of Art Gallery Professional Committee of China Museum Association, Visiting Professor of Tongji University, Shanghai Academy of Fine Arts, Shanghai Institute of Visual Arts, and Visiting Professor of Chinese Museum of Nanyang Technological University in Singapore. He was the Executive Director of China Art Palace (Shanghai Art Museum) and Executive Vice President of Shanghai Oil Painting and Sculpture Academy. Li Lei is mainly engaged in the creation and research of Chinese abstract art. He strives to combine the core concept of Chinese culture with the mature abstract art language in the world, and walk out a road of Chinese abstract art.

刘士林，男，河北省曲阳县人。上海交通大学城市科学研究院院长、首席专家，媒体与传播学院教授、博导；国务院发展研究中心东方文化与城市研究所学术委员会委员，中国商业史学会中国大运河专业委员会主任委员，光明日报城乡调查研究中心副主任，浙江省城市治理研究中心首席专家等。主要从事城市科学、文化战略、智慧城市、城市文化研究。重要著作作有《城市中国之道》《都市文化原理》《都市美学》《中国诗性文化》等。我国人文城市学派的主要开创者和重要代表人物之一。

Liu Shilin, male, a native of Quyang, Hebei Province. He is the President and Chief Expert of Urban Science Research Institute of Shanghai Jiao Tong University, Professor and Doctoral Supervisor of School of Media and Communication, member of Academic Committee of Oriental Culture and Urban Research Institute of Development Research Center of the State Council, Chairman of China Grand Canal Professional Committee of China Business History Society, Deputy Director of Urban and Rural Investigation and Research Center of Guangming Daily, and Chief Expert of Zhejiang Urban Governance Research Center. He is mainly engaged in urban science, cultural strategy, smart city, urban culture research. His important works include *The Way of Urban China*, *the Principles of Urban Culture*, *Urban Aesthetics*, and *Chinese Poetic Culture*. He is one of the main founders and representatives of the Humanistic Urban School in China.

孟建，男，江苏常州人，复旦大学教授、博士生导师，享受国务院特殊津贴专家。现任复旦大学国家文化创新研究中心主任、复旦大学新闻传播学博士后流动站站长、中国传播学会副会长等职。孟建主要从事新闻传播、跨文化传播、文化研究等方面的研究与实践。出版专著、编著二十多部，发表学术论文百余篇。主要著作有《国家形象：历史、建构与比较》《网络文化论纲》《当代广播电视概论》等，所发表的学术论文在学界和业界有相当的影响。孟建主持了多项国家和省部级科研项目，仅国家社科基金重大项目就主持了两项。

Meng Jian, male, a native of Changzhou, Jiangsu Province, Professor and Doctoral Supervisor of Fudan University, is an expert enjoying the Special Allowance of the State Council. At present, he is the Director of National Cultural Innovation Research Center of Fudan University, the Head of Post-Doctoral Mobile Station of Journalism and Communication of Fudan University, and Vice President of China Communication Association. Meng Jian is mainly engaged in the research and practice of news communication, cross-cultural communication and cultural research. He has published more than 20 monographs and more than 100 academic papers. His main works are *National Image: History, Construction and Comparison*, *Outline of Network Culture*, *Introduction to Contemporary Radio and Television*, etc. The academic papers published have considerable influence in the academic and the industrial fields. Meng Jian has presided a number of scientific research projects in national, provincial and ministerial level, including two major national social science fund projects.

邱霞，女，上海戏剧学院图书馆馆员，中国话剧理论与历史研究会理事，曹禺研究会会员。主要研究方向为中国现当代剧作家研究、近现代戏剧文献资料研究。先后发表论文数篇，出版《曹禺戏剧研究资料索引》一书，并参与《民国时期话剧杂志汇编》等著作的编撰或审稿工作。承担省部级项目一项，参与省部级及国家级项目多项。

Qiu Xia, female, is a librarian of Shanghai Theatre Academy Library, Director of China Drama Theory and History Research Association, a member of Cao Yu Research Association. Her main research fields focus on Chinese modern and contemporary playwrights in modern and contemporary times. She had published several academic papers and is the author of *Research Index of Cao Yu' s Drama*, as well as complied or reviewed many works such as *The Collection of Drama Magazines in the Period of the Republic of China*. She undertakes a provincial project, and participates in many provincial and national projects.

荣跃明，上海社会科学院文学研究所原所长、上海文化研究中心主任、文学博士、研究员、博士生导师、上海社科院创新工程“城市文学与文化”首席专家。主要研究方向：马克思主义文化理论、文化经济学、区域经济学等。著有《区域整合与经济增长》《新中国文化发展的逻辑》等，发表《超越文化产业：创意产业的本质和特征》等学术论文数十篇；主编《21 世纪初长江三角洲区域发展战略研究》《国外社会科学前沿》《上海文化发展报告》《城市文学研究读本》等。主持和完成国家社科基金项目、上海市社科规划等多项国家级和省部级课题。

Rong Yueming is the former Director of Literature Research Institute of Shanghai Academy of Social Sciences, Director of Shanghai Culture Research Center, Doctor of Literature, Researcher, Doctoral Supervisor, and Chief Expert of "Urban Literature and Culture" of Shanghai Academy of Social Sciences Innovation Project. His main research directions include Marxist cultural theory, cultural economics, regional economics, etc. He is the author of *Regional Integration and Economic Growth*, *The Logic of Cultural Development in China*, and dozens of academic papers including *Beyond Cultural Industry: the Nature and Characteristics of Creative Industry*. He is the chief editor of research on *Regional Development Strategy of Yangtze River Delta in the Early 21st Century, Frontiers of Foreign Social Sciences, Shanghai Cultural Development Report*, etc. He has presided over and completed many national, provincial and ministerial projects such as national social science fund projects and Shanghai social science planning.

施福平，男，江苏如皋市人，原上海市文化广播影视管理局政策法规处处长，上海市政府发展研究中心特聘研究员，上海格物文化发展研究院副院长。主要从事文化政策、公共文化、文化产业、传统文化、文化环境、文化氛围营造等创新与实践研究，先后负责编印《关于上海文化发展的思考》调研报告集 20 余本，关于文化新群体的研究、用新理念引领文化发展研究、生态文化研究、文化治理研究、文化氛围营造研究等研究文章，分别被《中国文化报》《改革》等刊用。

Shi Fuping, male, a native of Rugao, Jiangsu Province, is the former Director of Policies and Regulations Department of Shanghai Municipal Administration of Culture, Radio, Film and Television, Distinguished Researcher of Development Research Center of Shanghai Municipal Government, and Vice President of Shanghai Gewu Culture Development Research Institute. His study areas include: innovation and practice research on cultural policy, public culture, cultural industry, traditional culture, cultural environment, and cultural atmosphere. He has been responsible for compiling and printing more than 20 copies of research reports on *Thinking about Shanghai' s Cultural Development*. He has also been responsible for the research papers on new cultural groups, cultural development with new ideas, ecological culture, cultural governance, and construction of cultural atmosphere, which has been published and used by *China Culture Daily* and *Reform*.

田敬杨，女，甘肃省陇南市人，上海格物文化发展研究院研究员。

Tian Jingyang, female, a native of Longnan, Gansu Province, is Research Fellow of Shanghai Gewu Culture Development Institute.

汪胜洋，男，江苏宝应人，生于上海。民建中央理论委员会副主任，上海市政协常委，上海市政协经济委员会副主任，民建上海市委副主委。曾经担任上海市发展改革研究院副院长，并创办上海市发展改革研究院文化研究中心，创办上海文化发展论坛。长期从事战略规划、体制改革研究。屡次荣获上海市政府决策咨询奖。

Wang Shengyang, male, a native of Baoying, Jiangsu Province, was born in Shanghai. He served as Deputy Director of Central Theoretical Committee of China National Democratic Construction Assocration, a member of Standing Committee of Shanghai Municipal Committee of Chinese People' s Political Consultative Conference, Deputy Director of Economic Committee of Shanghai Municipal Committee of Chinese People' s Political Consultative Conference, and Vice Chairman of Shanghai Municipal Committee of China

National Democratic Construction Assocration. Served as Vice President of Shanghai Institute of Development and Reform, he founded Cultural Research Center of Shanghai Institute of Development and Reform, and Shanghai Cultural Development Forum. He has been engaged in strategic planning and institutional reform for a long time. He has been awarded Shanghai Municipal Government Decision-making Consultation Award for many times.

王丽萍，浙江省杭州人，编剧、作家，毕业于南京政治学院新闻系。相继获得第 2 届百合奖评委会特别奖，第 13 届上海电视节 - 白玉兰奖最佳编剧奖，凭借爱情家庭剧《媳妇的美好时代》获得第 28 届中国电视剧飞天奖最佳编剧奖，群英盛典中国电视剧产业 20 年突出贡献奖，第 19 届华鼎奖中国百强电视剧最佳编剧奖，第 11 届电视制片业十佳电视剧编剧奖，金橡树奖金牌编剧奖等。

Wang Liping, a native of Hangzhou, Zhejiang Province, is a playwright and writer. She was graduated from Journalism Department of Nanjing University of Political Science. Because of the love family drama *Beautiful Daughter-in-Law,* she has successively won the special award of the 2nd Lily Award judged by jury, Best Screenwriter Award of the 13th Shanghai TV Festival Magnolia Award, Best Screenwriter Award of the 28th China TV Drama Flying Asparas Award, and Outstanding Contribution Award of China' s TV Drama Industry for 20 years, the 19th Huading Award for Best Screenwriter Award of China' s Top 100 TV Dramas, and the 11th Top 10 TV Production Industry TV Drama Writer Award, Gold Medal Screenwriter award for Golden Oak Award, etc.

许晓音，女，江苏常州人，恐龙园文化旅游集团总裁。作为中国民族主题公园品牌——中华恐龙园的创始团队主要成员，二十年来她带领团队积极探索中国主题公园自主发展、不断创新的道路，在主题公园的经营、管理等方面拥有丰富的实战经验，总结并提炼了多项文旅产业发展理论，在打造新颖独特、生机盎然的恐龙文化创意帝国的同时，也为文旅产业的发展和实践提供了理论基础和范例借鉴。

Xu Xiaoyin, female, a native of Changzhou, Jiangsu Province, is served as President of Dinosaur Land Cultural & Tourism Group. As the main member of the founding team of China Dinosaur Land, a brand of China' s national theme park, she has led the team to actively explore the road of independent development and continuous innovation of China' s theme park over the past 20 years. She has rich practical experience in the management and management of theme parks, and has summarized and refined a number of theories on the development of cultural and tourism industry, so as to create a new, unique and vigorous dinosaur culture creative empire. At the same time, it also provides theoretical basis and examples for the development and practice of cultural and tourism industry.

杨欢，女，浙江杭州人，国家文化和旅游部、中国人民大学特邀讲师，浙江省文化艺术研究院文化艺术智库特聘专家，深耕品牌宣传、策划推广行业，成功策划执行了上千个品牌宣传与主题活动，获得品牌传播、旅游运营、营销创新等多个全国奖项，主笔编撰了中国旅游行业第一部策划案例书籍《麒麟才子说策划——中国主题公园策划宝典》以及中国演艺行业畅销丛书《麒麟才子说演艺》等 7 部共计 200 余万字的专著，总发行量过百万册。

Yang Huan, female, a native of Hangzhou, Zhejiang Province, is Specially Invited Lecturer from the Ministry of Culture and Tourism, and Renmin University of China. She is Special Expert of Cultural and Art Think Tank of Zhejiang Academy of Culture and Art. She has successfully planned and implemented thousands of brand publicity and theme activities, and won many national awards such as brand communication, tourism operation and marketing innovation. She compiled the first planning case book of China' s tourism industry *Qilin Talent Talks about Planning: Treasure Book of China' s Theme Park Planning*, and the best-selling series of China' s performing arts industry, *Qilin Talent Talks about Art Performance*, which includes 7 monographs with more than 2 million words.

叶凤，男，江苏泰兴人。文学硕士，副研究员。现任昆山市文体广电和旅游局文化艺术科科长。主要研究领域为城市公共文化研究。

Ye Feng, male, a native of Taixing, Jiangsu Province, is Master of Arts, and Associate Researcher. He is currently served as the Section Chief of Culture and Art Section of Kunshan Municipal Bureau of Sports, Radio, Television and Tourism. The main research field is urban public culture.

臧志彭，男，山东烟台人。华东政法大学传播学院教授，硕士生导师，文化产业研究所所长，华东政法大学“经天学者”，美国杜克大学访问学者，兼任国际创意管理专委会委员，复旦大学国际公共关系研究中心研究员等。目前已出版《全球文化创意产业上市公司发展报告》等学术著作 6

部、发表学术论文 70 余篇；主持和参与国家级、省部级及企事业单位各类课题数十项；荣获省部级科研奖励 2 项，中国科学学与科技政策研究会、中国文艺评论家协会、江苏省文化产业学会等十多项高等级科研奖励。

Zang Zhipeng, male, a native of Yantai, Shandong Province, is served as Professor, Master Supervisor and Excellent Scholar in the program of "Jingtian Project" of East China University of Political Science and Law, Director of Institute of Cultural Industry, Visiting Scholar of Duke University, a member of International Creative Management Committee, Researcher of International Public Relations Research Center of Fudan University, etc. He has published 6 academic works and more than 70 academic papers such as *The Report on the Development of Listed Companies in Global Cultural and Creative Industries*, presided over and participated in dozens of national, provincial, and enterprise research projects, won 2 provincial and ministerial level scientific research awards, and more than 10 high-level scientific research awards of institutions such as China Science and Technology Policy Research Association, China Literature and Art Critics Association, and Jiangsu Cultural Industry Association.

章德辉，男，安徽歙县人；黄山风景区党工委委员；黄山旅游集团有限公司党委副书记、董事局副主席；黄山旅游发展股份有限公司党委书记、董事长；中国旅游景区协会山岳分会会长；国家文化科技创新服务联盟副主席；安徽旅游智库专家委员会委员；浙江省旅游集团发展咨询委员会委员。深耕文旅行业近 20 年，拥有较深的理论功底和丰富的实战经验。

Zhang Dehui, male, a native of Shexian, Anhui Province, is served as a member of Party Working Committee of Huangshan Scenic Spot, Deputy Secretary of Party Committee and Vice Chairman of the board of Directors of Huangshan Tourism Group Co., Ltd., Secretary and Chairman of Party Committee of Huangshan Tourism Development Co., Ltd., Chairman of Mountain Branch of China Association of Tourist Attractions; Vice Chairman of National Alliance for Cultural, Scientific and Technological Innovation Services, a member of Expert Committee of Anhui Tourism Think Tank, and Zhejiang Provincial Tourism Member of Development Advisory Committee of Tourism Group. Engaged in the cultural tourism industry for nearly 20 years, he has profound theoretical foundation and rich practical experience.

周汉民，男，法学教授、博士生导师，英国利物浦大学荣誉法学博士，现任全国政协常委、民建中央副主席、上海市政协副主席、民建上海市委主委、上海社会主义学院院长、上海中华职教社主任，上海公共外交协会会长。从事国际经济法、国际贸易法、GATT/WTO、中美关系、浦东开放与开发、世界博览会等领域的教学与研究，现任中国世界贸易组织研究会高级顾问、中国法学会世界贸易组织法研究会副会长、中国国际法学会常务理事、中国国际私法学会常务理事、中国国际经济法学会常务理事、上海市美国学会名誉会长、上海法学会国际法研究会名誉会长、上海对外经贸大学法学院名誉院长、上海对外经贸大学谈判学院名誉院长等职务，同时受聘意大利威尼斯大学荣誉教授以及复旦大学、上海交通大学、厦门大学、同济大学、东北财经大学、华东政法大学、上海大学、东华大学、上海对外经贸大学等高校的兼职教授或客座教授。出版教材、专著十余部，发表论文 200 余篇。

Zhou Hanmin, male, is Professor of Law and Doctoral Supervisor, Honorary Doctor of Law from University of Liverpool, UK. He is currently a member of Standing Committee of the CPPCC National Committee, Vice Chairman of Shanghai Municipal Committee of National People’ s Political Consultative Conference, Vice Chairman of Central Committee of China National Democratic Coustruction Association, President of Shanghai Institute of Socialism, President of Shanghai China Vocational Education Association, Shanghai, and President of Shanghai Public Diplomacy Association. He is engaged in teaching and researching in the fields of international economic law, international trade law, GATT / WTO, Sino US relations, Pudong opening up and development, World Expo and other fields. He is now Senior Consultant of China World Trade Organization Research Association, Vice President of World Trade Organization Law Research Association of China Law Society, Executive Director of China Society of International Law, Executive Director of China Society of Private International Law, and Chinese Society of International Economic Law. He is Honorary President of Shanghai American Society, International Law Research Association of Shanghai Law Society, Law School of Shanghai University of International Business and Economics, and Honorary President of Negotiation School of Shanghai University of International Business and Economics. He is also employed as Honorary Professor of Cafoscari University of Venice in Italy, Visiting Professor of Fudan University, Shanghai Jiao Tong University, Xiamen University, Tongji University, Dongbei University of Finance and Economics, East China University of Political Science and Law, Shanghai University, Donghua University, Shanghai University of International Business and Economics. He has published more than 10 textbooks and monographs and more than 200 papers.

朱栋霖，男，苏州大学文学院二级教授、博士生导师，主攻中国现当代文学研究，中国话剧文学研究会副会长、中国现代文学研究会理事、江苏省昆剧研究会副会长、江苏省现代文学研究会副会长、苏州市文联副主席，江苏省政协委员，中国昆曲评弹研究院院长。获江苏文化最高奖，终身成就奖“紫金文化荣誉奖章”，“中国文联文艺批评奖”特等奖。

Zhu Donglin, male, is Second-class Professor and Doctoral Supervisor of School of Chinese Language and Literature of Suzhou University. He is mainly engaged in the research of modern and contemporary Chinese literature. He is the Vice Chairman of Chinese Drama Literature Research Association and Director of Chinese Modern Literature Research Association, Vice Chairman of Jiangsu Kunju Opera Research Association, Vice Chairman of Jiangsu Modern Literature Research Association, and the Vice Chairman of the Suzhou Federation of Literary and Art circles, a member of the CPPCC Jiangsu Provincial Committee, and President of China Kunqu Pingtan Research Institute. He won the highest cultural award of Jiangsu Province, “Zijin Culture Medal of Honor” and the special prize of “Literary Criticism Award of China Federation of Literary and Art Cirdes”.

祝新乐，女，河南商丘人，同济大学人文学院研究生，研究方向为艺术与文化产业，发表学术论文１篇。参与国家社科基金重大项目和教育部课题等多项课题。“世界四大湾区数字媒体产业竞争力研究报告”课题组团队成员。“文化上市公司”微信公众号轮值主编。

Zhu Xinle, a native of Shangqiu, Henan Province, is a postgraduate student in School of Humanities, Tongji University. Her research direction is art and cultural industry, and she has published one academic paper. She has participated in a number of projects including the major projects of National Social Science Fund and Ministry of Education of China. She is also a member of the research team of “Research on the competitiveness of digital media industry in the world’s four bay areas”. She serves as the rotating editor of the WeChat public account of “CulturalCompanies”.

周量航，男，上海人，上海格物文化发展研究院研究员。

Zhou Lianghang, male, a native of Shanghai, is a research fellow of Shanghai Gewu Culture Development Institute.

编后记

《中国城市文化报告 2018—2019》（长三角卷）即将付梓，按照惯例，总得交代一下这部书的来龙去脉，编写过程的酸甜苦辣。就写下这篇后记。

2017 年 9 月，我主编的《中国城市文化报告 2017》，由同济大学出版社出版。我邀请了中国社会科学院张晓明教授、深圳大学丁未教授、同济大学解学芳教授作为副主编共同完成这项工作。作为教育部人文社会科学重点研究基地重点项目的成果，一方面我们建立了中国城市文化指标体系，以文化生产、文化生活、文化生态作为 3 个一级指标，8 个二级指标，102 个三级指标，另一方面在这一指标体系下，建立了北京、上海、广州、深圳、杭州、南京、天津、重庆、香港、台北这中国 10 个最具影响力的城市的文化数据。无论是指标体系的建立还是数据库的建设，耗费了团队大量的时间和精力，成果之一《中国城市文化指标体系的建构与实践》在上海《学术月刊》的刊发后，获得了上海市第十四届哲学社会科学优秀成果（2016—2017）学科学术奖论文一等奖。

城市文化报告原来计划每年度出版一册，类似蓝皮书，后来大家在讨论中形成了共同的看法：一是每年出版一册，工作量太大，我们设定的文化统计指标体系也需要进一步完善；二是文化发展不同于经济，对区域和城市来说，每年的变动性可能不是很大，以年度来统计和观测，并不是非常之必要。同时，因为种种原因，此前合作的团队也有一些变化。在开始新的研究时，恰好国家长三角战略出台，长三角文化产业国际博览会也成功召开，我们也有幸承办了长三角城市文化发展主题论坛，这样，我就与常务副主编解学芳教授以及三位副主编商议，这一期报告聚焦长三角。因此，大家看到的就是一部跨 2018—2019 年度的长三角卷的城市文化报告了。

在编写体例上，仍然沿袭了《中国城市文化报告 2017》，栏目设置基本没变，依然是总报告、专家视野、统计研究、文化案例，以及附录中的中国城市文化发展大事记等。

需要说明的是，这次我们在总报告中，首先将上一期的文化指标体系做了新的建构。我们认为，在长三角一体化成为国家战略的时代背景下，加快推进长三角文化一体化进程是构建长三角城市文化指标体系的战略性命题。城市文化发展大系统是一个包容、开放的体系，有其内在的发展逻辑。因此经过研究并多方征询意见，我们形成了一个动态、符合长三角文化发展实践的中国城市文化发展指标体系（长三角），包括文化生产、文化生活、文化生态等 3 大一级指标、9 大二级指标和 66 个三级指标，为系统审视长三角不同城市的文化生产、文化生活与文化生态的全貌与特色提供数据收集、整理和分析的依据。与 2017 年版相比较，二级指标增加了 1 项，三级指标减少至 66 个。在数据挖掘、整理和统计的过程中，得到第一财经·新一线城市研究所、上海市大数据交易中心的支持，在这里要特别表示感谢。

2019 年 9 月 22 日，课题组在微信上建立了一个庞大的长三角城市文化数据库建设工作群，第一财经总经理陈思劼先生、上海格物文化研究院符湘林院长、上海大数据交易中心总裁汤奇峰先生带领团队加盟，常务副主编解学芳教授及其团队加盟，我已经毕业、在上海工作的研究生和在读研究生全部加入，这样一个集体作战的队伍，保证了对入选的长三角 16 座城市文化数据的挖掘、收集、整理的可能性。数据库可能是目前向社会公开的长三角城市文化数据库最为完备的一份共享资源了。在这里，我特别要感谢参与的每一位同仁，没有这样的集体协同的精神，这样一个难度大、工作量惊人的工作是难以想象的。当然，数据库的建立是一件可能吃力不讨好的事情，尤其是文化数据就更加困难。这个困难在西方发达国家也同样存在，比如我们看伦敦剧院报告，开篇就告诉我们数据统计之难，也告诉我们这些数据不可能是与事实完完全全一致的。我们也希望每个城市能够积极参与，建立一个城市文化发展联盟，对我们的工作提出意见和建议，以便建立一个更加客观更加准确的长三角城市文化数据库。

这次报告研究和数据库选择 16 个城市,是基于两方面的考虑：一是样本城市的典型性和代表性。根据一线、二线、三线城市的划分,特别是依据人口和城市规模,在相类似和同质化的城市中提取典型城市为研究样本。二是分类区别和动态考量。长三角整个城市群的文化发展不但领先,文化水平也普遍较高。落实到具体指标，实事求是地看，一些个别城市的指标还很弱小，甚至不具有统计学的意义，所以现在选择的城市，是上海、南京、苏州、无锡、常州、扬州、杭州、宁波、绍兴、嘉兴、湖州、合肥、安庆、芜湖、宣城、黄山。我们重点对这 16 个代表性城市文化数据进行挖掘和研究，并兼顾到了长三角的其他 41 个城市。

这次研究得到了许多知名的学者的支持，国家大剧院首任院长、北京市文联主席,也是上海戏剧学院与国家大剧院共建的上海戏剧学院国家文化和旅游研究基地主任陈平主席亲自供稿，上海市政协副主席周汉民教授虽不能出席我们主办的长三角城市文化论坛，但其以视频演讲的方式给我们带来精彩的观点和思想,我们将此整理成文也收集在本书中。没有各位专家的支持，这本书的成功出版就很难想象。

本书的出版仍然得到同济大学出版社的支持，华春荣社长给予这项研究特别的关心和支持，我们共同希望这部大致的年度城市文化报告能够经过持续建设后成为品牌。本书的策划编辑袁佳麟和责任编辑丁会欣都付出了大量心血,在此一并致谢。

这次研究仍然得到教育部人文社会科学重点研究基地重点项目和上海高校智库—全球城市文化协同创新中心的支持,我们希望作为成果,能够为城市文化发展做出些微的贡献,也希望能够得到各界的批评指正。

黄昌勇

2020 年 10 月 27 日

图书在版编目（CIP）数据

中国城市文化报告 . 2018—2019. 长三角卷 / 黄昌勇主编 . -- 上海 : 同济大学出版社 , 2020.11
ISBN 978-7-5608-9551-2

Ⅰ . ①中… Ⅱ . ①黄… Ⅲ . ①长江三角洲－城市文化－建设－ 2018-2019 Ⅳ . ① G12

中国版本图书馆 CIP 数据核字 (2020) 第 201290 号

中国城市文化报告 2018—2019 (长三角卷)
CHINESE CITIES CULTURE REPORT 2018–2019 (Yangtze River Delta Volume)

主编: 黄昌勇
常务副主编: 解学芳
副主编: 汤奇峰 王国伟 郑崇选

Chief Editor: Huang Changyong
Executive Vice Chief Editor: Xie Xuefang
Vice Chief Editors: Tang Qifeng Wang Guowei Zheng Chongxuan

出 品 人: 华春荣
策划编辑: 袁佳麟
特约编辑: 赵慜
责任编辑: 丁会欣
装帧设计: 胡佳颖
责任校对: 徐逢乔
出版发行: 同济大学出版社
地址: 上海市杨浦区四平路 1239 号
邮政编码: 200092
网址: http://www.tongjipress.com.cn
经销: 全国各地新华书店
版次: 2020 年 11 月第 1 版
印次: 2020 年 11 月第 1 次印刷
印刷: 上海安枫印务有限公司
开本: 787mm×1092mm 1/16
印张: 28
字数: 699 000
书号: ISBN 978-7-5608-9551-2
定价: 188.00 元